基于大数据的人口
流动流量、流向新变化研究

Study on Floating Population of its Scale, Flow Direction and
New Changes Based on Big Data

周晓津 著

图书在版编目（CIP）数据

基于大数据的人口流动流量、流向新变化研究/周晓津著.—北京：经济管理出版社，2020.6
ISBN 978-7-5096-7163-4

Ⅰ.①基… Ⅱ.①周… Ⅲ.①人口流动—研究—中国 Ⅳ.①C924.24

中国版本图书馆 CIP 数据核字（2020）第 093192 号

组稿编辑：宋　娜
责任编辑：张　昕　张馨予　丁凤珠
责任印制：任爱清
责任校对：王淑卿

出版发行：经济管理出版社
　　　　　（北京市海淀区北蜂窝 8 号中雅大厦 A 座 11 层　100038）
网　　址：www.E-mp.com.cn
电　　话：(010) 51915602
印　　刷：唐山昊达印刷有限公司
经　　销：新华书店
开　　本：720mm×1000mm/16
印　　张：31
字　　数：445 千字
版　　次：2020 年 12 月第 1 版　2020 年 12 月第 1 次印刷
书　　号：ISBN 978-7-5096-7163-4
定　　价：98.00 元

·版权所有　翻印必究·
凡购本社图书，如有印装错误，由本社读者服务部负责调换。
联系地址：北京阜外月坛北小街 2 号
电话：(010) 68022974　　邮编：100836

第八批《中国社会科学博士后文库》编委会及编辑部成员名单

（一）编委会

主　任：王京清

副主任：马　援　张冠梓　高京斋　俞家栋　夏文峰

秘书长：邱春雷　张国春

成　员：（按姓氏笔划排序）

卜宪群　王建朗　方　勇　邓纯东　史　丹　朱恒鹏　刘丹青
刘玉宏　刘跃进　孙壮志　孙海泉　李　平　李向阳　李国强
李新烽　杨世伟　吴白乙　何德旭　汪朝光　张　翼　张车伟
张宇燕　张星星　陈　甦　陈众议　陈星灿　卓新平　房　宁
赵天晓　赵剑英　胡　滨　袁东振　黄　平　朝戈金　谢寿光
潘家华　冀祥德　穆林霞　魏后凯

（二）编辑部（按姓氏笔划排序）

主　任：高京斋

副主任：曲建君　李晓琳　陈　颖　薛万里

成　员：王　芳　王　琪　刘　杰　孙大伟　宋　娜　陈　效
　　　　苑淑娅　姚冬梅　梅　玫　黎　元

本书获得国家社科基金一般项目"基于大数据的人口流动流量、流向新变化研究"(项目编号:15BRK037)的资助

序　言

　　博士后制度在我国落地生根已逾30年，已经成为国家人才体系建设中的重要一环。30多年来，博士后制度对推动我国人事人才体制机制改革、促进科技创新和经济社会发展发挥了重要的作用，也培养了一批国家急需的高层次创新型人才。

　　自1986年1月开始招收第一名博士后研究人员起，截至目前，国家已累计招收14万余名博士后研究人员，已经出站的博士后大多成为各领域的科研骨干和学术带头人。其中，已有50余位博士后当选两院院士；众多博士后入选各类人才计划，其中，国家百千万人才工程年入选率达34.36%，国家杰出青年科学基金入选率平均达21.04%，教育部"长江学者"入选率平均达10%左右。

　　2015年底，国务院办公厅出台《关于改革完善博士后制度的意见》，要求各地各部门各设站单位按照党中央、国务院决策部署，牢固树立并切实贯彻创新、协调、绿色、开放、共享的发展理念，深入实施创新驱动发展战略和人才优先发展战略，完善体制机制，健全服务体系，推动博士后事业科学发展。这为我国博士后事业的进一步发展指明了方向，也为哲学社会科学领域博士后工作提出了新的研究方向。

　　习近平总书记在2016年5月17日全国哲学社会科学工作座谈会上发表重要讲话指出：一个国家的发展水平，既取决于自然科学发展水平，也取决于哲学社会科学发展水平。一个没有发达的自然科学的国家不可能走在世界前列，一个没有繁荣的哲学社会科学的国家也不可能走在世界前列。坚持和发展中国特色社会主义，需要不断在实践中和理论上进行探索、用发展着的理论指导发展着的实践。在这个过程中，哲学社会科学具有不可替代的重要地位，哲学社会科学工作者具有不可替代的重要作用。这是党和国家领导人对包括哲学社会科学博士后在内的所有哲学社会科学领域的研究者、工作者提出的殷切希望！

中国社会科学院是中央直属的国家哲学社会科学研究机构，在哲学社会科学博士后工作领域处于领军地位。为充分调动哲学社会科学博士后研究人员科研创新的积极性，展示哲学社会科学领域博士后的优秀成果，提高我国哲学社会科学发展的整体水平，中国社会科学院和全国博士后管理委员会于2012年联合推出了《中国社会科学博士后文库》（以下简称《文库》），每年在全国范围内择优出版博士后成果。经过多年的发展，《文库》已经成为集中、系统、全面反映我国哲学社会科学博士后优秀成果的高端学术平台，学术影响力和社会影响力逐年提高。

下一步，做好哲学社会科学博士后工作，做好《文库》工作，要认真学习领会习近平总书记系列重要讲话精神，自觉肩负起新的时代使命，锐意创新、发奋进取。为此，需做到：

第一，始终坚持马克思主义的指导地位。哲学社会科学研究离不开正确的世界观、方法论的指导。习近平总书记深刻指出：坚持以马克思主义为指导，是当代中国哲学社会科学区别于其他哲学社会科学的根本标志，必须旗帜鲜明加以坚持。马克思主义揭示了事物的本质、内在联系及发展规律，是"伟大的认识工具"，是人们观察世界、分析问题的有力思想武器。马克思主义尽管诞生在一个半多世纪之前，但在当今时代，马克思主义与新的时代实践结合起来，越来越显示出更加强大的生命力。哲学社会科学博士后研究人员应该更加自觉地坚持马克思主义在科研工作中的指导地位，继续推进马克思主义中国化、时代化、大众化，继续发展21世纪马克思主义、当代中国马克思主义。要继续把《文库》建设成为马克思主义中国化最新理论成果宣传、展示、交流的平台,为中国特色社会主义建设提供强有力的理论支撑。

第二,逐步树立智库意识和品牌意识。哲学社会科学肩负着回答时代命题、规划未来道路的使命。当前中央对哲学社会科学愈加重视,尤其是提出要发挥哲学社会科学在治国理政、提高改革决策水平、推进国家治理体系和治理能力现代化中的作用。从2015年开始,中央已启动了国家高端智库的建设,这对哲学社会科学博士后工作提出了更高的针对性要求,也为哲学社会科学博士后研究提供了更为广阔的应用空间。《文库》依托中国社会科学院,面向全国哲学社会科学领域博士后科研流动站、工作站的博士后征集优秀成果,入选出版的著作也代表了哲学社会科学博士后最高的学术研究水平。因此,要善于把中国社会科学院服务党和国家决策的大智库功能与《文库》的小智库功能结合起来,进而以智库意识推动品牌意识建设,最终树立《文库》的智库意识和品牌意识。

第三,积极推动中国特色哲学社会科学学术体系和话语体系建设。改革开放30多年来,我国在经济建设、政治建设、文化建设、社会建设、生态文明建设和党的建设各个领域都取得了举世瞩目的成就,比历史上任何时期都更接近中华民族伟大复兴的目标。但正如习近平总书记所指出的那样:在解读中国实践、构建中国理论上,我们应该最有发言权,但实际上我国哲学社会科学在国际上的声音还比较小,还处于"有理说不出、说了传不开"的境地。这里问题的实质,就是中国特色、中国特质的哲学社会科学学术体系和话语体系的缺失和建设问题。具有中国特色、中国特质的学术体系和话语体系必然是由具有中国特色、中国特质的概念、范畴和学科等组成。这一切不是凭空想象得来的,而是在中国化的马克思主义指导下,在参考我们民族特质、历史智慧的基础上再创造出来的。在这一过程中，积极吸纳儒、释、道、墨、名、法、农、杂、兵等各家学说的精髓，无疑是保持中国特色、中国特质的重要保证。换言之，不能站在历史、文化虚无主义立场搞研究。要通过《文库》积极引导哲学社会科学博士后研究人员：一方面，要积极吸收古今中外各种学术资源，坚持古为今用、洋为中用。另一方面，要以中国自己的实践为研究定位，围绕中国自己的问题，坚持问题导向，努力探索具备中国特色、中国特质的概念、范畴与理论体系，在体现继承性和民族性、体现原创性和时代性、体现系统性和专业性方面，不断加强和深化中国特色学术体系和话语体系建设。

新形势下，我国哲学社会科学地位更加重要、任务更加繁重。衷心希望广大哲学社会科学博士后工作者和博士后们，以《文库》系列著作的出版为契机，以习近平总书记在全国哲学社会科学座谈会上的讲话为根本遵循，将自身的研究工作与时代的需求结合起来，将自身的研究工作与国家和人民的召唤结合起来，以深厚的学识修养赢得尊重，以高尚的人格魅力引领风气，在为祖国、为人民立德立功立言中，在实现中华民族伟大复兴中国梦的征程中，成就自我、实现价值。

是为序。

王京清

中国社会科学院副院长
中国社会科学院博士后管理委员会主任
2016 年 12 月 1 日

摘　要

准确把握新时代人口流动的新特点、新趋势和新变化，既是坚持党的十九大报告提出的以人民为中心的人口管理工作的基本要求，也是制定我国未来人口发展战略研究的基础性环节，有助于把握新时代新型城镇化趋势与人口迁移规律，对于提出新时代中国人口发展新任务、新政策，促进人口区域均衡发展具有十分重要的现实意义和理论意义。本书利用大数据厘清外来人口总量、区域分布和流向新变化，将大大提高管理的精确度和对策的有效性，扭转人口服务管理的盲人摸象现象和应急式管理缺陷，为制定中长期人口和经济社会发展规划提供数据支撑。

全书共分为十章。前三章为本书的上半部分。人口流量的测定口径并非一成不变，在第一章中，我们系统地探讨了人口流动的重要概念界定以及1982年以来四次全国人口普查时的流动人口情况。第二章以较大的篇幅来探讨人口流动规模划分的几个不同阶段。一是我们认为有必要对改革开放以来的全国跨区域，特别是跨省流动规模做一个梳理；二是通过对重要人口流出大省和全国人口流动规模的历史考察，可以找到人口流动的数量增长规律；三是将流动规模增长与后述大数据推算得到的流动人口数量有一个很好的衔接。我们注重以第一手调查资料而非人口普查相关文献作为重点研究对象，所得到的数据更接近中国人口流动的实际和全貌，这也与后述大数据推断的结果相一致。在第三章中，我们重点回顾了2014年以来以大数据手段为基础的人口流动研究，并重点探讨了深圳、苏州、温州、广东以及湖南的人口大数据研究案例。

本书下半部分共有七章。其中，第四章为后述大数据计算提供理论基础和数据。在理论基础方面，大数定律构成了本书人口流量和流向推算的关键。由于春节前十天，人口几乎由流入目的地向流出来源地单向流动，而这种累积总流量又占了流出人口的50%以上，因此利用累积流量来推算人口总流量，并根据各个来源地推算人口流出流向构成就成为现实。依据采样时段来过滤短期性探亲人口流和商务人口流，是本书在人口大数据应用方面的一大创举，即以较少的数据量和采样时间来推算全国的人口流动流量和流向。

第五章和第六章属于实证性研究。第五章利用大数定律和大数据采样的累积值直接推算中国大陆省级区域的人口流动规模和流向构成。而第六章则以人口重力模型为基础对省级区域的人口流动流量和流向进行加权测算。之所以进行加权测算，主要是因为四川省的人口流量在第五章中出现较大的异常，这是一种因距离而导致的采样缺陷，这一方法在解决四川问题的同时在一定程度上低估了其他人口流出大省的流出量。在流向测定方面，第五章测算的结果令人满意，因此第六章仅人口流出总量发生了变化，而流向构成依旧采用第五章的结果。第七章和第八章属于重点省份的人口流动的实证研究。第七章主要探讨广东、浙江、北京、上海和江苏五大人口流入目的地的流入人口。第八章探讨河南、湖南、四川、安徽、湖北、江西、广西、贵州和重庆九个人口流出大省（区、市）人口流出量及其流向测度。

第九章探讨了人口流动流量和流向计算的误差及消除方法。由于数据采样的缺陷，测定的北京、上海和广东三地流出人口规模偏大，但可将三地的流出人口数量视为其外来人口中的常住性人口而非一种推算缺陷。第十章探讨了实名制条件下的人口流动大数据研究。我们提出了仅依靠现有系统就可以进行精准测算的人口流动大数据方法。这种方法避开了对海量无关数据的挖掘和清洗，而仅需抽取现在格式化日志数据中的有效字段就可以实现全国性的人口普查研究，从而使得个人进行人口普查成为可能。本章作为全书的结尾，还提出了相应的政策建议和进一步研究展望，以期国家成立新的大数据监管与服务机构，使大数据成为2020全国人口普查的新方法和新手段。

除了上述所提及的理论、方法和实践创新之外，本书还涉及对大量软件的应用。例如，在研究的早期阶段，我们使用了 PostgreSQL 开源对象关系型数据库系统，在后期使用了 Navicat Premium 专业数据库管理软件和数据库开发工具。在绘制示意图方面，我们使用了 XMind 商业思维导图软件。在人口流量和流向图示方面，我们先使用了 QGIS 个人电脑版 GIS 软件，后来使用了 ArcGIS 平台。全书涉及经济学、计算机软件、地理信息系统和人口经济学等多学科领域，是真正的交叉性、综合性新兴研究。

关键词：人口流动大数据；跨省人口流动；2020 全国人口普查

Abstract

Grasping the new characteristics, trends and changes of population mobility, accurately in the New Era is not only the basic requirement of people-centered population management which put forward in the report of the 19th National Congress of the CPC, but also the basic link of formulating the future population development strategy research in China, which is helpful to grasp the new urbanization trend and population migration in the new era. It is of great practical and theoretical significance to put forward new tasks, policies and promote balanced regional development of population in the new era. This book uses big data to clarify the new changes of the total amount, regional distribution and flow direction of population floating, which will greatly improve the accuracy of management and the effectiveness of countermeasures, reverse the blind image of population service management and the shortcomings of emergency management, and provide data support for the formulation of medium and long-term population and economic and social development planning.

This book is divided into ten chapters. The measurement caliber of flow population is not unchanged. In the Chapter 1, we systematically discuss the definition of the important concept of population flow and the situation of floating population in the four national censuses since 1982. Chapter 2 discusses several different stages of the division of population mobility scale in a larger space. First, we think it is necessary to sort out the scale of cross-regional and Inter-provincial Migration in China since the reform and opening-up. Second, we should make a historical study of the scale of large population outflows from large provinces and the whole country so as to find out the law of the growth of population flows. Third, we should deduce the flow from the growth of the scale of flow population and the following big data reckoning, and make a good connection between them. We focus on the first-hand survey literature rather than census-related literature. The data obtained are closer to the reality and overall picture of China's population flow, and are quite consistent with the inference of the following big data. In Chapter 3, we focus on reviewing the research on population flowing based on big data since 2014, and focus on the case of Shenzhen, Suzhou, Wenzhou, Guangdong and Hunan. The first three chapters of the book constitute the first half of the monograph.

The second half of the book consists of seven chapters. Chapter 4 provides theoretical basis and data sources for the following big data reckoning. In terms of theoretical basis, the law of large numbers constitutes the key to the calculation of population flow and its flow direction in this book. Since the population flows from the inflow destination to the outflow source almost unidirectionally in the first ten days of the Spring Festival, and the cumulative total flow accounts for more than half of the outflow population, it becomes a reality to use the cumulative flow to calculate the total population flow and to calculate the composition of the outflow according to the sources. To filter short-term family visiting population flow and business population flow in the Spring Festival, sampling period is a great pioneer in the application of flow population big data in this book. The flow and direction of population flow in the whole country can be calculated with less data volume and sampling time.

Chapters 5 and 6 are empirical studies. Chapter 5 uses the law of large numbers and the cumulative value of large data sampling to calculate the scale and direction of population flow in provincial regions of China directly. In Chapter 7, based on the population gravity model, the flow and direction of population flow in provincial areas are weighted. The main reason for weighted calculation is that the population flow of Sichuan Province appears larger anomaly in Chapter 5, which is a sampling defect caused by distance. But this method solves the problem of Sichuan Province and underestimates the outflow of other large provinces to a certain extent. But the result of proportion in all directions in Chapter 5 is satisfying, so Chapter 6 is only a change of the total amount, and the proportion in all directions is no need to change. Chapter 7 and Chapter 8 are empirical studies of population flow in some improtant provinces. Chapter 7 mainly discusses the inflow of population of five major destinations of Guangdong, Zhejiang, Beijing, Shanghai and Jiangsu. Chapter 8 explores nine major provinces with large population outflows from Henan, Hunan, Sichuan, Anhui, Hubei, Jiangxi, Guangxi, Guizhou and Chongqing.

Chapter 9 discusses the errors in the calculation of flow and direction of population flow and the methods to eliminate them. Because of the shortcomings of data sampling, the outflow population of Beijing, Shanghai and Guangdong is large, but the outflow population of these three places can be regarded as the permanent population of their immigrants rather than as a calculating defect. Chapter 10 explores the study of large data on population mobility under the real-name system. We propose an accurate method for large data of population flow based on existing systems. This method avoids the massive data mining and data cleaning of unrelated data, and only needs to extract the valid fields in the formatted log data to achieve national census research, thus making it possible for individuals to conduct census. As the end of the book, this chapter also puts forward relevant policy suggestions and further research prospects, and establishes a new national organization for monitoring and serving big data application, so that big data will become a new method and means of the national population census in 2020.

In addition to the theoretical, methodological and practical innovations mentioned above, this study involves a large number of software applications. For example, in the early stage of the study, we used PostgreSQL open source object relational database system and Navicat Premium professional database management software and database development tools in the later stage. In drawing sketches, the team used XMind business mind mapping software. In the aspect of population flow and flow chart, we first use the personal computer version of GIS software such as QGIS. In the Research Report stage, we use ArcGIS as a comprehensive GIS platform. This book covers the multidisciplinary fields of economics, computer software, geographic information systems and population economics. It is a truly interdisciplinary and comprehensive emerging research.

Key Words: Big Data of Population Floating; Transprovincial Population Floating; National Census 2020

目 录

第一章 人口流动的重要概念界定及统计指标 …………… 1

 第一节 国内外有关人口流动的概念内涵 ……………… 1
  一、国际人口科学研究联盟（IUSSP） …………………… 1
  二、美国人口资料局（PRB） ……………………………… 3
  三、《流动人口计划生育工作条例》（2009 年） ………… 5
  四、国家统计局人口流动统计指标 ………………………… 7
  五、本书常用流动人口概念及指标 ………………………… 10
 第二节 全国第三次和第四次人口普查中的流动人口 … 12
  一、1982 年全国第三次人口普查（以下简称"三普"）… 13
  二、1990 年全国第四次人口普查（以下简称"四普"）… 14
  三、"四普"时期流动人口估计 …………………………… 15
 第三节 2000 年全国第五次人口普查中的流动人口 …… 17
  一、"五普"短表及长表所涉及的流动人口 ……………… 17
  二、"五普"流动人口数量及分类 ………………………… 19
  三、"五普"流动人口数量探讨 …………………………… 21
 第四节 2010 年全国第六次人口普查中的流动人口 …… 23
  一、"六普"短表所涉及的流动人口项目 ………………… 24
  二、"六普"长表所涉及的流动人口项目 ………………… 26

第二章 基于调查文献的人口流动流量、流向研究 …………… 29

第一节 省级区域内流动为主的年代：1980~1991年 ………… 29
一、农村劳动力非农就业率令人瞩目 …………………… 29
二、人口主要流向大城市及东部沿海地区 ……………… 31
三、中西部农村劳动力流出比例较高 …………………… 34
四、流动人口占全国总人口比重迅速提高 ……………… 36

第二节 由内陆向沿海跨省流动年代：1992~2000年 ………… 45
一、江西农村劳动力流出独具优势 ……………………… 46
二、川渝农村劳动力流出走在全国前列 ………………… 48
三、中部人口大省农村劳动力流出规模惊人 …………… 55
四、1995年以后黔桂滇农村劳动力流出加速 …………… 57
五、大西北农村劳动力流出同样抢眼 …………………… 61
六、东部农村劳动力流出规模也不小 …………………… 62
七、大城市流入人口迅猛增加 …………………………… 66

第三节 劳务输出地可供流动性快速枯竭年代：2001~2005年 … 68
一、农村劳动力非农就业转化基本完成 ………………… 69
二、劳务输出大省：河南人口流出规模及变化 ………… 71
三、劳务输出大省：川渝人口流出规模及变化 ………… 76
四、劳务输出大省：皖鄂湘赣人口流出规模及变化 …… 80
五、劳工流入大省：粤浙苏人口流入及变化 …………… 86
六、劳工流入目的地：其他地区案例 …………………… 92

第四节 跨省流动稳中有降、总流出人口保持平稳年代 ……… 102
一、农村流出劳动力跨省流动稳中有降的几个重要证据 … 102
二、广东省外省流入劳动力及流动人口估计 …………… 103
三、浙江及几个劳动力输出大省的人口流动 …………… 110
四、2006~2008年全国农村流出劳动力 ………………… 114

第五节 2010年以来的跨省人口流动文献综述 ……………… 126

一、贵州人口流动数据之谜 …………………………………… 127
　　二、"六普"之后人口流出大省概况 …………………………… 129
　　三、最大人口流入地——广东跨省流入人口 ………………… 135
　　四、基于春运客流的人口流动研究 …………………………… 137

第三章　人口流动研究学术综述及应用进展 …………………… 141

　第一节　基于人口普查和人口调查的人口流动研究简述 …… 142
　　一、报纸类文献占比较高 ……………………………………… 143
　　二、研究者对流动人口数量并不关注 ………………………… 144
　　三、社科基金项目占基金来源较大比重 ……………………… 145
　　四、机构及作者相对集中于长江以北 ………………………… 146
　　五、研究所用数据高度依赖人口普查 ………………………… 148

　第二节　人口流动大数据研究学术史梳理及研究动态 ……… 149
　　一、人口流动大数据研究概览 ………………………………… 149
　　二、人口大数据研究元年（2014年）………………………… 151
　　三、人口大数据研究分年综述：2015年 …………………… 153
　　四、人口大数据研究分年综述：2016年 …………………… 154
　　五、人口大数据研究分年综述：2017年 …………………… 157
　　六、人口大数据研究分年综述：2018年 …………………… 161

　第三节　近年来国内有关人口流动大数据报告 ……………… 163
　　一、《基于移动大数据的深圳市人口统计研究报告》……… 163
　　二、《苏州人口大数据分析报告》…………………………… 169
　　三、《基于移动大数据的温州人口分析报告》……………… 172
　　四、基于移动大数据的重庆市人口流动 ……………………… 176
　　五、基于移动大数据的人口流动：广东和湖南 ……………… 181

第四章　人口流动大数据计算基本理论和基础数据 …………… 185

　第一节　流动人口数量与大数定律 …………………………… 185

一、弱大数定律 …………………………………………… 185
　　二、强大数定律 …………………………………………… 186
　　三、切比雪夫定理 ………………………………………… 187
第二节　人口流动流量引力模型 ………………………………… 188
　　一、齐普夫城市人口流量引力模型 ……………………… 189
　　二、人口引力模型实证分析——以广东为例 …………… 190
第三节　人口重心与人口跨省迁移距离 ………………………… 192
　　一、人口重心及重心之间的距离 ………………………… 192
　　二、我国人口重心变动 …………………………………… 193
第四节　原始数据表结构及字段说明 …………………………… 195
　　一、人口大数据表字段结构 ……………………………… 195
　　二、用于人口大数据分析的数据表字段 ………………… 196
第五节　原始数据文件导入 ……………………………………… 198
　　一、基础数据表的生成 …………………………………… 198
　　二、日常性人口流动测定所用的数据表 ………………… 200

第五章　全国跨省人口流出流量、流向计算 ……………………… 201
第一节　初始无量纲流量与流向 ………………………………… 203
第二节　省际人口流动流出量与流向的 SQL 查询实现 ………… 205
第三节　省际人口流动流入量与流向的 SQL 查询实现 ………… 207
第四节　全国人口跨省流出百分比构成的 SQL 查询实现 ……… 210
第五节　全国人口跨省流入百分比构成的 SQL 查询实现 ……… 222

第六章　全国人口流动流量、流向矩阵分析 ……………………… 229
第一节　非加权无量纲分省流量 ………………………………… 229
第二节　加权分省人口流量构成 ………………………………… 232
第三节　跨省流动人口平均流动距离 …………………………… 234
第四节　跨省人口流动矩阵——基于"五普"与"六普" ……… 238

第五节　基于大数据的跨省人口流动矩阵 ……………… 250
一、非加权无量纲流量矩阵 ……………………………… 250
二、加权无量纲人口流出量矩阵 ………………………… 252
三、加权无量纲人口流入量及其占全国百分比 ………… 256
四、省级区域外来常住人口推算 ………………………… 258

第七章　主要流入目的地人口流量及流向测度 ……… 263

第一节　广东省 ……………………………………………… 263
一、申领暂住证人口与实际流入人口 …………………… 263
二、由手机用户数推算实际流入人口 …………………… 264
三、广东省外来人口（流入半年以上）………………… 267
四、单一指标人口流动大数据测定 ……………………… 269

第二节　浙江省 ……………………………………………… 272
一、暂住人口与实际流入人口 …………………………… 272
二、实际跨省流入人口推算 ……………………………… 273
三、基于大数据的浙江跨省人口流动（流入视角）…… 275

第三节　北京市 ……………………………………………… 278
一、北京全市总人口估计 ………………………………… 278
二、基于大数据的北京外来流入人口 …………………… 281

第四节　上海市 ……………………………………………… 285
一、对上海人口总量的基本判断 ………………………… 285
二、基于大数据的上海外来流入人口 …………………… 287
三、2010年以来上海外来流入人口变动 ………………… 288

第五节　江苏省 ……………………………………………… 290
一、江苏实有常住人口 …………………………………… 290
二、基于大数据的江苏外来常住性流入人口 …………… 292

第八章 主要流出来源地人口流出量及其流向测度 ………… 295

第一节 河南省 …………………………………………………… 295
一、跨省人口流出规模探讨 ………………………………… 295
二、基于大数据的河南跨省人口流向构成 ………………… 298
三、"六普"以来河南跨省流出人口变化 ………………… 299

第二节 湖南省 …………………………………………………… 302
一、跨省人口流出规模探讨 ………………………………… 302
二、基于大数据的湖南跨省人口流向构成 ………………… 305
三、"六普"以来湖南跨省流出人口变化 ………………… 306

第三节 四川省 …………………………………………………… 309
一、跨省人口流出规模探讨 ………………………………… 309
二、基于大数据的四川跨省人口流向构成 ………………… 315
三、"六普"以来四川跨省流出人口变化 ………………… 316

第四节 安徽省 …………………………………………………… 319
一、跨省人口流出规模探讨 ………………………………… 319
二、基于大数据的安徽跨省人口流向构成 ………………… 321
三、"六普"以来安徽跨省流出人口变化 ………………… 321

第五节 湖北省 …………………………………………………… 324
一、农村剩余劳动力与流出人口 …………………………… 324
二、湖北省流出人口规模估计 ……………………………… 327
三、基于大数据的湖北跨省人口流向构成 ………………… 328

第六节 江西省 …………………………………………………… 331
一、跨省流出人口规模 ……………………………………… 331
二、基于大数据的江西跨省人口流向构成 ………………… 334
三、基于大数据的江西跨省人口流动变化 ………………… 335

第七节 广西壮族自治区 ………………………………………… 338
一、跨省流出人口规模 ……………………………………… 338

二、基于大数据的广西跨省人口流向构成 …………………… 341

　　三、基于大数据的广西跨省人口流动变化 …………………… 342

第八节　贵州省 ………………………………………………… 345

　　一、跨省流出人口规模 ………………………………………… 345

　　二、贵州跨省人口流向构成 …………………………………… 348

　　三、贵州跨省人口流动变化 …………………………………… 349

第九节　重庆市 ………………………………………………… 351

　　一、跨市流出人口规模 ………………………………………… 351

　　二、重庆跨省人口流向构成 …………………………………… 355

第九章　跨省人口流向构成和总流量误差校正 ………………… 359

第一节　无量纲总流动量及流向构成的测定 …………………… 359

　　一、无量纲总流动量 …………………………………………… 359

　　二、实际人口流量和流向构成 ………………………………… 360

　　三、无量纲总流出量和实际人口流出量 ……………………… 361

第二节　流出目的地流入人口的测定 …………………………… 365

　　一、目的地流入人口推算方法 ………………………………… 365

　　二、大陆31个省级区域的流入人口 …………………………… 366

第三节　流入来源地流出人口的测定 …………………………… 368

　　一、来源地流出人口推算方法 ………………………………… 368

　　二、中国34个省级区域的流出人口 …………………………… 370

第四节　与卫计委流动人口司推算的省际人口流动比较 ……… 372

　　一、省际流出人口占全国比重 ………………………………… 372

　　二、加权调整后的省际流出人口 ……………………………… 376

　　三、基于流入地的来源地流出人口的测算 …………………… 377

第五节　人口净流入大城市的人口流动 ………………………… 377

　　一、无量纲流入量和流出量 …………………………………… 377

　　二、人口纯流入城市 …………………………………………… 378

第十章　实名制条件下的人口流动大数据 ……………… 381

第一节　居民身份信息与人口流动 …………………… 381
第二节　支付、征信与人口流动大数据 ………………… 383
　　一、征信大数据与人口流动案例 ………………………… 383
　　二、基础数据源：千亿级非现金支付业务 ……………… 386
　　三、人户分离、常住人口和流动人口判断 ……………… 387
　　四、连续日期的计算 ……………………………………… 388
　　五、数据采集及信息流程 ………………………………… 389
第三节　移动实名与人口流动大数据 …………………… 391
　　一、基础数据源和数据量 ………………………………… 392
　　二、基本数据、字段及数据成本 ………………………… 393
　　三、移动日志数据归集及信息流程 ……………………… 394
　　四、数据的初步清洗 ……………………………………… 396
第四节　大数据时代的 2020 年全国人口普查 ………… 397
　　一、人口普查成本比较 …………………………………… 397
　　二、人口普查数据字段分析 ……………………………… 398
　　三、人口普查基础数据源 ………………………………… 400
第五节　结语、政策建议与进一步研究展望 ………… 403
　　一、近年来全国人口流动平稳，并不存在加速流出或加速
　　　　流入的情形 …………………………………………… 403
　　二、传统人口抽样调查汇总处理时加权计算缺失会产生
　　　　较大的误差 …………………………………………… 404
　　三、在大型节假日采集人口流动数据样本可得到较好的
　　　　流量、流向测定值 …………………………………… 405
　　四、个人大数据研究受数据来源限制，应大力推动大数据
　　　　监管与服务管理 ……………………………………… 406

五、流动人口总量将趋于长期下降，城市和区域发展
面临人口挑战 ………………………………………… 408

参考文献 …………………………………………………… 411

索　引 ……………………………………………………… 433

后　记 ……………………………………………………… 445

专家推荐表 ………………………………………………… 449

Contents

Chapter 1 Definition of Important Concepts of Population Flow and Total Statistics ·· 1

    1.1 Conceptual Connotation of Population Flow at Home and Abroad ·· 1

        1.1.1 International union for the scientific study of population (IUSSP) ··· 1

        1.1.2 U.S. population research bureau (PRB) ························ 3

        1.1.3 Regulations on family planning of floating population (2009) ··· 5

        1.1.4 Statistical indicators of population mobility of national bureau of statistics ··· 7

        1.1.5 Commonly used concept and index of floating population in this book ··· 10

    1.2 Floating Population in the Third and Fourth National Population Census ·· 12

        1.2.1 The third national census in 1982 (hereinafter referred to as "Sanpu") ··· 13

        1.2.2 The fourth national census in 1990 (hereinafter referred to as "Sipu") ··· 14

        1.2.3 Estimation of floating population in "Sipu" ················ 15

1.3　Fifth National Population Census 2000 ········· 17

 1.3.1　Floating population referred in the short and long tables of "Wupu" ········· 17

 1.3.2　Number and classification of floating populations of "Wupu" ········· 19

 1.3.3　Analysis on the scale of floating population of "Wupu" ········· 21

1.4　Sixth National Population Census 2010 ········· 23

 1.4.1　Floating population referred in the short tables of "Liupu" ········· 24

 1.4.2　Floating population referred in the long tables of "Liupu" ········· 26

Chapter 2　Research on Flow and Flow of Population Based on Survey Documents ········· 29

2.1　The First Economizing Region Was Dominated by Intro-regional Flows: 1980~1991 ········· 29

 2.1.1　The non-agricultural employment rate of rural labor force is remarkable ········· 29

 2.1.2　The population mainly flows to big cities and the eastern coastal areas ········· 31

 2.1.3　The outflow rate of rural labor force in central and Western China is relatively high ········· 34

 2.1.4　The proportion of floating population in the country has increased rapidly ········· 36

2.2　The Age of Inter-provincial Mobility from Inland to Coastal Areas: 1992~2000 ········· 45

 2.2.1　Jiangxi rural labor outflow has unique advantages ········· 46

	2.2.2	The outflow of rural labor force in Sichuan and Chongqing is front rank	48
	2.2.3	The scale of outflow of rural labor force in Central China is shocking	55
	2.2.4	The outflow of rural labor force accelerated in Guizhou, Guangxi and Yunnan after 1995	57
	2.2.5	The outflow of rural labor force in Northwest China is also eye-catching	61
	2.2.6	The outflow scale of rural labor force in eastern China is also impressive	62
	2.2.7	The inflow population of big cities is increasing rapidly	66
2.3	The Age of Rapid Exhaustion of Liquidity in Labor Export Areas: 2001~2005		68
	2.3.1	The transformation of rural labor force's non-agricultural employment has been basically completed	69
	2.3.2	Labor outflow province: The scale and change of population outflow in Henan	71
	2.3.3	Labor outflow province: Population outflow scale and change in Sichuan and Chongqing	76
	2.3.4	Labor outflow province: Population outflow scale and change in Anhui, Hubei, Hunan and Jiangxi	80
	2.3.5	Labor outflow province: Population inflow and changes in Guangdong, Zhejiang and Jiangsu Provinces	86
	2.3.6	Labor inflow destinations: Cases from other provinces	92
2.4	The Stable Decline of the Cross-provincial Mobile Labor Force and the Stable Period of the Total Outflow Population		102

2.4.1　Important evidences of steady flow of rural labor force between provinces ……………………………………… 102

　　2.4.2　Estimation of labor force inflow and floating population from other provinces in Guangdong …………………… 103

　　2.4.3　Population flow in Zhejiang and other large labor outflow provinces ………………………………………………… 110

　　2.4.4　Rural labor outflow in China from 2006 to 2008 ……… 114

2.5　Literature Review of Inter-provincial Population Flow since 2010 ………………………………………………………………… 126

　　2.5.1　The riddle data of Guizhou's population flow ………… 127

　　2.5.2　General situation of population outflow after "Liupu" … 129

　　2.5.3　The largest destination of population inflow: Guangdong ……………………………………………… 135

　　2.5.4　Research on population flow based on Spring Festival transportation passenger flow ………………………… 137

Chapter 3　Academic Review and Application Progress of Population Flow Research …………………………………………… 141

3.1　A Brief Introduction to the Study of Population Flow Based on Census and Population Survey ………………………………… 142

　　3.1.1　Newspaper literature accounts for a large proportion …… 143

　　3.1.2　Researchers are not concerned about the quantity of floating population ………………………………………………… 144

　　3.1.3　Projects from social science funds account for a large proportion ………………………………………………… 145

　　3.1.4　Institutions and authors are relatively concentrated in the north of the Yangtze River ……………………………… 146

Contents

3.1.5 The data used in the study are highly dependent on official census data ········ 148

3.2 A Review of the Academic History and Research Trends of Population Mobility Research Based on Big Data ········· 149

 3.2.1 Overview of big data research on population mobility ··· 149

 3.2.2 The first year of population research based on big data (2014) ········ 151

 3.2.3 Annual review of population research with big data: 2015 ········ 153

 3.2.4 Annual review of population research with big data: 2016 ········ 154

 3.2.5 Annual review of population research with big data: 2017 ········ 157

 3.2.6 Annual review of population research with big data: 2018 ········ 161

3.3 Report on the Big Data of Population Flow in China in Recent Years ········ 163

 3.3.1 Report on Shenzhen population statistics based on big data of mobile users ········ 163

 3.3.2 Suzhou population analysis report based on big data ······ 169

 3.3.3 Wenzhou population analysis report based on big data ··· 172

 3.3.4 Population flow in Chongqing based on mobile big data ········ 176

 3.3.5 Population flow based on mobile big data: Guangdong and Hunan ········ 181

Chapter 4 Basic Theory and Basic Data for Large Data Computation of Population Flow ………… 185

4.1 The Number of Floating Population and the Law of Large Number ……………… 185
    4.1.1 The weak law of large numbers ……………… 185
    4.1.2 The strong law of large numbers ……………… 186
    4.1.3 Chebyshev's theorem ……………… 187
4.2 Gravity Model of Population Flow Volume ……………… 188
    4.2.1 Gravity model of Zipf urban population flow ……………… 189
    4.2.2 Empirical analysis of population gravity model: A case study of Guangdong ……………… 190
4.3 The Migration Distance between Population Center of Gravity and Provincial Administrative Regions ……………… 192
    4.3.1 Gravity center of regional population and its distance ……………… 192
    4.3.2 The change of population gravity center in China ……………… 193
4.4 Structure and Field Description of the Original Data Table ……………… 195
    4.4.1 Data table field structure of population ……………… 195
    4.4.2 Data table field for large population data analysis ……………… 196
4.5 Input of Raw Data Files ……………… 198
    4.5.1 Generation of basic data tables ……………… 198
    4.5.2 Data sheet for daily population mobility determination ……………… 200

Chapter 5 Calculation of Outflow Flow and Flow of National Inter-provincial Population ……………… 201

5.1 Initial Dimensionless Flow and Flow Dimension ……………… 203

Contents

5.2 The Realization of Dimensionless Outflow and Flow of International Population Flow by SQL Inquiry 205

5.3 Dimensionless Inflow and Flow of International Population Flow by SQL Query 207

5.4 Implementation of SQL Query on the Percentage of Cross-provincial Outflow of Population in China 210

5.5 Implementation of SQL Query on the Percentage of National Population Inflow across Provinces 222

Chapter 6 Matrix Analysis of Flow and Flow of Population in China 229

6.1 Non-weighted Dimensionless Provincial Flow 229

6.2 Composition of Weighted Provincial Population Flow 232

6.3 Average Distance of Inter-provincial Floating Population 234

6.4 Cross-provincial Population Flow Matrix: Based on the Fifth and Sixth Census 238

6.5 Cross-provincial Migration Matrix Based on Big Data 250

    6.5.1 Unweighted dimensionless flow matrix 250

    6.5.2 Weighted dimensionless population outflow matrix 252

    6.5.3 Weighted dimensionless population inflow and its percentage in China 256

    6.5.4 Calculation of permanent resident population inflow from other provinces 258

Chapter 7 Measurements of Population Flow and Flow Direction in Major Inflow Destinations 263

7.1 Population Inflow of Guangdong Province 263

7.1.1　Population applying for temporary residence permit and its actual inflow ……263

7.1.2　Calculating the actual inflow population from the number of mobile users ……264

7.1.3　Floating population in Guangdong (inflow for more than half a year) ……267

7.1.4　Big data measurement of population mobility with a single index ……269

7.2　Population Inflow of Zhejiang Province ……272

7.2.1　Population of temporary resident and actual inflow ……272

7.2.2　Calculation of the actual population inflow from other provinces ……273

7.2.3　Cross-provincial population flow in Zhejiang Province Based on big data with inflow perspective ……275

7.3　Population Inflow of Beijing ……278

7.3.1　Estimation of the total population of Beijing ……278

7.3.2　Beijing's floating population based on big data ……281

7.4　Population Inflow of Shanghai ……285

7.4.1　A basic judgment on the total population of Shanghai ……285

7.4.2　Estimation of Shanghai inflow population based on big data ……287

7.4.3　Changes of Shanghai's floating population since 2010 ……288

7.5　Population Inflow of Jiangsu Province ……290

7.5.1　The real resident population in Jiangsu Province ……290

7.5.2　Estimation of the inflow population of Jiangsu Province based on big data ……292

Contents

Chapter 8 Measurement of Population Outflow Volume and Its Flow Direction from Major Outflow Sources ····················· 295

    8.1 Population Outflow of Henan Province ························ 295

        8.1.1 Discussion on the population outflow scale of cross-provincial in Henan ·· 295

        8.1.2 Percentage composition of population outflow in Henan based on big data ·· 298

        8.1.3 Changes of population outflow in Henan Province since "Liupu" ·· 299

    8.2 Population Outflow of Hunan Province ························ 302

        8.2.1 Discussion on the population outflow scale of cross-provincial in Hunan ·· 302

        8.2.2 Percentage composition of population outflow in Hunan based on big data ·· 305

        8.2.3 Changes of population outflow in Hunan Province since "Liupu" ·· 306

    8.3 Population Outflow of Sichuan Province ······················ 309

        8.3.1 Discussion on the population outflow scale of cross-provincial in Sichuan ·· 309

        8.3.2 Percentage composition of population outflow in Sichuan based on big data ·· 315

        8.3.3 Changes of population outflow in Sichuan Province since "Liupu" ·· 316

    8.4 Population Outflow of Anhui Province ························ 319

        8.4.1 Discussion on the population outflow scale of cross-provincial in Anhui ·· 319

8.4.2 Percentage composition of population outflow in Anhui based on big data ……… 321

8.4.3 Changes of population outflow in Anhui Province since "Liupu" ……… 321

8.5 Population Outflow of Hubei Province ……… 324

8.5.1 Rural surplus labor force and outflow population ……… 324

8.5.2 Estimation of outflow population scale in Hubei Province ……… 327

8.5.3 Percentage composition of population outflow in Hubei based on big data ……… 328

8.6 Population Outflow of Jiangxi Province ……… 331

8.6.1 The population outflow scale of cross-provincial in Jiangxi ……… 331

8.6.2 Percentage composition of population outflow in Jiangxi based on big data ……… 334

8.6.3 Changes of population outflow in Jiangxi Province based on big data ……… 335

8.7 Population Outflow of Guangxi Province ……… 338

8.7.1 The population outflow scale of cross-provincial in Guangxi ……… 338

8.7.2 Percentage composition of population outflow in Guangxi based on big data ……… 341

8.7.3 Changes of population outflow in Guangxi Province based on big data ……… 342

8.8 Population outflow of Guizhou Province ……… 345

8.8.1 The population outflow scale of cross-provincial in Guizhou ……… 345

Contents

- 8.8.2 Percentage composition of population outflow in Guizhou ······ 348
- 8.8.3 Changes of population outflow in Guizhou Province ······ 349
- 8.9 Population outflow of Chongqing District ······ 351
  - 8.9.1 The population outflow scale of cross-provincial in Chongqing ······ 351
  - 8.9.2 Percentage composition of population outflow in Chongqing ······ 355

Chapter 9 Composition of Cross-provincial Population Flow and Error Correction of Total Flow ······ 359

- 9.1 Measurement of Dimensionless Total Flow Volume and Flow Composition ······ 359
  - 9.1.1 Dimensionless total flow quantity ······ 359
  - 9.1.2 Composition of actual population flow and its percentage ······ 360
  - 9.1.3 Dimensionless total outflow and its actual population outflow ······ 361
- 9.2 Measurement of Outflow Destinations and Inflows ······ 365
  - 9.2.1 Inflow population calculation method of destination region ······ 365
  - 9.2.2 The inflow population of 31 provinces in mainland China ······ 366
- 9.3 Measurement of the Outflow Population from the Source of Inflow ······ 368
  - 9.3.1 The outflow population calculation method of origin region ······ 368
  - 9.3.2 The outflow population of 34 provinces in China ······ 370

9.4 Comparing with the Inter-provincial Population Flow Estimated by the Department of Floating Population of the SHPC …… 372
    9.4.1 Percentage of cross provincial outflow population in China …… 372
    9.4.2 Cross provincial outflow population after weighted adjustment …… 376
    9.4.3 Calculation of outflow population based on the source of inflow …… 377
9.5 Net Population Flow into Big Cities …… 377
    9.5.1 Dimensionless inflow and outflow …… 377
    9.5.2 Cities with net population inflow …… 378

Chapter 10 Large Data on Population Flow under Real Name System …… 381

10.1 Resident Identity Information and Population Flow …… 381
10.2 Payment, Credit Reporting and Population Flow Data … 383
    10.2.1 A case study of credit data and population flowing …… 383
    10.2.2 Basic data source: 100 billion level non cash payment business …… 386
    10.2.3 The number estimation and judgement of households-separation, permanent residents and floating …… 387
    10.2.4 Continuous date calculation …… 388
    10.2.5 Data collection and information flow …… 389
10.3 Mobile Real Name and Population Flow Data …… 391
    10.3.1 Basic data source and data volume …… 392
    10.3.2 Basic data, fields and data cost …… 393
    10.3.3 Mobile log data collection and its information flow …… 394
    10.3.4 Preliminary data cleaning …… 396

10.4	National Population Census 2020 in the Age of Big Data		397
	10.4.1	Census cost and comparison	397
	10.4.2	Data field analysis of census	398
	10.4.3	Basic data sources of census	400
10.5	Concluding Remarks, Policy Recommendations and Further Research Prospects		403
	10.5.1	In recent years, China's population flow has been stable, and there is no accelerated outflow or Inflow situation	403
	10.5.2	The loss of weighted calculation in the traditional population sampling survey is likely to cause greater error	404
	10.5.3	Data collection of movement in large holidays can get better results	405
	10.5.4	Personal data research is limited by data sources. We should vigorously promote the regulation and manage-ment of big data	406
	10.5.5	The total number of floating population will decline for a long time, and city and regional development will face population challenges	408

References ·· 411

Indexes ·· 433

Postscript ··· 445

Recommendations ·· 449

第一章 人口流动的重要概念界定及统计指标

不同的统计口径对流动人口数量会有明显或非常大的影响。就本书的研究而言，什么是人口流动，流动人口数量的统计范围包括哪些，流动人口与外来人口的关系，常住人口、户籍人口和流动人口之间的关系等，都是我们需首先从概念上予以明确与界定的。

第一节 国内外有关人口流动的概念内涵

在国际上，国际人口科学研究联盟（IUSSP）和美国人口资料局（PRB）有关人口迁移或人口流动的概念得到国内外学者的普遍认可和使用。在国内，国家统计局、国家卫计委及公安机关等部门对人口流动的统计口径都有一定的差异，需要仔细鉴别和分析。

一、国际人口科学研究联盟（IUSSP）

国际人口科学研究联盟（International Union for the Scientific Study of Population，IUSSP）的前身最早可追溯到1928年。自1947年重新组织为"国际人口科学研究联盟"以来，该联盟的会员人数大幅增长，并扩展到世界各地。总部位于巴黎，其办公地点在国家人口研究所（The Institut

National d'Etudes Démographiques, INED) 大厦第五层。IUSSP 的使命是促进全球学者对人口的科学研究与交流,激发人们对人口问题的关注与兴趣。自 1965 年在南斯拉夫首都贝尔格莱德召开战后第二次世界人口会议(UN World Population Conference)① 以来,由 IUSSP 组织召开的世界人口大会每四年举办一次,被称为人口学界的"奥林匹克大会"。作为全世界人口学者共同关注和期待的盛会,至 2017 年已经举办到第 28 届(IPC2017),1997 年第 23 届国际人口科学大会首次在我国北京召开。鉴于国际人口科学大会的国际影响力,建议我国上海、成都或武汉等城市申办 2025 年第 30 届大会(IPC2025)。

国际人口科学研究联盟(IUSSP)主持编写的《多种语言人口学辞典》认为,"人口迁移"就是"人口从一个地区(原住地或迁出地)到另一个地区(目的地或迁入地)的永久性地区移动或者空间移动"(IUSSP,1982)。"人口迁移"是一种行为,而迁移活动的人则称为"迁移人口"。这两个概念分别对应国内通常所讲的"人口流动"和"流动人口"。显然,"人口流动"和"流动人口"既要强调发生流动活动过程的连续性(有一定的时长)以及流动过程结束之后在目的地居住的"永久性"(居住较长的时间),又要强调流出地和流入地的空间距离(即人们要在两个相距"足够远"的空间上发生位置移动)。针对我国的户籍制度,国内有学者将伴随有户口变动的迁移行为称之为"人口迁移"或"迁移人口",而将"人口流动"和"流动人口"定义为没有户口变动的迁移行为。这种做法实际上与 IUSSP 的定义有较大冲突,由于本书主要研究省级行政区域或地级市以上区域之间的人口迁移,因此不必区分是否有户口变动,仅关心迁移的目的和时间而统一将其称为"人口流动"(迁移行为的发生)和"流动人口"(迁移主体人)。

---

① 1965 年贝尔格莱德人口会议是根据 1962 年联合国大会决议和 1963 年联合国经社理事会决议召开的战后第二次世界人口会议,其目的是促进世界各国对人口问题和人口开发问题的研究,并探求改进人口资料收集的方法。世界各国许多人口学家都把 1965 年的贝尔格莱德人口会议作为世界人口形势的转折点。

二、美国人口资料局（PRB）

美国人口资料局（Population Reference Bureau，PRB）是一个成立于1929年的私营非营利性组织。PRB编译的《人口手册》自1978年首次出版以来，已被翻译成多种语言并被全世界社会人口学、地理学及城市研究领域的师生广泛使用，成为人口相关概念的权威指南，也为政策制定者和城市规划专家所推崇。其最新第六版的《人口手册》（*PRB's Population Handbook*，2011）对"人口迁移（Migration）"的定义是"人们为寻求建立一个新的永久或半永久居留地而跨越特定地理边界的人口移动行为"。通常将"移民"（"Immigration" and "Emigration"）概念用来指国家间的迁移（国际移民），而将"迁入"（"In-migration"，相当于国内的"人口流入"）和"迁出"（"Out-migration"，相当于国内的"人口流出"）用于指在一个国家内地区之间的迁移（内部迁移）。国内的人口流动通常以就业为第一目的，而居住地（非定居地）的改变则是人口流动的直接且可见的结果之一。除给出人口迁移的定义之外，PRB的《人口手册》还给出了如下几个与人口迁移有关的计算公式（见式（1-1）、式（1-2）、式（1-3）、式（1-4））：

1. 人口迁入率（Immigration Rate）

$$\frac{迁入人口总数}{目的地年中人口总数} \times K = \frac{65210}{4825552} \times 1000 = 13.5 \qquad (1-1)$$

以挪威为例，2009年挪威年中人口总数为4825552，全年流入人口为65210人，由此计算挪威每1000名居民中外来移民人口为13.5人。欧洲不少国家的外来移民在人口增长中起着重要的作用，例如2009年瑞典66%的人口增长是外来移民的结果。在计算人口迁移率时，分子分母中的人口数可能因人口数据采集的时点不同而有所改变，但最终结果变化会比较少。在中国东部沿海大城市人口几乎为人口净流出的同时，中西部大城市则表现为人口净流入。例如，新疆维吾尔自治区2016年省外流入人口

30.55万人，年末总人口2981.76万人，由此可推算出2016年新疆维吾尔自治区每1000名人口中迁入人口为10.25人。

2. 人口迁出率（Emigration Rate）

$$\frac{迁出人口总数}{来源地年中人口总数} \times K = \frac{26576}{4825552} \times 1000 = 5.5 \qquad (1-2)$$

以挪威为例，2009年挪威年中人口总数为4825552，全年流出人口为26576人，由此计算挪威每1000名居民中移民国外人口为5.5人。以上海市为例，2016年全市常住人口2420万人，比2015年净增加人口4.4万人，出生人口比死亡人口多6.8万人，流出人口2.4万人，由此可粗略计算出2016年上海市每1000名常住人口中迁出人口为0.99人。

3. 人口净迁入率（Net Immigration Rate）

$$\frac{净迁入人口总数}{来源地年中人口总数} \times K = \frac{65210-26576}{4825552} \times 1000 = 8.0 \qquad (1-3)$$

以挪威为例，2009年挪威每1000名居民人口净增8人。2010年，澳大利亚每1000人口中净移民人口为11人；美国每1000人口中净移民人口为2.8人；而保加利亚在2009年的净移民率为-2.1，即每1000人中有2.1人（净结果是由于移民导致每1000人口2.1人的损失）。中国东部沿海大城市占中国GDP比重较大，2009年以来的人口净流出导致经济失速，而中西部由于GDP占全国比重较小，无法弥补东部经济的失速，从而直接导致中国经济由高速增长转向中高速增长。

4. 净迁移量（Net Migration）

$$国际移民数-国内净流出人口数 = 165600-98798 = 66802 \qquad (1-4)$$

以美国加利福尼亚州为例，在截至2009年7月1日的一年里，加州的国际移民数为165600人，国内净流出人口数为98798人，则该州该年度的人口净增加66802人。以上海市为例，官方数据显示的常住人口自2014年以来净增加量急速减小，其中2014年净减少10.41万人，2017年比2016年净减少1.37万人，由于新出生人口数依然大于死亡人口数，近三年来上海的人口实际为连续净流出。在本书的研究中，我们主要关注以省级行政区域为单位的人口流动总流量、净流量、来源地流出量、目的地流入量，并将这些流动量与2010年全国第六次人口普查相比来测算流量的变化。

三、《流动人口计划生育工作条例》（2009年）

伴随着中国改革开放的进程，计划生育和流动人口管理在国家管理和社会治理中占有越来越重要的地位。1982年党的十二大将全面实行计划生育作为我国的基本国策之一，但直到20年后的2002年9月，《中华人民共和国人口与计划生育法》才正式实施。与此相适应，为了加强流动人口计划生育工作，依据《中华人民共和国人口与计划生育法》制定了《流动人口计划生育工作条例》。该条例第二条特别明确了所谓的"流动人口"是指离开户籍所在地的县、市或者市辖区，以工作、生活为目的异地居住的成年育龄人员。但是，下列两种情况的人员除外：一是因出差、就医、上学、旅游、探亲、访友等事由异地居住、预期将返回户籍所在地居住的人员；二是在直辖市、设区的市行政区域内区与区之间异地居住的人员。

与IUSSP和PRB关于人口迁移的定义相比，首先，《流动人口计划生育工作条例》中的流动人口并不强调定居是否是"永久性"的，而是强调"流动"的目的性，即以工作、生活为目的的人口空间上的移动，并明确排除出差、就医、上学、旅游、探亲、访友等短期性移动因素；其次，还进一步排除城市区域内的人口空间上的移动；最后，流动人口管理的重点是成年育龄人员。《民法通则》第十一条规定，十八周岁以上的公民是成年人，此外还规定十六周岁以上不满十八周岁的公民，以自己的劳动收入为主要生活来源的，视为完全民事行为能力人。我国育龄妇女一般是指年龄在15~49周岁的妇女，但是20~29岁是大多数妇女选择生育的时期。因此，我国计生委统计的流动人口主要以15~49周岁的妇女及其配偶子女流动情况为主。随着我国流动人口高龄化时代的到来，50岁以上流动人口占全部流动人口的比重也迅速上升。例如，2015年50岁以上的农民工占农民工总数的比例由2010年的14.3%上升至2015年的17.9%，因此，来自国家卫计委系统的后期流动人口规模的增加实际上还需要做出一定的调整才具备可比性。

2013年以来，由国家卫计委流动人口服务司主导的年度流动人口调查问卷年平均约有20万份样本，流动人口抽样率最大的2015年也仅为0.834‰（如表1-1所示），这种极小的样本量很难推算出较准确的流动人口总量。另外，无论是流动人口的流出来源地还是流入目的地，流动人口的区域分布都是极不均衡的，虽然在进行抽样调查时尽量避免了这种情况，但依旧没有解决流动人口区域分布极不均衡的问题。例如，广东跨省流入人口约占全国的1/3，但其调查问卷却没有考虑这种地区分布的不均衡问题。需要指出的是，该流动人口数据平台虽然对流动人口流量的绝对值而言有较大的误差，但其地区来源地和流向目的地的比例构成数据的质量却相对要高得多，在确定流动总量后完全可以用来推算各方向的流量，因而具有较大的再利用价值。

表1-1 我国流动人口规模及其调查样本情况

年份	农民工总数（万人）	外出农民工总数（万人）	农民工外出率（%）	流动人口总数（万人）	农民工占流动人口比重（%）	调查问卷样本量（份）	流动人口抽样率（‰）
2010	24223	15335	63.31	22100	69.39	122670	0.555
2011	25278	15863	62.75	23000	68.97	128000	0.557
2012	26261	16336	62.21	23600	69.22	158556	0.672
2013	27395	16610	60.63	24500	67.80	198795	0.811
2014	27747	16821	60.62	25300	66.49	200937	0.794
2015	27747	16884	60.85	24700	68.36	206000	0.834
2016	28171	16934	60.11	24500	69.12	169000	0.690
2017	28652	17185	59.98	24400	70.43	—	—

注：列1、列2、列4和列6数据来源于国家卫生计生委流动人口服务中心流动人口服务平台（http://www.chinaldrk.org.cn/wjw/）；列3=列2/列1；列5=列2/列4；列7=列6/列4。

四、国家统计局人口流动统计指标

美国的人口普查是由美国商务部下属的美国人口普查局（United States Census Bureau）组织进行的。美国人口普查局作为一个永久性的机构成立于1902年（比美国商务部早成立11年），美国宪法明确规定，美国人口普查局必须至少每10年进行一次人口普查。美国人口普查局除提供人口数据外，还提供经济指标、美国商业统计、工业报告等20余个全国性的大型数据调查。除独立调查外，美国人口普查局还从其他多个机构汇集调查信息（见图1-1）。而我国并没有从国家层面上建立专门的流动人口统计调查制度。全国流动人口数据主要是根据每10年一次的全国人口普查和每5年一次的全国1%人口抽样调查获得的。此外，国家统计局从1983年开始，在非人口普查年份和非1%人口抽样调查年份进行人口变动情况抽样调查，样本量占全国总人口的1‰左右。各地方统计局则根据本地区实际情况，从不定期的流动人口中抽样调查推算，或者结合公安户籍（暂住）、计生、卫生等部门的人口统计资料，估计出每年流动人口的数据。

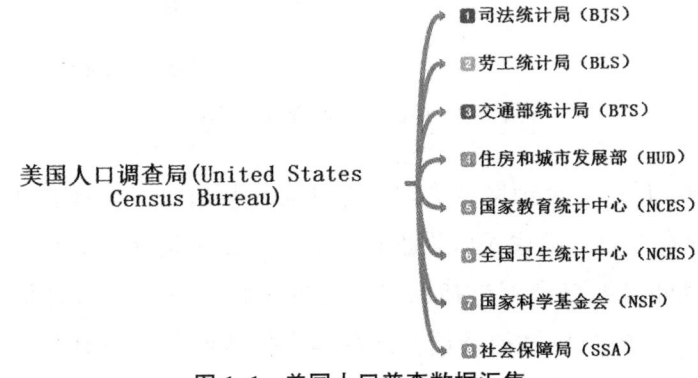

图1-1 美国人口普查数据汇集

根据《全国人口普查条例》（2010年）第三条规定，由国务院统一领导全国人口普查工作，研究决定人口普查中的重大问题；地方各级人民政府按照国务院的统一规定和要求，领导本行政区域的人口普查工作，各级人民政府设立由统计机构和有关部门组成的人口普查机构，负责人口普查的组织实施工作；村民委员会、居民委员会应当协助所在地人民政府动员和组织社会力量，做好本区域的人口普查工作。在具体数据收集方面，由国家统计局人口和社会科技统计司承担主要人口数据的收集工作；公安部门根据其户籍人口登记及统计，汇总各地区人口普查年度的人口总数及出生、死亡、迁移等人口数量信息，根据制发暂住证情况汇集其掌握的外来人口暂住数量；民政部门负责人口婚姻登记并由中国民政统计年鉴发布数据；计划生育部门进行生育统计；劳动人事部门进行就业、待业方面的统计；卫生部门进行人口死亡原因统计；教育部门进行各级各类学校入学、在校及毕业人数的统计等（见图1-2）。

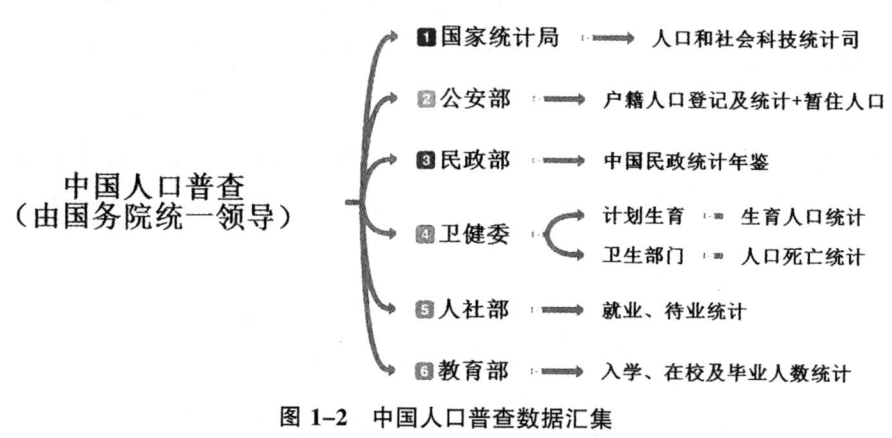

图1-2 中国人口普查数据汇集

在我国，反映一个地区的人口总量指标主要有三个，即常住人口、户籍人口和现有人口。常住人口是指经常居住在某一地区的人口，包括常住该地而临时外出人口，不包括临时寄住的人口。户籍人口是指公民依据《中华人民共和国户口登记条例》已在其常住地的公安户籍管理机关登记了的常住人口。这类人口不管其是否外出，也不管外出时间的长短，只要在某地已经登记为常住户口，则为该地区的户籍人口。正是由于这个原因，我国人口流出大省，如四川、河南、安徽、湖南等省的常住人口中，大量外出半年以上的农村人口依旧被登记为该省的常住人口。现有人口是指在规定的标准时点上，居住在某一地区的全部人口。三个地区常用人口统计指标的数量关系如下：

常住人口 = 户籍人口 – 户籍人口中外出半年以上的人口 + 离开户籍地半年以上的外来人口 + 已经注册为常住人口的待定人口 (1-5)

现有人口 = 户籍人口 – 户籍人口中的外出人口 + 户籍外来人口 + 户籍待定人口 (1-6)

现有人口 = 常住人口 – 常住人口中的临时外出人口 + 临时外来人口 (1-7)

由于各省级行政区域统计口径的差异，农村流出人口离开其户籍所在地本来已经超过六个月以上，但在流入地可能很难找到其流入时间超过半年以上的记录，因此其在流出地本应记录为外出半年以上的人口，但在流入地却不能计算为离开户籍地半年以上的外来人口，从而使得全国各省级行政区域的常住人口普遍存在较大冲突问题。具体表现在：人口净流入地区常住人口少于应计数，造成常住人口和现有人口的低估现象（漏计），而人口净流出地区的常住人口则大于应计数，造成常住人口和现有人口的高估现象（多计）。依据同口径的移动用户数量测算，2010年全国第六次人口普查时，广东、浙江、北京、上海、福建、内蒙古和天津等人口净流入地区应计未计常住人口合计达到3817万人，约占全国133277万人口的2.864%；而河南、四川、湖南、安徽、江西等人口净流出地区不应计而计的常住人口规模较大。例如，2010年四川全省登记的户籍人口为8998.17万人，登记的常住人口为8041.82万人，实有常住人口估计值为7678.15万人，净流出人口1319.85万人，常住人口多计363.67万人。广东、浙江应计未计常住人口分别为1660万人和832万人，如图1-3所示。

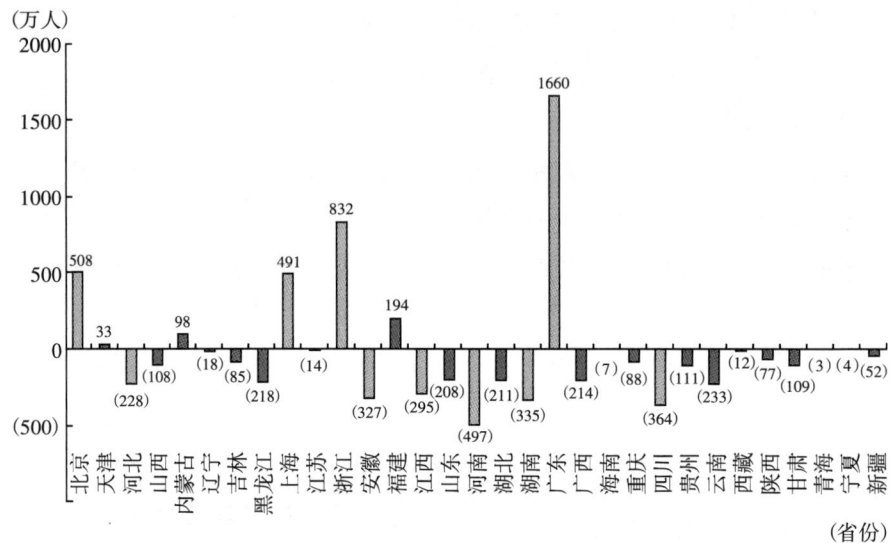

图1-3 2010年全国第六次人口普查时各省级行政区域常住人口漏计或多计估计

五、本书常用流动人口概念及指标

1. 流动人口与外来人口

本书所指的流动人口是指离开户籍所在地、跨越县级行政区域及以上,但在国内工作(就业)、生活的人口,在中心城区之间的跨区人口流动除外。在我国,即使常年流动到户籍所在地以外地区的人口,通常也难以被登记在流入地的常住人口之列,通常对这些人口发放暂住证,而暂住证的发放更多地参照《流动人口计划生育工作条例》中的概念。本书在很大程度上采用北京大学人口研究所乔晓春教授关于"流动人口"认定的标准,即只要人户分离就可以算作流动人口。一般而言,国内所讲的"流动人口"和"外来人口"所对应的统计口径基本没有太大的区别,但在人口大量流入地区使用了"常住人口"统计指标之后,"流动人口"和"常住人口"就容易混淆,我们以外来常住人口应对这种混淆,如式(1-8)所示:

常住人口=户籍人口−户籍人口中外出半年以上的人口+外来常住人口+已经注册为常住人口的待定人口 (1-8)

2. 外来人口与户籍人口

本书所指的外来人口是一个与户籍人口相对应的概念，是指居住地与其户籍地不在同一区域内的人口。与常住人口相对应，外来人口又可分为外来常住人口和外来流动人口。如不特别指出，外来常住人口中的"常住人口"概念采用国家统计局界定的概念及时间跨度要求，即居住时间六个月以上的外来人口称为常住人口。由于目前大数据采集尚未形成制度性和永久不间断采集，因此有可能将外来人口的居住时间缩短到一个月，仅排除短期性出差、就医、上学、旅游、探亲、访友等频繁流动的人口，但不排除设区城市距离中心城区（或主城区）较远的（一般为30公里）地区流入人口。以广州为例，当讨论广州市区外来人口时，通常也将距离市区较远的花都、从化、增城和南沙等地流入人口计算为外来人口，如式（1-9）所示：

外来人口 = 外来常住人口 + 外来非常住性人口（或"外来流动人口"）

(1-9)

3. 总人口、现有人口与实有人口

在本书的研究中，总人口通常来自官方统计的常住人口。依国家统计局对现有人口的定义，本书改称为"实有人口"或"全部人口"，但有时也暗指全部应计常住人口，但将过客性质的流动人口排除在外。

实有人口 = 户籍常住人口 + 户籍流动人口 + 外来常住人口 + 外来流动人口 − 短期性出差、就医、上学、旅游、探亲、访友等频繁流动的人口

(1-10)

以深圳为例，广东移动大数据应用创新中心发布的《基于移动大数据的深圳市人口统计研究报告》显示，2017 年 9 月至 11 月，深圳月总人口分别为 7.6 亿人次、7.6 亿人次和 7.7 亿人次，三个月平均为 7.6333 亿人次。由此可推算深圳行政区域同期实有人口，如式（1-11）所示：

$$实有人口 = \frac{月总人口人次}{月平均天数} = \frac{76333 \text{ 万人}}{30 \text{ 天}} = 2544.44 \text{（万人）} \quad (1-11)$$

即 2017 年 9 月、10 月深圳日平均总人口为 2533.33 万人，11 月平均

总人口为2566.67万人,9月至11月三个月内日平均总人口为2544.44万人。由于11月份的人口增长主要来自北方人口南下过冬,将11月平均实有人口减去前两月平均实有人口,推算11月份到深圳过冬的外来人口为33.34万人。考虑到人口增长的非均匀性,因此至11月底,外地短期性流入深圳的人口可能已经达到50万人左右。

2017年末,深圳户籍人口有434.72万人。上述大数据研究报告还显示,2017年9月至11月,深圳月常住人口分别为2206.7万人、2140.4万人和2233.2万人,三个月平均为2193.4万人。考虑到10月人口减少的原因是外来人口国庆假期返乡及本地户籍人口外出旅游所致,因此深圳平时的常住人口应以9月份为准,即深圳频繁性的流动人口为:

流动人口=9月份总人口-9月常住人口=2533.33-2206.7=326.63(万人)

(1-12)

该部分人口主要是商旅人口,进入11月份之后,外地来深圳过冬的人口增加到50万人左右,而进入12月份则有一部分人离开,要判断究竟有多少人口常年性在深圳驻留,则需要依赖更长时间跨度的数据来进行判断。

第二节 全国第三次和第四次人口普查中的流动人口

严格来说,并不能将人口普查数据称之为大数据。一是因为其数据量并不大,离海量数据的标准还有较大的差距,即使全国的数据也只需要个人办公软件或数据库即可处理;二是因为数据一次性收集处理后并不存在持续性更新及高增长率。由于人口大数据只是近几年才热起来的研究,比较研究时通常又需要依托以前年份,特别是最近一次的人口普查数据,因此我们对改革开放以来的人口普查项目进行分析,并简要探讨与流动人口有关的统计结果。此外，对普查项目的分析还会涉及未来人口普查的大数据问题。

一、1982年全国第三次人口普查（以下简称"三普"）

20世纪70年代末，中国以农村土地承包制为起点的改革开放迅速将农村现有的及隐性存在的劳动力释放出来，从而形成了由农村流向城镇的人口流动大潮。很多调查文献的结果表明，来自农村的流动人口在1984年末就已经占到所调查农村的总劳动力的1/3以上（周晓津，2011）。改革开放初期的人口流动多是在城市近郊或是农民间歇性、临时性的工作流动，以《流动人口计划生育条例》中的标准来衡量，很多人口不能算作条例中的"流动人口"。1982年全国第三次人口普查时，按户填报有一项针对人口流动的选项，即"有常住户口已外出一年以上的人数"（如图1-4所示），这个时间限定又排除了大量的外出人口计入"流动人口"的可能性，即除非调查时根本找不到联系人来说明其流动去向才会被计入"流动人口"中，否则即使流出有一年时间也极有可能被计入"常住户籍人口"。

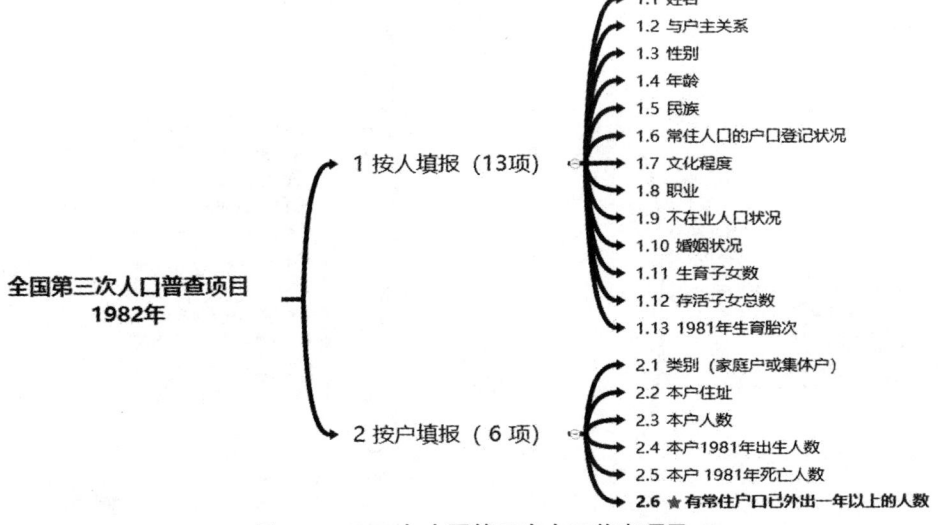

图1-4　1982年全国第三次人口普查项目

在严格的长时间条件限制下，依当时的社会现实极可能造成漏计的情况下，1982年的人口普查依旧记录到657万外出一年以上的"流动人口"，约占全国总人口的0.66%。另外，按户填报时得到的数据还有一个需要加权的计算过程，该过程在"三普"中实际上被忽略掉了，而需要加权计算的主要原因是人口流出的分布非均衡性。在20世纪80年代，外出人口通常是春节过后外出，而临近冬天时返回，很少有外出一年以上的人口。因此，"三普"得到的流动人口在很大程度上被低估。

二、1990年全国第四次人口普查（以下简称"四普"）

1990年全国第四次人口普查项目依旧分按人填报和按户填报两大类，其中按人填报比1982年多出两项，而按户填报数量不变。按人填报有1项涉及人口迁移（这种迁移与流动人口关联并不大，主要是户籍迁移），按户填报与1982年一样，依旧只可测定流出户籍所在地县级行政区域1年以上的人口，统计口径与1982年无异（见图1-5）。

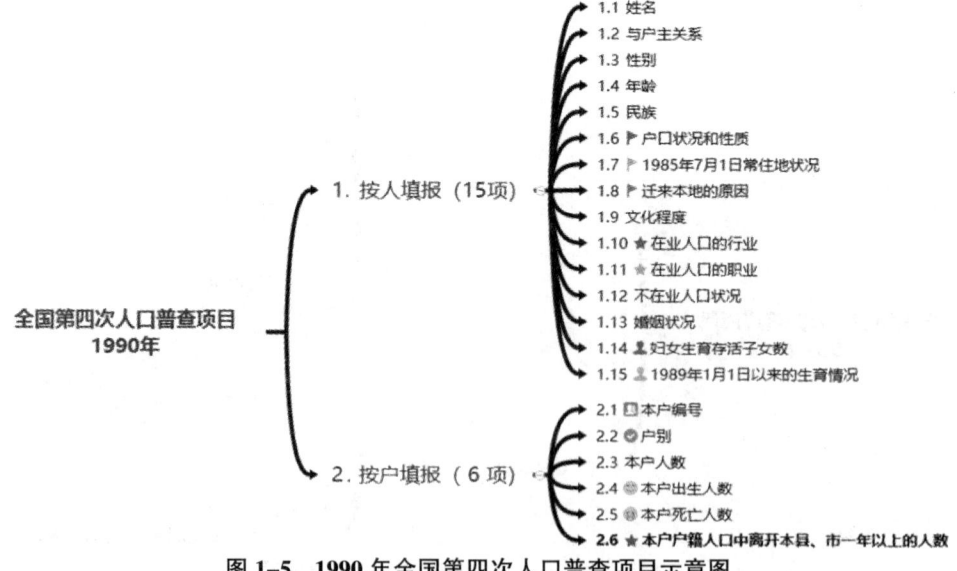

图1-5 1990年全国第四次人口普查项目示意图

显然，1990年的人口普查对流出总数比较有效，而流入总数则很难统一口径。普查结果如图1-6所示，流动到县、市区域以外且在流入地居住时间满1年以上的人口为1983万人，占全国总人口的1.75%；外出时间1年以上但在流入地居住时间不满1年的人口为152万人。由此可知，外出时间1年以上的人口已经由1982年普查时的657万人增长到1990年的2135万人（为1982年的3.25倍）。

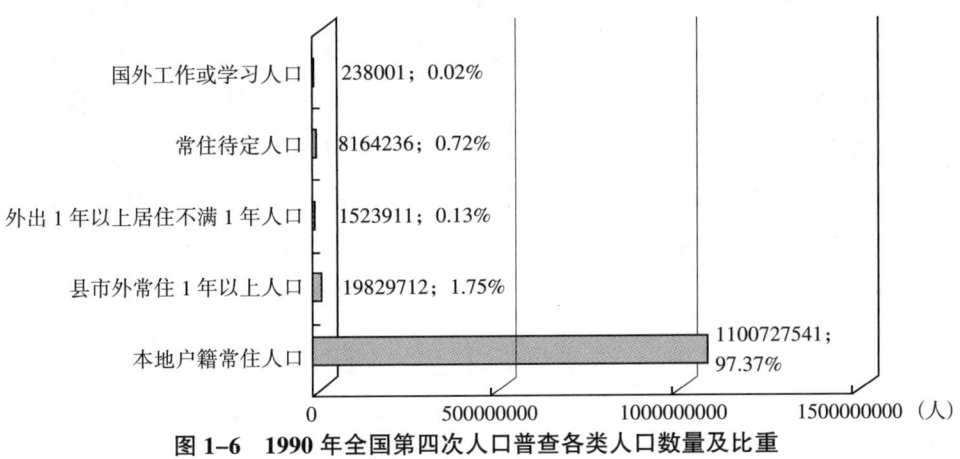

图1-6　1990年全国第四次人口普查各类人口数量及比重

三、"四普"时期流动人口估计

吴怀连（1989）根据10省（区）23县（市）农村的调查数据，推算1988年大陆农村离土人口规模为2.81亿，占全国8.6981亿农村人口的32.3%。我们认为这种比例估计方法虽然可以使用，但是忽略了以下两个重要问题：一是所调查区域都是较为贫困的农村地区，其农村人口流出比重显然会比城郊区域及相对富裕的农村地区高得多；二是样本量太少，虽然调查区域涵盖10省（区）23县（市）24个村（自然村），但调查总样本只有985户，共3929人，与8亿多农村人口相比可以说是九牛一毛（0.00045%）。将农闲离土的人口排除，计算与调查区域相类似地区的农村人口为3.87亿人，其余相对富裕的农村地区和城市周边区域农村人口分别为 1.93 亿人和 2.50 亿人，后者离土率为前者 33.93% 的 1/4，由此我们推算，1988 年我国农村离土 6 个月以上的非城市周边农村跨乡镇流动人口为 1.48 亿人。

周晓津（2011）根据庚德昌（1989）所编的《全国百村劳动力情况调查资料集》（1978~1986 年）中的数据，结合其他文献资料，推算了 1978~1986 年全国跨区域农村转移劳动力数量及全国流动人口总数（见图 1-7）。其中，农村劳动力转移总数相当于从农业跨乡镇转移到其他非农就业的农村劳动力数量，而流动人口总数则是非永久性的来自农村劳动力的人口流动。估计结果显示，1987 年的农村劳动力转移人口甚至比 1986 年的要少，两者的差额相当于随时因经济就业形势的变化而重新返回农村的外出劳动力。1989 年也是一个阶段性的低点，这与全国政治经济形势及国家宏观经济调控有明显的关联，直到 1990 年流动人口总数也没有回复到 1988 年的高峰值。

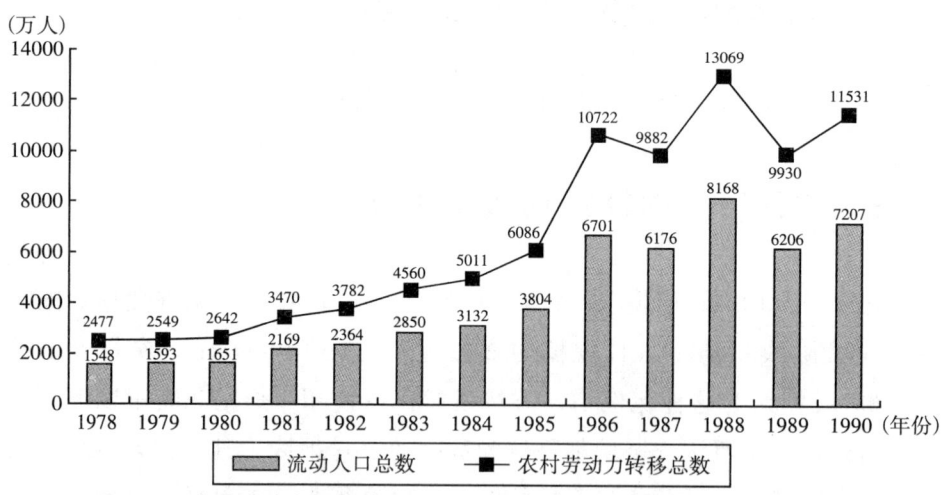

图 1-7　中国大陆农村劳动力转移总数及流动人口总数（1978~1990 年）

如图 1-7 所示，1987 年流动人口比上一年减少 525 万人，这意味着农村外出人口因经济形势不好返乡的较多，而 1987 年农村劳动力转移总数比上一年减少 840 万人，两者之差为 315 万人。与返乡较多导致流动人口

第一章 人口流动的重要概念界定及统计指标

减少的原因不同，产生这种差值的原因：一是由农村劳动力本地城镇化导致，二是由在家待业的农村劳动力导致。1989年农村劳动力转移总数比上一年减少3139万人，而同期全国城镇人口增量为879万人，由此可推算待业在家的农村劳动力为2260万人，同期全国农村劳动力待业率增加3.88%。1978~1985年增量值全部为正，乡镇企业的发展成为农村劳动力的主力蓄水池。直至1992年，完全具备流动的农村劳动力才基本上有业可就。

第三节 2000年全国第五次人口普查中的流动人口

全国第五次人口普查（以下简称"五普"）时常住人口登记基本上是按照户籍所在地来进行的。由于普查时已经到了11月份，北方季节性的人口流动已经基本停止，南方农村季节性流动也大为削弱，因此得到的流动人口数据可视为永久性流动。从户口登记地类型来看，人口流动已经细化到乡镇一级。按户填报中，村级资料填写员为方便统计，通常都填居住在本地，因此得到的流动人口数据存在很大的漏报。在本县境内流动的，只要平时偶尔看得到，也不视为流动人口，因此本县其他乡、镇、街道的流动人口都会明显偏少；而市区内基本以各个社区为主，由于调查难度较大，因此本市区内的流动人口更少。

一、"五普"短表及长表所涉及的流动人口

"五普"采用了国际通行的人口普查长短表。普查表短表包括反映人口基本状况的项目、反映人口受教育程度的项目和反映户的基本状况的项目等，共19项，如图1-8所示。

基于大数据的人口流动流量、流向新变化研究

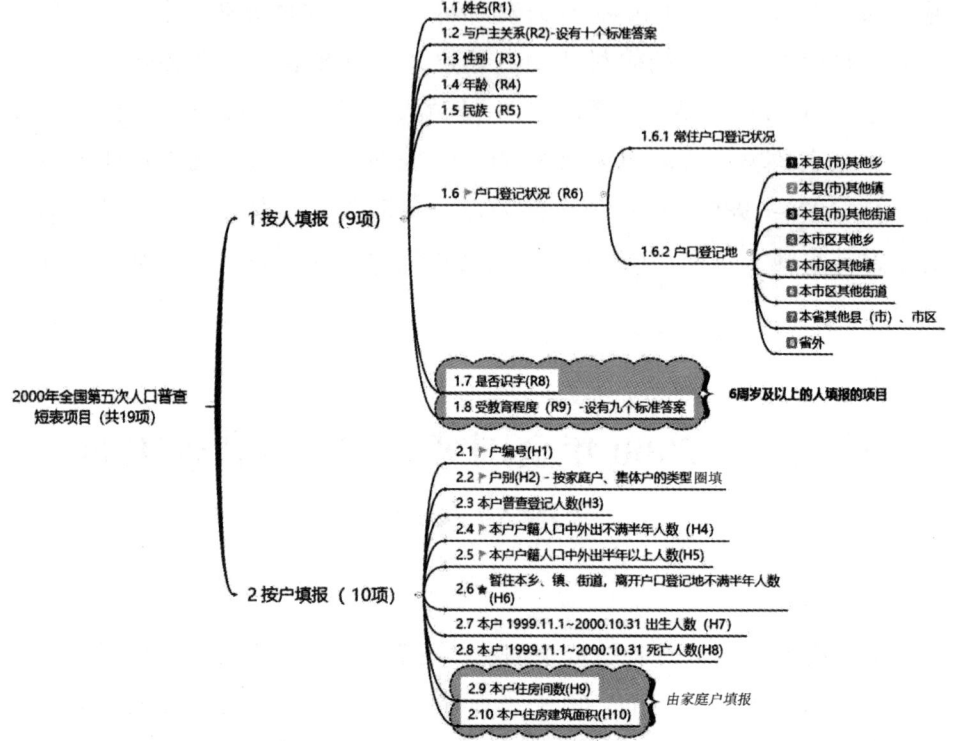

图1-8 2000年全国第五次人口普查短表项目

普查表长表包括反映人口基本状况的项目、反映人口迁移流动的项目、反映人口受教育程度的项目、反映人口经济活动的项目、反映妇女生育状况的项目、反映户的基本状况的项目和反映住房的项目等，共49项，如图1-9所示。与1990年全国第四次人口普查项相比，在2000年全国第五次人口普查项目中，按人填报增加了8项，其中有关人口流动的有6项，按户填报增加了17项，其中15项与居住地有关，2项与人口流动有关。普查时在常住地进行登记，常住人口的时间标准由1990年的"1年以上"变为"六个月（半年）"，空间标准则缩小到乡镇街道。为了全面掌握人口的迁移和流动情况，确保流动人口不被漏登，全国第五次人口普查还专门设定了一张"暂住人口调查表"。普查主表中有关迁移流动的项目包括户口登记状况、户口性质、出生地、何时来本乡镇街道居住、从何地

第一章 人口流动的重要概念界定及统计指标

来本乡镇街道居住、迁出地类型、迁移原因、五年前常住地，共8项。国务院于2000年1月发布了《第五次全国人口普查办法》，以领导统筹整个人口普查工作（见图1-9）。

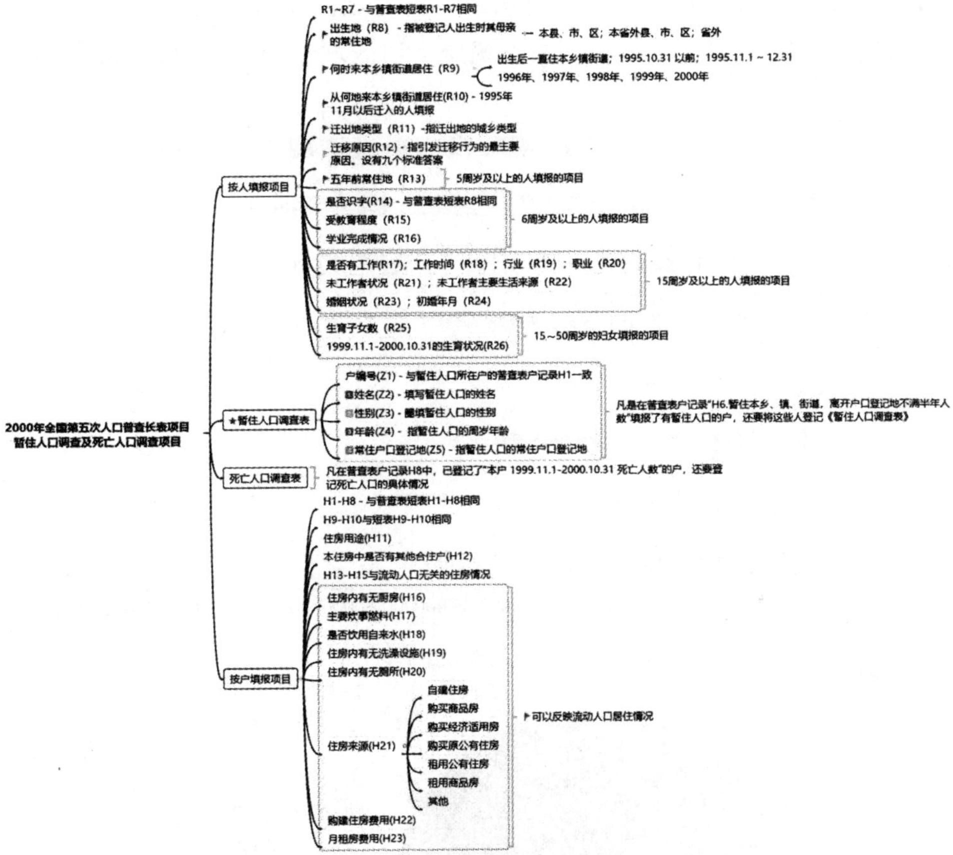

图1-9 2000年全国第五次人口普查长表项目

二、"五普"流动人口数量及分类

可以发现，2000年的人口普查大大加强了对人口流动的调查，汇集的人口流动普查数据也高度符合统计学、人口社会学等指标特征和分布。虽然依旧存在漏计问题，但百分比指标却完全适用。普查结果如图1-10所

· 19 ·

示,全国跨乡镇区域流动人口共有144390748人,来自本省以外区域的流动人口有42418562人,占全国跨乡镇区域流动人口的29.38%;跨市县流动人口有36337938人,占全国跨乡镇区域流动人口的25.17%;本县(市)内流动人口有30254129人,占全国跨乡镇区域流动人口的20.95%;本市区内流动人口有35380119人,占全国跨乡镇区域流动人口的24.50%。

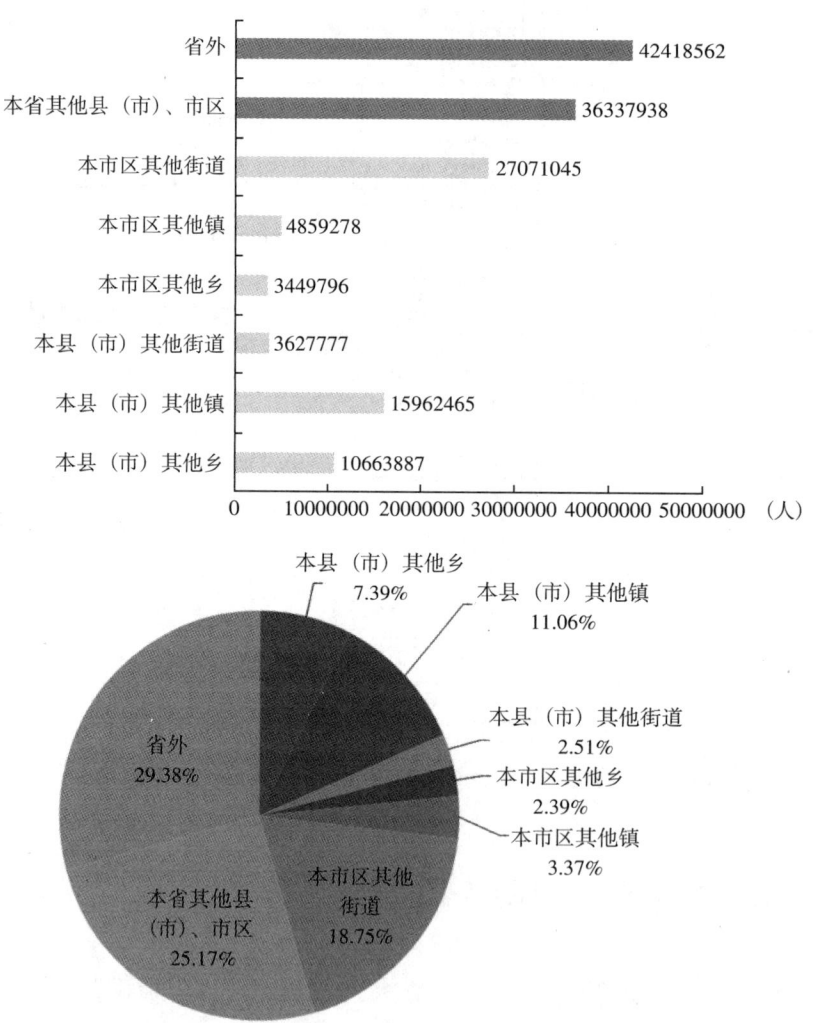

图1-10　2000年全国第五次人口普查流动人口数量及其分布

三、"五普"流动人口数量探讨

相对于1990年的人口普查而言,第五次人口普查的数据准确度有了很大的提高,但真实的流动人口总量依然值得商榷。例如,《1995年上海市1%人口抽样调查专题分析》认为,根据1993年上海市第二次流动人口抽样调查推算,上海有流动人口331万人,但上海市计委研究所的周祖根(1997)认为,1993年上海市外流入人口为251万人。黄志法和傅禄建(1998)根据上海登记在册的330万流动人口推算,上海实际的流动人口应在500万~600万人。2002年台湾知名人士许信良在上海时得到的官方提供数字显示,2001年上海每天要消费猪肉1000吨、禽肉330吨、鲜奶和水产品各800吨、蔬菜1万吨、鲜切花100万枝,每年农副产品流通金额超过80亿美元。以当时上海每天人均50.68克的猪肉消费量估计,2001年上海的总人口为1973万人,考虑到上海尚有相当数量的农村人口并没有计入猪肉消费总量之内,因此2001年上海的总人口应在2000万人规模以上。另外,根据上海每天人均500克的蔬菜消费量推算,上海当时总人口规模也在2000万人左右。基于生活用水量推算的结果显示,上海常住人口的高峰在2013年,2000年上海年平均常住人口为1811万人,相对于2000年人口普查的1328万户籍人口,上海市外净流入人口为483万人。由于2000年时上海尚有192万乡村人口,减去市内跨区122.5万流出人口,上述基于生活用水的人口估计值还应该增加80万人,因此可以推算,2000年上海市外流入人口估计值为563万人。

普查结果显示,2000年北京本市户籍的流动人口为217.43万人,占全市1116.75万户籍人口的19.47%;同期上海本市户籍的流动人口占全市户籍人口的比重为16.94%。京沪户籍流动人口比重的差异主要是两市经济重心的差异,即上海区域经济发展较为均衡,而北京则集中在中心城区,因此上海本市户籍的农村劳动力可以就近转向本地非农产业,因此不形成统计意义上的流动人口,而北京户籍的农村劳动力需要流动到相对集中的城市区域成为可统计的流动人口,从而导致本地户籍流动人口占户籍人口的比例有所不同。在只计算农村人口后,我们估计2000年全国农村的流出人口分别为24032万人(以北京户籍为参照系)和23896万人(以上海户籍为参照系),以广东省户籍人口为参照系的全国农村流出人口为23682万人;估计的跨省流动人口分别为8489.85万人(以北京为参照系)和8483.92万人(以上海为参照系)。估计结果极为接近,由于京沪两地人口普查的质量相对较高,因此同比例推算法所得到的结果可信度较高。

再以跨省流出较为典型的湖南省为例,由于本省产业无法吸收农村劳动力的非农化转移,从而导致大量湖南劳动力流出省外,早期跨省流出的湖南人几乎全部流向广东,其次流向湖北等邻近省份,流向长三角的占比较低。至2000年第五次人口普查时,湖南流向广东的比重依旧占全省跨省流出总量的80%左右。王莉(1996)收集的数据显示,1994年底全国人户分离一年以下的人口已达1.3亿人。其中,第一人口大省四川(含重庆市)有9000多万农村人口,流向外省的近1000万人;第二人口大省河南有650万~700万人外流寻找工作;湖南5000万农村人口中,流向沿海各地区的农民工有500多万人。1994年人口流出大省的跨省流出劳动力占农村人口的比重已经达到10%,据周晓津(2011)估计,2000年全国流动人口仅比1994年增加了10.34%①,以2000年全国78384万农村人口推算,2000年全国跨省流动人口为8649.20万人。

因此,无论是以经济发达的京沪两地的农村户籍流出人口为参照,还是以经济欠发达的四川、河南、湖南等人口流出大省农村跨省流出人口为参照,推算得到的跨省流动人口分别为8489.85万人(以北京为参照系)、8483.92万人(以上海为参照系)、8649.20万人(以四川、河南、湖南流出均值为参照系)。三者出奇地一致,表明这种推算具有较高的可信性。2000年第五次全国人口普查数据显示,经济发达地区的农村流出人口占

---

① 四川、河南、湖南、安徽等人口流出大省跨省流出比重要高于全国平均水平,以湖南省为例,2000年跨省流出人口为14.43%。

地区户籍总人口比重低于经济落后地区农村劳动力跨省流出比重，这种流出比重的差别并不是因为发达地区农村人口不愿意流出，而是因为发达地区比落后地区的农村人口有更多的机会就近工作，落后地区的农村人口更多地需要离开户籍所在地外出寻求工作。

将就近非农化就业导致的差异因素排除后，无论是发达地区还是落后地区，农村人口的非农化就业概率基本上是相同的，由此可以计算出中国大陆农村由农业转向非农业人口的数量①。值得注意的是，上述以农村流动劳动力（农民工）为参照系推算的全国跨省流动人口还应根据农民工占流动人口的比重进行调整。以广东省为参照，计算出 2000 年全国跨省级行政区域的流动人口为 9422.61 万人，与上面推算的 8540.99 万人的均值相比较，可知跨省流动人口中农民工占 90.64%，其余为非农民工流动人口。以此初步估计，2000 年全国农业人口已有 26353 万人转向非农就业，依旧从事农业的劳动力只有 10630 万人，占全部经济活动人口的 14.65%②。

第四节　2010 年全国第六次人口普查中的流动人口

20 世纪 90 年代，我国东部沿海地区在外商直接投资（FDI）的带动下，吸引了大量中西部地区的农村劳动力就业，而 2000 年是一个分水岭。例如，1995 年东部地区 FDI 占 GDP 的 8.6%，到 2000 年下降到 5.3%，五年间下降了 3.3 个百分点；到 2004 年时东部地区 FDI 占 GDP 比重进一步下降到 4.4%，比 2000 年下降了 4.2 个百分点。在东部地区 FDI 占 GDP 比

---

① 我们推算 2000 年中国大陆农村户籍的劳动力人口中，转向非农人口的总数为 29073 万人，占全国 72558 万经济活动人口的 40.07%。
② 2000 年，第一产业占全国 GDP 比重的 15.9%，该初步推算显示有 1.25% 的农业 GDP 由非统计意义上的农村人口创造，这也与国内的实际相吻合，但更精确的推算需要更多的数据支撑。

重下降的同时，中西部地区则相对上升，而东部对中西部农村劳动力的吸引力也相对下降，跨省人口流动的动力也同步下降，因此在人口普查相同统计口径的条件下，流向省外的人口占总流动人口的比重应当是下降而非上升的。当然，从 2000 年到 2010 年还有三个影响人口流动的重大因素：一是 2001 年中国加入 WTO 而导致人口的跨省流动增加，二是 2008 年以来的全球金融危机导致的跨省流动人口减少，三是中国政府大力推进西部大开发而导致的中西部跨省外出人口的回流。总体来看，2010 年全国第六次人口普查（以下简称"六普"）时人口的跨省流动动力比 2000 年"五普"时相对要弱。从接纳跨省流动人口最多的广东来看，1998 年广东接纳了全国 49.43% 的来自农村的跨省流动劳动力，2000 年"五普"时广东省外流入半年以上人口占全国跨省流动半年以上人口的 35.51%，到 2010 年"六普"时下降到 25.03%。

一、"六普"短表所涉及的流动人口项目

"六普"更全面地涉及流动人口的相关项目。首先，在普查短表 18 个填报项目中（见图 1-11），按人填报的 12 项中有 4 项完全盯住了人口流动，普查时点居住地（R6）甚至精确到本村（居）委会其他普查小区；其次，对常住户口登记地和离开登记地的时间长短和离开原因有了更详细的登记；最后，按户填报中有关人口流动项目则有所缩减，仅在第 3 项涉及户口不在本户但普查时居住在该户的人数，由于对人口普查的广泛宣传，这种情况使得本县、本区内流动人口大大减少。例如，2000 年全国第五次人口普查时，全国跨乡镇流动人口为 144390748 人，其中本省内流动人口 101972186 人，占 70.62%，跨省流动人口 42418562 人，占 29.38%；到 2010 年全国第六次人口普查时，全国跨乡镇流动人口为 260937942 人，其中本省内流动人口 175061605 人，占 67.09%，下降了 3.53 个百分点，跨省流动人口 85876337 人，占 32.91%，上升了 3.53 个百分点。

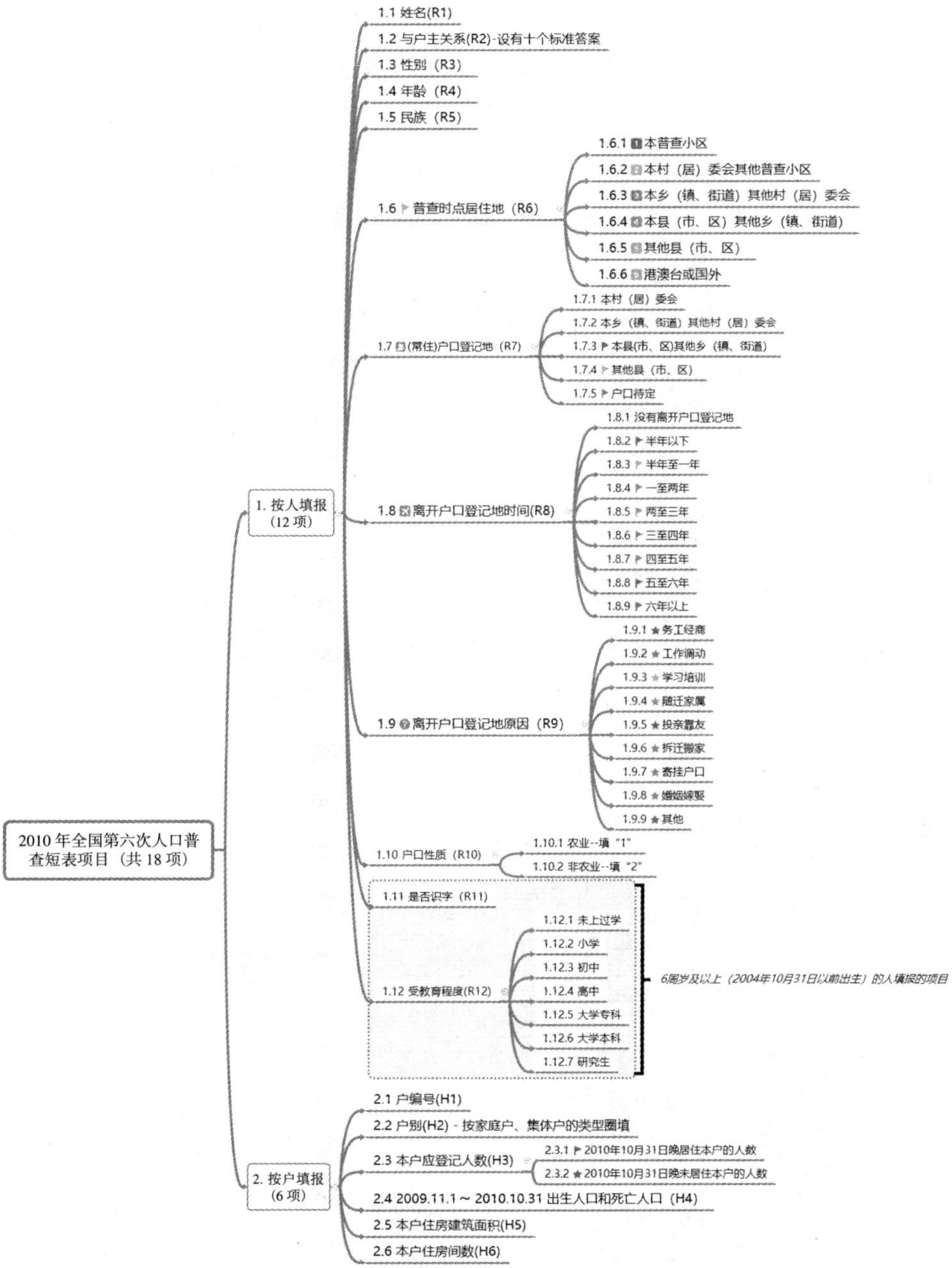

第一章 人口流动的重要概念界定及统计指标

图 1-11 2010 年全国第六次人口普查短表项目

二、"六普"长表所涉及的流动人口项目

2010年全国第六次人口普查长表项目共45项，比2000年全国第五次人口普查减少4项，其中按人填报28项，按户填报17项，如图1-12所示。

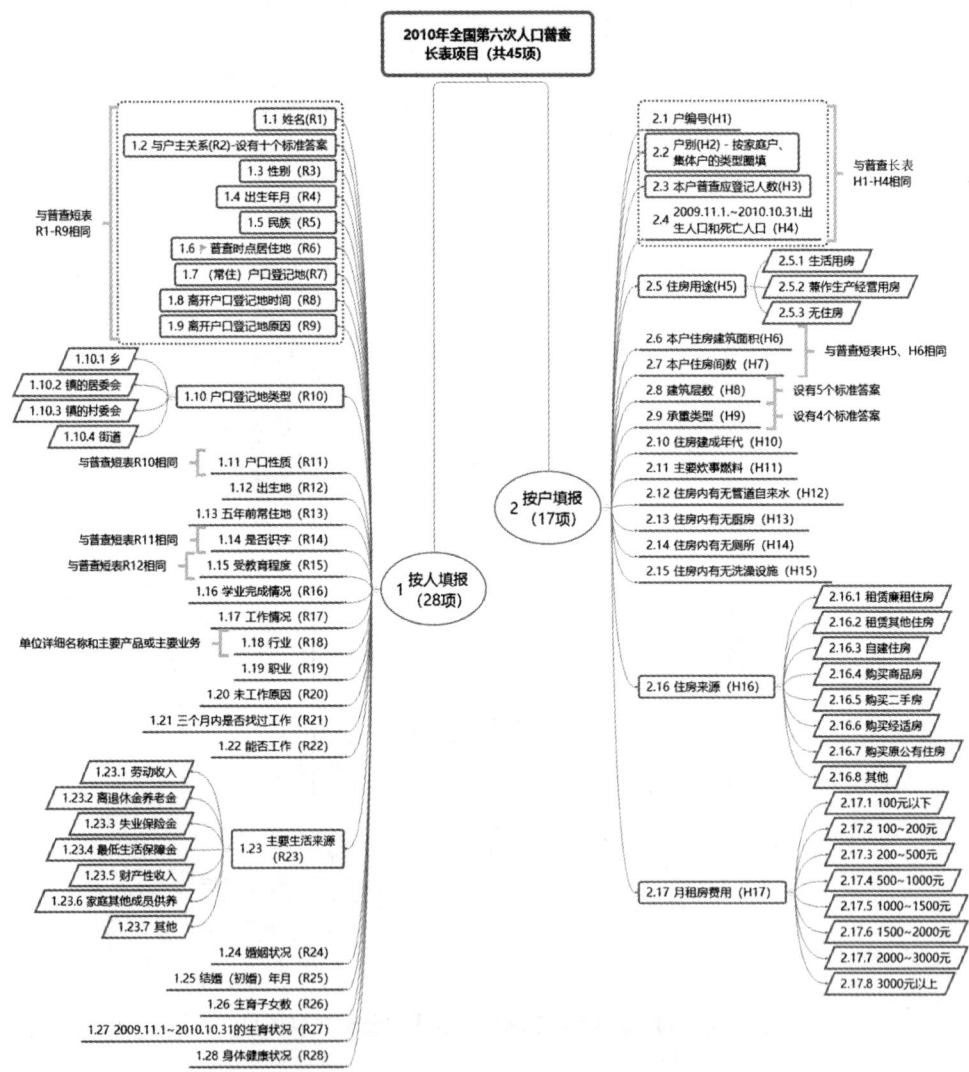

图1-12　2010年全国第六次人口普查长表项目

由于填报时仅按家庭户或集体户等户籍底册进行,而在人口流入地区,居住在城市村建筑物内和没有集体户的厂房、仓库等建筑物内的人口则很难被普查到,因此依旧会出现人口流入地人口少计漏查的情况。而在人口流出地,2010年春节过完之后就已经是3月份,加之4月份的清明节大量外出人口会回家扫墓,"五一"劳动节、暑假探亲、8月份的中元节、9月份的中秋节、10月份的国庆节也都有较大规模的外出人口回流,这样真正做到6个月以上不回户籍所在地的外出人口已经大大减少了,除非人口普查员问得非常仔细,否则都极有可能将这部分人纳入"离开户口登记地半年以内"项。节假日人口的大量短期性返乡,可能也是前述省内流动人口占比较"五普"低的原因,但其影响程度应该较前述所分析的低。

流出地的本地户籍常住人口多计和流入地的外来常住人口少计漏计,会造成一种自然抵消,从而使全国各省级行政区域的人口流动流量、流向平衡表更加容易平衡,但会很难真实地反映出人口的流动情况。以外来人口远超户籍人口的深圳、东莞为例,两市常住人口性别比从2000年"五普"的97.74和89.42分别上升到2010年"六普"的118.34和117.81,即两市都从"五普"的"女多男少"变成"六普"的"女少男多"。"女多男少"一直是珠三角城市人口结构极为显著的特征,在工厂密集区域更是如此,但普查结果却"颠覆"和"刷新"了人们的常识,其根本原因还是流入地人口的少计与漏计。

第二章 基于调查文献的人口流动流量、流向研究

在传统条件下,人们对人口流动流量及流向的把握主要是对人口调查和估计的研究。本章主要对涉及流动人口数量的文献进行回顾,并估计不同年份不同区域的流动人口规模,研究对象主要是全国范围、省级行政区域、重要城市或人口调查的市县,较少关注本乡镇小区域范围内的人口流动。由于中国大陆的流动人口主要来自农村,因此本章还关注农业人口非农化转移的数量问题。

第一节 省级区域内流动为主的年代:1980~1991年

伴随着改革开放,学者们很快认识到社会主义国家的劳动力也必须有一定的自由流动(王永江和王永治,1980)。大量的农村劳动力从农业释放出来之后,纷纷进入非农业劳动的各个领域,为应对迅猛增长的流动人口及其管理,实地调查之风十分盛行。

一、农村劳动力非农就业率令人瞩目

在人多地少的浙江省,60%的农村劳动力呈现出"剩余"状态,1983

年末全省由农业转移到非农业劳动、从事多种经营的劳动力达763.5万人①，占全省农村人口的22.37%，占全省总人口的19.27%。也就是说，1983年末浙江省农村劳动力非农化转移率已经高达38.86%，农业转移劳动力数量占全省劳动力比重已经达到33.47%。地处浙江内陆的金华市东阳县，1983年全县外出劳动力7.6万多人，占劳动力总数的23.18%，劳务输出总收入达7966万元（杜安才等，1984）。1983年全国城镇居民家庭人均可支配收入为564.6元，同年东阳县外出劳动力人均收入高达1048.16元，是全国城镇居民家庭人均可支配收入的1.856倍，同期浙江省每个劳动力对应1.737个人口，这说明外出劳动力家庭的平均可支配收入甚至已经高于同期的全国城镇居民平均水平。地处沿海的浙江温州市，1983年外出劳动力28.3万人，总收入54651万元，相当于当年温州市农业总产值的39.3%，人均收入1928元（浙江省委政策研究室调查组，1984）。1983年全国人均GDP只有583元，以外出经商为特征的温州外出劳动力年人均收入相当于全国人均GDP的3.3倍，而以小手工艺为特征的金华外出劳动力年人均收入达到全国人均GDP的1.8倍。在同一时期同处沿海的广东，农业劳动力转移率与浙江却有较大的差异。广东省委农村工作部经营管理处对全省13个大队②的定点调查数据显示，从事工副业和各种服务业的劳动力有1813人，占总劳动力（11096人）的16.34%，比浙江省低6个百分点；非农就业劳动力占总人口的8.28%，剩余劳动力1500人，占总劳动力的13.5%③。

相对浙江以经商为主的人口流动，内地农村则以外出务工为主。1984年底统计数据显示，湖南省嘉禾县外出劳务人员2.3万人，其中长期从事

---

① 经济工作通讯编辑：《劳务输出大有可为——浙江省能工巧匠输出情况调查》，《经济工作通讯》1984年第7期第30页。由论文发表时间推算，文中763.5万农业转移劳动力应该是指1983年末的数据。
② 其中山区3个大队，丘陵3个大队，平原4个大队，沿海3个大队，经济收入属各类地区中上水平。
③ 广东省委农村工作部经营管理处农村经济定点调查组：《广东省13个大队劳动力构成和使用情况》，《农业经济丛刊》1984年第4期第18、第37页。

劳务的有1.5万人,季节性劳务输出约8000人;主要流向广东、广西、江西、湖北、四川、福建、贵州、新疆8省区30多个县市;全县劳务收入1600万元,按全县26万农业人口计算,人均增加收入60元,为全年人均总收入的1/3(朱挺琳,1985)。从嘉禾的情况来看,1984年外出务工人员已经占到农村总人口的9.16%,长期外出占外出总数的65.22%,由于湖南外出人口主要集中在湘南及湘西南一带,以外出率阶梯递减及人口分布加权等方法推算,1984年湖南农村外出劳动力人口在313.14万~430.85万人,其中跨省外出劳动力在210.74万~280.99万人①。地处西部腹地的四川省射洪县,1984年全县有组织和自发外出劳务人员2.6万人,经营总收入2200多万元,占全县农业总收入的7.8%,相当于全县乡镇工业总产值的60%;外出人员年平均收入850元,是农村人口平均收入的3倍多;全县劳动力40多万人,纯种植业只需要14万个劳动力,已转移到林牧副渔和乡镇企业4.5万人,剩余劳动力21.5万人,占劳动力总数的53.75%;据1985年3月统计,全县输出劳动力37610人,一些乡村基本无剩余劳动力(胥洪清,1985)。从射洪县人口占四川省总人口比重来推算,1984年四川农村流出劳动力212.74万人,而从该县农业人口占四川全省农业人口的比重来推算,1984年四川农村流出劳动力203.53万人。综合判断,由于四川比湖南更远离东部沿海率先开放地区,在20世纪80年代中期,中国农业劳动力非农化转移已经超过30%,中东部农村劳动力跨县以上区域的流出比率要高于西部地区。

二、人口主要流向大城市及东部沿海地区

大城市是农村外出人口的重要流向目的地。1984年广州成为暂住流动人口②最多的国内大城市,规模达100万人以上,其次才是北京(70多

---

① 以长期外出率计为跨省外出率,早期湖南农村跨省外出比率极高,甚至高达90%以上。
② 城市暂住流动人口是指在一城市所辖范围内居住或逗留,从事社会经济活动而不是市区常住户口的人员。

万人）和上海（59万人）（郑桂珍等，1985），南京和西安也达到25万人（见图2-1）。大城市的外来人口增长极快，据不完全统计，1983年北京暂住流动人口为50万~60万人，是1977年的两倍（北京市人民政府，1984）；1985年4月的调查数据表明，不具有市区常住户口的外来人口已达87万人（罗茂初等，1986）。在大城市郊区县，1983年北京密云县农村离土务工、户口不动的周期性流动人口占全县总人口的12.91%，占劳动力总数的30.35%。北京、天津、上海、沈阳、长春、哈尔滨、南京、广州、武汉、西安十大城市公安部门1984年3月下旬所统计的一日人口流动量显示，共有流动人口438.3万，占城市人口的14%，除去中转人口，滞留暂住人口279.9万人，占63.8%。1986年8月27日的上海市区流动人口调查数据显示，上海市区从事社会、经济活动的流动人口总数已经更新为134.3万人（张戎舟和郑桂珍，1987），是1984年估计值的2.28倍。其中在沪流动人口最多的是江苏农村的人口，达173657人，占12.9%；其次为上海郊县89243人，占6.6%；来自浙江农村的有78287人，占5.8%。

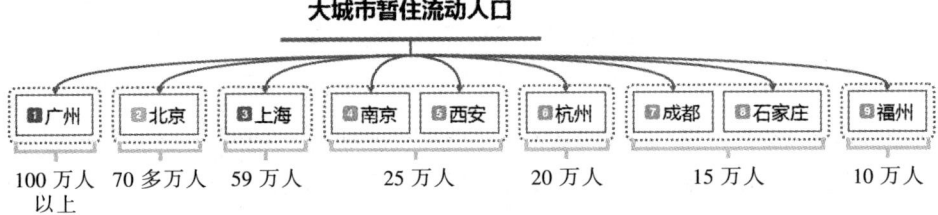

图2-1 1984年全国十大城市暂住流动人口数量

1987年12月底在广州召开的"大城市流动人口问题与对策讨论会"上的数据显示（见图2-2），北京、上海、广州等大城市流动人口规模较1984年有了大幅度增加①。城市流动人口的剧增甚至引起地方政府的高度警觉，在政府主导的人口调控下，流动人口总量明显减少，例如，1988年10月20日上海全市流入人口下降到124.6万人（宗维和周祖根，1989）。

---

① 孙洪铭、张婕：《大城市流动人口问题与对策讨论会综述》，《城市问题》1988年第3期。由于统计口径和所指城市的范围不同，其中数据与以前年度有冲突。

第二章 基于调查文献的人口流动流量、流向研究

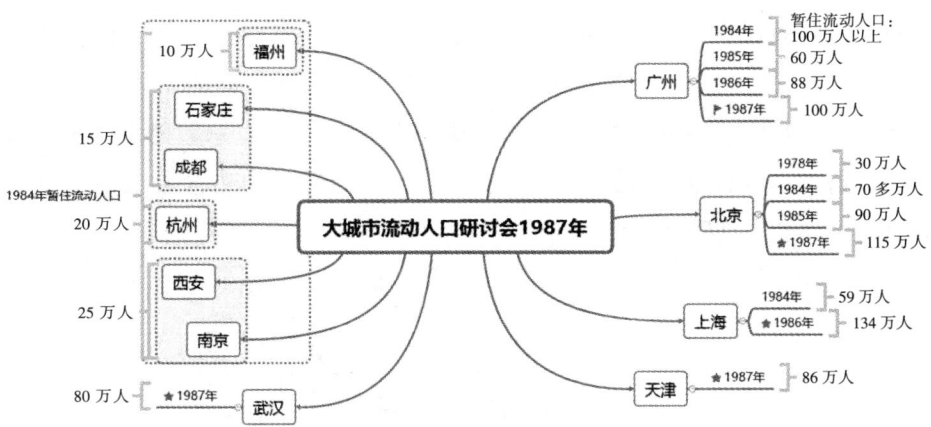

图2-2 1987年全国"大城市流动人口问题与对策讨论会"及与1984年比较

在山东威海，来自市郊和外县农村务工经商人员有3万余人（鲁刚，1987），流动人口占全市总人口的13.6%，几乎与全国同期十个大城市暂住流动人口比率相等。在江苏南通市海门县包场区，1985年全区10.8万个劳动力中，乡镇工业吸纳28788人，占26.62%；商业、运输业和其他服务业吸纳5750人，占5.32%；本地非农就业合计占31.94%；劳务输出2.32万人（建筑工1.5万人，其他0.82万人），占21.45%；传统农业就业4.34万人，应对14.86万亩耕地；林牧副渔业就业7000人，第一产业就业占46.60%（陈颐，1987）。据江苏省社科院和省统计局1985年对7县190个小城镇的普查统计，"摆动人口"占镇区总人口的27.69%，其中县城、县属镇和乡镇分别为14.53%、19.65%和35.86%，在苏南经济发达的吴江县和江阴县占36.44%（杜闻贞和王辰，1989）。乡镇企业的蓬勃发展，使得邻近城市的平原乡镇（新兴工业地区）成为农村流出人口最重要的目的地之一，而城区的吸引力相对不强。在深圳蛇口工业区，1979~1987年年均增速达到204%（冯宪，1989）。

在杭州湾经济发达的平原地带，1985年农村基本上没有了剩余劳动力，如绍兴县胜利乡富强村除本村劳动力全部进厂外，还吸纳了来自附近地区的近千名外来劳动力。有的地方甚至在1984年就发生了青年劳工短缺现象，如杭州市纺织系统全民企业招工指标仅完成了35.3%（徐天琪和

叶振东，1987）。1985年温州市不含县内流动的外出劳动力、农民供销员高达36.8万人，比1983年增加了8.3万人，占温州全市258.31万劳动力的14.3%；温州下属的永嘉县出省劳动力占农村劳动力总数的22.5%，文成县的出省比率也达到12.9%；浙江绍兴县外出劳动力占全县农村劳动力总数的16.6%（见图2-3）。

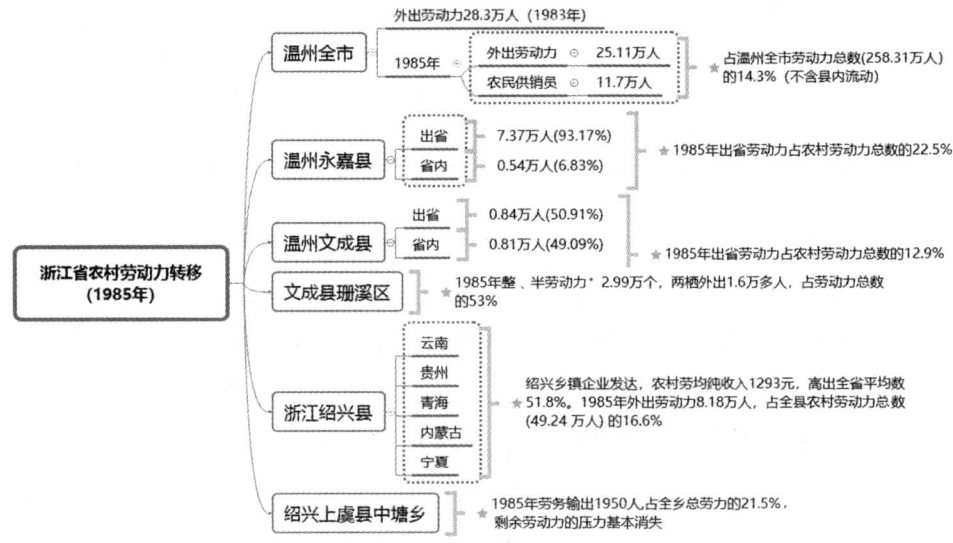

图2-3 浙江温州、绍兴等地外出人口情况（1985年）

注：*"整、半劳动力"中的整劳动力指男子18~50周岁，女子18~45周岁；半劳动力指男子16~17周岁、51~60周岁；女子16~17周岁、46~55周岁，同时具有劳动能力的人。那些虽然在劳动年龄之内，但已丧失劳动能力的人，不应算为劳动力；超过劳动年龄，但仍能经常参加劳动的人，计入半劳动力数内。对于常住人口中的职工，若这些职工为劳动力，就包括在本户的整、半劳动力中。

三、中西部农村劳动力流出比例较高

地处大别山腹地、鄂豫两省交界地带的河南信阳市新县，总人口有29.5万人，农业人口27.4万人，农业劳动力10.3万人。据调查，1986年底，全县共输出劳动力22522人（其中，男性21502人，女性1020人），占农业劳动力的 21.84%①。其中通过县劳务组织输出 2556 人（占 11.35%），能人② 带出 19306 人（占 85.72%），郑州对口支援和"厂乡挂钩"输送 660 人（占 2.93%）。

江西上饶广丰县唐墟乡，1986 年全乡共输出劳动力 2300 多人，占全乡劳动力的 63%，劳务输出产值 276 万元③，占全乡工农业总产值的 30%（忠德和华生，1987）。位于甘肃省中部西南面的东乡族自治县，全县有近 20 万的农村人口，1983 年、1984 年两年，每年外出劳动力 1.5 万人左右，1985 年达到 1.9 万人，1986 年上半年外出劳动力已达 2.5 万人，占全县总劳动力的 35.7%（顾军和冉万祥，1987）。代表西北地区人口流动的东乡族自治县以建筑工程队形式的人口流出主要在省会与周边省份，到东南各省及珠三角以流通商贩为主而非劳动力输出，采矿业和能工巧匠也占有一定比例，流动摊贩人数较少（见图 2-4）。

地处秦岭南麓的陕西商洛市山阳县，1985 年全县外出务工人员 3.6 万多人，占全县总人口的 10.6%；年收入 2326 万元，占全县农村工农业总产值的 29.3%，外出劳动力年人均收入 646 元。与地处山区的山阳县相对应，毗邻西安市区的长安县，1985 年全县乡镇企业发展到 1.12 万个，完成产值 3.76 亿元，吸收农业总劳动力的 31.6%（洪援朝，1987）。赫章县是贵州毕节地区有名的贫困县之一，劳务输出从 1984 年起才逐步形成规模，至 1986 年底全县共输出劳动力 2.5 万人，占农村劳动力总数的 13.5%，占全县剩余劳动力估计数的 50%；1987 年县政府计划组织劳务输出人数达到 3 万~3.5 万人（戴儒端，1987）。地处安徽西部大别山腹地的金寨县有 58 万人口，其中劳动力近 20 万人。该县党政领导于 1984 年冬作出大力开展劳务输出的决定。1985 年全县外出的劳动力约 5000 人，

---

① 汪立军：《山区剩余劳动力流向的考察与思索——新县劳务输出情况的调查》，《信阳师范学院学报（哲学社会科学版）》1987 年第 3 期第 134-138 页。在文献原文中，"输出劳力占总劳力的百分之二十三"，依文义可能意味着独自外出的还有 1168 人。
② 俗称"包工队长"，足迹遍及江西、湖北、辽宁、天津、广东、北京等全国十多个省市。
③ 以 2350 人计算，外出劳动力年人均收入 1174 元，而 1986 年全国职工年平均工资为 1271 元，农村劳动力流动迅速缩小了城乡收入差距。

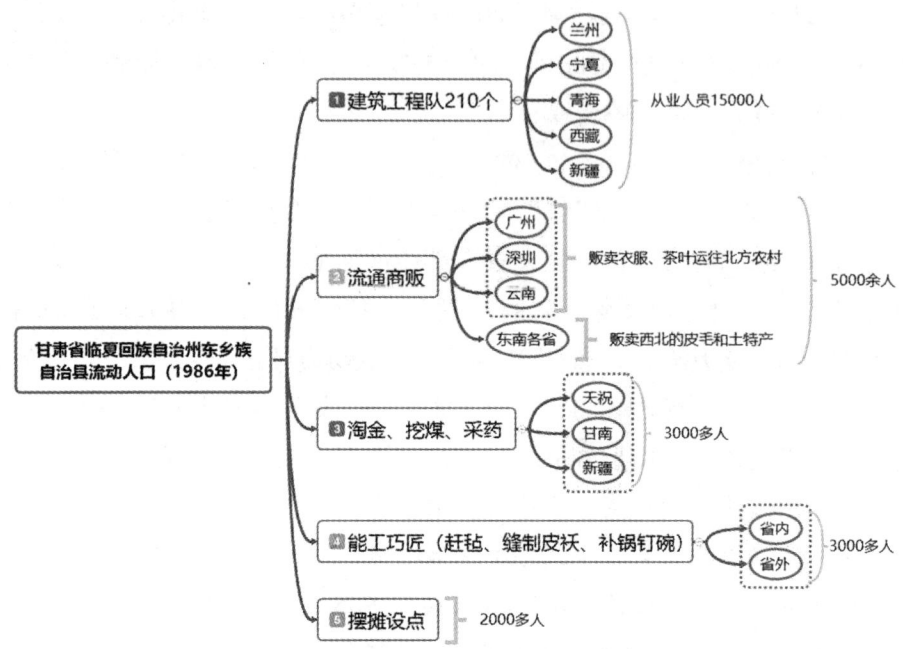

图 2-4　1986 年甘肃省东乡族自治县外出人口流量及流向

1986 年即发展到 2 万人（占劳动力总数的 10%），推动全县人均收入达到 530 元（陈德邻，1987），达到全国城镇居民年人均可支配收入的 58.95%。位于广西中部的宾阳县，1985 年乡镇企业总收入达 13013.65 万元，从业人员 92721 人，占农村劳动力总数的 29.03%（龙远蔚，1987）。

四、流动人口占全国总人口比重迅速提高

据公安部的张庆五（1986）估计，1982 年全国经常流动的人口约有 3000 万，1985 年已经上升到 4000 万左右①。从以上文献来推断，1985 年我国乡村就业人口 37065 万人，以 1/3 转向非农就业计算，1978 年以来的

---

① 张庆五：《体制改革与人口流动》，《公安大学学报》1987 年第 2 期第 13~15 页。其估算方法为：流动人口占城市人口的 14%，占农村人口的 3%，推算城镇、农村各有流动人口 2000 余万。

农村改革释放了 12355 万农村劳动力。其中，30%左右的已向非农就业转移的劳动力成为跨县（市、区）流动人口，约有 3700 万人，与张庆五（1986）估计的相比较，推算出农村务工人员占总流动人口的 92.5%，这与流出时间半年以上的农村劳动力人口约占 2/3（2467 万人）相符。1985年，全国总就业人口 49873 万人，同期全国第一产业占 GDP 的比重为28.4%，推算出农村隐性失业人口为 10546 万人（潜在可流动劳动力数量），占全国劳动力总数的 21.15%。巨大的人口流动规模和高速增长的城市外来人口是全国第三次人口普查首次将常住人口外出纳入调查项目的主要原因。1982 年普查结果似乎并不能与当时全国农村人口大规模地向城镇流动的情况相符，然而 1986 年中国社科院人口所组织的全国 74 城镇人口迁移调查（见图 2-5）在一定程度上弥补了这一缺陷，对研究当年乃至20 世纪 80 年代中国大陆人口的流动总量具有极大的价值。

  由于 74 城镇的流出大于流入，因此该样本并不能代表全国的情况。理想情况是，在忽略跨国流动的情况下，调查样本的人口流入量与流出量应当相等，而该调查数据显示，"常年外出人口（1 年以上）"加上"短期外出人口"远大于"外来暂住人口"，这意味着调查样本局限于人口流出地，而流入地较多的镇并没有被纳入样本之中，因此需要补充人口流入地大于流出地的"新增样本镇"。真实的调查数据是无法弥补的，因此必须利用其他方法。考虑到 1986 年我国的城镇化率是 24.52%，而当时中国的城镇人口是指"城镇户籍人口"，其城镇周边的人口依旧是"农村户籍人口"，而中国当时的人口是由广大农村流向城镇及其周边，因此需要补充的"新增样本镇"大致是已调查样本的 50%，从而形成可代表全国情况的"小样本"，该"小样本"具备如下两个特征：一是其人口流动量是全国的一个精细缩减样本，小样本人口流入量与流出量相等；二是新增样本镇户籍常住人口是已调查样本的 50%，即 50133.5 人，其人口流量与已有样本相同，流动方向相反。将已有样本与新增样本合并，计算出各年度流动人口规模如表 2-1 所示。

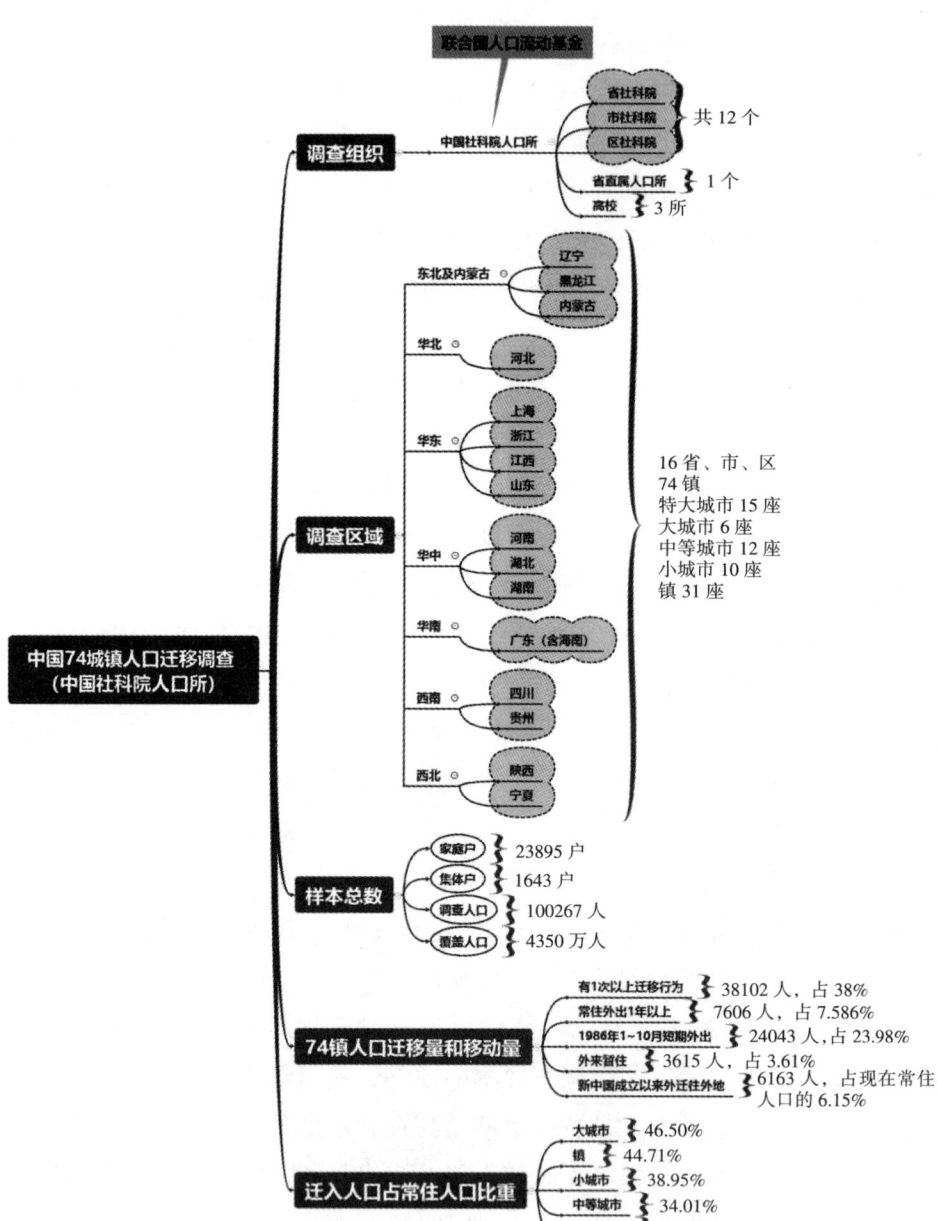

图 2-5 1986 年中国 74 城镇人口迁移调查[1]

---

[1] 马侠、王维志:《中国城镇人口迁移与城镇化研究——中国 74 城镇人口迁移调查》,《人口研究》1988 年第 2 期。

第二章 基于调查文献的人口流动流量、流向研究

表 2-1 我国流动人口规模估计（1978~1990 年）

年份	流动 1 年以上人口（万人）		流动 1 年以下人口（万人）		普查时流动 1 年以上人口登记值（人）
	下限值	上限值	下限值	上限值	
1978	942	1256	4367	5823	4259247
1979	969	1293	4494	5992	4383062
1980	1005	1340	4658	6211	4542647
1981	1320	1760	6119	8159	5967899
1982	1439	1918	6669	8893	6504432
1983	1734	2312	8040	10721	7841637
1984	1906	2541	8836	11782	8617547
1985	2315	3086	10732	14309	10466522
1986	4078	5437	18905	25207	18437477
1987	3759	5011	17424	23232	16992965
1988	4971	6627	23044	30725	22473857
1989	3777	5035	17508	23345	17075509
1990	4386	5848	20333	27110	19829712

注：下限值"新增样本镇"为 74 个，户籍人口数量与已调查样本镇相等。

由于 1986 年位于两次人口普查之间，以 1990 年"四普"流动 1 年以上人口为参照，用线性插值方法估计 1986 年的数据。若人口普查时实际记录数据为 1844 万人，约为上述估计应记录的 4078 万流动 1 年以上人口的 45.21%，即一半以上的外来暂住人口虽然已经外出超过 1 年以上，但在其普查登记地居住时间不满 1 年，从而不被登记为流动 1 年以上的人口。由此我们估计在全国常住人口中，外出 1 年以上人口的上限值（列 3）、下限值（列 2），有外出行为 1 年以下人口的上限值（列 5）、下限值（列 4），以及若在该年份进行人口普查时可能的登记值（列 6）。以 1980 年为例，该年常住人口中外出 1 年以上的人口下限值为 1005 万人，上限值为 1340 万人；常住人口中外出 1 年以下的人口下限值为 4658 万人，上限值为 6211 万人；若在 1980 年进行人口普查，则普查公布的常住人口外出 1 年以上的人口只有 454 万人。

表2-1的估算由于各地外出人口及常住人口占全国的权重不同，而采用了加权平均法，但考虑到调查的覆盖面已经足够大，且调查样本占全国人口的比重也接近1‰（0.932‰），因此估计结果是完全可以接受的。由此估算的流动人口占全国总人口比重以及流动1年以上人口占全国总人口比重如表2-2所示。从中可以看出，若将流动人口计算在内，则中国大陆在20世纪80年代末，依赖非农就业生存的人口比率已经接近50%，但1989年大量流动人口返乡导致真实的城镇化率大幅度减少了5.95个百分点，即局势的剧烈变动导致流动人口比1988年的高峰期大规模地减少了6729万人，流动人口总量急剧萎缩了24.02%。

表2-2 计入流动人口之后的我国城镇化估计（1978~1990年）

年份	官方公布人口（万人）			流动人口			城镇化率（%）	
	总人口	城镇人口	乡村人口	估计值（万人）	占全国比重（%）	其中1年以上比重（%）	估计值	官方值
1978	96259	17245	79014	5309	5.52	0.98	23.43	5.52
1979	97542	18495	79047	5464	5.60	0.99	24.56	5.60
1980	98705	19140	79565	5663	5.74	1.02	25.13	5.74
1981	100072	20171	79901	7439	7.43	1.32	27.59	7.43
1982	101654	21480	80174	8108	7.98	1.42	29.11	7.98
1983	103008	22274	80734	9775	9.49	1.68	31.11	9.49
1984	104357	24017	80340	10742	10.29	1.83	33.31	10.29
1985	105851	25094	80757	13047	12.33	2.19	36.03	12.33
1986	107507	26366	81141	22983	21.38	3.79	45.90	21.38
1987	109300	27674	81626	21182	19.38	3.44	44.70	19.38
1988	111026	28661	82365	28014	25.23	4.48	51.05	25.23
1989	112704	29540	83164	21285	18.89	3.35	45.10	18.89
1990	114333	30195	84138	24718	21.62	3.84	48.03	21.62

注：列2至列4数据来源于《中国统计年鉴（2010）》。列5=（表1-2中列3）+列7；列6=（表1-2中列2)/列2；列7=（列3+列5)/列2；列8=列3/列2。

以上一年末常住人口为基数的人口流动率也变动较大，其中1981~

1985年每千常住人口每年流动人口为11人，1986年的人口流动达到94人，1987年人口流动萎缩，变为-17人，1988年人口流动再次为正，达到63人，1989年又急剧萎缩为-61人，1990年再次扩张为30人，1981~1990年十年间均值为15人。由于户籍制度制约，农村外出人口家属通常不能随迁，因此在计算依赖非农就业生存的人口时，可以将所有流动过的人口计算在内，则中国大陆在1986年依赖非农就业生存的人口比重就已经超过50%。例如，1986年温州农村263.3万劳动力中已有130万劳动力从种植业转移到了第二、第三产业（李迪良等，1988），这说明温州真正依赖农业生存的人口已经不到35%。1986年上海、长沙、株洲、津市流动人数分别是样本人数的25.69%、32.14%、45.67%、40.44%（高振民，1989），人口流动主要在本省区域内，上海比较特别，流向江浙两省的占77.29%，而湖南三市流向外省的均值只有12.8%。以全国平均值推算，1986年湖南流向省外人口152.2万人，省内流动人口1032万人，全省外出1年以上流动人口为408.8万人，依赖非农就业生存的人口只有35%，比温州低30%以上。

进一步推算发现，20世纪80年代中国大陆自1978年以来流动1年以上的人口占全国总人口比重逐年上升，1986年达到阶段性高位，1987年因前一年过度性流入及大城市人口控制导致常年性人口流动率下降，1988年是20世纪80年代人口流动的顶峰，如图2-6所示。因政治经济政策及大城市人口控制，直到1990年也没有恢复到1988年的最高水平。全部流动人口占总人口比重的增长趋势与常年性流动走向完全一致，1988年每4个人中有1人短期外出。由于人口主要因为务工经商而流动，因此1988年41.79%的经济活动人口有过短期外出。

由公安部组织实施的于1991年完成的《中国50乡镇流动人口调查》结果显示，50乡镇共有流入人口18926人，按乡镇人口流入率为22.5%计算，流出人口9678人，离村率为11.6%（张庆五，1995），流入率明显高于离村率。该调查样本实际偏向经济条件强于全国平均水平的乡镇，依前述方法反向调整得到全国加权人口流动率为17.07%，由此推算出全国流

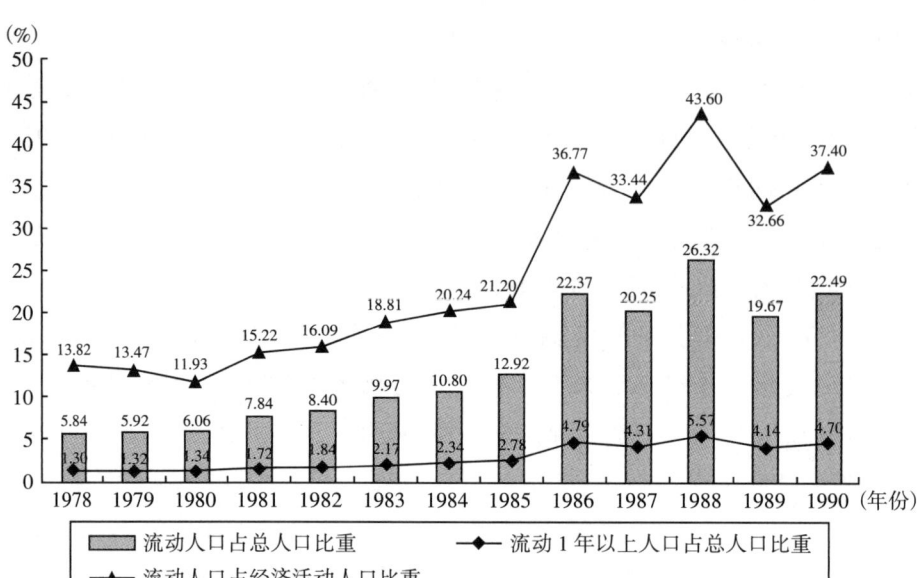

图 2-6　中国大陆流动人口各项占比（1978~1990 年）

动人口为 19519 万人。对比表 2-2 中的 24718 万人，两者相差 5199 万人，最可能的原因是 74 城镇调查中有人在 1986 年 1~10 月中多次外出，但可以取两者的均值来减少估计误差（见表 2-3）。由此计算发现 1986 年中国大陆流动人口迅猛增长，流动人口总量首次突破 2 亿，1990 年达到 2.2 亿，以非农化计算的真实城镇化率在 1990 年达到 45.76%，城镇化率每年提升 1.91 个百分点。

表 2-3　74 城镇调查与 50 乡镇调查及其均值条件下的城镇化估计（1978~1990 年）

年份	城镇化率（%）		50 乡镇调查			74 城镇+50 乡镇平均值	
	74 城镇调查	官方值	流动人口（万人）	占全国比重（%）	城镇化率（%）	流动人口（万人）	城镇化率（%）
1978	23.43	17.92	4193	4.36	22.27	4751	22.85
1979	24.56	18.96	4314	4.42	23.38	4889	23.97
1980	25.13	19.39	4472	4.53	23.92	5067	24.52
1981	27.59	20.16	5874	5.87	26.03	6657	26.81
1982	29.11	21.13	6403	6.30	27.43	7255	28.27

续表

年份	城镇化率（%）		50乡镇调查			74城镇+50乡镇平均值	
	74城镇调查	官方值	流动人口（万人）	占全国比重（%）	城镇化率（%）	流动人口（万人）	城镇化率（%）
1983	31.11	21.62	7719	7.49	29.12	8747	30.12
1984	33.31	23.01	8483	8.13	31.14	9612	32.23
1985	36.03	23.71	10303	9.73	33.44	11675	34.74
1986	45.90	24.52	18149	16.88	41.41	20566	43.65
1987	44.70	25.32	16727	15.30	40.62	18955	42.66
1988	51.05	25.81	22122	19.93	45.74	25068	48.39
1989	45.10	26.21	16808	14.91	41.12	19047	43.11
1990	48.03	26.41	19519	17.07	43.48	22119	45.76

由于人口流动来源地主要是农村，因此该加权均值会比实际略低。国家社科规划重点《中国农业剩余劳动力利用与转移》课题组（1990）对全国11个省222个村189006个劳动力的调查和对全国统计资料的对照分析显示，1978~1988年，全国共转移农业劳动力1.3亿人，其中在农村就地转移到非农产业的有8850万人，转移到城市的约有4400万人。就地转移通常伴随家属等非劳动力人口转移，而转移到城市的农业劳动力随迁非劳动力人口占10%左右，以此推算1987年流动人口也达到2亿人以上，与表2-3所估计的数据相差是可以接受的。

四川省农调队、四川省社科院社会学所联合调查组（1988）根据各方面调查反映的情况估计，活跃在滇黔两省的"川军"（含重庆）数量在100万人左右。若该估计可信，则"川军"流向两湖、陕甘及西北、全国其他各地也应在百万人以上，即川渝1987年底跨省流出人口至少在400万人以上。位于四川盆地东北部丘陵地带的南充，总人口950余万人，农业人口870万人，农业劳动力520万人，本地消化农村劳动力30多万人，输出劳动力80多万人，遍及全国29个省、市、自治区（岳华勋，1988）。以82.5万跨区流出劳动力计算，跨区域流出人口占南充地区总人口的

8.68%，占南充地区总劳动力的15.87%。以南充地区为参照系，意味着四川（含重庆）农村共有1259万劳动力转移，其中跨地级市区域流动劳动力903万人，若跨省流动劳动力与跨区流动劳动力有相同的比例，则跨省流动人口为648万人。

据广东省公安部门估计，1988年全省有500万流动人口（在流入地居住1个月以上），省外农村流入300多万人口，有100万人签订了劳务合同，领取了暂住证；据东莞市的调查，外来劳动力流出地涉及全国21个省100多个县（廖世同和廖世添，1989）。1987年广东全省领取暂住证的人口达294万人，其中本省214万人，外省80万人；东莞太平镇（虎门镇）1984年招收外来劳工1000余人，1988年急升至3万多人，1989年达5万多人，是本地工业就业劳动力的3倍（石祥记和石佩晖，1989）。从外来人口领取暂住证的情况来看，本省人口领证的比率应该低于省外流动人口，因此推算来自本省的流动人口应在600万人以上。以每个劳动力负责4亩耕地计算，广东农村剩余劳动力为1300万人，其中已经转移691万人，剩下的610万人则成了流动人口，与浙江温州的情况一样，即并不存在学术界所计算出的大量"剩余劳动力"。据广东省公安、劳动部门统计，1992年在粤的外省劳动力有400多万人，其中湖南有120余万人，约占1/3；1991年春节过后广东省劳动部门统计或注册的在粤企业事业单位的外省劳动力有175万人，来自湖南的有51.9万人，仅深圳就有湖南务工人员30万人（谷新珊，1992）。从注册数量来看，广东省来自省外的流动人口实际在1991年就已经在500万人以上了。由此看来，不但在广东、浙江等发达地区的劳动力并不存在所谓的"剩余"，即使在西北内陆的甘肃省，1988年以后全省劳务输出也基本稳定在120万人，转移到乡镇企业就业120万人，两者合计已经占据所计算"剩余劳动力"的80%（李享阳，1992）。剩下的那些"剩余劳动力"要么是年龄问题不被企业接收，要么是各种原因滞留在农村。

需要注意的是，20世纪80年代流动人口的主要活动区域是在城、镇周边，这部分人口随着中国城镇化进程的推进逐渐成为新市民从而退出流动口径,而广大农村劳动力则随着市场化改革的推进不断加入流动大军。流动人口的数量在不断改变,流动人口的来源及构成也在不断变化之中。

第二节 由内陆向沿海跨省流动年代:1992~2000年

与流动人口迅猛增长相对应,1986年的人口流动高峰对应着中国乡镇企业发展的黄金时代,随后的数年调整与调控使流动人口也如潮水般涨落。1992年我国确立了社会主义市场经济体制,从此人口流动也从本省及邻近地区流动的时代转向大规模地流向以广东珠三角和沪苏浙长三角的跨省流动时代。受流动人口回落、政治经济形势以及1990年全国第四次人口普查等因素影响,1987年以来与人口流动相关的文献数量也停滞不前,1991年更是跌落至最低点(见图2-7),且很多文献使用的是1990年"四普"的数据。1992年之后,农业人口占比极高的丘陵山地等农业大市(县)掀起了劳务输出高潮,大量外出农民工调查文献为我们提供了丰富

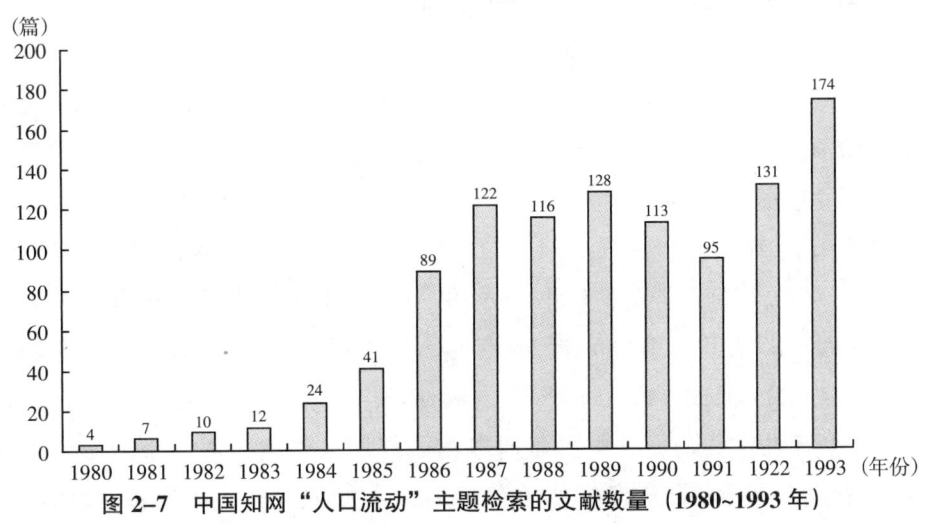

图2-7 中国知网"人口流动"主题检索的文献数量(1980~1993年)

基于大数据的人口流动流量、流向新变化研究

可靠的数据资料。

内陆省份外出人口成规模地流向以广东为代表的沿海省份,始于1984年全国农民普遍有余粮的年代,自1988年起则形成大规模的南下广东"民工潮",从农历大年初四开始,每天数万乃至十几万外省民工水陆并进,从湖南、四川、广西、江西、湖北等地流向广东珠三角各个角落,只需要十多天时间,入粤民工即超200万(何乃谦,1989)。即使在1988~1990年的国家调整与调控期间,流入广东的人数依然年年猛增。1963~1973年每年有2500万以上的出生人口,为这种流动提供了充足的青年劳动力。特别地,沿海除了需要年轻的劳动力人口外,同样也需要改革开放以来迅速增长的乡镇企业中的大批量的管理和技术人才,部分国有、集体企业管理和技术人才也大胆地放弃身份加入流动大军并获得丰厚的工资及奖励回报。中华人民共和国自成立以来建立了庞大的制造业体系,在沿海以出口为导向的"三来一补"的高工资冲击下,既流失了大量工程技术及管理人才,也丧失了年轻劳动力持续供应的来源,内陆的乡镇企业在20世纪90年代基本上完全丧失了吸引力,国有及集体制造业除军工外都处境艰难。

一、江西农村劳动力流出独具优势

作为全国贫困县之一,革命老区江西于都县总人口有75万人,农业人口67.96万人,农民人均耕地仅0.65亩,县政府把劳务输出作为加快农村经济发展的一项新兴产业来抓。据不完全统计,到1992年底,全县长年和季节性劳务输出人员达150727人(仅向东莞一地输出的就有6万人),劳务收入近3亿元(陈甫华,1993)。外出务工人员占于都全县总人口的20%,年人均劳务收入近2000元,相当于1992年全国城镇在岗职工平均工资2711元的74%。在革命老区江西吉安县,1993年春节刚过就输出了1.1万农村劳动力,主要流向东莞、深圳、海南、厦门、上海、北京及本省南昌;云楼乡草坪村外出劳动力占本村的43%;永阳镇1991年的

劳务输出人员为 900 人，1992 年增加到 2700 人（肖奕友，1993）。江西上饶市广丰县（山区）1992 年输出劳务人员 9.6 万人，劳务收入 1.99 亿元（年均劳务收入 2073 元，与于都县大致相等）；1993 年全县有 50% 的劳动力（近 15 万人）走出家门（朱益民和潘丕声，1993）。据江西省统计局根据典型调查材料推算，1992 年全省农村劳务输出总量达 156 万人，比 1991 年底增加 73 万人；过去江西省外出务工经商的农民多集中在赣州宁都县、九江都昌县和上饶广丰县等少数几个县，1992 年几乎全省每个县市都有农民外出；1992 年农村劳动力输出人数在 5 万人以上的就有九江修水县、广丰县等 17 个县市，其中输出劳动力 10 万人以上的有抚州临川县、赣州于都县、宜春丰城市（张逢雨，1993）。赣州兴国县 1992 年全县有农业人口 55.8 万人，农业劳动力 24.3 万人；到 1993 年 9 月底，全县组织外出劳务 8.1 万人，占农村劳动力总数的 33%，比上年增加 1.3 万人，其中社富乡输出劳务 7200 人，占劳动力总数的 65%，江背镇输出劳务 4400 人，比上年增加 3420 人，增长了 3.5 倍（李佐华，1993）。宜春市 70 万农业人口中有 33 万个农业劳动力，据不完全统计，截止到 1993 年 3 月中旬，全市外出打工人员达 6.03 万人①（比上年增加 1.83 万人）；天台乡劳务输出近 3000 人，慈化乡输出 4000 多人，生活水平最低的库区工委输出 2000 多人（比例最高），洪塘、寨下、柏木、三阳等地外出打工的人数都在 2500 人以上（袁小虎，1993）。吉安市永新县截至 1992 年 3 月，全县输出劳动力 29251 人（其中城镇待业人员不足 1000 人），累计达 8 万人次；芦溪乡郑家村，人均耕地 0.4 亩多，外出务工人员占该村劳动力总数的 70%（段园朴等，1993）。上饶市玉山县农村劳动力有 20.89 万人，1993 年全县劳务输出人数达 7.8 万人，占全县农村劳动力的 37.3%；招湖、横街等大镇（乡）劳务输出超过 8000 人，群力、官溪等人口较少的乡镇劳务输出也在 3000 人以上（宋代明和缪恒军，1994）。

---

① 1993 年末增至 7.5 万人，参见袁小虎：《宜春市狠抓二三产业开发》，《老区建设》，1994 年第 4 期第 29 页。

江西省有3913.1万人，农村人口占81%（3169.6万人），其中农村劳动力有1437.7万人（1993年统计，相当于每个劳动力对应2.2个人口），乡镇企业安置290万人。据调查统计，1992年全省农村劳务输出200多万人，比上年增加1倍；1993年达到300多万人，其中出省劳务240余万人；劳务输出5万人以上的有丰城、广丰、波阳、修水、都昌、南康、宁都等23个县（市），其中劳务输出10万人以上的有8个；广丰县1992年输出劳务10万人，1993年猛增至15万人（占农村劳动力的50%）；吉安地区1992年输出劳务11.5万人，1993年猛增至30万人；流向广东、福建、上海三个相邻省市的劳动力占跨省流出的82%，其次是流向海南、北京等地（李育民和饶本春，1994）。截至调查日（应为1994年初），上饶市波阳县输出劳务19.26万人（15岁以下农村外出劳动力3852人），占全县农村人口的1/5，外出劳动力累计半年以上者占94%，人均劳务收入2400元（1994年全国农民人均纯收入897元）（曹庭珍和余红永，1994）。

1993年江西18~30岁人口占全省总人口的26%，农村可流动劳动力730万人，约占全省农村劳动力的50%。据1997年底统计，江西省流出人口达400多万人，占全省总人口的10%；九江市都昌县有66万人口，流出人口超过12万人，占全县总人口的18%（周忠伟，1999）。若按国家统计局农调总队的百分比推算，1997年江西跨省流出农民工有735.91万人，占江西4150.33万户籍人口的17.73%，虽然不可完全排除这种可能性，但与重庆相比较就会发现江西所占比重明显偏高，因此最可能的原因是农调总队采样时江西所占的权重偏高。另外，江西省公安厅户籍处的统计应该更为可信，从统计推断上来说，400多万流动人口占总人口的比重也是10%，与重庆十分接近，两者都是农村人口占比极高的省级行政区域，且重庆很多县也有与都昌县类似的高流出比。

二、川渝农村劳动力流出走在全国前列

四川省（含重庆）1.1亿的人口中有9000多万农民，其中有5000多

万农村劳动力，农村自身只能吸纳 1/3，"过剩劳动力"近 2000 万人；1993 年劳务输出突破 1000 万人次（其中跨省输出 500 万人次（其中常年性较固定的约有 200 万人次，季节性、临时性的有 300 万人次），出国劳务 1.1 万人，"川军"足迹遍及包括台湾在内的全国 31 个省、市、区（杨顺成，1994）。1993 年四川（含重庆）20~29 岁农村劳动力约有 1000 万人，而劳务输出也是 1000 万人，此年龄段的农村劳动力占流出劳动力的 75%。崔国华（1995）依农民种植经验估算四川"剩余"1081.24 个劳动力（全国 1.2 亿"剩余"），由此看来，"剩余"并不存在，而是转化成了流动劳动力。四川省社科院的陈武元、杨俊辉（1995）指出，四川出省的 600 多万农民工当中，流向广东（深圳）、苏沪、云南、新疆、山西、贵州、西藏的分别为 100 万人、80 万人、30 万人、20 万人、10 万人、10 万人、5 万人，其他省市为 200 万人，省内成都、重庆各 100 万人，散布省内各地共 200 万人，乡镇企业吸收 1030 万人。同为四川省社科院的张理智（1996）指出，1993 年统计资料显示总计有约 600 万四川出省农民工。四川省就业局的谭仁洲（1996，1997，1998）指出，至 1995 年底全省跨省流动就业人员达 650 万人，返川过春节的农民工占 31.3%；1996 年底跨省就业人员上升到 670 万人，返川过春节的农民工占 44%；1997 年重庆直辖，四川年末跨省就业人员变为 450 万人，返川过春节的农民工占 46.6%。据有关部门统计，1996 年川渝农村转移到非农产业的劳动力已达 1448 万人，较 1995 年有了较大提高（漆雁斌等，1997）。

1997 年重庆市户籍人口有 3043 万人，根据谭仁洲的数据推断重庆当年跨省流出人口不少于 220 万人，占全市户籍总人口的 7.23%，扣除增长因素与江西大致相同。四川跨省流动劳动力占全省总人口比重达到 5.5%，与江西的 6.15% 差距不算太大，贵州农户抽样调查显示，5.88% 的劳动力转移到省外①，达到 91.49 万人。以 5% 的流出率计算，1994 年全国跨省流

---

① 虽然样本量太少，但比值介于江西、四川之间，也是可以接受的。参见孙景隆：《百万"黔军"闯天下 一年创收三十亿》，《农村经济与技术》1995 年第 10 期。

动的农村劳动力也有近6000万人。

四川涪陵垫江县，全县1991年有农业人口75.78万人，农村劳动力43.23万人，农业人口人均耕地0.92亩，1991年底向县外、地区外、省外乃至国外输出劳务人员4万余人（马晓娅，1993）。垫江县建筑企业人均产值达到5662元，劳务输出占农村总劳动力比重达到10%左右。四川宜宾市兴文县20.38万农村劳动力中，本地种植业及县内转移只需要占全县农村总劳动力工日的29.74%，据不完全统计，全县常年性和季节性外出务工人员有1.5万多人（何世宗和潘可，1993）。巴中市1986年劳务输出5.22万人，1988年即达到10.70万人，1995年上升到18.56万人（李勇，1996），1990~1995年六年间年平均增速下降到7.80%，1986年以来巴中市劳务输出人数如图2-8所示。1986年后的突然增加，实际上是乡镇企业吸引农村劳动力的能力已达饱和之后流向外部的自然表现。在此之前农民大都离土不离乡、不离村，以乡村居住地为中心，偶尔出一下远门，农闲时就在家或三五成群地娱乐。

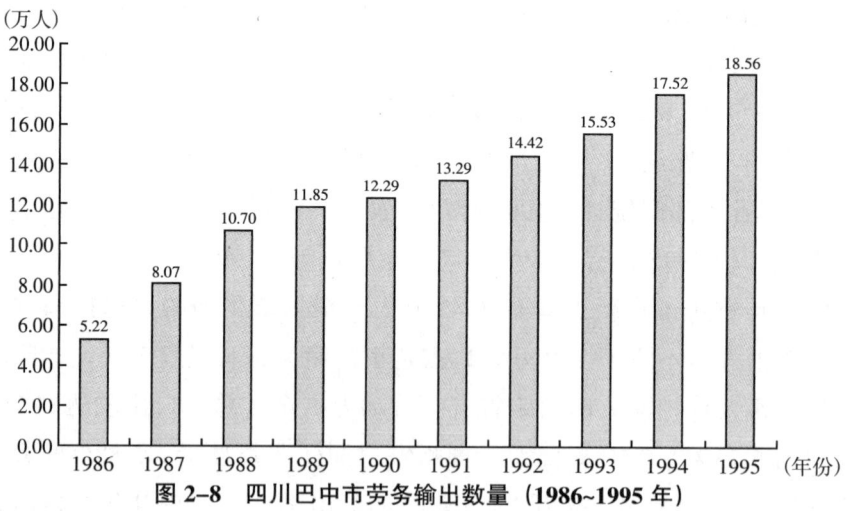

图2-8 四川巴中市劳务输出数量（1986~1995年）

1997年，巴中地区共输出劳动力20.5万人，劳务收入达3亿元（李勇，1999）。按全省人均1800元劳务汇入计算，同口径的劳动力输出只有17万人，因此巴中市就业局的数据包括省内就业的3.5万人，相当于有

83%的劳动力流向省外，17%的在本省就业，本市就业的农村流出人口并没有计算在内。对四川南充蓬安县939户农户的调查显示，外出劳务占总劳动力的45.2%，常年性外出占74.6%，流向东部沿海的占69.3%，乡内、县内乡外、省内县外分别占20.7%、6.7%、3.3%（伏文超，1994）。

巴中地区的通江县有67万人，自1993年以来，全县年平均外出务工经商人员达15万人，其中1994年、1995年高达18万余人，外县流入从事经商、建筑等人员年均5万余人（邓文国和鲁阳俊，1996），外出劳动力占全县总人口的26.87%，占全县劳动力比重应在48%以上，若还能吸引同样数量的本县劳动力从事经商、建筑等行业，则跨县及本县内流动劳动力占总劳动力的比重已高达61.8%，算上本县农业及其他不离乡的1/3劳动力，该县真正可供流出的潜在劳动力只有5%左右。阆中市（县级）地处南充北部山区，有85.5万人，其中农业人口76万人（占全市总人口的88.89%，1995年全市劳务输出12万多人，占总劳动力的23.3%，比通江县低3.5个百分点），1996年上半年该市输出9万多人，流向省外的占80%，其中轻纺行业占50%，建筑行业占30%，服务和其他行业占20%（彭明龙和罗玉全，1996）。

遂宁市射洪县地处川中丘陵区，1994年末全县总人口为99.64万人，其中农业人口86.9万人，劳平耕地只有1.4亩。1994年劳务输出103248人（占全县总人口的10.36%），劳务收入3.6亿元，1995年1~9月劳务输出101619人，劳务收入3.84亿元（袁德新和张方训，1996）。由于丘陵城镇比山区相对发达，因此射洪比通江的跨县流出率要低，但从外出增速看，1995年两地都达到了阶段性的顶峰，劳动力输出由高速增长明显下降到个位数。外出劳动力人均劳务收入相当于同期全国城镇居民人均可支配收入（1994年为3496元），由于每个农民要负担1.8个以上家族成员，因此城乡人均收入倍差应在2.0左右。

地处盆地南部的泸州泸县地貌、人口与射洪县相差较大，但来自泸县卫生防疫站的文献指出，泸县每年有30余万劳务输出，带入传染病例主要来自广东等8省，其中广东、云南、海南占73.33%（雷思友，1996）。

基于大数据的人口流动流量、流向新变化研究

从文献发表时间来看，劳务输出为1994年的可能性较大，且为农村外出打工人员，该年末泸县人口有95万人，由此推算1994年泸县农村外出劳动力占全县总人口的31.58%，占全县总劳动力的56.84%，由此看来泸县几乎没有劳动力可以流出了。陈明金、汪显江（1998）指出，1996年泸县22万外出农民工（占全县总劳动力的40%），劳务收入8.5亿元，农民人均纯收入的55.3%来自外出劳务。按外出劳务占农民人均纯收入计算，外出劳务应占全县总劳动力的55.3%，与56.84%的估计值非常接近，因此雷思友（1996）所指出的30余万劳务输出应是农村总流出，而陈明金、汪显江（1998）所指的22万外出农民工中80%以上应为跨省劳务输出。

2000年泸县实现常年输出20多万人，就地安置9.3万多人，遍及全国28个省级行政区域的276个县（区），在外务工人员银行汇回劳务收入36.3亿元，随身带回11亿元，占全县农民收入的54%，全市82%的农户经考核验收达"小康户"（袁兴诚，2001）。与1995年相比，泸县外出劳务几乎没有增加，甚至略有减少，从现金收入占农民收入的比重来看，外出劳动力应占54%以上。以全国城镇居民可支配收入计算，2000年泸县外出劳务收入相当于75.32万城镇居民，而当年泸县总人口为100万人左右，算上本地收入，泸县人均可支配收入比全国人均6280元的城镇居民可支配收入还要高。

宜宾市宜宾县有97万人口，农业人口占89.69%，有近60万农村劳动力，截至1995年12月底，全县累计组织输出劳动力76104人（李长春，1996），占农村总劳动力的12.7%。东部深丘山区的达州市渠县有116万农业人口，农村劳动力有60多万人，1997年全县劳务输出25万人，其中出县5.2万人，出省19.8万人，通过邮局汇回的劳务收入达8亿多元（益明和昌银，1997），这表明渠县劳动力外出已经占总劳动力的40%以上。宜宾市江安县有51万人口，1996年外出务工6.5万人，通过邮局寄回劳务收入2亿元（程培光，1998）。按邮局寄回资金计算，外出务工人数应在11万人左右，即有4.5万人在省、市或县内流动。广安市邻水县1997年输出劳动力15.8万人，比上一年增加1.8万人（杨凤华，1997）。

第二章 基于调查文献的人口流动流量、流向研究

南充市南部县劳务输出部门仅1996年上半年就接送疏导外出农民工18万人次（蒙东帆，1997）。

1996年宜宾劳务输出52万人，通过邮局寄回劳务收入9.9亿元（陈明金和汪显江，1998）。1997年劳务输出数量基本稳定，据统计，宜宾市1997年末从事非农产业的外出务工农民已稳定在55万人次，约1%（5000多人）成为企业的管理人员；1996~1997年仅通过邮局寄回的劳务收入已突破20亿元（每年约一半的钱通过邮局寄回），超过全市的地方财政收入，20%以上的农民人均收入来自劳务所得，外出务工较多的乡达到40%（蒋兴和和高世明，1998）。从劳务收入来源看，外出务工人员已经占总人口的20%左右，部分乡镇外出人口则达40%。

1997年四川乡村从业人员有3538万人，外出务工和省内非农就业的占50%左右，第一产业从业人员约1769万，即官方统计中有1103.41万人实际已经不在第一产业中就业。考虑到统计上的漏计，20%的外出务工人员应该是出省务工（707.6万人），省内实际总就业人口为4960.4万人，第一产业实际从业人员占35.66%，非农就业占64.34%，按产出计算，农村中还有419.77万40岁以上的大龄民工（占乡村就业人员的11.86%）等待向非农产业转移。1996年四川（含重庆）在外务工人员通过邮局寄回劳务收入200亿元，由此推算川渝出省务工人员有1111.11万人，而1997年川渝全年平均流出下降到1000.89万人。由此得到1996年川渝跨省流出劳动力分别为785.52万人、325.59万人，而1997年因亚洲金融危机外出回流，川渝跨省流出下降到707.6万人、293.29万人（见图2-9），其中四川跨省输出减少77.92万人，重庆减少32.3万人。1995年四川在外的劳务人员通过邮局寄回的现金高达170亿元，相当于江西省全年的财政收入（刘平，2001）。剔除6%的工资增长因素，推算出1995年四川（含重庆）跨省流出劳动力1004.73万人，比1997年略多，原因是重庆直辖对本地劳动力的吸引大于流出增长。

国家统计局农调总队（2002）1997~1998年全国农村劳动力抽样结果显示，全国跨省流动农村劳动力中，四川省占10.99%，重庆占6.31%，

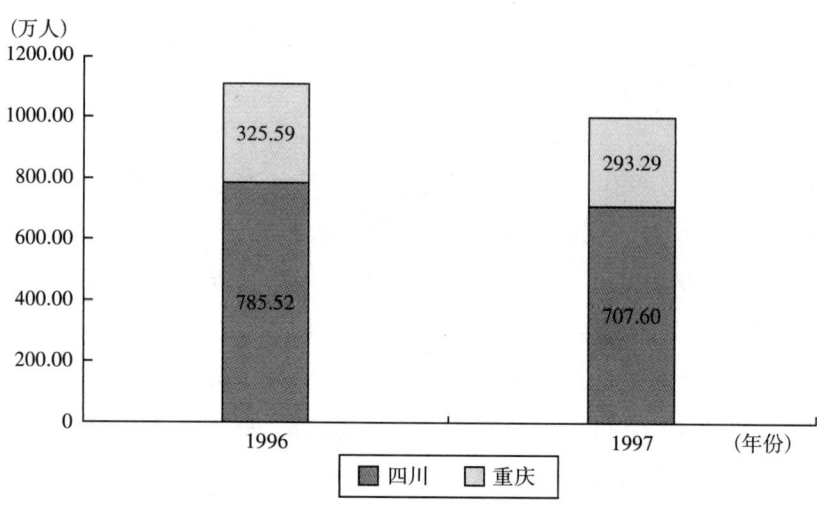

图 2-9　川渝跨省劳务输出数量估计（1996 年、1997 年）

四川是重庆的 1.74 倍，重庆占比偏高，主要是流出人口中重庆农村比重过高所致，但仍然可以采用四川跨省流向百分比来推算 1997 年四川跨省流动农民工流向各省级行政区域的流量（见图 2-10）。1997 年四川有 376.16 万农民工流向广东，占总流出量的 53.16%，居第 1 位；流向福建的有 55.26 万人，占总流出量的 7.81%，居第 2 位；流向新疆的有 44.72 万人，占总流出量的 6.32%，居第 3 位；此外流向北京、浙江、西藏、重庆、云南等地。其主要特点是流向东南沿海、相邻省份、新疆等。根据川渝占全国 17.3% 的比重，推算出 1997 年全国跨省流动农民工为 5785.49 万人，1998 年上升到 6408.60 万人，增长 11%。

四川盆地北缘广安地区的苍溪县 2000 年底劳务输出 12 万人，占全县劳动力总数的 27%，2001 年突破 13 万人，占劳动力总数的 30%，个别乡镇达 50% 以上（刘绍荣，2001）。自贡市有 300 余万人，2000 年全市农村劳动力 74.56 万人（占 56.25%）已经就地转移或输出，向外输出农民工 40 余万人，劳务收入达到 20.29 亿元（黄华强和任宏刚，2001）。按全市人口占全省比重和 80% 跨省流出推算，2000 年四川出省农村劳动力达到 960 万人，比 1996 年增加 175 万人。

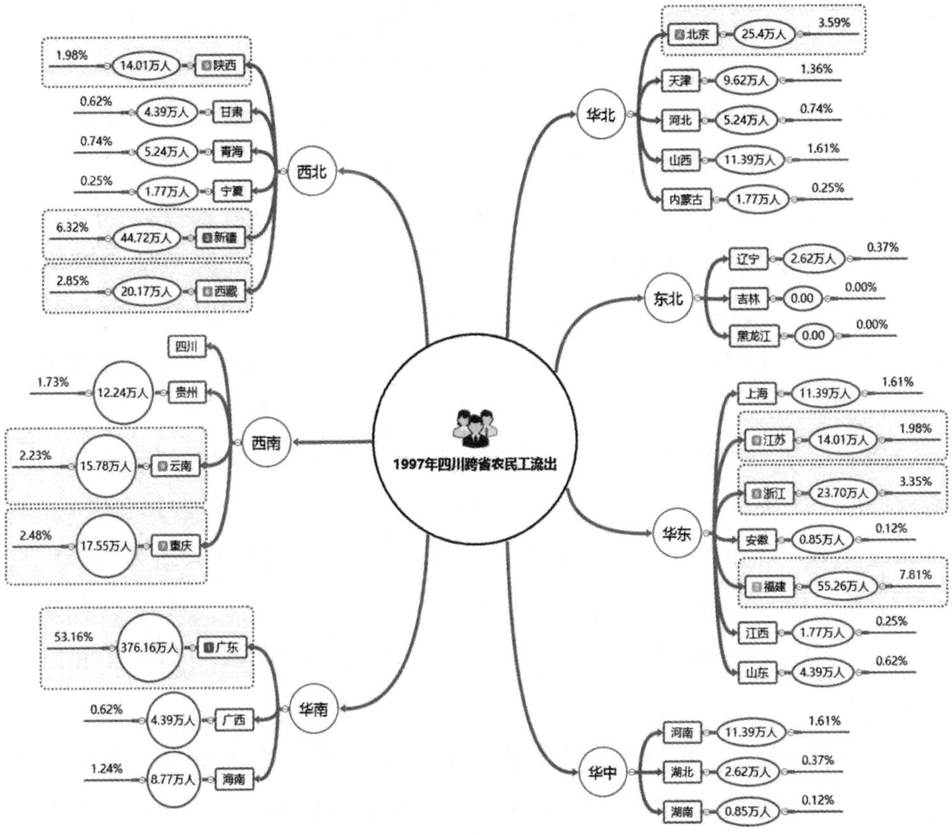

第二章 基于调查文献的人口流动流量、流向研究

图 2-10 四川农民工跨省流向流量及所占百分比（1997 年）

重庆市大足县是典型的农业丘陵人口大县，1997 年 102 万总人口中有 98 万农业人口，据统计 1996 年该县异地转移人口 30 万人，其中出省转移人数超过 13 万人（郭正模等，1998）。考虑到当时重庆尚未直辖，而大足与直辖后的四川省相邻，按 40% 流向四川计算，跨省级行政区域流动人口在 25 万人以上，外出务工出省率接近 25%。

三、中部人口大省农村劳动力流出规模惊人

河南安阳市多年来外出建筑大军一直保持在 20 万人以上，1994 年达

· 55 ·

到 28 万人，占全市总人口的 6.2%，除建筑业外，劳务输出 3 万人（李宝瑞，1996）。典型的农业大市商丘有 670 多万农业人口，1995~1999 年连续五年向省外大中城市、新疆、沿海地区及国外输出劳务人员每年稳定在 100 万人次左右（占农业总人口的 14.93%），1999 年实现国内劳务输出 106.7 万人次（史培德，2000）。以河南 7000 万农村人口推算，1999 年河南跨省流出农民工 1044.78 万人，保守估计也有 783.58 万劳动力跨省流出。邓州市农民年人均 25% 以上的收入来自劳务输出，1996~1999 年每年劳务净收入超过 10 亿元。以邓州市 1996 年人均外出劳务计算，邓州劳务输出规模在 50 万人左右。

湖北襄阳市谷城县（山区）人均耕地不足 0.9 亩，1992 年输出劳动力 3.2 万人，仅深圳、东莞两地就有 5000 人（朱有学和周元宵，1993）。孝感市云梦县，1994 年全县输出劳动力 8 万人，占全县总劳动力的 30.5%（李金平，1995）。据湖北有关部门统计，1995 年出省务工人员只有 83.9 万人，其中粤琼京闽沪分别占 35%、8%、6%、6% 和 5%（何志华和赵玉梅，1997）。

湖南省 1991 年底与粤桂川等省区建立了劳务合作关系，每年劳务输出 450 万人左右，其中输向广东 350 万人左右（屈莉萍，1996）。1995 年湖南人占广东外来人口的 20% 左右，这意味着同期广东省外流入劳动力有 1750 万左右，以 90% 为农村劳动力计算，1995 年广东省外流入人口 1944 万人，加上过路性质的商旅人口流动，来自省外流入的人口应在 2300 万左右。永州市新田县外出务工人员一直占劳动力的 1/3 左右，2001 年外出劳务人员有 7.8 万人，占全县劳动力总数的 43.3%，不少贫困乡村 90% 以上的劳动力外出（吴开明，2001）。同处湖南省南部的衡阳、邵阳、怀化、郴州、娄底等市劳动力流出情况与永州市大致相同，2000 年南部六个地级市近 3000 万人口中，跨省流出劳动力在 500 万人以上。

安徽农村劳动力有 2500 多万人，其中乡镇企业接纳 600 多万人，每年有 200 多万农民工跨省输出，主要流向上海、广东、福建等地，仅阜阳地区就有 80 多万农民工去外地过年（王正忠，1995）。阜阳人口约占全省的 1/7,在外地过年的基本上是常年性流动人口,实际跨省流出的应在百万人以上,因此 1995 年安徽远不止 200 多万跨省农民工,应在 600 万~700 万人。1995 年阜阳有序输出劳动力 92 万人次,2000 年跨省劳务输出上升到 154 万人(李涛和燕少红,2002)。以四川为参照推算 2000 年安徽跨省流出 831.29 万人,以阜阳为参照加权计算安徽跨省流出 841.91 万人,均值为 836.6 万人;推算 40 岁以上待转移农村劳动力还有 497.84 万人①。安徽滁县地区总人口有 383.55 万人,农村人口有 315.8 万人,农业劳动力自 1985 年开始转移,到 1991 年末全地区已转移 23.5 万(地区农经委数字)农业劳动力(冯兰瑞,1993)。六安市金寨县 1988 年输出劳动力 2 万人,至 1999 年底,全县已有 10 万农民进入东南沿海、京沪江浙、东北藏新等 20 多个省、自治区、直辖市(胡遵远,2000),跨省输出占农村劳动力的 30%。芜湖市无为县 110 万人口中,全县常年在外务工人员达 30 万人左右(窦贤君,2001)。

四、1995 年以后黔桂滇农村劳动力流出加速

贵州铜仁地区印江县(山区贫困县),据 7 乡镇② 政府和派出所调查统计,1993 年外出打工的有 14927 人,占农村总劳动力的 22%;外出人员人均现金劳务收入 1383.40 元,是 7 乡镇 1993 年人均工农业产值的 2.63 倍和农民人均纯收入的 5.83 倍;到沿海发达地区 11930 人(占 79.91%),其中到广东珠三角的有 6037 人(占总输出的 40.44%),到福建闽南地区的有 5893 人(占总输出的 39.47%),到国内其他地区的有 2997 人(占总输出的 20.09%)。1994 年印江全县输出劳动力 6.48 万人(阎行,1997)。

---

① 这部分劳动力其实也并没有完全闲置,农忙时在家务农,农闲时外出从事各种重体力劳动,如城市杂活、工矿重活等。
② 包括朗溪、永义、合水、木黄、新业、刀坝、天堂,共有 162 个村,1233 个村民小组,总人口 140581 人,分别占全县总数的 44.38%、40.37% 和 38.92%。7 乡镇农业人口占总人口的 99.7%,有农村劳动力 67852 人,耕地 110885 亩,农业人口人均占有耕地 0.79 亩。

对贵州省十三个贫困县劳务输出情况的调查表明，1995年外出打工的人数占总劳动力的5.9%（倪明，1996），跨县流动占20%，跨省流动占50%，流动率低的主要原因是这些贫困县少数民族占了80%，若排除这一因素，外出劳动力占农村总劳动力比重也与印江县7乡镇的调查结果差不多。安顺市紫云自治县外出务工的实际人数约在1.3万人，县劳动部门统计上报的输出人数是7033人（王民三，1997），漏报85.7%。

1994年"黔军"劳务输出达到高潮，全年在省外务工的总数突破了百万大关，创收30亿元；据贵州省储汇局统计，全年从省外汇入省内的劳务收入现金达13.86亿元，相当于全省地方财政收入的44.37%（荣华和谷晓江，1996）。从30亿元劳务收入来看，年人均劳务收入为3000元，因此百万出省劳务人员是可信的。另外，人均现金劳务跨省汇入1300多元也同样证实了贵州跨省劳工流出数量是可信的。1994年贵州有3380万户籍人口，少数民族约占37%，由此推算跨省劳动力流出占全省汉族人口的4.7%。贵州省农调队根据全省32个县市区1.68个劳动力输出调查资料推算，全省1996年新出省劳动力48.99万人，新旧累计117.41万人，其中84.22%流向东南沿海，11.05%流向中部，流向西部的只占4.73%，铜仁松桃苗族自治县在省外务工、经商的"娘子军"就有7.5万人（孙景隆，1997）。贵州省农调队1997年的调查推算省外务工劳动力为95.2万人，其中流向粤闽浙、滇新、中部地区的分别占87.86%、9.6%、2.54%（孙景隆，1998）。从省外汇款与四川相比较，排除年份因素，数据吻合性好，这表明贵州省农调队推算的数据较为可信，也说明贵州跨省外出劳动力占总人口的比重（仅2.64%）远低于重庆（占9.64%）。黔南自治州三都水族自治县有30万户籍人口，1999年有5万多人口外出打工（杨素高，2000），占全县总人口的16.7%，少数民族不愿、不敢外出打工成为历史。

研究发现，外出务工人数年劳务收入与全国同期城镇居民年人均可支配收入大致相等，通过邮局或银行汇回金额约为劳务收入的1/3。因此，根据1987~2000年贵州省邮政储汇局的统计数据，可推算出同期贵州跨省流出务工人数（见表2-4）。结果发现，贵州1991年跨省流出劳动力突破百万大关，1994年达到200万人，1997年下降到143.60万人，原因是由亚洲金融危机所致①，而贵州跨省劳务输出以男性劳动力为主，1997年至2000年增长极不明显。2000年贵州跨省输出上升到156.26万人，与2000年"五普"贵州流动到省外的159.6万人非常接近。研究还发现，依据实地调查文献推算的川渝湘皖等人口流出大省跨省流出数远大于官方的公布数，而贵州的估计数与官方公布的则大致相等。1999年贵州跨省劳务输出主要流向广东（63%）、云南（18.4%）、四川（3.9%）、浙江（3.3%）和国内其他地区（11.4%）（罗凌和胡桂清，2002）。

表2-4 贵州跨省劳务输出人数估计（1987~2000年）

年份	省外汇回劳务收入（亿元）	比上年增减（%）	城镇居民人均可支配收入（元）	省外务工经商人数估计（万人）
1987	2.45	—	1002	73.35
1988	3.7	51.02	1181	93.99
1989	3.7	0.00	1373	80.84
1990	4.6	24.32	1510	91.39
1991	5.8	26.09	1700	102.35
1992	8.6	48.28	2026	127.34
1993	14.8	72.09	2577	172.29
1994	23.33	57.64	3496	200.20
1995	30.95	32.66	4283	216.79
1996	32.5	5.01	4838	201.53
1997	24.7	-24.00	5160	143.60
1998	26.6	7.69	5425	147.10
1999	28.67	7.78	5854	146.93
2000	32.71	14.09	6280	156.26

---

① 以2000年"五普"贵州占全国总人口的2.78%测算，1997年贵州跨省劳动力输出减少57.92万人，则全国减少数为2083.63万人，占1997年全国经济活动人口的2.95%。由于亚洲金融危机主要影响跨省就业人口，加上跨县流出80%流向外省，可推算出1997年中国失业率上升2.95~3.69个百分点。

广西百色地区靖西县截至 1994 年 5 月底，外出务工人员占全县总劳动力的 21.03%（农福田和龙永国，1995）。广西河池都安县有 52.42 万农业人口，26.97 万农业劳动力中，本地农业及转移共 14.5 万人（占农业总劳动力的 53.76%），1994 年劳务输出 6.8 万人（占农业总劳动力的 25.21%，占农业总人口的 12.97%），只剩下 21.02% 的大龄劳动力转移（韦辉国，1996）。都安县 1980~1994 年的劳务输出数字显示（见图 2-11），1981~1988 年劳务输出年均增速高达 19.54%，1981~1991 年年均增速为 17.85%，但 1992~1994 年三年的平均增速只有 5.23%。广西与江西的情况基本相似，以江西为参照并考虑年均增速，1994 年广西跨省劳务输出达 300 万人。

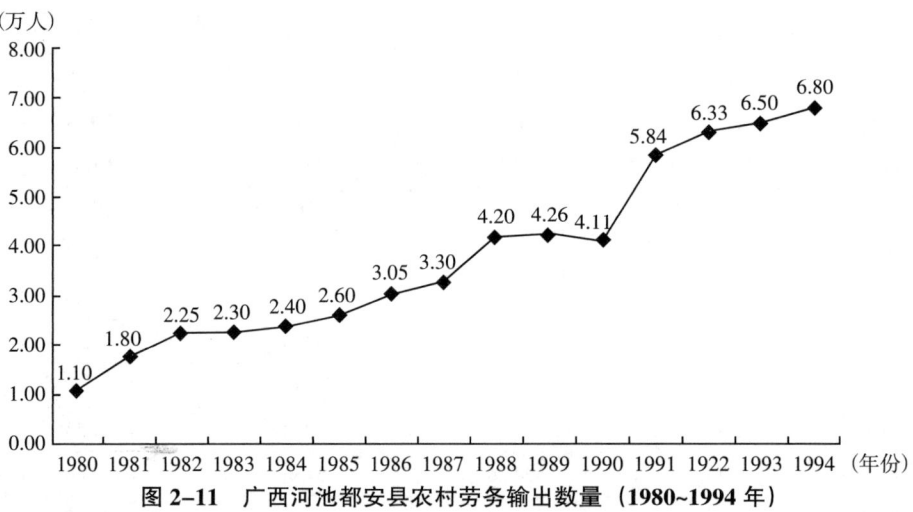

图 2-11　广西河池都安县农村劳务输出数量（1980~1994 年）

云南昆明市寻甸县，1994 年外出劳务人员 19537 人，占全县成年劳动力总数的 8%，主要流向广东珠三角和本省，仅金源乡外出打工人员就有 5000 人，分别占全乡总人口和总劳动力的 19% 和 38%（李明柱等，1995）。1998 年云南省统计局调查的 6504 个劳动力中，流动劳动力有 531 人（熊思远和王文兵，2001）（占总劳动力的 8.16%），而当年云南全省农村劳动力有 1452 万人，由此推算流出劳动力为 118 万人，流动比率远低

第二章 基于调查文献的人口流动流量、流向研究

于川渝等地。

五、大西北农村劳动力流出同样抢眼

甘肃省中部20个干旱县总劳动力为274.3万人，1986年输出劳动力23万人（年人均劳务收入348元，高出全国农民人均纯收入24元），1992年输出劳动力61.6万人（年人均劳务收入717元，比全国农民人均纯收入多147元）；25%流向新疆、青海、上海、浙江、广东等20多个省、自治区、直辖市（李国民，1994）。20个干旱县占全省总输出人数的1/3，依此估计1992年甘肃流向省外的农村劳动力约有45万人。1993年9月甘肃临夏回族州东乡族自治县统计局调查（艾观明，1994）结果显示，全县外出劳务24914人（与1986年持平），占全县劳动力的18.08%。甘肃省环境保护研究所对甘肃省世界银行项目区12个贫困县的劳务输出统计分析显示，12个县有81.1万劳动力，1995~1997年共输出劳动力93.78万人，年均31.26万人（刘怀高等，1999）。庆阳地区镇原县有50万人口，1997年有4.51万农民劳动力外出，占全县总人口的9%以上（杨佩彰，1998）。甘南州临潭县有14.68万人口，年均输出劳务1.83万人次，占总人口的12%，占总劳动力比重应在20%以上（杨永禄，2001）。

宁夏第一人口大县固原市西吉县，劳务输出人数最高年份达到10多万人，占总人口的20%以上。西藏日喀则地区有63.5万人，2001年前十个月劳务输出人数近10万人，劳务收入1.19亿元，人均1230元，远低于四川外出人均劳务收入，依此估计西藏全区劳务输出40万人左右。总人口5万人的山南地区贡嘎县，2000年全县劳务输出5756人。2002年上半年，全区劳务输出19.2万人次；日喀则地区上半年劳务输出总人数达6.84万人，拉孜、江孜、白朗等县劳务输出人数超过劳动力总人数的45%。以此判断2002年西藏劳务输出与2001年基本持平，原因有两个：一是劳动力输出已达稳定值，二是本地发展导致无须更多的劳务输出。

陕西商洛市丹凤县，全县农业人口27.1万人，据不完全统计，1994

年输出劳务 29700 人,1995 年输出劳务 49863 人(肖金成,1996),占农业总人口的 18.4%。汉中市镇巴县有 28 万人口,两年间累计劳务输出 7.3 万人(段秦生和高耀洲,1996),意味着陕西人口小县在 1995 年外出劳动力也占到总人口的 13%。1997 年只有 230 万人口的商洛地区先后有 40 万农民工外出,其中有组织地输出 10 万人,汇回劳务收入 6 亿多元;10 万山阳劳务大军汇回劳动收入 1.5 亿元;商南县劳务输出 3 万多人(唐淑君,1998)。从人均邮局寄回劳务收入来看,商洛地区只有川渝平均值的 83%,主要原因是季节性外出劳务较多,如 8 月 23 日商洛地区就组织 1 万多农民工赴新疆拾棉花,且摘棉工很多是现金往返,而川渝季节性跨省外出农民工占总外出的比重非常低。1996 年新疆流动人口达到 135.76 万人(任强等,1998),比 1990 年增加了 102.74 万人,如果算上季节性的摘棉工,流动人口总量会更大。1998 年陕西省劳务输出达到 202.31 万人(史来平等,1999)。根据国家统计局农调总队 1997~1998 年的调查,陕西农村劳动力输出占全国的 1.59%,再根据川渝推算的全国 6408.60 万跨省流出农民工,推算出 1998 年陕西跨省流出农村劳动力有 101.90 万人,即 50.37% 的劳务输出流向省外。

有关山西农村劳动力输出的文献少,其劳动力输出规模也非常小,每年输出省外的劳动力只有 12 万人(阎海旺和张四秀,1995)。吕梁地区 1995 年以来以劳务输出推动就业,截至 1997 年底,全区累计向省外输出劳动力 3 万人次(吕梁行署劳动局,1998)。吕梁人口占全省户籍人口的 10%,因此其劳务输出也有很强的代表性,与全省情况也基本相似,按 1∶4 的有组织输出计算,山西的劳务输出不到 50 万人。据内蒙古自治区农调队测算,2000 年全区农村牧区劳动力转移 55.3 万人,比上一年增加 7.3 万人(布仁,2001),转向区内占 65.7%,区外转移 19 万人。

六、东部农村劳动力流出规模也不小

山东临沂市平邑县先后共输出劳动力 5.2 万多人,常年在外务工的人员保持在2.4万人以上，主要流向北京、上海以及东北地区的城市（安三荣和胡波，1994）。临沂市沂水县总人口有111.2万人，其中农业人口占总人口的92.6%。1978年至1994年，全县有18.85万农村劳动力转移到非农产业，占农村劳动力总数的37%，其中就地转移10.85万人（乡镇、个体、私营企业吸纳10.5万人，县内全民和县以上集体企业安置0.35万人）；境外转移8万人（占农村人口的7.67%），其中有组织的劳务输出6万人，自发输出2万人（赵密田等，1995）。拥有520万人口的泰安市，1994年向市外输出劳动力10万人（占总人口的1.923%），形成了京、津、沪、珠三角、辽东半岛和本省胶东半岛六个输出基地（赵兴成和沈维进，1995）。山东德州有220万农村劳动力，通过各级劳务输出组织向省外、国外输出务工人员已达11万余人（王清秀和于明泉，1995）。1994年山东有6574万农村人口，以沂水县为参照推算全省跨县级区域的流动人口有510万人，省外流动人口250万人以上。济宁市泗水县有50万人口，1999年劳务输出4万人（任宪民和苏富年，2000），占总人口的8%。德州乐陵市有67万人口，其中农村劳动力有34万人，输出各类劳务人员11.2万人，2000年全市劳务收入8亿元，人均7000元（韩建国，2001），劳务输出占全市总人口的17.2%。于弘文（2000）据1995年全国1%人口抽样调查数据推算，当时跨乡、镇、街道，离开户口登记地半年以上的人就有7000万人之多，由此推算山东省1999年流动人口达620万人。

苏北宿迁地区沭阳县69.4万劳动力中，劳务输出11万人（王敬，1994）。苏北徐州睢宁县，1993年1~10月输出劳务47784人（刘方军，1994）。苏北盐城响水县1993年输出劳动力3.5万多人（李树春，1994）。苏南地区的常州金坛市有50万人口，其中转移劳动力12.8万人，占农村总劳动力的53.2%（沈成嵩，2001）。据江苏省公安厅统计资料显示，在公安部门登记的省外流入人口在148万人左右，省内流入195万人左右，中国大陆以外区域流入7万人左右（张巍，2000）。由于并没有明确或连续的数据证实外来人口的办证率，但依广东3∶1的经验数据推算，省外流入应在450万人左右，省内流入应在600万人以上。原因是珠三角毗邻港澳及两个经济特区，办证率高，检查次数多，而江苏办证率相对较低，省内流动比省外也更低。事实也是如此，例如南通市海安县1999年全县流入人口为34799人，实发暂住证的只有4999人，领证率仅为14%；镇江市京口区试点的情况表明，流动人口办证率不足30%（张巍，2000）。以30%的办证率推算，1999年江苏省外流入人口有493万人，省内流动人口达到650万人（实际可能更多）。宿迁地区430万农村人口中，在外务工农村劳动力达76.9万人（占全市农村劳动力的34%），务工劳务收入56亿元，占农民人均纯收入的48%①。浙江金华市磐安县1994年劳务输出2.8万多人，占全县乡镇总劳动力的30%左右（中共浙江省磐安县委办公室，1995）。浙江丽水市青田县，国内外出人口有7.48万人，国际劳务输出主要靠华侨，1994年底华侨总数达6万人，外出人口在50%以上的行政村有30多个，巨浦乡徐柱村有82.5%的人口外出，大部分已经举家外迁，成为典型的"空壳村"，黄洋乡石坑岭村有76.2%的人口外出（马甫韬，1999）。

福建南平市浦城县有39.8万人口，各类劳动力15万人，全县8万在外务工人员中农业人口有7.2万人，农村收入中的30%是外出打工者创造的，富岭镇外出务工人员占农业人口的60%（王树瑜等，2001）。以此看来，浦城县外流人口占总人口的20%以上，占劳动力的比重高达40%，富岭镇几乎是全镇劳动力流出。龙岩市上杭县每年输出劳务6万多人（卢亮森和华伦辉，2001），占总人口的17%。

福建省计生委于1996年11月1日在全省范围内汇集各地、市调查结果显示，全省流动人口191.37万人，其中省外流入人口62.19万人，流向外省的有28.76万人，厦门和泉州的流入明显大于流出，福州的流动基本平衡，而其他地级市则是净流出（见图2-12）。由于计生系统的重点工作是着眼于流动人口中育龄妇女的生育情况调查摸底，因此其流动人口数量

---

① 因统计口径差异，若将本地转移的农村劳动力计算在内，劳务收入占人均纯收入比重大致相等，可推算出全市就业农村劳动力为31.66万人。参见司柏芝、张永生、高同先：《为了430万农民走向富裕——安徽省宿迁市农村劳务输出纪实》，《中国就业》2004年第5期。

与实际情况会明显偏低。例如，徐辉（1997）对厦门的流动人口与劳动力市场进行研究后指出，1993年厦门有21.79万流动人口，1995年猛增至34.70万人，这些还仅仅是办了暂住证的人数。从同期广东的经验来看，办理暂住证的通常只有流动总数的1/3，因此1995年福建外省流入的人口数量应在187万人以上，而流出省外的数据则难以判断。

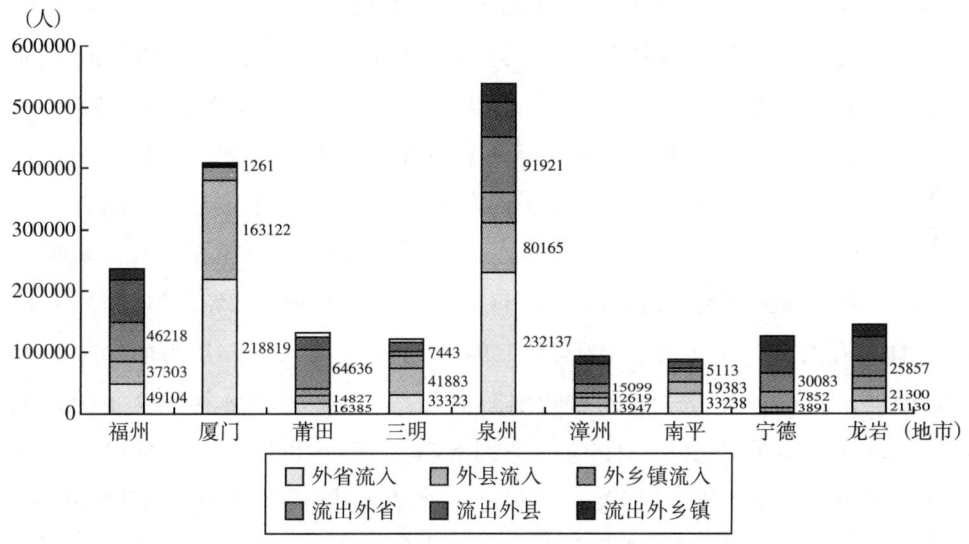

图 2-12　福建计生委调查各地级市流动人口数量（1996年）

据福建省公安厅估计，2000年全省流动人口有500万人，但登记在册的暂住人口只有167万人，其中来自内地农村和山区的有108.4万人，泉州晋江市登记在册的暂住人口有39万人；1995年，全省抓获的流动人口犯罪嫌疑人只占涉案总数的36%，2000年却升至44.6%（傅镛堃，2001）。依此来看，2000年福建省外流入人口应在325万人以上，务工人员占77.6%，由此推算出省外流入农村劳动力在252万人以上，晋江市外来流动人口应在117万人以上，比省会福州还多20万人以上①。由于罪犯主要

---

① 1994年6月15日流动人口普查时福州市有66.63万人，其中暂住人口32.85万人。截至2000年6月30日，全市流动人口达60余万人，暂住人口32.09万人（五区29.30万人，八县市2.79万人）。参见刘观海：《福州市外来人口现状与管理对策的思考》，《福州党校学报》2001年第3期。

是青壮年人口，因此可推算出2000年福建流动人口在647万人以上，而1995年流动人口就已达到500万左右。

七、大城市流入人口迅猛增加

上海市公安局、统计局于1993年12月10日对全市流动人口进行的调查结果显示，全市外来流入人口总量为330万人，扣除"过路"流量50万人，推算全市总流动人口已经从1988年的124.6万人增长到1993年的281万人（周祖根，1994），其中从事各种生产经营活动的、暂住时间较长的约有250万人（项伟民，1994）。北京市计委牵头的流动人口调查办公室于1994年11月10日的调查显示，全市外来人口为329.5万人，来自外省市的有283.3万人，占86%，来自港澳台和国外的占2%，"过路"人口为41.8万人（冀党生等，1995）。1994年北京流动人口总量与前一年的上海相当，浦东开发带来的人口吸引效应显现。1989~1998年的9年间，上海流动人口犯罪比重由31.4%增加到58%，1999年下降到54%（丁金宏等，2001），依此推算1998~1999年外来人口规模为600万~700万人。2000年"五普"时上海户籍人口与常住半年以上人口为1673.77万人（外来常住352.14万人），总实有人口应已达到2000万人左右。

深圳1995年末人口已达350万人，其中有260万劳务工（刘耀，1996）。算上没办证的外来人口，深圳实际人口在1989年已经突破300万人①，而1995年保守估计为600万~800万人。深圳流动人口与常住人口的比例远不是统计数据上指出的3∶1，如1992~1996年深圳流动人口中，孕妇死亡人数占91.45%（姜海萍和刘植鸿，1997），依据黄振芬（1996）指出深圳有96.9万常住人口数量来推算，1995年末深圳实际人口粗略估计已经达到1133万人，但考虑到当时深圳女性人口远多于男性，二者约为3∶1，将人口性别比考虑之后估计的人口总数是850万人。据深圳官

---

① 特区外（关外）有无暂住证人口的比例为1∶2，特区内（关内）有无暂住证按1∶1计算。

方文件显示，1996年深圳255.1万流动人口应该也仅是指办了暂住证的人数，若将没办证的人口计算在内，1996年深圳人口已经达到875万人。1997年为迎接香港回归，办证率大为提高，已办、未办证人口约变成2：1，据统计，截至1997年底，深圳有常住人口110万人，流动人口367万人（周铁，1999），据此推算1997年深圳人口有844万人[①]，比上一年减少32万人。与深圳相类似，官方公布的广州、东莞、佛山的流动人口也是指办了暂住证的，实际数字应是公布的3倍左右。例如，1988年广州公布有117万流动人口，以3倍计算，再扣除6%左右的市辖县流动人口，加上576万户籍人口，则意味着广州在1988年实有总人口已经突破900万人。1992年广州公布的流动人口上升到160万人（卓彩琴，1998），比1991年增加45万人，由此推算1992年广州实有人口首次突破了千万大关（1068万）。在外省农民工涌入广东之时，省内农民工就业则相对困难。如49.6万人的连州市，1996~1998年平均输出劳务只有3.2万人次（连就服，1999），仅占总人口的6.45%，而重庆1997年跨省流出农民工占总人口比重已经达到9.64%。但茂名信宜市（县级）每年劳务输出25万人（杨常青，2000），占总人口的18%左右，与江西农村人口占绝大多数的人口大县差不多。目前广东登记在册的暂住人口有1200多万人，占全国的1/3。周晓津（2011）推算2000年广东实际省外流入人口有2895万人，其中劳动力2470万人，占外省流入人口总数的85.31%，流动人口登记率上升到48.6%。

重庆市区流动人口1984年有22万人，1985年有56.7万人，1990年骤增至101.6万人，1994年上升到126.6万人，据测算1995年约有130万人（冯祈善和曾华亮，1996）。内陆城市武汉的流动人口数量也从1990年的75万人上升到1995年的121.5万人（曾艳红，1997）。东部杭州1995年底登记的流动人口数也有29万人之多（王伟武等，1997），实际大概超

---

① 只能使用当年数据，而不能用靠后年份的数据，因为官方可能会根据人口普查或抽查结果对前面年份的数据进行调整。

过 80 万人；2000 年"五普"时，杭州外来人口有 96.11 万人（郑蓉，2002），实际已近 200 万人。在几乎所有的大城市流动人口迅猛增加的同时，北京是个特例，1997 年北京流动人口只有 285.9 万人（鲍思顿和段成荣，2001），比 1994 年减少 43.6 万人，原因是政府对流动人口进行了治理整顿，这与迎接香港回归也有一定的关系。此外，东北原为我国工业基地，20 世纪 90 年代初期一度是人口流入目的地，劳务输出普遍晚于南方各省，但外出比重也并不低。例如，吉林西北部白城地区拥有 40 万人口的大安市，2001 年劳务输出 6.3 万余人，占全市总人口的 15.75%。同年白城镇赉县 30 万人口中有 5.1 万农民外出打工，占全县总人口的 17%。截至 2002 年 10 月，白城农村劳务外出人数已达 27 万人，占全市农村劳动力总数的 52%。吉林省农业委员会（2002）的调查数据显示，2001 年白城全市劳务输出人数已达 30.5 万人，其中常年在外打工的有 11 万人，季节性外出打工的有 19.5 万人，共获得劳务收入 6.51 亿元。

第三节　劳务输出地可供流动性快速枯竭年代：2001~2005 年

20 世纪 90 年代，如果没有 1997 年的亚洲金融风暴冲击以及国企改革下岗职工再就业，中国农村劳动力大致会如图 2-13 中的折线一样完成向非农化就业转移（周晓津，2011）。由此还可以计算出 1997~2004 年因外出流动受阻而导致的额外"隐性"失业率，如 1997 年、2000 年和 2002 年这种额外的"隐性"失业率分别为 5.13%、6.26% 和 8.07%。2002 年中国城镇登记失业率只有 4% 的低值，但如果加上农村劳动力因流出受阻的失业，全社会真实的失业率可能高达 12%，甚至更高[①]。

[①] 相对于 4 亿多需要转移的农村劳动力而言，20 多年的改革开放无疑取得了巨大的成功。

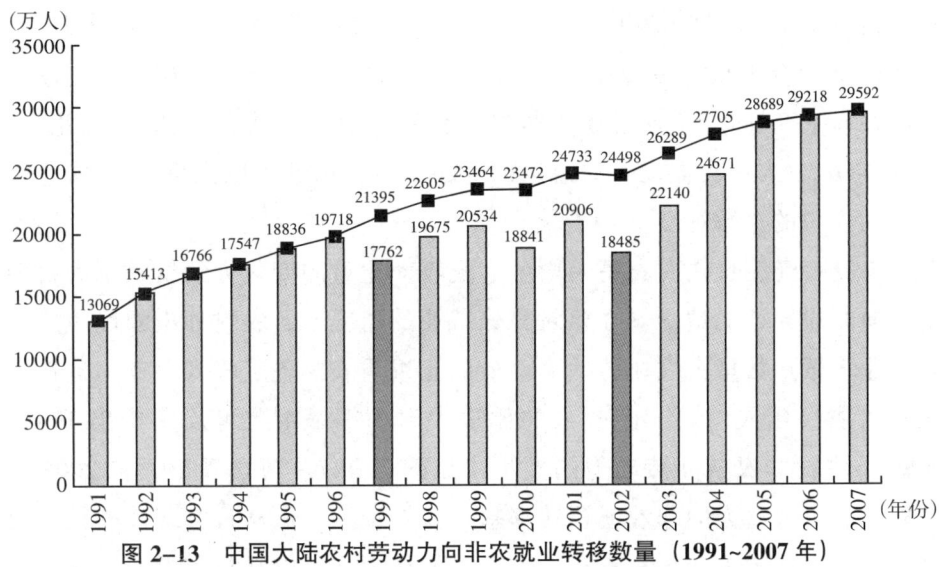

图 2-13 中国大陆农村劳动力向非农就业转移数量（1991~2007 年）

注：柱状图为实际数据，折线图为模拟推算数，差值相当于隐性失业劳动力人数。

在中国加入 WTO 之后的几年内，随着经济的快速增长，至 2007 年底基本完成了农村劳动力和国企下岗职工再就业。经济发展之所以断层严重，还与此期间乡镇企业不再扮演就业增长动力的角色有关。例如，江西宜春市乡镇企业 1994 年还吸纳了 30 万农村劳动力就业，至 2000 年仅不到 15 万人（叶青华，2002）。有调查表明，2001 年去省外务工的劳动力占49.3%，即 10306.66 万人，其中四川占 11.6%（莫荣等，2002）。

一、农村劳动力非农就业转化基本完成

2001 年中国加入 WTO，外资、内资投资加速，用工输出迅速增长。2003 年初广东珠三角地区开始出现民工荒，2004 年迅速扩张到农村劳动力输出地。1992 年以前，男性劳动力是跨省流动的主角，随后年轻女性成为沿海工厂的首选劳动力，2003 年民工荒出现意味着年轻劳动力已供不应求，大量滞留在农村的四五十岁以上的劳动力加入了供应大军。至 2005 年，中国农村剩下的可供流动的劳动力也不多了。2004 年底，广东

省外流入人口达4200多万人,其中流入半年以上的人口有3100多万人,半年以下的有1100多万人。从流动儿童的数量也可以大致推算出流动人口的总量。例如,流动儿童抽样调查表明,中国大陆有近2000万儿童,我国0~14岁人口占流动人口总数的8%~10%,由此可以推算出2004年全国流动人口的总数在2亿~2.5亿人。

农民工资性收入占农民人均可支配收入比重的变化大致反映了农村劳动力向非农转移的情况。在相对充分就业的情况下,农村外出农民(或非农就业人数)数量占农村劳动力总量的比重与农民务工收入(或工资性收入)占农民年人均可支配收入的比重大致相等,由此可反向推出1985~2016年农村非农就业劳动力的数量(见图2-14)。可以看出,自2003年之后,农村劳动力向非农就业转移基本就停止了,但从官方统计的数字上来看,外出务工人数却一直在增加,我们认为这仅仅是数字上的变化,而以前并没有将其认定为是外出或者把其当作短期性流出。外出劳动力初始估计值在2006年和2007年出现较大异常,2004年较上一年回落,2013年也有较大降幅,随后逐年下降。原因可能是2006年和2007年并没有将外出农民工在本地区域内从事非农劳动的工资性收入计入。例如,2007年

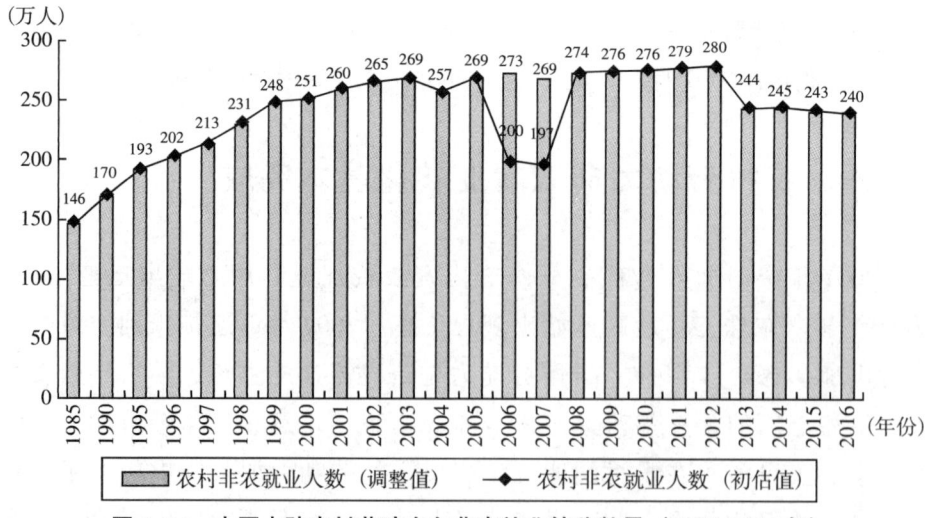

图2-14 中国大陆农村劳动力向非农就业转移数量(1985~2016年)

初始估计值为 1.97 亿人，利用线性插值法调整值为 2.69 亿人，初估值与调整值之比的百分比值可看作跨地级市区域的外出农民工占全部外出农民工的比重，即 74.23% 为跨地级市流动。而 2013 年数值与 2012 年的百分比可视为跨县级区域流动的外出农民工数量。从户口性质来看，中国大陆有 5 亿农村劳动力，有 2.8 亿人左右外出，2.2 亿人左右在户籍地，其中占总劳动力的 30%，即 1.5 亿人左右从事非农业劳动，真正以农业为主业的农村劳动力只有 7000 万人左右。另外，2013 年相对前一年的非农数量下降，很可能是类似撤县设区后的市民化导致的，即原来身份是农民，行政区域改变之后成为市民，从而退出了统计口径所致，但这部分农民其实早已实现了非农就业。

二、劳务输出大省：河南人口流出规模及变化

以当年城镇居民人均可支配收入为参照，剔除人均的自然增长并保持跨省流出率不变的情况下，推算的 2004~2008 年河南省农村转移就业人数、外出农民工人数和跨省流出农民工人数如图 2-15 所示。可以明显地看到 2006 年之后增长趋势放缓，原因是加入 WTO 之后农村 40 岁以上的

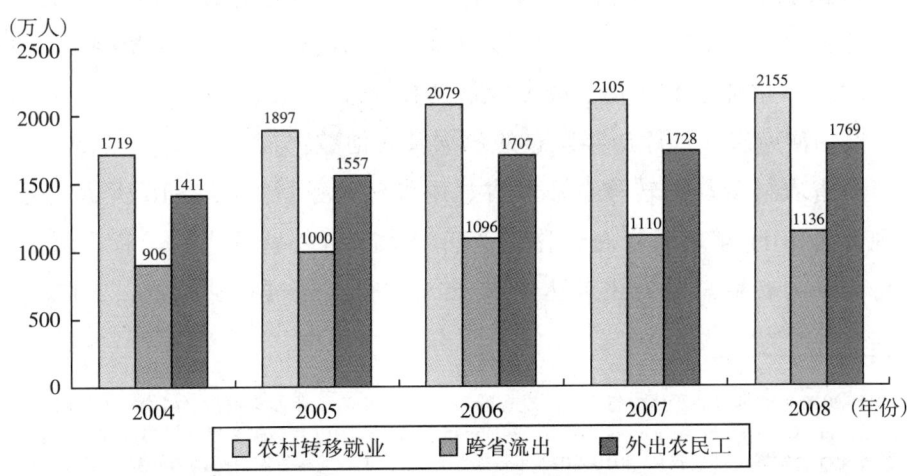

图 2-15　河南省农村转移就业、外出农民工和流向省外农民工人数（2004~2008 年）

可供流出的劳动力也基本流出了。据河南省人社厅发布的数据可知，2012年底全省农村转移就业总量2570万人，省外输出1119万人（含境外就业7万人），省外就业比2008年减少17万人。

来自河南省劳动部门的数据显示，2004年河南省外出务工人员达1411万人，劳务收入613亿元，比2003年增加85亿元；从省邮局汇款来源看，河南外出人员主要流向广东、江苏、新疆、北京等地，其中广东占汇入笔数的34.12%、占汇入金额的43.48%；从省邮局汇出款去向来看，省外流入人员主要来自四川、陕西、山东、河北，其中汇向四川的占汇出金额的12.92%；以汇款金额来推算，若外出劳动力与流入劳动力创收能力相等，则汇出金额折合210万跨省流入务工人员，全省净流出务工人员1201万人。2005年，四川外出农民工高达1600万人，全省劳务收入近700亿元；安徽外出农民工达980万人，每年带回400多亿元的劳务净收入；河南省外出打工人数达到1557万人，占全国劳务输出数量的1/8，近1000万人是到省外务工的（常年在外务工的有600多万人），全省农民外出务工的收入为730亿元，占河南农民总收入的40%。2006年河南外出劳务收入960多亿元，占全省农民人均纯收入的40%以上；2007年农村转移就业总量1887万人，全年劳务收入有望突破1200亿元。据河南省社保厅数据显示，2008年河南省农村劳动力转移就业总量达到2155万人，实现劳务收入1611亿元，人均年劳务收入7476元，分别比2007年、2006年、2005年增加了809元、1749元、2918元。

根据河南省人社厅历年发布的数据及其他数据[①]，计算得出2009~2017年河南省农村劳动力转移总数及省、内外转移数量如图2-16所示。可以发现，自2011年之后省内转移就业已经大于省外就业人数。省内就业占农村劳动力转移总数的比重达到51.59%，首次超过省外就业，2017年更

---

① 2012~2016年数据来源于河南省人社厅发布的2016年河南省就业形势报告（河南省人民政府门户网站：https://www.henan.gov.cn/2017/01-24/369481.html），2017年数据来源于《2017年河南省国民经济和社会发展统计公报》，2010~2011年数据参见张小莉：《河南省农村劳动力转移：现状、特征、问题与对策》，《唐山师范学院学报》2015年第3期。2009年数据利用线性插值法与图2-13衔接。

是达到60%，而省外就业则由2009年的52.73%下降到2017年的40.05%。从图2-16可以看出，2009年以来河南省跨省流出农村劳动力几乎没有多大变化，2010年为1216万人，2012年低至1119万人。除了农村劳动力跨省流出外，跨省流出人口中尚有一定比重的经商人口，因此实际跨省流出数量应为跨省流出农民工的117.65%左右（即 $1 \div 85\% = 1.17647$）。

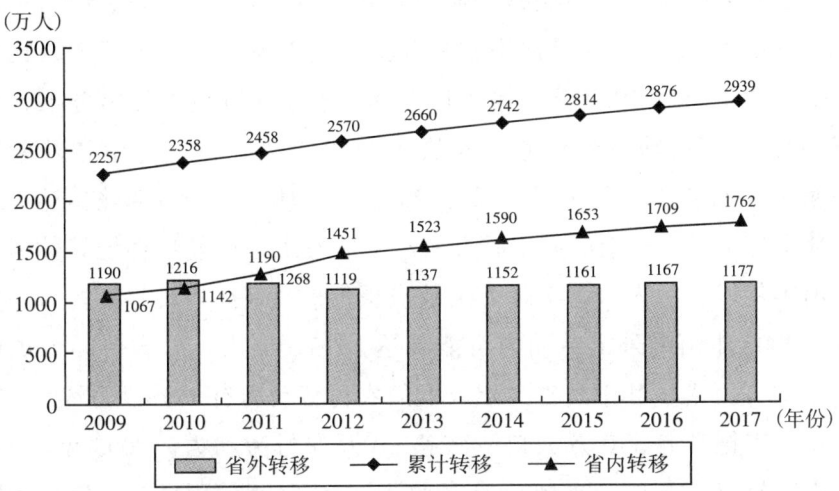

图2-16 河南省农村劳动力省内转移和省外转移人数（2009~2017年）

2010年"六普"之后的官方数据可信度较高。例如，河南省统计局发布的《2013年河南人口发展报告》显示，2013年信阳市859.83万户籍人口中，外出人口占户籍人口的32%，其中出省人口占户籍人口的23%，为全省最高。开封市位于中原城市群核心区，2014年全市农村劳动力转移就业86万人，同比增长1.17%；实现劳务收入195.6亿元，同比增长1.06%。同口径计算得出，2013年开封有511.47万户籍人口，转移农村劳动力85万人，占户籍人口的16.62%。取信阳、开封的平均值24.3%作为河南省农村劳动力转移率，2013年河南10543万户籍人口中，农村劳动力转移总量为2562.99万人。由于河南外出人口主要来源地的安阳、许昌、南阳、商丘、信阳、周口和驻马店占全省人口的60%，因此取加权计算得出河南省农村劳动力转移率为25.85%，推算出农村劳动力转移总量为

基于大数据的人口流动流量、流向新变化研究

2752.15万人。两者取均值后为2644万人,与官方公布的2660万人无论是绝对值还是相对值都相差很小。伴随着劳动力外出,非劳动力占比也逐年上升,估计2013年河南跨省流出人口在1400万人左右。

从河南各地的数据来看,也呈现出如上所说的变化。例如,商丘市民权县有80万人口,每年劳务输出15万人,占总人口的18.75%。2001年信阳有100万劳务大军(谢富功和李鸣声,2002),占信阳劳动力资源的22.22%,据此推算2001年河南省外就业农村劳动力达966万人,比四川省略低。周口市有1050万户籍人口,其中有145万余人外出务工,由此推算2004年河南跨市外出务工人数在1300万人左右,其中省外务工约1040万人,与四川不相上下。截至2006年7月,周口劳务输出达217万人,其中外出半年以上的有156万人。由此看来,以前各种统计数据也仅指外出半年以上的人口,实际外出数应更大。从《周口日报》揭示的数据推算,2006年河南外出劳动力可能高达1945.5万人,出省劳动力更可能高达1556.4万人,其中出省半年以上的农村劳动力有1118.9万人。

开封市杞县有110万人口,转移20万农村劳动力。2005年上半年,开封市输出劳动力85万人次,劳务收入30多亿元,可推知全年劳务输出会高于2004年,但2005年非劳动力人口流出占比会远低于2004年,因此流出总人口会比2004年少。

据《新乡日报》报道,新乡原阳县2002~2005年劳务输出分别为2.465万人、6.136万人、8.6888万人和8.521万人(前7个月),2004年劳动力输出占全县总人口的12.78%;2006年原阳劳务输出人数达到14万人,占全县总人口的35.29%,占全县乡村人口的44.78%,占全县乡村劳动力的64%,全县基本上没有劳动力可供输出。洛阳市伊川县有75万人口,至2006年9月已经输出农民工19.2万人,占全县总人口的25.6%。

截至2005年11月底,新乡封丘县全县累计劳务输出129728人,占全县总人口的16.45%。许昌市2004年外出务工人员63万人(许昌市政协调研组,2005),占全市450万总人口的14%。2005年驻马店新蔡县劳务输出25.2万人。平顶山市外出务工达59万人,占全市485万户籍人口的

12.1%。安阳市滑县 2005 年第一季度外出务工 25.8 万人（刘延燕和袁京京，2005），占全县总人口的 20.97%；全年外出达 30 万人（占全县总人口的 24.38%），年创劳务收入 15 亿元。2005 年安阳市转移农村劳动力 121 万人，劳务输出 71.4 万人，以安阳为参照推算全省转移农村劳动力 2214 万人，跨市流出 1306 万人。

信阳市固始县有 160 万人口，常年在外打工的达 50 万人，占全县总人口的 31.25%；每年劳务收入近 40 亿元，占全县 GDP 的 52%，是全县全年财政收入的 21 倍；回乡创业投资额占全县招商引资额的 60%，吸引了大量外出农民工回乡。2005 年信阳劳务输出 205 万人①，占全市总人口的 25.66%，占市农业人口的 35.19%。其中流向郑州地区的仅 10.87 万人，由此推算流向省外的有 185 万人以上（见图 2-17）。2005 年末河南省户籍总人口有 9768 万人，其中乡村人口 6774 万人，占 69.35%。假设信阳全部为乡村人口②，以全省乡村人口为基数推算，2005 年全省劳务流出总量为

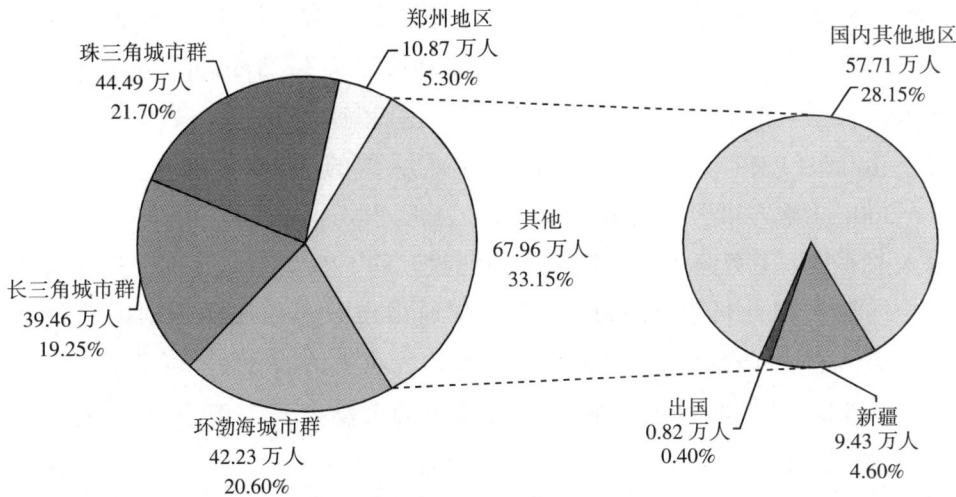

图 2-17　河南省信阳市农村劳动力流动及流向（2005 年）

---

① 省市社科联合调研组：万兵、冯鸣、张钢杰、孙丽平、宋光华、马聪、李新年、崔俊敏、周波：《信阳市劳务经济品牌及其提升研究（一）》，《河南社会科学》2006 年第 5 期。
② 据《2005 年信阳市国民经济和社会发展统计公报》，全市人口 787.55 万人，其中城镇人口 216.10 万人，乡村人口 571.45 万人。信阳市简介表明，全市人口 798.6 万人应为户籍人口数字。

1738万人，其中流出省外的有1568.45万人。由此可知，图2-15、图2-16中的省外转移人数是以河南的常住人口为口径推算的结果，而以户籍人口为口径推算，2005年河南跨省流出劳动力应在1500万人以上。

三、劳务输出大省：川渝人口流出规模及变化

在四川广安区五乡镇的调查（2002年）显示，38.26%的农村劳动力已经外出，外出劳务中78.98%的在国内跨省就业，国外输出17人（0.0784%）（代邦元和丁兴安，2002），劳务输出占总人口的19.01%[①]。以加权均值（14.25%）推算，2002年四川跨省流出劳动力为969.4万人。在本省人口大量流向外省的同时，本省的城市人口也快速增长。例如，在20世纪90年代初，成都市公安部门登记的暂住人口仅50万人，2000年达到114万人[②]，实际数量应在220万人以上。有学者测算成都金堂县有29万剩余劳动力，但近五年每年平均外出劳务30万人（汪琪，2002），这表明"剩余劳动力"基本全部转化为"流动劳动力"。眉山市仁寿县有150万人，农业人口占92%，常年在外务工人员超过25万人，季节性打工者有十几万人（王实，2002），两者合计占总人口的23.3%。

2001年南充市劳务输出135.1万人，汇回收入53.1亿元，是全市财政收入的6倍，劳务收入占农民年人均纯收入的52%。南充基本上是四川的一个缩影，因此可推算2001年四川跨地级市以上的流动劳动力总量为1600万人，由于全省劳务收入占农民人均纯收入的38.9%，可推算出跨省流出占74.81%，即2001年四川跨省流出的劳动力有1197万人，比1996

---

① 2001年广安有441万人，劳务输出67万人，占全市总人口的15.19%；邮局、银行汇回劳务16.4亿元，劳均2447.76元（当年工厂农民工年均工资收入7200元左右，与全国城镇居民年人均可支配收入6820元大致相等，其中50%来自加班收入）。参见徐立模：《广安劳务输出期待新发展》，《四川劳动保障》2002年第9期。
② 1989年之前的应为全部的流动人口，20世纪90年代之后变为登记的暂住人口，已登记、未登记比约为1∶1。参见罗登华：《成都市外来人口的特点及管理模式的转变》，《成都大学学报（社会科学版）》2002年第3期。

年增加 412 万人。泸州市 2001 年输出农村剩余劳动力 78.17 万人，占农村劳动力的 33.6%；跨省输出 61.17 万人，占劳务输出总量的 78.25%；劳务收入 30.3 亿元，占农民人均纯收入的 34%。以泸州为参照推算同期四川跨省流出人口为 1052 万人，由于泸州的发展水平高于全省，因此实际跨省流出可能更多。2004 年南充流出人口高达 148 万人，省外流动 91.7 万人（袁秀兰，2005），占全市总人口的 12.88%，以此比例推算四川全省流出省外的有 1107 万人，排除成都因素之后四川流向省外的劳动力应在 1100 万人以内。

2002 年，巴中市常年在外务工人员达 67 万余人，占全市农村总劳动力的 30%，劳务报酬占农民纯收入的 42%（严德兴和吴斌，2003）。2006 年上半年，巴中市输出和转移农村劳动力 98.3 万人，与 2002 年比较可以看出实际流出数量并没有增长，因为就地转移的占 1/3 左右。2002 年，自贡市劳务输出 52.95 万人，比 2000 年增加 12.95 万人；劳务收入 24.21 亿元，远超自贡市全年十几亿元的财政收入。以自贡为参照，推算 2002 年四川跨省劳务输出 1188 万人。德阳市中江县有 125 万户籍人口，全年输出劳务 25 万人。2002 年四川农业人口有 6734.2 万人，乡村劳动力 3935.3 万人，以中江县输出比例推算全省跨县流出劳动力为 1346.84 万人，占乡村劳动力的 34.22%，若 80% 流出省外，则估计值为 1077 万人。据四川省劳务开发办资料显示，2002 年全省转移和输出农村劳动力 1307 万人，比上年增加 57 万人，实现劳务收入 430 亿元。

2002 年，遂宁市外出务工人员 60 多万人，占农村劳动力的 30%，农民人均劳务收入占当年纯收入的 55%。截至 2004 年 12 月，遂宁完成全市劳动力转移、输出 829949 人，占全市总人口的 23.5%。从劳务收入占农村人均纯收入的比重来看（周庆行，2003），重庆直辖并没能明显减缓人口流出，而这一占比恰恰可推算出劳务输出数量（见表 2-5）。结果显示，2000 年重庆农村劳动力跨省流出 435.88 万人，其中常年性流出 357.42 万人；依据川渝两地人口规模推算同期四川农村劳动力跨省流出 1051.60 万人，其中常年性流出 862.32 万人。推算重庆 1997 年常年性跨省流出劳动力 288.32 万人，与图 2-9 的推算结果非常接近。

表 2-5 川渝农村劳动力跨省流出人数估计（1997~2001 年）

年份	劳务收入占总收入比重（%）	重庆跨省劳动力流动（万人）		四川跨省劳动力流动（万人）	
		总流出	常年性流出	总流出	常年性流出
1997	24.2	351.61	288.32	848.29	695.60
1998	25.3	367.59	301.43	886.85	727.22
1999	29.4	427.16	350.27	1030.57	845.07
2000	30.0	435.88	357.42	1051.60	862.32
2001	29.4	427.16	350.27	1030.57	845.07

2003 年，眉山仁寿县劳务输出 33 万多人，其中，8 万多季节性外出务工人员变为常年性外出；2005 年，仁寿常年在外务工人员有近 40 万人，年劳务收入 20 亿元以上，农民工开始创业回流，至 2006 年 6 月有十几万农民工回流。重庆云阳县有 150 万人口，常年性劳务输出 30 万人以上，占全县总人口超过 24%，现金劳务高达 15 亿元，是全县财政收入的 5 倍以上（中国乡镇企业报，2004）。

2004 年，四川劳务输出 1490 万人，劳务收入 576 亿元，农民劳务收入占年人均纯收入比重已由 1999 年的 24.8% 上升到 2004 年的 33.3%。2005 年，四川省外出劳务收入 722 亿元，人均劳务收入占农民人均纯收入的 38.9%（新华网，2006）。从劳务收入占比来看，四川低于同期的河南，这表明四川外出劳动力占总劳动力的比重约为 38.9%，低于河南的 40%，原因是四川少数民族占总人口的比重高于河南；从劳务总量来看，四川比河南少 8 亿元，在外出收入均等的情形下，四川省外就业规模应为 989 万人，即河南已经超过四川成为跨省就业最多的省份，因为河南的户籍人口规模大于四川，而来自四川省政府的 814 万省外就业人数应为常年性省外就业人数。

从我们根据劳务收入占比推算的结果来看（见图 2-17），由于四川是国内最早大规模开展劳务输出的省份，因此自 1999 年突破千万大关之后，省外就业人数几乎没有太大的变化，新增就业人口主要在省内消化。同口径推算河南省 2005 年省外就业的农村劳动力为 1052.5 万人。我们还根据 1998~2002 年通过邮局和银行汇回劳务估算的省外就业总数发现，两者的结果也相当一致。不同的是，当就业充分时，依据汇款金额推算的人口数量会高一些，而当失业率较高时估计的人口数量会少一些，由此可进一步估算省外就业农民工的失业率和加班率。例如，测算 1999 年四川省外就业农民工失业率为 2.84%，而 2001 年的加班率为 1.53%。图 2-18 推算的结果还显示，重庆分出之后的四川省的省外就业的农村劳动力人数在 2003 年就已经达到历史性的高位，这与中央政府于 2000 年正式实施西部大开发战略有密切的关系，从四川跨省流出人口的增幅来看，国家西部大开发战略的就业效果明显，而四川作为西部的人口大省，在国家战略的推动下，劳动力外出持续增长不再，劳动力回流规模却逐渐增大，2003 年可视为四川农民工跨省流动的顶点和回流转折点。

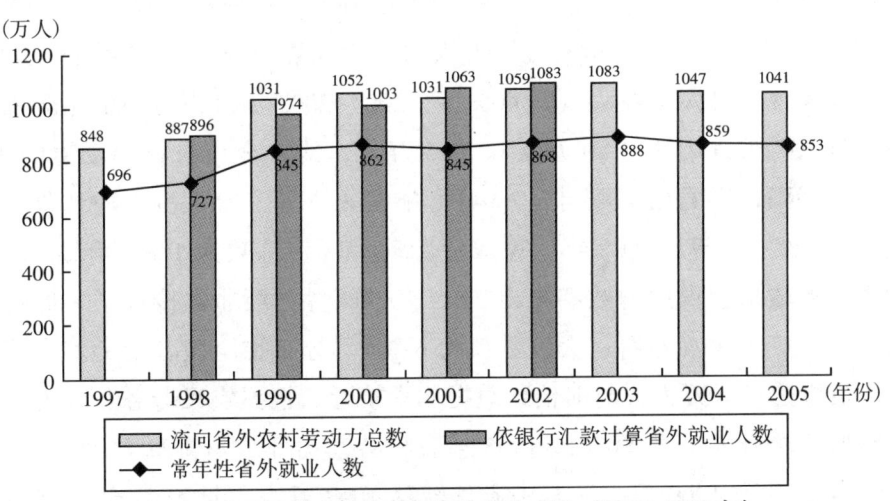

图 2-18　四川省农村劳动力省外就业人数（1997~2005 年）

2006 年上半年，四川共输出劳动力 1633 万人，占全省农村劳动力的 42.5%，其中省外 877 万人（郭正模，2006），利用线性插值法计算实际流向省外劳动力为 1070 万人，依旧低于 2003 年。资阳市安岳县有 155 万人

基于大数据的人口流动流量、流向新变化研究

口，在外务工的有40多万人，浙江企业想招年龄较大的农村夫妇，结果连一个人都没有招到，劳务输出大省四川的农村劳动力在农忙时也十分紧张。同为劳工输出大省的安徽，也在想方设法地挽留住本省的外出农民工。

四、劳务输出大省：皖鄂湘赣人口流出规模及变化

2002年底，安徽阜阳市已有160万劳动力外出打工，占全市农村劳动力资源的40%，近70%常年在外务工经商。因此，至2002年底，安徽劳动力输出大市可供输出的劳动力资源只剩下10%左右，全省实际跨省流出840万人①。虽然实际流出总量比官方数据高很多，但官方的人口流向还是值得参考，如调查显示，安徽省外就业劳动力主要流向江浙（25.5%）、上海（25.5%）、粤闽（21%）、京津（19%）等地（赵长保和宋洪远，2002）。亳州市利辛县2002年输出民工31万人次，占全县农村劳动力的40%。2002年合肥市外出务工人员达到45万人，占农村劳动力的22.28%（黄松泉，2003）。巢湖市有450万人口，常年在外务工人员达85万人，劳务收入占农民人均纯收入的40%多；2000~2003年全市劳务输出分别为68.7万人、72.4万人、80万人和85.5万人，约占全市农村劳动力的1/3左右（巢湖市委党校课题组，2004）。根据农民务工收入占人均纯收入比重（33.4%）推算，2002年安徽农业劳动力转移总数为1082万人，比安徽省劳务输出会议中的数字多出23万人，两者已经非常接近了，但跨省流出比重应在80%左右（会议数仅为62%）。分布在全国各地的安徽籍务工人员多达近千万人，与前估计数据非常接近。根据农民劳务收入占年人均纯收入的比重，推算安徽1995年农村劳动力非农就业转移891万人，2003年上升到1960万人，其中省外转移1097万人（见表2-6），其转移速度一点也不比浙江、江苏慢，其不同之处在于江浙为省内消化，而安徽

---

① 阜阳人口占全省人口的1/7，以全省一半类似阜阳、另一半流出率只有阜阳一半计算的加权值推算全省流出840万人。

更多地靠向外输出，转移情况与市场经济条件下的生产要素转移规律完全相符。

表2-6 安徽省非农就业转移及流动人数估计（1995~2003年）

年份	劳务收入占农民年人均纯收入（%）	非农就业转移人数（万人）	省外半年以上人数（万人）	省外转移总人数（万人）	省外半年以上比重（%）
1995	17.98	890.95	228	498.93	45.70
2000	28.32	1429.49	433	800.51	54.09
2001	30.87	1564.42	497	876.08	56.73
2002	33.42	1697.71	567	950.72	59.64
2003	38.49	1959.65	720	1097.41	65.61

淮安市洪泽县截至2004年7月末实现劳务输出7.3万人，农民人均劳务收入占农民人均纯收入的38%以上，比去年同期增长了5个百分点。安庆市农村劳动力有289.5万人，2003年劳务输出105万人（王孝中和胡风银，2005），占农村总劳动力的36.27%。安庆经济发展水平位居全省前三，以安庆为参照估算全省跨地级市劳务输出高达1112万人，何况全省还有很多劳务输出大市。从农民劳务收入占农民家庭现金收入来看，安庆70%的农村劳动力已经完成转移，其中本地及市（县）内转移97.65万人，留在农村从事农副业生产的劳动力有86.85万人（占总劳动力的30%左右）。截至2005年11月底，六安市外出务工人数达到114.6万人，占全市农业人口的27.1%（中国人民银行六安市中心支行调查组，2006），占全市户籍总人口的16.83%。2005年安徽农业人口有4202.82万人，而六安地处合（肥）武（汉）大通道且离省会合肥较近，依此推算安徽外出劳务总人数不会少于1138.96万人，其中出省农村劳动力不会少于933.95万人。

截至2006年6月底，宿州市劳务输出总量为115万人，占全市总人口的18.99%，年创劳务收入64亿元，农民年人均纯收入的50%来自外出劳务收入，因此推算在市内流动的外出农民工还有47.3万人，真正从事种植农业的人口只有64.92万人。

湖北襄阳宜城市2002年农村劳务输出4.16万人，比1999年增长

81.6%，外出劳务占农业人口的 11.56%（杨明生，2003），2003 年为 4.27 万人（杨明生和胡忠诗，2004）。襄樊市有 566 万人口，165 万农村劳动力，截至 2001 年底，全市外出打工人数为 46.1 万人，其中省外 39.8 万人（张化涛，2003）。恩施州有 225 万经济活动人口，年初调查时外出务工人员有 63.8 万人（占 28.36%）（曾铮和田孟清，2004）。孝感市统计局的农村劳动力外出和就业调查显示，全市外出农村劳动力有 93.89 万人，占户籍总人口的 17.83%；流向中部鄂豫湘三省的有 35.39 万人（37.7%），流向北方辽吉黑京鲁冀的有 27.33 万人（29.1%），流向东南沿海粤闽浙沪的有 27.06 万人（28.8%），流向新陕滇等西部省区的有 4.02 万人（4.3%），流向日本、俄罗斯等境外务工的有 899 人（0.1%）。截至 2006 年 8 月，黄冈麻城市输出技术型劳动力 20 万人，占全市 114 万人口的 17.54%（见表 2-7）。

表 2-7 湖北省农村劳动力转移总数及流动数估计（2001~2010 年）

年份	劳务收入占农民人均纯收入比重（%）	劳动力本地转移及流出总数（万人）	地级市域内转移人数（万人）	流向地级市域外人数（万人）	流向本省以外人数（万人）	市外省内流动数（万人）	官方流出劳动力（万人）
2001	24.77	1456.47	626.8	829.67	528.50	301.17	626.8
2002	27.09	1513.82	613.4	900.42	573.57	326.85	613.4
2003	27.54	1511.58	603.5	908.08	578.44	329.63	603.5
2004	26.13	1443.73	589.1	854.63	544.40	310.23	589.1
2005	30.38	1564.01	578.7	985.31	627.65	357.67	578.7
2006	35.07	1694.36	572.3	1122.06	714.76	407.31	572.3
2007	36.32	1717.91	565.0	1152.91	734.40	418.50	565.0
2008	37.42	1733.12	562.1	1171.04	745.95	425.09	562.1
2009	37.75	1728.72	562.7	1166.02	742.76	423.27	562.7
2010	37.48	1649.93	571.3	1078.63	687.08	391.54	571.3

湖南益阳市安化县有 43.7 万农村劳动力，外出务工人数达 15 万人（黄丰盛等，2002），占农村劳动力的 34.32%，与川渝赣皖农业人口大县的劳务率相似，由此可推算出 2001 年湖南农村外出劳动力为 1208 万人，

跨省流出972万人，即80.4%的外出劳动力跨省流动。2005年，益阳市总人口为460.60万人，有88.9万农村劳动力转移就业，占全市总人口的19.3%，实现劳务收入44.5亿元。株洲市茶陵县有60万人口，2000年外出打工的有14.8万人（胡铁球等，2002）。湘西怀化辰溪县2004年外出务工的占农村总劳动力的比重也达到26.35%（向金云，2005）。由此看来，湖南人口跨省流出率与川渝相当，估计2000年川渝湘实际跨省流出人数分别为1103万人、423万人和833万人。岳阳市总人口为520万人，有212万农业劳动力，2002年劳务输出62.1万人，占农村劳动力的29.29%（潘岳生和黄伟雄，2003）。由于岳阳的发展水平在湖南属于中等偏上，市外流动多流向省外；同时，考虑到岳阳是以市为统计口径，若同样换算成跨县流动，则岳阳市劳务输出率并不比益阳安化县低。

湖南邵阳地区邵阳县2003年劳务输出17万多人，2003年邵阳县外出务工人员有19.3万人，占全县95.4万人的20.23%，劳务收入达10亿元，占农民年人均收入的50%。据实地调查显示，整个邵阳市下属各县也大致如此，前文提到的17万多人应是出省劳务人数，即省外就业占89.47%；从劳务收入占比来看，50%的农村劳动力已经向非农就业转移。衡阳市衡东县2003年有66.76万人，有17.95万人外出务工，占全县总人口的26.89%，占全县农村劳动力资源总数的55.85%；霞流镇65%的劳动力外出务工；对120户农民抽样调查表明，外出劳务占农民人均现金可支配收入的65.5%①；86%的外出农民工跨省务工，主要流向广东、江苏、浙江、上海、北京等地（丁佳尧，2005）。2003年湖南农村人口有4430.76万，以衡东县流出率推算全省外出务工人数达1191.3万人，省外就业1024.5万人②。郴州汝城县每年有近7万农民外出打工，占全县总人口的20%。

---

① 样本偏小，实际数应与外出务工人数占全县劳动力资源总数大致相等，即55.85%。以此推算衡东县2003年本乡、本县内流动的劳动力还有19.34万人，即非农就业劳动力中，就地转移占51.86%，域外转移占48.14%，因此，湖南公布的外出务工人数通常仅指流出县级行政区域以外的常年性流动劳动力。
② 衡东是全县人口，而推算全省时仅用乡村人口，因此估计结果是比较保守的。

永州市蓝山县12万农民成为新式工人,占全县农村劳动力的60%;每年近8万农民在沿海城市务工。常德市桃源县92.8万总人口中,截至2006年7月,全县外出务工人员已达24万人,占全县总人口的25.58%。

我们利用劳务收入占农民人均纯收入的比重依据线性插值法估计了1990~2005年湖南农村劳动力资源总数、非农转移劳动力总数和跨省流出劳动力总数(见图2-19)。结果显示,湖南外出劳动力在2002年达到顶峰,约比四川提早一年;随着湖南城镇化速度加快,本省非农就业也飞速增长,1993年农村劳动力资源最为丰富,1999年之后快速减少,其所对应的恰恰是20世纪70年代末全国正在实施的计划生育;2003年以来的民工荒,可能并非结构性短缺,而是由于劳务输出大省的总量供给不足,其他劳务输出小省的增长无法满足飞速增长的内外资投资所需要的劳动力所造成的。

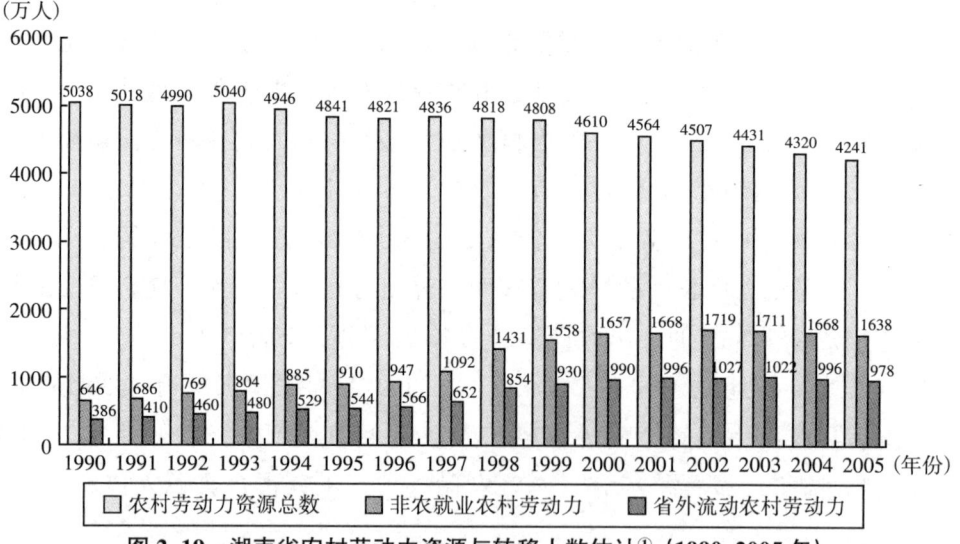

图2-19 湖南省农村劳动力资源与转移人数估计[①](1990~2005年)

---

① 由于《湖南统计年鉴(2006)》中的农民工资性收入在2004年发生了重大变化,我们对2004年、2005年的数据依照前面年份进行线性插值调整为同一口径。若按年鉴数据,2004年、2005年非农就业劳动力只有1169.09万人和1160.85万人。

第二章 基于调查文献的人口流动流量、流向研究

湖南农民外出劳务收入占农民人均纯收入的比重由1985年的4.4%上升到2002年的38.12%（屈莉萍，2004），湖南外出农民非农就业人数1985年约为207万人，而2002年上升到1283万人，其中75%省外就业（962万人）。2003年湖南新增农村转移就业81万人，省外就业人数估计已经突破千万，达1022万人，总规模与安徽大致相当，比四川、河南略少。2004年上半年转移就业新增47万人。2005年湖南省统计局1%人口抽样调查数据显示，全省流出省外人口有768.72万人，主要流向粤浙桂闽沪京黔苏滇鄂等省区市，仅广东就有606.37万人，占跨省流动的78.88%。从各地农民外出比例看，湖南省统计的省外流动人口应仅指常年性流出农村劳动力，但流向各省的比重基本上是可以接受的。例如，2004年末广东跨省流入的4200万人口中，来自湖南的占20%，即840万人，而湖南流向广东的人口占跨省总流出的78.88%，因此反向推算出湖南跨省总流出人口为1065万人，其中农村劳动力978万人，占外流总人口的91.84%。

对江西14县市农民流动调查表明，有31.6%的农村劳动力流出，由于江西80%的农村外出劳动力跨省流出，推算出2001年底江西省外就业农村劳动力达到581.56万人（曾绍阳和唐晓腾，2002）。来自江西省劳动和社会保障厅的数据显示，2002年有405万江西人出省就业，劳务收入243亿元，与同期全省一年的财政收入相当，2003年出省455万人。前者估计值是流出总数，后者对应常年性流出，因此两者并不矛盾。江西赣州市是革命老区，常年有近百万人在外打工，占全市890万人口的11%；作为全国劳务输出的重点地区之一，随着大量外资和内资涌入，赣州也紧随珠三角等劳务输入地出现民工荒；赣州于都、兴国等革命老区县也是如此，于都有90万人口，其中25万外出打工，占总人口的27.8%，本地工业园需要5万工人，近一半要到外地招聘。从下属各县外出情况来看，赣州实际外出务工人数远不止百万，在民工荒的推动下，大量四五十岁以上的农村劳动力加入外出务工的行列，全市外出务工人数占总人口的25%左右，总量超过220万人，且80%到省外就业。到2003年底，江西省外实际就业总人数达到675万人，省内劳工的短缺也意味着江西农村可供流出

的劳动力已经枯竭了。

江西宜春丰城市，2005年户籍人口129.77万人，农业人口99.41万人，全市向省外输出劳动力24.76万人，劳务收入16.85亿元。以丰城省外输出劳动力占农业人口比重推算，2005年江西跨省输出劳务675.42万人，与2003年基本相等；以丰城跨省劳务输出占丰城总人口比重推算，2005年江西跨省输出劳务822.58万人；丰城地处京九和沪昆交界之处，工业生产高位运行，因此对本地劳动力的吸纳能力应高于全省的平均水平，因此以丰城为参照推算的结果尚属保守，即2005年江西流向省外的劳动力的合理区间在675万~823万人。相比江西省劳保厅541.4万的跨省劳务输出，后者应为常年性劳务输出，而我们推算的则是流向省外的全部劳动力。

周大鸣（2006）两次对江西农村调查的结果显示，2001年外出务工人员占被调查农村人口总数的19.81%，2005年这一比重上升到26.04%；依此推算2001年江西农村外出务工人员达577万人，2005年上升到706万人，其中流出省外的有636万人。

五、劳工流入大省：粤浙苏人口流入及变化

截至2001年底，江苏扬州市农村输出劳务人数43万人，占全市劳动力总数的26.2%，劳务收入占农村人均纯收入的26.7%，2001年劳务输出人数达49.78万（王晓燕，2002）。2000~2002年，扬州转移劳动力（含本乡镇内转移）收入占农民人均纯收入的比重分别为40.18%、42.78%、45.39%；1999~2003年农村劳动力转移人数分别为87.01万人、87.32万人、89.38万人、95.44万人和104.17万人，占当年农村劳动力总数的比重分别为50.5%、52.4%、54.9%、59.6%、65.1%[①]。以2001年为例，扬

---

① 2003年劳动力转移数据为当年9~10月。参见纪春明：《做强做大农村劳动力转移和输出产业》，《唯实》2003年第12期。

第二章 基于调查文献的人口流动流量、流向研究

州市输出劳务人数（占转移总数的47.72%）略少于市内转移就业人数（占转移总数的52.28%）。从转移就业收入占农民人均纯收入来看，2002年非农化就业占45%左右。扬州高邮市有83万人口，截至2004年12月末，全市农村劳务输出总量为22.7万人，占全市劳动力资源总数的67.8%；市内转移10.6万人，流向市外的有12.1万人（吴荣平，2005）。2002年，泰州市外出劳务人数达59.63万人，占全市农村劳动力的30%，带回现金收入34亿元（陆晓声等，2003）。

苏北农村劳动力跨县流出率比苏南要高一些。例如，苏北盐城市射阳县有12万人外出劳务，占全县农村劳动力的38%（宗耀林，2002），比扬州市的流出率高11.8个百分点。苏北盐城响水县2000年末有56.57万人，2002年转移农村劳动力7.2万人，截至2003年6月底已转移9.75万人，占全县劳动力总数的54.3%，其中市内、市外省内、省外国内转移分别占16.9%、59%和24.1%（王志迁和汪维良，2004）。因此，射阳、响水等县的劳动力跨市流出率只比扬州高5.38个百分点。以扬州、盐城各取50%加权计算，2001年江苏农村流出劳动力1100万人，其中流出省外的有265万人。由于苏南地区吸引了大量本省人口，因此江苏跨省流出占农村总流出的比重远低于川渝湘皖等省市。苏北淮安市2001年劳务输出62万人，比1996年增加32万人；外出务工人数占全市农村劳动力的37.9%；2002年上半年劳务输出达69.2万人（李阳，2002），2002年底达70万人（丁解民，2003）；2003年在外务工人数上升到78万人（洪大伟，2003）。2004年末，徐州市已转移155.78万农村劳动力，占全市农村劳动力总数的46.23%。

取苏北和扬州的均值后，计算得出2002年江苏跨县流动劳动力上升到1174万人，其中流向省外的有283万人；2003年比2002年增长10%，跨县流动劳动力为1291万人，其中流向省外的有311万人。淮安市盱眙县2002年劳务输出13.6万人，占总人口的20%。根据农民劳务收入占人均纯收入的比重和农业适龄劳动力人数，大致可以推算出农村转移劳动力总数（见图2-20）。1990~2000年，江苏每年平均有46万农民转向非农就

· 87 ·

业，2003年之后年平均只有18万人转向非农就业，农村就业压力大为减小。与西部人口大省四川相对应，远在长江入海口的人口净流入大省江苏，自2003年之后农村转移劳动力数量增长也日渐趋于平缓，且这种平缓是在中西部人口流出大省劳动力流出增速放缓后的普遍现象。江苏作为跨省流动农民工的流入目的地，一方面要消化苏北地区的流出劳动力，另一方面要接收来自邻近省份乃至远至四川甚至新疆的外省劳动力。从推算的数据来看，江苏农村劳动力流出情况基本与四川同步，这表明市场经济条件下的农村劳动力流出并非人们所认为的存在流动障碍，也从侧面说明了中国市场经济改革进程相对顺利和有效。

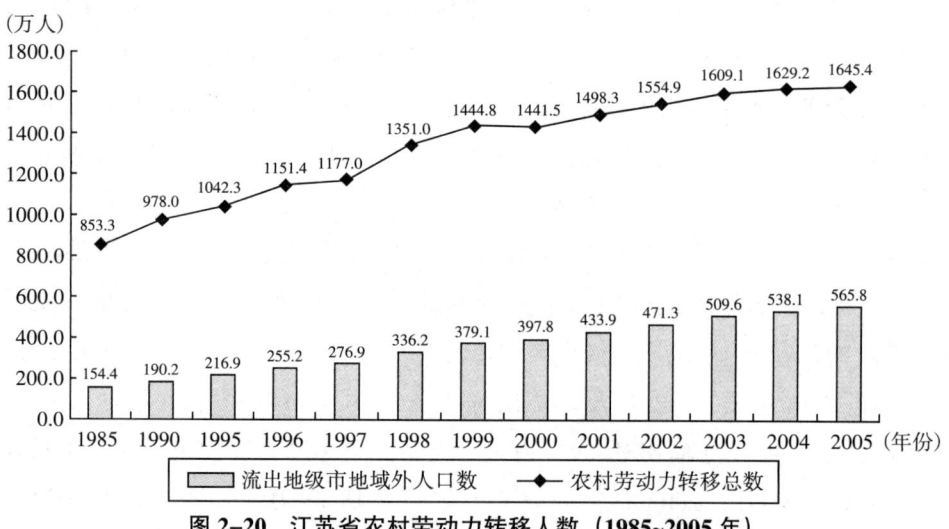

图2-20 江苏省农村劳动力转移人数（1985~2005年）

江苏无锡登记在册的流动人口已超过146万人，其中大都来自苏北地区。从生活用水量和出口值推算，无锡外来人口有346万人，即未登记人口达200万人。截至2004年5月底，泰州市累计转移农村劳动力135万人，其中劳务输出71.4万人。2004年上半年，江苏省农村劳务输出总量达到684.81万人（全年劳务输出目标784.43万人），70%的新增输出来源于苏北五市。2004年1~10月，连云港赣榆县共输出劳动力18万人，占该县农村劳动力总数的近47%。2005年，江苏省农调局和省社保厅联合调查结果表明,截至 6 月底,全省劳务输出 730.09 万人(应是指跨县级行政区域),输向省内人数占 59.77%,省外占 38.71%(282.62 万人),境外占 1.52%;劳动力转移速度由快转向稳,流向省外就业的劳动力比重下降,主要流向上海(30.8%)、北京(8.8%)、广东(7.6%)和浙江(6.7%)。

2000 年"五普"时,浙江省跨省流入 368.88 万人。亓名杰、葛培华、朱海伦(2003)推算,2000 年浙江省实际流入农民工 864.15 万人,而"五普"长表统计结果仅为 487.38 万人[①]。从浙江省就业管理服务局提供的全省外来劳动力流动就业统计(数据截止期为 2002 年第四季度)情况来看,全省 558 万外来务工人员当中,仅台州就占了 29.73%。台州外来务工人员数据重大异常的最可能原因是该市将本地外出务工的农民也纳入统计,而其他地级市仅是指外省流入的务工人数。我们根据用水量、生产总值、外贸出口值重新估计了各地省外流入人口、省内市外净流入人口和总流动人口,如表 2-8 所示。估计结果表明,2002 年浙江农村流出劳动

表 2-8 浙江省流动人口人数估计(2002 年)

地区	原数据(人)	省外流入(人)	省内市外净流入(人)	总流动人口(人)
杭州	531418	1594254	2890925	4485179
宁波	698604	2095812	(198198)	1897614
温州	376013	1128039	658034	1786073
嘉兴	281986	845958	1712063	2558021
湖州	104224	312672	1497317	1809989
绍兴	794370	2383110	(437462)	1945648
金华	292558	877674	1279400	2157074
衢州	62396	187188	1371380	1558568
舟山	110318	330954	(184041)	146913
台州	1659458	1048072	611386	1659458
丽水	62399	187197	650069	837266
合计	4973744	10990930	9850873	20841804

---

① 农民工的流动机理与管理对策研究课题组:《浙江省农民工的现状及特征》,《嘉兴学院学报》2003 年第 15 期。

力1476万人,其中491万人流向省外,省内市外流动人口985万人;省外流入人口1099万人,全省流动人口为2084万人,全省实有总人口5442万人。由于本地户籍外出人口大于本省市外流入人口,宁波、绍兴和舟山省内市外净流入人口表现为负值。在浙江农村地区农民就业基本上形成了"三三制",即本地农副业、来料加工业和劳务输出各占1/3(陈英民,2003),而在川渝湘赣皖等劳动力大量流出地则逐渐形成另一种形式的"三三制",即本乡本县、县外本省、跨省流出各占1/3左右。例如,衢州江山市至2002年底,外出劳务11.49万人,占农村劳动力总数的39.72%(毛有祥,2003)。

宁波慈溪市共有198个村建立了暂住人口信息平台,有50万流动人口在"网"上登记。2004年宁波城镇、农村生活用水量分别达到2.99亿立方米和1.45亿立方米,以上海市日人均生活用水量112升计算,宁波城镇、农村人口分别为731万人和355万人,全市人口为1086万,推算2004年宁波外来人口有533万人,占实有总人口的49%。由于很难把当时小微型制造业或服务业用水从生活用水中排除,故根据宁波出口值推算的外来人口有466万人是比较可信的。我们根据用水量、出口值等综合数据推算出宁波1997~2004年的外来人口总量(见图2-21)。依据2005年宁

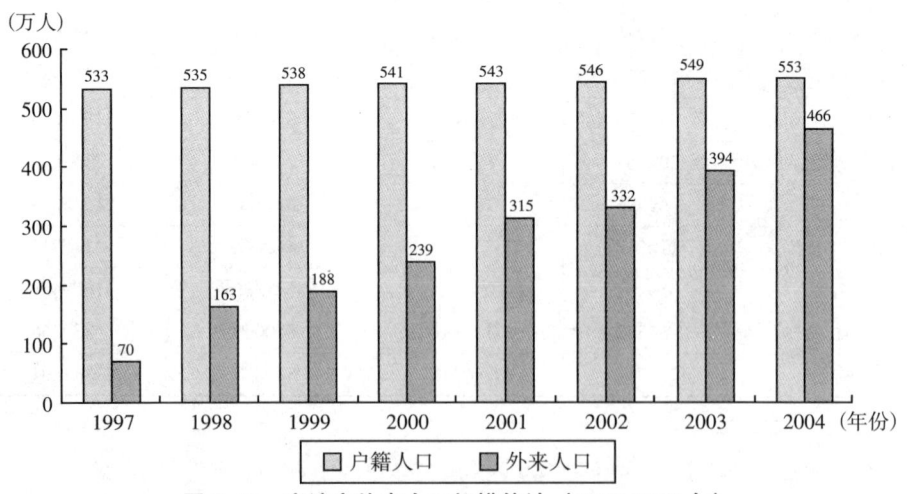

图2-21 宁波市外来人口规模估计(1997~2004年)

波1%人口抽查，宁波外来人口主要来自安徽（24.1%）、四川（19.3%）、贵州（12.2%）和江西（10.7%）。2002年浙江有1099万省外流入人口，到2004年上升到1624万人，增加了525万人。广东省外来流入人口则由2000年的2895万人上升到2004年的4200万人，增加了1305万人。自2001年中国加入WTO，中西部大量人口流出，而东部沿海的广东、浙江等省外来人口则迅速增加。2004年由安徽和江西流入浙江的人口分别达到391万人和174万人，比2000年分别增加241万人和46万人。

至2005年底，浙江农村就业已经发生了根本性的变化，本地城镇化极为显著。以金华市磐安县为例（张文明和周生南，2006），真正从事种植养殖业的劳动力仅占劳动力总数的21.74%，在本地从事各种加工工业的非农就业劳动力已占全县的1/3，而流向县外务工经商的人数与1994年相比仅增加11个百分点。此外，从事种植养殖业的农民虽然是农民农业身份，但他们很多实际上从事各类农业服务，而真正下地的则多招请外来民工进行，与其说他们是农民，不如说他们是农业企业家。以外出劳务占农民纯收入比重来推算全省农村劳动力非农化转移已经失效，只能用农业占GDP比重来推算从事农业的农民数量，但外出劳务占农民纯收入比重依旧可以用来推算流出劳动力（见表2-9）。

表2-9 浙江农村劳动力就业新变化——以磐安县为例（2005年）

序号	项目	人数（人）	百分比（%）
1	流向县外务工经商	45300	41.22
2	本地各种加工工业	36636	33.33
3	特色环保种植养殖业	23895	21.74
4	其他	4076	3.71
5	劳动力总数	109907	100
6	总人口数	180664	60.84

位于珠三角外围的肇庆市怀集县，2003年总人口有94万多人，常年在外务工的有17万多人，占农村劳动力总数的35%。

六、劳工流入目的地：其他地区案例

2001年宁夏、贵州劳务输出占农村人均纯收入的比重均已超过30%，与川渝等劳动力输出先行省不相上下。如宁夏西海固地区，1999~2001年每年输出劳务50多万人次，占全区人口的10%；2001年甘肃省输出劳务238万人次（占总人口的9.3%，同期安徽只有8.7%[①]），劳务收入30亿元，占全省农民人均纯收入的42%；"九五"期间，甘肃年均安置农村转移劳动力和城镇失业人员660万人次（姜雪城和王丽，2002），占全省15~64岁人口的1/3。

1. 陕西、甘肃、宁夏

2003年平凉市庄浪县共输出劳务7.8万人次，占全县总人口的16%。张掖市民乐县2002年输出劳动力6万余人，占全县总人口的24%以上。定西地区陇西县外出劳务超过6万人，占农村劳动力的22%。天水市武山县2002年输出劳务9万多人次，占全县农业人口的27%。在国家西部大开发战略的支撑下，甘肃农村流向省外就业的劳动力基本保持不变（见图2-21），各地外出务工人数甚至反超推算的剩余劳动力。例如，武威古浪县估算有8万剩余劳动力，但2002年全县外出劳务10.4万人次；天水甘谷县估算有13万剩余劳动力，本地就业2.4万人，输出民工10多万人。全省估算的400万剩余劳动力，到2008年只剩下14万人。甘肃庆阳地区宁县有50万人口，外出务工已达9.8万人，约占总人口的20%。定西市有260多万农村人口，2004年劳务输出达44万多人（秦素梅，2005），占农村总人口的16.92%。截至2005年11月底，陇南市劳务输出45万人，占全市总人口的17%。2005年上半年甘肃劳务输出324.35万人，在我们的估计范围之内。

[①] 李连忠：《安徽：做好劳务输出大文章》，《中国劳动保障报》2002年9月26日报道："截至2001年底，安徽省常年外出务工人员达560多万人，其中跨省流动达450万人，年净收入220多亿元"。实际人数应远超此数。

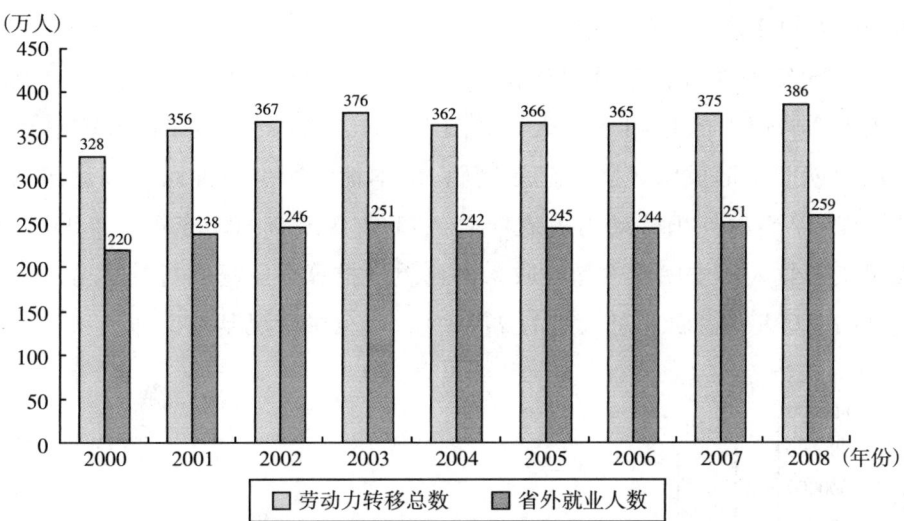

图 2-22 甘肃省农村劳动力转移总数及跨省流动劳动力人数估计（2000~2008 年）

截至 2002 年底，陕西汉中市镇巴县有 5 万人在北京、广东等全国 20 多个省市务工，外出劳务占农村劳动力的 37.3%，劳务收入占农民人均纯收入的 60%（杨彦生，2003）。2002 年陕西省劳务输出 217.6 万人，输往外省 135 万人[①]。咸阳市常年在外打工人员达 43 万人，占全市总人口的 8.6%，2004 年劳务输出 90 万人次[②]。2005 年，省会西安农村输出劳务达 35 万人，仅蓝田县劳务输出就突破 10 万人。2005 年上半年陕西劳务输出突破 290 万人，截至 12 月底，全省劳务输出 506 万人。据统计，2004 年陕西全省转移就业 338 万劳务人员，输往省外的有 200 万人（占转移总数的 59.17%），主要流向京沪粤桂津鲁晋浙苏新等地；2005 年劳务输出 443.8 万人，省外就业 164.5 万人（占 37%）（罗久序和白西兰，2006）。2005 年，陕西农民劳务收入占年人均纯收入的 1/3，由此推算实际非农就业劳动力为 533 万人。截至 2006 年 10 月底，渭南市共转移就业 59.5 万人，占全市总人口的 10.9%。2005 年，安康市劳务输出 45.5 万人，占全

---

① 此处应为常年性输出，总输出不会比甘肃少。
② 陇海线不少农民工到新疆摘棉花，这种短期性外出通常不纳入流动总量估计。

市297万户籍总人口的15.32%。

2005年1~9月，宁夏回族自治区劳动力输出总数达72.4万人，其中外出6个月以上的有41.5万人（见图2-23），占输出总数的57.3%；转移劳动力就业也形成明显的"三三制"：即本地级市、市外区内和流出区外各占1/3；农村外出劳动力占农业总人口的19.83%（李东洲，2006）。从农民工资收入占农民年人均纯收入的比重来推算，宁夏农村外出劳动力已达96.75万人，占农业总人口的27.98%，与全国情况基本类似。

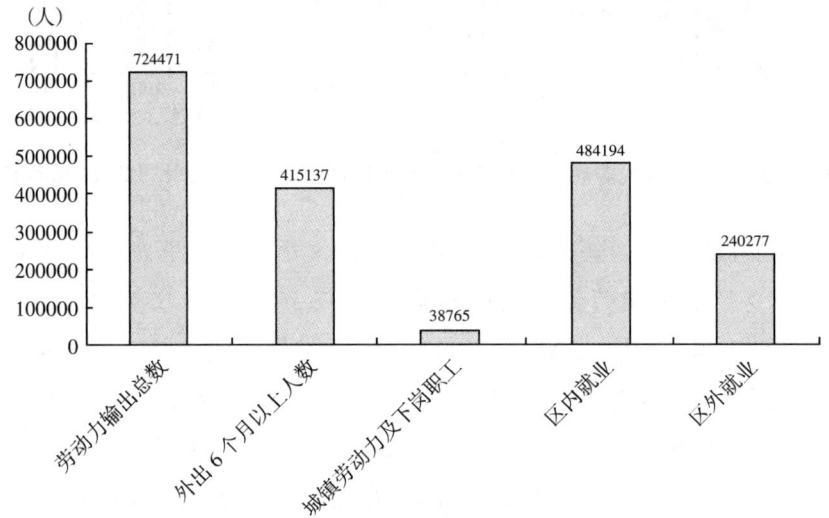

图2-23 宁夏回族自治区劳动力输出情况（2005年1~9月）

2. 内蒙古、新疆、青海、西藏

2001年，内蒙古外出就业人员有95.6万人，跨省区就业人数接近40万人，其中7万人流向北京。2002年赤峰市外出就业农村劳动力达54.2万人，占农村劳动力总数的20%左右，劳务性收入占农民人均纯收入的30.8%（李德志，2003）。赤峰市松山区有劳动能力的农民达23.5万人，外出打工的农民有8万人，超过农村总劳动力的1/3。2005年前五个月，赤峰市劳务输出人数达70.5万人，占全市总人口的15.19%（以2010年"六普"为基数），敖汉旗更是高达23.70%（见表2-10，列5），若以2005年人口估计数来计算，敖汉旗劳务输出占总人口的比重达24.03%（见表

第二章 基于调查文献的人口流动流量、流向研究

2-10，列6)。与南方人口流出大省有所不同的是，内蒙古及西北地区的人口流动季节性较强，平均流出时间要低于人口流出大省。

表 2-10　内蒙古自治区赤峰市 2005 年 1~5 月劳务输出情况

区域	面积（平方公里）	2010年人口（万人）	劳务输出人数（人）	劳务输出人数占总人口比重*（%）	劳务输出人数占总人口比重**（%）	2005年人口（万人）
赤峰市	90000	464.30	705076	15.19	15.39	458.05
红山区	507	43.48	3060	0.70	0.71	42.89
松山区	5618	57.36	81263	14.17	14.36	56.59
元宝山区	953	29.32	18857	6.43	6.52	28.93
宁城县	4305	61.00	100062	16.40	16.63	60.18
林西县	3933	20.06	38822	19.35	19.62	19.79
阿鲁科尔沁旗	14555	27.22	54495	20.02	20.29	26.85
巴林左旗	6713	32.78	63746	19.45	19.71	32.34
巴林右旗	9837	17.55	21000	11.96	12.13	17.32
克什克腾旗	20673	21.12	36946	17.50	17.74	20.83
翁牛特旗	11882	43.33	82705	19.09	19.35	42.75
喀喇沁旗	3071	32.52	74448	22.90	23.21	32.08
敖汉旗	8294	54.70	129672	23.70	24.03	53.97

注：* 表示以 2010 年人口为基数，** 表示以 2005 年人口为基数。
数据来源：《赤峰日报》2005 年 6 月 18 日第 2 版。

2005 年前三季度，赤峰市劳务输出已达 96.57 万人次，2005 年全年共输出劳务 104.7 万人（占赤峰总人口的 22.76%），劳务收入 25.33 亿元，主要流向北京、天津、河北、广东、浙江、东北等十几个省市和地区以及日本、俄罗斯等国。通辽市奈曼旗劳务输出 8 万人。通辽市开鲁县 2006 年前 10 个月劳务输出 9.38 万人次，劳务收入 3.5 亿元。从劳务收入推算，输出实际人数在 8.4 万人左右，占开鲁县 389799 人（2005 年）的 21.55%。截至 2006 年 10 月末，通辽市劳务输出总量达到 54.16 万人次。

截至 2006 年 8 月，青海海东地区向省内外转移和输出劳务 42.4 万人次，劳务收入 9.6 亿元；仅在北京、广东、上海、福建、西藏等地拉面馆

· 95 ·

从业人数就达 8.5 万人。海东地区人口约占全省人口的 1/4，以此推算全省外出劳务 170 万人次，其中本省西宁占 40%，省内其他地区占 20%，省外劳务输出 61 万人次。青海向省外输出的劳务中，流向新疆摘棉花的农民工占了很大比重，因此稳定性比较差；相比摘棉工，拉面馆就业比较稳定，估计全省餐饮类就业 20 万人以上，占出省就业的 1/3。

3. 山东、山西、河北

与 1994 年 11 万劳务输出相比，2002 年山东德州市在外劳务已达到 22 万人（周师平，2002）。泰安市向市外输出劳务也由 1995 年的 10 万人增加到 2002 年的 15 万人（徐西昌和宫继新，2002）；2004 年底，德州市异地就业人数达 62.12 万人。临沂市沂水县劳务输出由 1994 年的 8 万人增加到 2002 年的 16 万人（田相波和周淑英，2002）。聊城有 33 万人外出务工经商，占全市总人口的 8%，依此推算山东外出劳动力已经上升到 720 万人，比 1999 年增加 100 万左右。截至 2002 年 12 月底，聊城市在外务工人数达 55 万①。泰安地区的肥城市，每年常年外出务工有 12 万人（宿传勤和张兆军，2002），占总人口的 12.6%；新泰市在外务工人员有 11.46 万人（陈传军和王永前，2003）。济宁市泗水县由 1999 年的 4 万人上升到 2001 年的 6 万多人，增长 50%（任宪民等，2002）。济宁市汶上县输出各类劳务 12.8 万人，占全县基本劳动力的 37.4%（张开朗，2005），劳务输出程度与国内其他劳务输出大县不相上下。

菏泽有 460 万农村劳动力，全市在外务工人员已达 93 万人（马平昌，2004），外出务工人数占农村劳动力总数的 20%。据测算，2004 年末菏泽全市在外务工人员达到 110 万人。在省会济南，在外务工农民占农村劳动力总数的 46.92%，84.45 万人被政府有组织地从田间地头转移到市场，那些没有外出的农村劳动力，基本上实现了本地转移，开始从事非农产业。

吕梁临县农民人均纯收入的 41% 来自外出务工收入，2003 年输出劳

---

① 33 万人应指跨市外出或常年性外出人数，而 55 万人则是跨乡镇以上的外出。参见宫延怀、常庆泉：《聊城市劳务输出的调查与思考》，《山东人力资源和社会保障》2003 年第 1 期（增刊）。

务10万人，占全县劳动力总数的45%，全县农民人均纯收入的41%来自务工。截至2006年8月，吕梁全市转移农村劳动力50万人，占农村劳动力总数的43.5%。运城市农村人口353万人，全市农村在外务工人员有75万余人，仅2003年至2004年上半年就转移32万多人，转移总数占农村总人口的21.4%，同比例推算山西农村转移劳动力达367万人。截至2006年12月中旬，山西共转移420万农村劳动力，占农村劳动力总数的38%，跨省流出63万人，占转移劳动力总数的15%。

对河北省11个地区77个自然村镇调查的结果显示，外出务工人员占农村总人口的27.28%，其中本省流动占74.7%，流向外省占25.3%（京津占18%）（张新雅等，2005）。2004年河北有5300万农村人口，依此推算外出农民工为1449万人，其中260.8万人流向京津。2004年，邯郸市输出劳务109万人（苑清民，2005），占全市总人口的12.63%；2005年劳务输出120.6万人（郭玉康等，2006），占全市总人口的13.84%，占全市农村劳动力总数的24.86%。由邯郸劳务收入占农民年人均纯收入的39.7%推算可知，2005年全市农业劳动力非农转移总数为192.58万人，则在邯郸市内从事非农业活动的农村劳动力还有71.98万人，如图2-24所示，邯郸市农村劳动力非农就业转移也呈现明显的"三三制"特色。图2-24中的柱状图表示的是邯郸市2001~2005年的劳务输出人数。从全省情况来

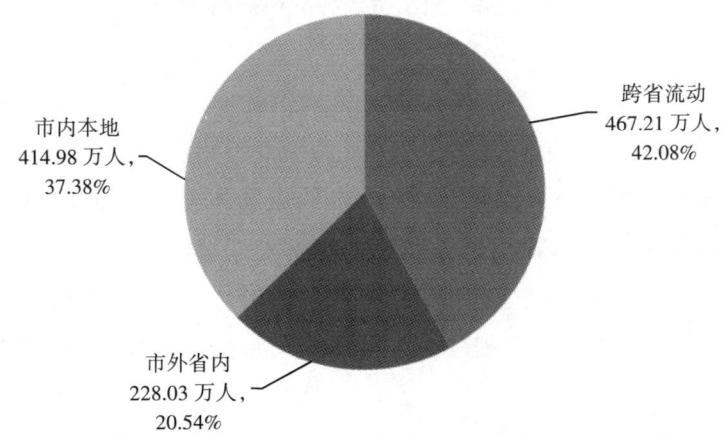

图2-24 河北省（上）与邯郸市（下）农村劳动力转移总数及流动劳动力人数估计（2005年）

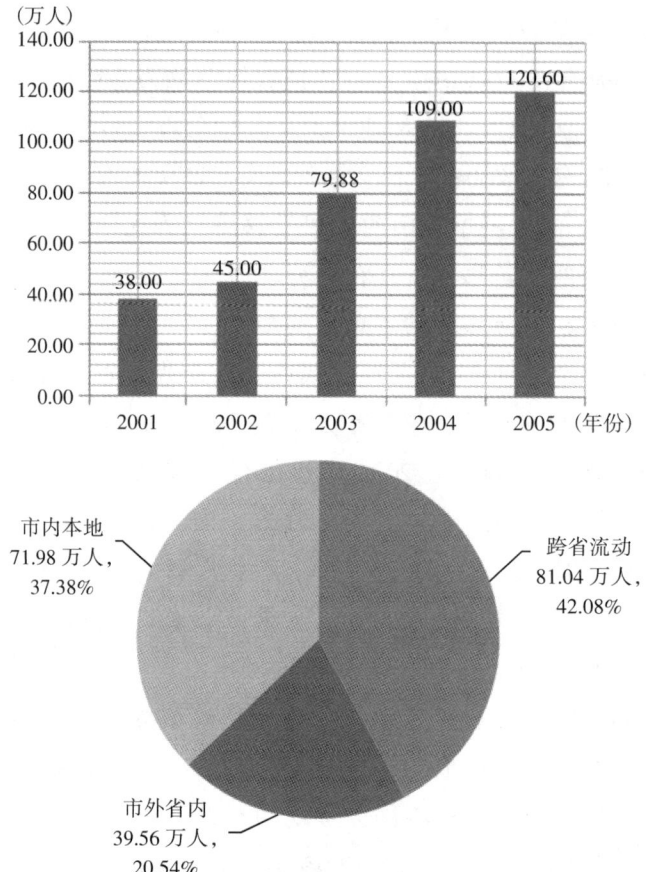

图 2-24 河北省（上）与邯郸市（下）农村劳动力转移总数及流动劳动力人数估计（2005 年）（续）

看，2005 年全省农民劳务收入占农民年人均纯收入的 37.15%，则可推知全省农村劳动力非农转移总数为 1110.22 万人，其中跨省流动 467.21 万人，市外省内流动 228.03 万人，市内本地流动 414.98 万人。市内本地流动人口是河北户籍人口在本地城镇化的主要人口来源。

2005 年全省农村劳务输出总量为 440.6 万人，占全省农村总劳动力的 16.2%；跨省劳务输出 240.2 万人，占总输出量的 54.5%[①]。衡水市总人口

---

① 该数据严重低估了河北省的劳务输出。参见王淼淼：《河北劳务经济迅速壮大》，《中国就业》2006 年第 4 期。

为421.8万人，2005年在外务工的有40万人，就地转移41万人，两者合计占全市总人口的19.2%（陈幸祉，2006）。由此看来，衡水农业劳动力转移也呈现明显的"三三制"特色，且也同样存在没被登记的本地非农就业人口。

4. 云南、贵州、广西

2002年，云南曲靖陆良县外出劳务约7万人，占全县农村劳动力的24.86%，但工资性收入仅占农民人均纯收入的11.25%，这意味着只有45.26%的劳动力为常年性外出，而54.74%的劳动力为农闲短期内外出。2002年全国农民劳务收入占年人均纯收入的32.6%，云南省为8.67%，这表明云南农村劳务外出比例远低于全国平均水平，全省常年性外出农村劳动力有190万人左右，同期全国农民非农就业劳动力达到17604万人，跨省流动9000万人左右。文山州广南县有近75万人口，2005年1~6月，该县累计向广东、广西、浙江、福建等地输出劳务5.7万人，比上年同期4.4万人增加29.45%[①]。文山州2005年长期在外务工人员有20余万人。2004年末，楚雄州外出劳动力16.5万人，比上一年增加3.6万人，占全州户籍人口的5.5%。

据马文彬、葛云伦（2003）[②]估计，2001年贵州省离乡外出打工劳动力为250万人。贵州省遵义市2002年末总人口为704.85万人，其中农业人口595.14万人；全市常年外出打工人员已达到63.1万人，季节性打工人员有34万人；在省外务工近50万人，主要流向广东、浙江、福建、江苏、上海等地。2002年末贵州有2905万农业人口，推算贵州流向省外人口为244万人，比2000年增加88万人。遵义市余庆县常年在外务工人员

---

① 由于农民自发输出占98.1%，因此输出数字的高增长可能并不表明真实的增长，或许是以前的输出并没有纳入统计口径或上报而已。参见韦世平：《广南县农村剩余劳动力转移的启示》，《创造》2005年第10期。
② 川渝湘皖黔分别为890万人、322.8万人、643.27万人、637.8万人、250万人，占农村劳动力的比重分别为23.5%、24.3%、22.3%、23.6%和14.4%。川渝皖跨乡流出总量约为户籍人口总量的10%，因四地城镇化率基本相等，故结果可以接受，但数据低于各地政府的调研或报告类文献。参见马文彬、葛云伦：《中西部地区劳动力流动的新特征及发展趋势》，《农业经济》2003年第9期。

有近4万人，占全县适龄劳动力总数的23.5%。黔东南州黎平县2002年外出务工人数6.87万人，比上一年增加0.74万人，2003年受"非典"影响依旧达到5.95万人。邓祖善（2003）指出，2002年贵州有300万人到省外务工，比2001年净增100万人，主要流向广东（34.1%）、浙江（16.4%）、福建（6.7%）和江苏（4.2%）等沿海地区。在剔除货币增长导致农民外出劳务收入的自然增长后，我们推算1987~2002年贵州跨省外出务工经商人数如图2-25所示。2002年的300万人外出应是指全部流出劳动力人数，其中农民占80%。

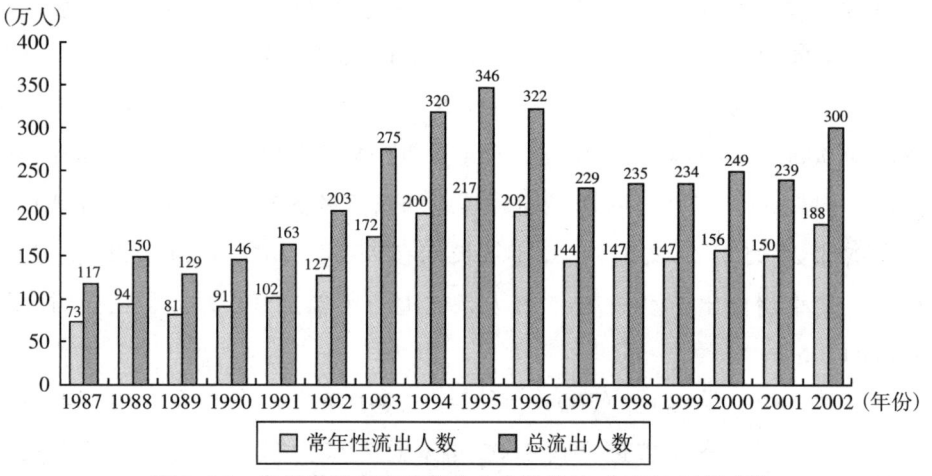

图2-25　贵州省跨省流动劳动力人数估计（1987~2002年）

到2005年底，贵州最穷的毕节地区农村外出人口达134万人，占毕节地区总人口的18.56%，其中务工和经商人数达115万人（顾海淞，2006）。以毕节为参照推算，贵州2005年农村外出人口604.68万人，其中务工经商人数518.94万人。广西外出务工人员与湖南一样，主要流向广东。百色地区有387万户籍人口，每年外出务工人员达55万人，占总人口的14.2%。崇左市有240万人口，2003年外出务工人员为22万余人。广西玉林陆川县2005年底外出务工人员达13.8万人，占90万总人口的15.33%。

5. 东北三省

截至2002年6月，东北黑龙江重型工业城市齐齐哈尔市输出劳务9.2

万人（李凤双和鲍盛华，2002）；截至 2005 年 6 月，输出劳务 16.4 万人，比 2004 年同期增加 7 万人。东北的劳动力流动与国内其他地方明显不同的是，除了农村劳动力转移，大量下岗职工需要再就业。例如，1998 年以来，黑龙江累计国企下岗职工 323.68 万人，累计有 207.72 万人实现再就业。牡丹江市林口县外出务工的有 2.6 万人，占农村劳动力的 20.8%。2005 年，黑龙江绥化地区肇东市总人口为 91.76 万人，乡村人口有 66.67 万人，全年实现农村劳务输出 13.8 万人次，占乡村人口的 20.7%。

辽宁省北票市城乡共有 63 万人口，2001 年输出劳务 4.5 万多人，人均劳务收入 5000 元，2002 年劳务输出 5 万人左右。2005 年辽宁省会沈阳市劳务输出也将高达 26 万人。2006 年朝阳市各类劳务输出达 42 万人次。吉林省四平市，截至 7 月末，全市累计输出劳务 32.3 万人。吉林松原市扶余县，输出各类劳务人员 4.89 万人。2002 年上半年，吉林全省劳务输出 93.31 万人，跨省及境外劳务输出占 49.7%，其中境外劳务输出 4.33 万人。吉林白城市镇赉县外出农民工由上一年的 5.1 万人增长到 6.8 万人，占全县总人口的 22%，其劳动力流出率跟川渝湘等内陆省份农业大县相差不大。长春榆树市有 24.6 万农民外出打工，占总人口的 20%。白城市劳务输出 30 万人次，增幅较 2002 年已经大为放缓。吉林省中西部的公主岭市，总人口有 104 万人，农村劳动力有 279885 人，2000~2004 年输出劳务人数分别为 111069 人（占农村劳动力总数的 41%，下同）、128421 人（41.5%）、120708 人（42%）、117800 人（41%）、预计 16 万人（57.1%）（钟岩等，2004）。吉林舒兰市通过劳务输出，2003 年使 13.13 万名城镇下岗职工实现再就业（申奉澈和卢殿伟，2004）；2005 年舒兰 8 万人实现就业和再就业，劳务输出人数达 16 万多人。长春榆树市有 125 万人口，劳务输出 28.7 万人，占总人口的 22.96%。

此外，截至 2003 年 9 月，福建龙岩市上杭县劳务输出人数已超过 7.5 万人（华伦辉，2003），比 2000 年增长 25%。截至 2003 年末，龙岩市已累计转移农村劳动力 56.32 万人（何平涛，2005），占全市总人口的 22.5%。

值得注意的是，中西部可流出劳动力枯竭，而东部及城市外来人口却出现较快的增长。这种流出和流入的不平衡，更多的是流入地外来人口统计的滞后或者统计数字的习惯性增长所致，更多的外来人口被纳入了统计范围，而非真实增长所致。

第四节 跨省流动稳中有降、总流出人口保持平稳年代

一、农村流出劳动力跨省流动稳中有降的几个重要证据

除川豫湘皖等农民工输出大省外，其他省级行政区域劳务输出在2002年也迅速发力，基本上到2006年农村可供流出的劳动力也枯竭了。据调查测算，2006年湖北省外出务工经商人数有1000万人左右，其中流向外省的占79%，即全省有790万劳动力跨省流出（董伟才，2008）。2005年湖北省统计局1%人口抽样调查显示，58%的人口流向广东省，保持比例不变推算2006年湖北有458万人流向了广东，与后面推算的结果完全相符。以湖北恩施州为例，2006年以来农村劳动力省外转移人数基本维持在70万人左右的水平，2008年金融危机时也仅略微下降到68.7万人，2010年虽然有所上升，但自2006年以来恩施州流出农村劳动力总数也一直维持在150万人左右，如图2-26所示。

四川作为劳动力输出大省，自1999年跨省输出农村劳动力突破1000万人后，2003年达到顶峰，在部分地区增加输出和部分地区民工回流两种相反力量的推拉下，省外输出一直保持在1000万人以上的规模。而湖南邻近广东这个全国最大的农民工流入地，自2002年之后其跨省输出甚至逐年下降。

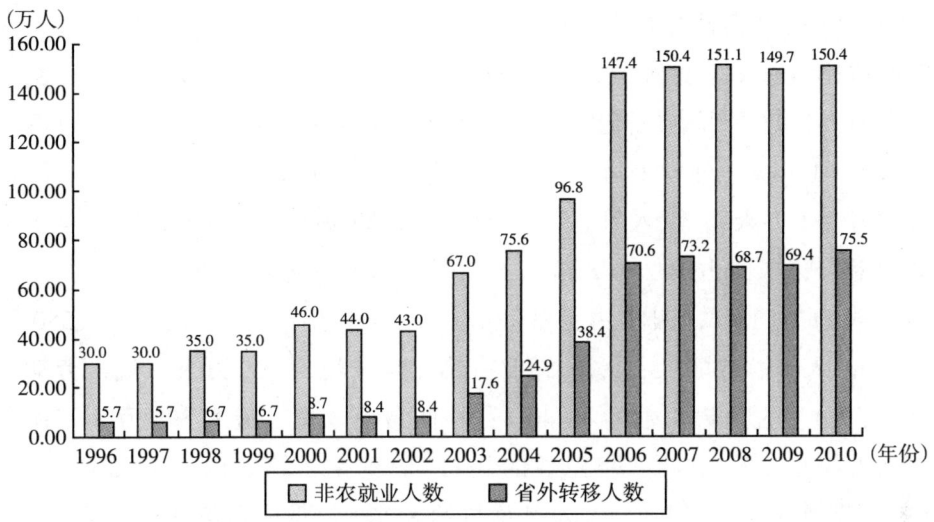

图2-26 湖北恩施州非农转移人数及省外转移人数估计（1996~2010年）

湖南衡阳地区的耒阳市，户籍总人口有125.77万，农村人口有106.47万（2005年），乡村人口有83.01万人，其外出就业人数高达53万人，占农村总人口的49.8%，占全部户籍人口的42.4%，占全市劳动力总数的62.8%；流出人口中，男性占58%，女性占42%，高达98%的外出人口流向广东，其余流向福建、浙江、江苏（刘飞凤，2007）。此数据是非常可信的，例如，每年暑假耒阳市外出的农村中小学生达到9万人之多，占整个耒阳市农村中小学生总人数（13.8万人）的65%，这也意味着65%的家庭有人外出务工经商。不只是耒阳，整个衡阳乃至郴州、邵阳、永州、怀化、娄底等湖南南部农村人口占绝大多数的地区也是如此，甚至岳阳、常德、益阳等湖南经济相对发达的洞庭湖地区也是这样，处在长株潭城市群的农村情况也是如此。不但湖南如此，与广东相邻的江西、广西，上至京广沿线的河南、湖北，旁及远离广东的四川、重庆都是如此。

二、广东省外省流入劳动力及流动人口估计

耒阳市的人口流出也从侧面证实了广东2004年末外省流入人口超过

4200万人的真实性。根据2005年广东省1%人口抽样调查中外省流入人口所占比重，重新推算流入广东的外省流入人口表明，2005年外省流入广东的人口达到历史最高点，其中劳动力人数高达4132万人，占总流入人口的91.74%。外省来粤人口中，湖南居第1位，流入960万人（流入劳动力881万人），占入粤总数的21.31%，即每5个入粤人口中，有1个是湖南人；广西占第2位，流入667万人（流入劳动力612万人），占入粤总数的14.81%；四川占第3位，流入599万人（流入劳动力550万人），占入粤总数的13.31%；湖北占第4位，流入469万人（流入劳动力430万人），占入粤总数的10.40%；江西占第5位，流入379万人（流入劳动力348万人），占入粤总数的8.42%；河南占第6位，流入372万人（流入劳动力341万人），占入粤总数的8.26%；重庆占第7位，流入230万人（流入劳动力211万人），占入粤总数的5.10%；贵州占第8位，流入193万人（流入劳动力177万人），占入粤总数的4.28%。排名前十位的省份占入粤总人数的90.47%，全部为人口流出大省或与广东相邻的省份（见图2-27）。

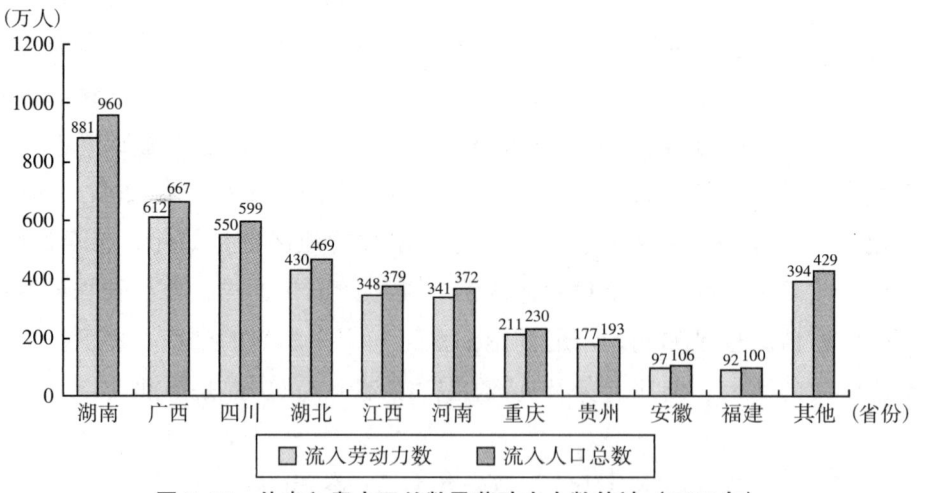

图2-27　外省入粤人口总数及劳动力人数估计（2005年）

在前面我们推算2005年湖南农村流出省外的农村劳动力有978万人，

而上述推算流向广东的劳动力有881万人,即90.08%的湖南跨省流动劳动力流向广东,与耒阳市的情况也非常相似。从湖北的情况来看,前面推算2005年湖北农村流向省外的劳动力有628万人,而上述推算流向广东的劳动力有430万人,即68.47%的湖北跨省流出农村劳动力流向了广东省。从河南的情况来看,2005年仅河南信阳市就有45万人在广东珠三角,而信阳户籍总人口不到河南全省户籍总人口的1/10,即使排除信阳在京广线且位置靠南,2005年河南流向广东的有341万人也是非常可信的。从川渝两地情况来看,两地户籍人口比与两地流向广东人口的流量比都是2.6;前面推算2005年四川有1041万跨省流出劳动力,与图2-27推算的550万来粤劳动力相比,表明52.8%的跨省流出劳动力流向了广东省。

20世纪90年代,外省入粤打工的劳动力人数猛增,1995年达到阶段性的高位,遭遇1997年亚洲金融危机及香港回归的影响而一度下滑,随之而来的是国企改革、乡镇企业遭遇困难等因素影响,外省入粤人数一度徘徊不前,随后因加入WTO推动人口快速流入,至2005年前后外省入粤人口达到4500万人的顶峰。依据周晓津(2011)的方法估计广东外省流入人口如图2-28所示。1997年外省入粤总人数为1960万人,到2000年

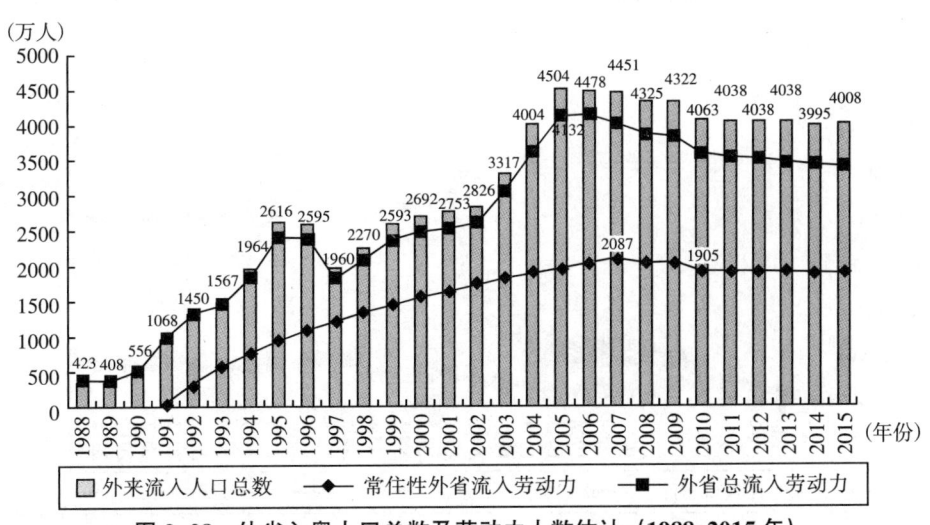

图2-28 外省入粤人口总数及劳动力人数估计(1988~2015年)

上升到2692万人，到2005年高达4504万人，自此以后逐年下降。而2003年的民工荒仅是青壮年民工荒，大量农村40岁以上的劳动力流出，但很快也就枯竭了。从广东官方的数据来看，其对外公布的一直是办理了暂住证的外来人口，而管理的实际人口是暂住登记人口的3倍甚至更多。后来虽然改为居住证，但2010年以前依旧是持证人数少于实际流入人口数。

以东莞为例（见图2-29），该市外来人口自20世纪90年代以来飞速增长。至1997年，全市登记的144.68万外来暂住人口中，来自外省的有113万人；2001年，登记的暂住人口有457.8万人，其中来自外省的达到382.68万人；2005年，登记暂住人口585万人，外省人口475万人。比较外来暂住人口、外来劳动力和外省人口发现，一是东莞的外来人口几乎等于外来劳动力，二是外省人口几乎等于工业从业人口。因此可以断定，所谓东莞的外来人口，仅是指规模以上制造企业中的劳动力人口。另外，暂住登记仅是指在当地公安部门领了暂住证的人口，实际上还有2倍左右的未领证人口。以东莞长安镇为例，2003年笔者在东莞筹建康华医院时，调研长安镇13个村级区域2002年汇总的工厂打工者人数就已超过了72万人，况且此数仅是办理了外来暂住登记的人口，实际人口估计值应不少于150万人。自2005年之后，东莞的外来人口呈现持续下降状态，这也

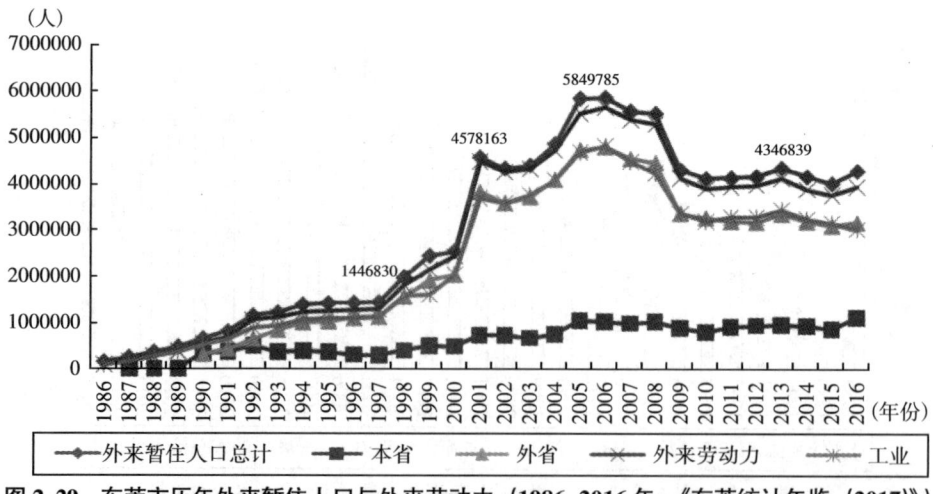

图2-29 东莞市历年外来暂住人口与外来劳动力（1986~2016年，《东莞统计年鉴（2017）》）

是企业招工困难的主要原因。2008年因全球金融危机，东莞外来人口减少了122.54万人。值得注意的是，虽然东莞的外来流入人口总量与实际人口严重不符，但其对外公布的外来人口数量及其结构对人口学专业研究几乎没有影响。

与2009年外来人口减少相对应，2009年东莞移动电话充值卡用户数量也比2008年减少91.76万户。由于充值卡非常方便开通和停用，因此极受外来务工人员欢迎，而其用户数变动恰恰可以对应外来人口的变动，且到2008年时，外来劳动力人口几乎人手一机。由于手机用户存在自然增长率，因此充值卡用户较小数量的变动对应的外来人口变动会更大。深圳的情况与东莞基本相同，所不同的是2006年之后深圳对外来人口改发居住证，至2012年全市为外来人口办理居住证超过1600万张。由于深圳、东莞两地拥有本地户籍的人口都远少于外来人口，除了深圳产业结构稍微高端一些以外，其他与东莞都十分相似，因此两市适用相同的方法来估计人口。比较发现，2007~2010年，深莞两地的移动用户数几乎没有什么增长（见图2-30），因此可以断定，在滤去手机用户的自然增长之后，深莞两市的人口在这一段时间之内应为负增长，即表现为如图2-29所示的东

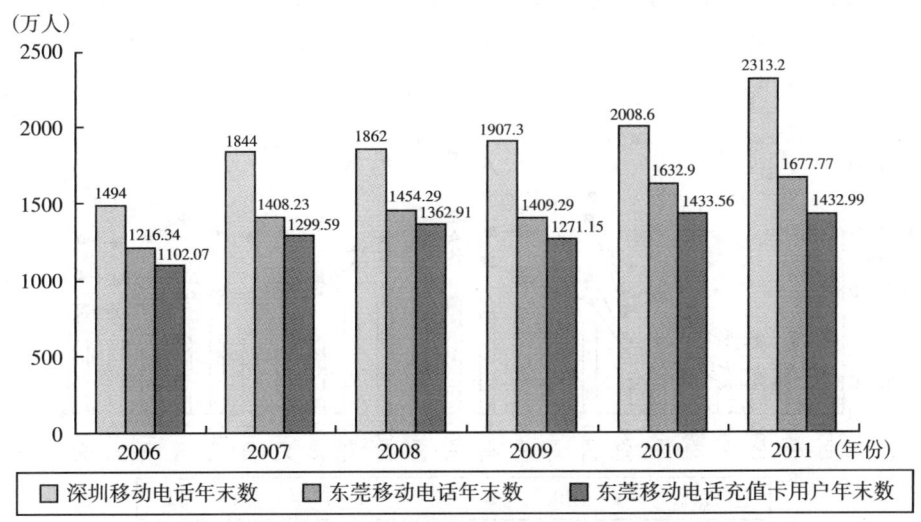

图2-30 东莞、深圳移动电话年末数（2006~2011年）

莞外来人口的变动状况：外来人口在2005年前后达到高峰，然后大量外来人口流失，特别是2008年外来人口流失最快。图2-29中，2015年东莞的外来人口比2006年高峰时减少了185.94万人，而实际外来人口减少数应是该数据的3倍左右，即2006年以来东莞外来人口减少了550万人左右，昔日到处是外地人的东莞已经大为冷清，厂房和大量农民建的出租屋空置。

由于东莞实际的外来人口占全省的1/3左右，因此，东莞外省流入人口的变化也基本上可以反映出广东省的人口变化。由图2-31可以看出，湖南、湖北、江西流入广东的人口自2003年以来几乎变动一致，而四川自2001年至2004年几乎没有太大的变化，且2004年之后四川人占广东外来人口的比重持续下降，2011年之后，四川被广西取代。2005年广东省1%人口抽样调查显示，广西超越四川成为广东第二大流入人口来源地。需要说明的是，东莞人口可能在2001年就已经超过千万了，这一数据虽然连人口学者也不相信，但是东莞市政府内部是比较清楚的，东莞市长2007年在北京参加两会时亲自透露东莞有近1400万常住人口，加上那些没有纳入常住人口的外来流动人口，2006年东莞总人口应在1600万人以上。2003年筹建东莞康华医院时实地调研发现，107国道沿线的长安、虎

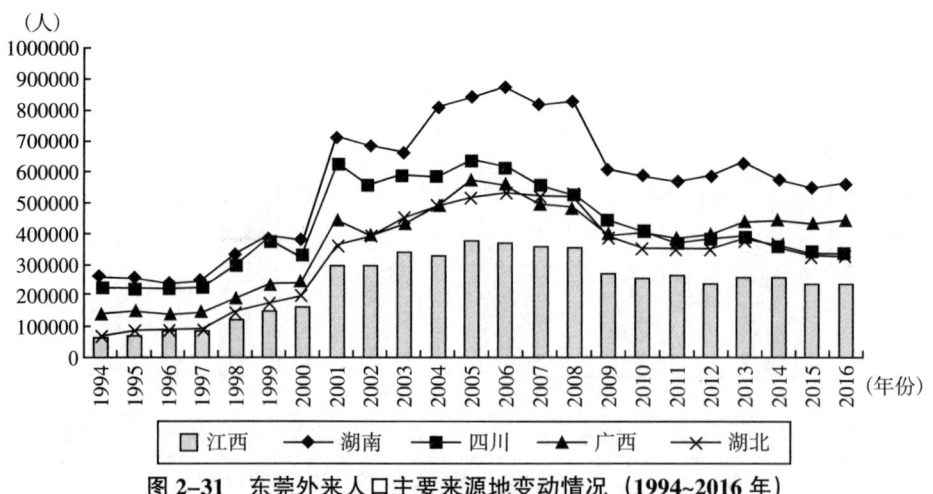

图2-31　东莞外来人口主要来源地变动情况（1994~2016年）

门很多村在工厂打工的外来人口甚至超过 20 万人。至于为何地方政府不向外部提供真实的人口数据，显然对地方政府而言，为了向上级政府少缴各类税费收入，是最优的选择；对人口直接管理单位而言，外来流动人口不办证所带来的罚没灰色收入可以直接据为己有。若办证之后，罚没收入来源会大大减少且极不方便收取。另外，外来劳动力一般只想挣取现钱回家，而流入地则担心外来人口来了之后不走会带来很多管理上的麻烦和直接的经济负担，因此在相当长的一段时间内，少报外来人口对各相关方来说都是最优的选择。

在没有任何直接数据的条件下，以东莞外省流入人口为参照，并考虑到办理暂住证与不办证外来人口的倍数关系，可以粗略地推算出不同年份外省流入广东的人口数量。由于广东吸引外省人口的主要动力源于其出口加工及相关产业链人口，因此若知道东莞历年进出口占广东省的比重，就可以利用比例法推算广东同期外省流入人口的数量。其步骤为：首先计算东莞进出口占广东同期进出口的比重，其次将历年东莞外省劳动力人口除以该比重，最后将所得值乘以 1.5 即得到广东历年外省流入人口数量。从前面的分析可知，取得暂住登记的人口只占实际外来人口的 1/3，即实际外来流入人口是取得暂住证的外来流入人口的 3 倍，而计算进出口时已经乘了 2 倍，故第三步计算时只需要乘以 1.5 即可。

以东莞为参照的广东省历年外省流入劳动力情况如图 2-32 所示。与前面估计结果有一定的出入，原因是此次估计是以劳动力为基数，特别是以东莞的工业劳动力为参照。结果显示，外省流入广东的人口变动是非常大的，如 1995 年比 1994 年大幅减少 622 万人，而 2001 年比 2000 年猛增 1314 万人，这种可能性是完全存在的，原因如下：一是 2000 年"五普"时很多外出农民工会暂时回家，因此登记时可能会漏登；二是 1998 年以来各级政府为保证下岗职工再就业，对农民工有所压制或遣返，而在 2001 年中国加入 WTO 的推动下，广东吸引的外资和内资猛增，因此可能导致农民工蜂拥而至；三是人口有可能会在某一段时间内过度流入，由此会导致较高的失业率，从而在下一年减少流入。还有一种可能是由东莞当年暂住证登记出现突然急增所致，因此取前后年度的均值比较保险，即2001年广东外省流入人口2159万人比较可靠。2010年，广东外省流入劳动力人口下降到3178万人，比2006年的高峰期减少1336万人，2015年更是下降到只有2836万人。

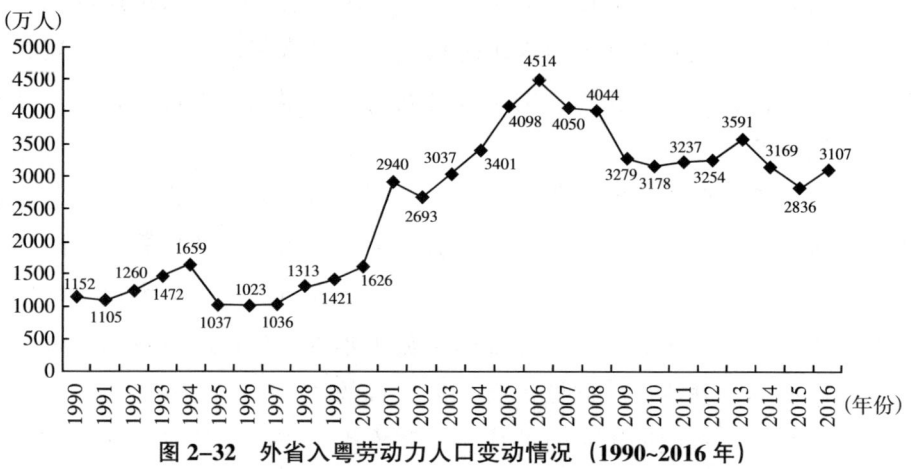

图2-32 外省入粤劳动力人口变动情况（1990~2016年）

三、浙江及几个劳动力输出大省的人口流动

在另一个出口大省浙江，2006年出口了1009亿美元的商品，而同期广东的出口高达3019.48亿美元，是浙江的2.99倍。与此相对应，2006年浙江全省登记的暂住人口达1545.3万人。而叶菊英（2010）引自浙江省公安厅的数据显示，2006年浙江外来暂住人口为1460万人。将广东省历年外省流入人口数据与叶菊英（2010）中有关上海、浙江和江苏的外来流入人口数据合成图2-33。2009年浙江省卫计委全员流动人口统计数据显示，全省2006万流动人口中，省外流入1518万人。比较2006年和2009年的数据，表明浙江的外省流入人口基本上也没有多少增加，但单从官方数据来看，无论是广东还是浙江，外来人口都呈现稳步增长的态势。由此看来，不仅是广东自2006年以来外省流入人口趋于减少，浙江的情况也一样，上海的情形也大致相同。因此，中国大陆跨省人口流动的转折点，并

非如国家统计局统计显示的全国流动人口在2014年才达到最高点,而是在2006年左右。在经历大规模人口流入之后,广东自2009年以来外省流入人口基本稳定在3000万左右的水平。1990年,广东出口金额是浙江的10.15倍,此后便逐年下降,但2000年广东的出口金额仍旧是全国排第二的浙江出口金额的4.73倍,到2010年广东的出口金额只有浙江的2.51倍,而到了2016年这一数据更是下降到2.25倍。广东出口的削弱与外来劳动力转移至长三角和内地有很大的直接关系,如2002年就有数以万计的原来在广东打工的熟练劳动力转移到上海松江。粤浙沪苏四大人口流入地外省流入人口数量如图2-33所示。

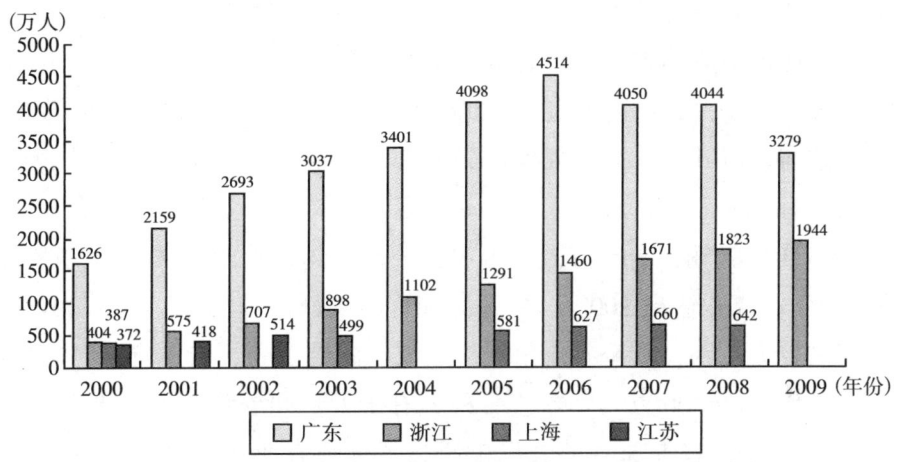

图2-33 粤浙沪苏省外流入人口变动情况(2000~2009年)

来自江西省统计局的调查资料表明,同为广东人口流入来源地之一的江西,2005年全省外出务工的农村劳动力达649万人,创造了300多亿元的纯收入(万兆泉,2007)。江西、湖南都邻近广东且都是农业大省,乡村人口占比都比较高,因此江西与湖南两省都有大量农村劳动力流向广东。前面我们估计湖南2005年出省劳动力为978万人,同期湖南户籍人口为6732万人,江西户籍人口为4311万人,以湖南为参照利用线性插值法推算2005年江西出省劳动力为626万人,略小于江西省统计局调查推算的649万人。究其原因,湖南有长株潭城市群而使得其城镇化水平稍微领先江西,因此以湖南为参照计算江西流出省外的人口时会略低于实际值。若以江西为参照,则2005年湖南流出省外的劳动力为1013万人,该值可视为湖南流出人口的上限值。

广西的情况与湖南、江西也大致相似。有调查文献表明,广西农村劳动力流出率也非常高。例如,广西农村流出劳动力来源地之一的百色市,2006年有流动劳动力40万~50万人,占全市农村总劳动力的22.3%,其中田阳县流出8万农村劳动力,占全县农村劳动力总数的27.9%;另一劳动力流出大市河池市,农村流动劳动力高达70万人,占全市农村总劳动力的37.1%,其中罗城自治县流出5.2万农村劳动力,占全县农村劳动力总数的30%(鲁奇等,2007)。2006年广西农村有2212万适龄劳动力,加上部分城镇流出劳动力,其跨省流出规模应在660万人以上。

在农村人口占比更高的贵州,虽然少数民族占比高于同在沪昆沿线的江西、湖南,但其人口流出规模及流出比率相差不大。例如,贵州毕节地区总人口有728万人,农业人口约676万人,其中农村劳动力约有376万人,2005年劳务输出119万人,占农村劳动力总人数的31.65%(李权等,2007)。全省劳务输出800万人,占同期全省农村劳动力的40%。由于贵州比湖南更为贫困,其跨省流出比例应该比湖南更高,因此贵州跨省流出农村劳动力应在500万人左右。另外,有千万贵州农民工勇闯劳务市场,这表明贵州农村有近50%的农民工脱离了传统农业的束缚。从数量上来看,千万贵州农民工应是指全省农村劳动力非农就业人数,而800万劳务输出则是指跨乡镇流动农民工数量,而毕节市的119万输出劳动力则是流出毕节市的数量,属于跨地级市流动。因此大致可以断定贵州有1000万非农就业农村劳动力,800万人跨乡镇流动,600万人跨地级市流动,近500万人流出省外。

在四川,德阳地区只有51.2万人口的绵竹市,却转移和输出了13.8万人,占全市劳动力总数的41.5%(蒋天绪,2005);在巴中市南江县有28万农村劳动力,外出务工的有20万人,占全县农村劳动力总数的71.4%(张长云,2007),青壮年劳动力几乎是全数流出,剩下的全部是

50 岁以上的劳动力，农村已经很难找出青壮年劳动力了。在重庆市潼南县，全县劳动力有 45.6 万人，2005 年在外打工的有 21.3 万人，占全县劳动力总数的 46.7%（何洪华，2007）。来自重庆市劳务办的数据显示，1997 年以来全市农村转移劳动力数量逐年上升，到 2006 年已经上升到 672.8 万人，占全市农村劳动力总数的 51%（周勇，2008）。根据固定比例推算的跨市流动农村劳动力数量如图 2-34 所示。2006 年重庆市统计局 1% 的人口抽样调查显示，40.4% 的跨市流动人口流向了广东省，即重庆流向广东的劳动力至少在 200 万人以上，与我们前面的估计无论是在总量上还是在占比上都高度一致。

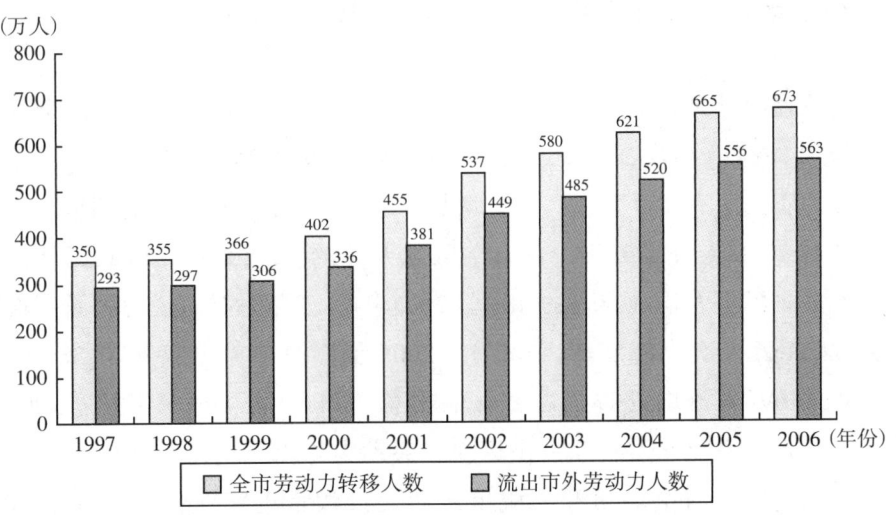

图 2-34　重庆农村劳动力流动规模（1997~2006 年）

在陕西，2001 年全省外出 6 个月以上的农村劳动力为 423.12 万人，占全省农村劳动力总数的 23.4%；截至 2001 年底，宝鸡市外出务工人员有 24.58 万人；截至 2002 年底，咸阳市外出务工人员有 64.5 万人，占全市总人口的 13.39%；截至 2004 年 12 月，省会西安外出务工人数为 48.1 万人；2006 年全省农村流动劳动力有 521.7 万人，劳务输出 432 万人，省内流动 214.5 万人，省外流动 307.2 万人，外省来陕就业人数达 100 万人（田富强，2007）。2002 年咸阳有 385.67 万农业人口，占全省农业人口的

13.79%，依此推算 2002 年全省农村流出劳动力为 467.61 万人。由此可知，陕西农村流出劳动力口径仅为流出 6 个月以上的人口，季节性流出并没有计算在内。2002 年陕西户籍总人口有 3674 万人，农村流出劳动力人数占全省总人口的 12.73%，若将流出半年以内的人口计算在内，其农村劳动力跨省流动率与湖南也不相上下。在甘肃，2006 年全省共输转城乡劳动力达 535.5 万人次，劳务收入 151.2 亿元（任家宽，2007）。2007 年上半年输出 463.51 万人次，创劳务收入 110.59 亿元。这表明甘肃劳务输出已经进入平稳通道。

四、2006~2008 年全国农村流出劳动力

在新疆喀什地区，2006 年全区转移农村劳动力 56 万人次，占全区总人口的 15.16%（马戎，2007）。而据铁路运输部门估计，2006 年外省来新疆采棉的农民工有 130 万人，同比增加 10 万人。在宁夏回族自治区，2006 年全区有 77 万人外出务工，占自治区总人口的 12.75%；山区农民外出务工收入占农民年人均纯收入的 40%。2005 年，宁夏南部山区的固原市输出劳务 62.71 万人次（魏淑清，2007）；2006 年固原市输出劳务 23.38 万人，其中 11.39 万人流向外省，占劳务输出总人口的 48.72%（王婷，2007）。从务工收入的占比来看，宁夏山区农村劳动力外出比例已经高达 40%。

与此同时，省会城市和大城市流动人口数量迅速增长。如截至 2006 年底，南京市流动人口累计登记数已达 247 万人；宁波市登记的外来流动人口达 331 万人，其中居住六个月及以上的超过七成。虽然北京为迎接奥运会而进行严厉的人口控制，但依然有 500 多万流动人口在北京生活。在中部省会城市郑州，流动人口数量已经超越百万规模，而且该数字还会不断更新。值得注意的是，各地报纸所报道的流动人口数据并没有确切的来源或推算方法，且各种流动人口数据的统计口径也不一致，因此在使用时需要仔细推敲。2007 年中国知网发布的具有较大规模的农民工外出流动或地区流动人口情况如图 2-35 所示。

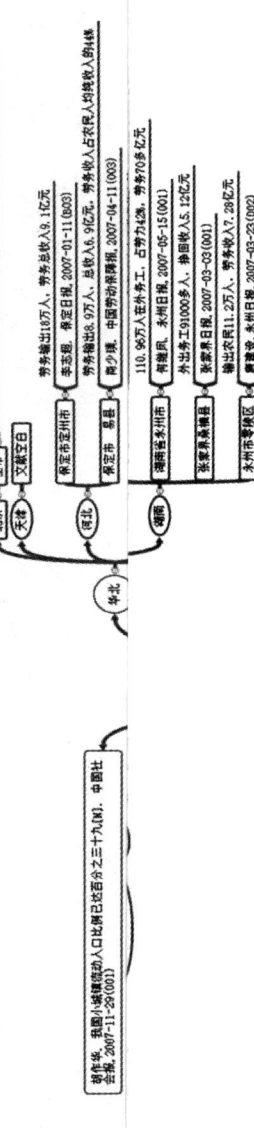

图 2-35 中国大陆省区市 2006~2007 年劳动力流动态势（中国知网，2007 年报刊及杂志）

第二章 基于调查文献的人口流动流量、流向研究

总体来看，2007年各地报纸报道的流动人口或外出务工人数与2006年相比已经没有多大的增长，有些地方甚至出现下降，这也与我们前面的判断相符合，即农村可供流出劳动力基本上已经枯竭，南方人口流出大省跨省流出规模基本维持稳态，流出人口在流入目的地沉淀比例增加，且伴随一定数量的非劳动力人口流入，而北方各省仍旧存在较大数量的季节性流动。无论是去南方还是北方，农村空村化趋势明显，农村人口向县城聚集、县城人口向省会聚集的态势明显，而地级市人口的吸引能力相对较弱。农村从事一产的劳动力占全部劳动力的比重迅速下降，若将非适龄劳动力剔除，那么各行政区域农业从业人员占全部从业人口的比重与第一产业占全部GDP的比重基本相等。

在农村可供流出劳动力枯竭之后，学术期刊上专门探讨有关农村劳动力输出转移的文献日渐稀少，但各地报刊依旧有某地输出了多少劳务人员的报道（见图2-36）。比较不同年份所报道的数据可以发现，劳务输出数量基本上保持平稳甚至有下降的趋势。以河南开封为例：2007年上半年劳务输出91.7万人，2009年前8个月劳务输出只有75.5万人，2010年前10个月输出85.8万人，2011年前8个月只有84万人次。据报道，2007年河南省向省外劳务输出1200万人，其中东部地区720万人，中部地区298万人，西部地区185万人。该数据是可以接受的，例如，周口市就有258万劳务大军，驻马店输转农村劳动力201.33万人，郑州市区流动人口达233万人。

在东北，黑龙江齐齐哈尔市和绥化市外出农民工都已经达到百万以上，佳木斯市有35万农转大军，大庆市2007年前10个月累计输出转移20.55万人。吉林省会长春市2008年输出劳动力上百万人次。辽宁省会沈阳下属县级市新民市转移农村劳动力也有10.6万人；朝阳市2008年前3个季度劳务输出44.2万人。同处东北地带的内蒙古通辽市2009年劳务输出69.2万人，与前几年相比基本保持稳定；内蒙古劳务输出大市赤峰市连续五年突破百万。

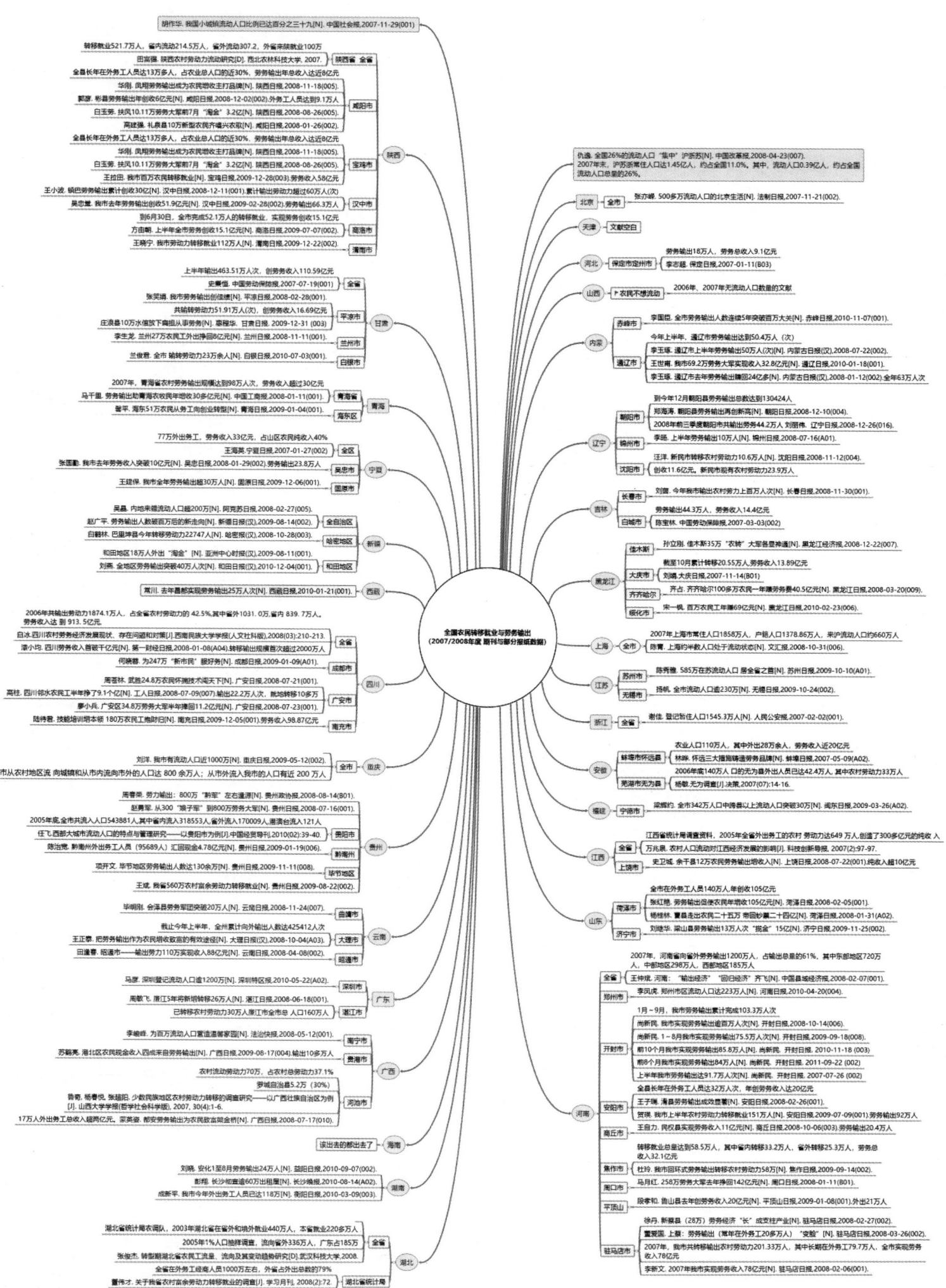

图 2-36 中国大陆省区市 2007~2010 年劳动力流动态势（中国知网，重要报刊及杂志数据）

在大西南，南充 180 万农民工依靠技能培训提升打工竞争力[①]。四川农民工成规模地回流可追溯到 2001 年，成都、重庆成为川渝农民工回流的首选地，成都在 2008 年就有 247 万"新市民"。重庆全市则有近 1000 万流动人口，其中由农村流向城镇、由市内流向市外的有 800 万人，由重庆市外流入的人口也有近 200 万人；2009 年末，重庆市累计转移输出劳动力 814.7 万人（蒲艳萍和刘婧，2010）。贵州毕节劳务输出 130 余万人，全省劳务输出突破 800 万人。在劳务输出起步较晚的云南省，昭通市劳务输出 110 万人，大理州 2008 年上半年累计输出劳务 42.5 万人，曲靖市会泽县外出劳务 20 万人。

在大西北，陕西省宝鸡市有百万农民转移就业，汉中市的劳务输出为 66.3 万人，商洛市 2009 年上半年有 52.1 万人转移就业，渭南市农村劳动力转移就业 112 万人。2007 年，青海省农村劳务输出规模达到 98 万人次；海东区有 51 万农民工开始创业转型。宁夏固原市劳务输出超 30 万人，与前几年相差不大。在新疆，全省劳务输出超百万，还吸引了内地 200 多万人口流入。劳务输出规模较小的西藏，占全区 1/4 人口的昌都地区 2009 年实现了 25 万人次劳务输出。

从中国知网"劳务输出"关键词检索结果来看（见图 2-37），中国农村劳动力枯竭的转折点也是在 2006 年前后。在 20 世纪 80 年代，农民最初在承包土地上为温饱而奋斗，然后是浙江人走南闯北，接着是四川人组团外出；乡镇企业的迅猛发展为刚从土地解放出来的农村劳动力提供了广阔的天地。20 世纪 90 年代沿海开放吸引了大量的年轻农村女性劳动力到工厂打工，1997 年前后劳务输出规模一度徘徊不前。21 世纪初中国加入 WTO，各省竞相发展，农村大龄劳动力也陆续流出，到 2006 年前后农村可流出劳动力已经达到极限。

[①] 陆待君：《技能培训增本领　180 万农民工抱财归》，《南充日报》2009 年 12 月 5 日第 1 版。180 万农民工劳务收入 98.87 亿元，人均 5000 多元，应指汇款金额。

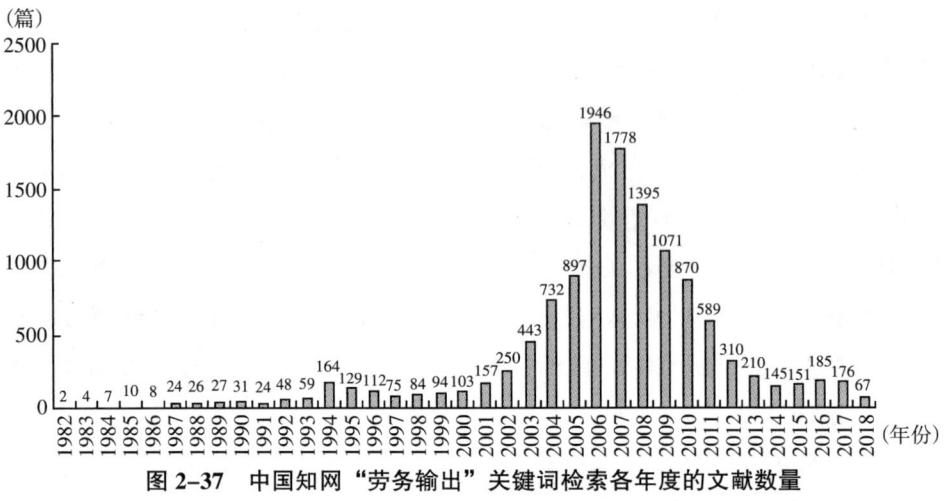
图2-37 中国知网"劳务输出"关键词检索各年度的文献数量

第五节 2010年以来的跨省人口流动文献综述

截至2010年,全国农村可供流出或有较强劳动意愿的劳动力基本上完全枯竭。例如,新疆南部的三地州,2012年农村人口占总人口的72.3%,其中95%是维吾尔族。疏勒县在2008年左右劳务输出增量基本上为零;伽师县有38万人口,到2010年底共转移了37万人次的农村劳动力(周梦蝶,2005)。在内地省会城市,人口流入迅速增加。例如,2014年末,武汉登记的流动人口就有298万人;全省登记的流入人口从2010年的386万人上升到2014年的469万人;全省登记的流动人口总数为1127万人,而实际的数量只会更多。在人口流出大省河南省,2010年信阳市846万户籍人口中,净流出235万人,而与信阳同处河南东南及南部的南阳、商丘、周口、驻马店,其与信阳的流出率基本相同,因此仅此五市的净流出人口就达1290万人,全省仅跨地级市流动的人口就在2000万人左右。

第二章 基于调查文献的人口流动流量、流向研究

一、贵州人口流动数据之谜

贵州的人口数据容易使人迷惑。首先,《贵州统计年鉴》(2016) 的数据显示,2006~2010 年,贵州的常住人口每年减少 50 万人左右,与 2006 年以来农村外出人口放缓的事实严重脱节。因此这种统计数据上的人口增长,仅仅是根据人口普查对前面年度的数据进行调整,而不能表明贵州常住人口的真实减少,事实上这种常住人口的减少早在 2006 年之前就以流出省外的形式存在了。其次,2010 年贵州的户籍人口比上一年增加了 98 万人,增长率高达 2.4%,对于只有 4000 多万户籍的贵州来说是不可能的,这也是一种事后调整。最后,户籍人口减去常住人口之后的差额明显有问题,2005 年以前是负值,在外省回流的情况下却由 2010 年以来的 710 万人增长到 2015 年的 865.83 万人,显然不符合常理。

根据 2005 年进行的 1% 人口抽样调查资料显示,贵州省户籍人口中,外出半年以上的人口总数高达 890 万人,其中 630 万人流出省外。来自泛珠三角九省区流动人口计划生育区域联席研讨会的数据显示,2009 年贵州籍流动人口达 600 多万人,其中在省内地、州、市流动的人口数占到流动人口总数的 1/4 左右,3/4 流往省外,主要流向广东、浙江、福建等地。按计生部门的统计口径推算,2009 年贵州跨省流出人口只有 480 多万人,而 2005 年贵州省统计局 1% 人口抽样调查则显示流出省外半年以上的人口就有 630 万人,那么流出总数应在 700 万人以上。

贵州人口省际流动规模最准确的数据当属全国第六次人口普查。此次普查结果表明,2010 年贵州流动人口总量达到 1181 万人,占全省常住半年以上人口的 34%,占同期户籍人口的 28.4%。其中流出省外的有 718 万人,外省流入 76.3 万人;净流出人口 710 万人(户籍人口减去常住半年

以上人口)①。浙江和广东是贵州人口的主要流向地，两省共流入491.7万人，占全省流出比重达68.49%；浙粤闽滇苏五省共流入620.4万贵州人，占86.42%，流向目的地集中程度极高。贵州省卫计委的数据显示，2011年末，贵州省流向省外的流动人口数量为549万人，2012年末上升到557万人，到2013年末减少为553万人。2014年呈现增长趋势，达到581万人。截至2015年6月末，贵州省跨省流出人口为580万人，其中浙江省和广东省成为主要流入地，两省吸纳贵州籍的流动人口分别为232万人和171万人，占全部跨省流出人口的69.48%。紧随其后的是福建、云南、江苏三个省份，分别吸纳60万人、30万人和22万人。

人口普查数据与贵州省卫计委的数据依旧有明显的差别，造成差别的原因有两个：一是统计范围不同，人口普查包括所有流动人口，而省卫计委统计的主要是农村劳动力流出人口，因此普查数据大于卫计委的数据；二是采样不同，省卫计委与国家卫计委在贵州的采样基本相同，只有一万多个样本。2005年贵州就有630万省外流动人口，到2010年"六普"时有718万省外流动人口，这种增长符合贵州经济的增长规律。2003~2010年，贵州每年都维持在两位数以上的增长水平，这段时期贵州流动人口的增长趋势应是省内流动快速增长，而省外流动增长放缓；2010年之后全国特别是东部沿海经济发达省市经济增长放慢，同期贵州增长较快，加之农村劳动力自2008年金融危机以来枯竭，省外流动人口大致保持在2010年"六普"时期的同等规模并略有下降。

值得注意的是，浙粤两省2010年全国第六次人口普查时由贵州流入的人口分别为149.922万人和95.774万人，分别占浙粤省外流入人口总数的12.68%和4.46%。以贵州流向浙粤两省的数量反向推算，浙粤两省省外流入人口总数分别应为1978.8万和5404.9万，分别为浙粤两省同期公布的省外流入半年以上人口总数的167.35%和251.42%。鉴于数据严重不

---

① 净流出人口应为641.7万人，即省外流动人口减去外省流入人口，与官方相差68.3万人，这是官方数据值得商榷之处。

一致，国家在汇总 2010 年全国第六次人口普查时做了较大的调整，将贵州省外流出半年以上人口统计为 404.8 万人。由此看来，2010 年贵州流出省外的总人口是 718 万人还是可以接受的，其中 404.8 万外出半年以上的人口也是可以接受的。2010 年广东外省流入人口为 4000 万人左右，其中贵州占 6%，即 240 万人；同期贵州 718 万跨省流出人口中，33.54% 流向广东省，即 240.8 万人，两者数据才相吻合。

二、"六普"之后人口流出大省概况

郭晓英（2011）和钟世川（2011）同时引用了重庆直辖以来的流动人口数据。结果表明，2006 年以来重庆流出市外人口基本上保持稳定，而市内流动人口则呈现出稳定增加的情况，市外流入人口在 2009 年为 96.33 万人（见图 2-38）。前文的市外流入 200 万人口是完全可以接受的，而官方统计推算的 96.33 万人口应为流入的劳动力人口，因此两位学者采用的数据实际上都是指流动劳动力而非总人口数据。与重庆市劳务办提供的数据相比，他们的数据大约相差 50 万人至 100 万人。原因是劳务办的数据

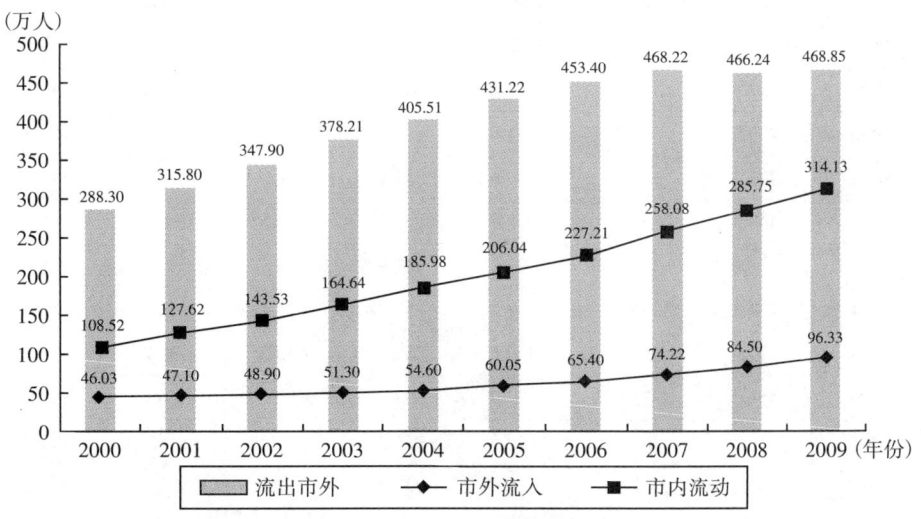

图 2-38　重庆直辖以来历年人口流动情况（2000~2009 年）

可能将只要是外出的农村劳动力就都被计算在内，而有些农村外出劳动力则是在本市内流动；另外，两位作者引用的数据则更多可能是常年性外出人员，且随着年份的增长，越来越多的外出人口被纳入统计口径，而这些新增流出人口在被统计以前实际上已经流出。除了农村务工性流出，还有一部分城镇地区的经商性人口流出。值得注意的是，各种数据的差异并非一种误差，而是统计口径的差异、季节性流动以及常年性流动差异共同作用的结果。

在前述的文献回顾中，很少发现贵州有大量人口流出省外的报道，但在川渝湘等周边省份的带动和刺激下，特别是中国加入WTO之后对劳动力的需求猛增，贵州省的人口流出也迅速增加。由于贵州相对周边省份而言更为贫困，因此人口跨省流出率要普遍高于周边各省。利用线性插值法估计的川渝黔三省市人口与劳动力跨省流动情况如表2-11所示。川渝在

表2-11 川渝黔人口与劳动力跨省流量估计（1997~2009年）

年份	重庆跨省劳动力流动（万人）		四川跨省劳动力流动（万人）		贵州跨省人口流动（万人）		
	总流出	常年性流出	总流出	常年性流出	人口总流出	劳动力总数	常年流出劳动力
1997	351.6	288.3	848.3	695.6	267.8	229.2	143.6
1998	367.6	301.4	886.9	727.2	274.3	234.8	147.1
1999	427.2	350.3	1030.6	845.1	274.0	234.5	146.9
2000	435.9	357.4	1051.6	862.3	291.4	249.4	156.3
2001	427.2	350.3	1030.6	845.1	278.9	238.7	149.6
2002	438.9	359.4	1058.9	868.3	350.5	300.0	188.0
2003	448.8	368.0	1082.8	887.9	445.5	381.3	238.9
2004	434.1	356.0	1047.4	858.9	540.5	462.6	289.9
2005	431.3	353.7	1040.6	853.3	630.0	539.2	337.8
2006	453.4	371.8	1093.9	897.0	662.2	566.7	355.1
2007	468.2	383.9	1129.6	926.3	683.9	585.3	366.7
2008	466.2	382.3	1124.9	922.4	681.0	582.8	365.2
2009	468.9	384.5	1131.2	927.5	684.8	586.1	367.2

2000年前后实际跨省流出量已经接近最高值，而贵州在2006年前后跨省流出短短几年内就达到顶峰。2008年三个省级行政区域的跨省流出都有不同程度的减少，这与2008年全球金融危机的事实相符合。

2010年"六普"数据显示，重庆常年性流出市外人口仅350.69万人，市外流入人口94.52万人。从表2-11中的常年性流出可以看出，普查年份外出人口回归确实会导致比前一年外出人口减少的现象。依据线性序列趋势法推断，2010年重庆外出人口总量为982.36万人，其中流出市外的有536.5万人，即2010年重庆"六普"流出市外人口中有186万人实际已经流出但仍旧被登记为本地常住人口，国内其他人口流出大省都普遍存在这种现象。而市外流入人口也只将流入常住性的劳动力人口计算在内，如2015年的实际流入量应已经突破300万人。而一直以来与重庆平分秋色的成都市，2016年已经有500多万流动人口，从卫星影像图来看，成都主城区总人口也超过重庆。比较表2-12和表2-11可以发现，流出市外人口发生严重的断层现象，主要原因是2010年"六普"之前的流出市人口数据仅将劳动力计算在内，而2010年之后又将部分非劳动力人口也计算在内，如按2010年"六普"时的口径计算，2007年重庆流出市外半年以上人口是383.9万人，2009年是384.5万人。

表2-12 "六普"以来重庆人口流动情况（2010~2015年）

年份	户籍人口（万人）	外出人口（万人）	占户籍人口比重（%）	流出市外（万人）	市内流动（万人）	市内流动比重（%）	市外流入（万人）
2010	3303.45	982.36	29.74	536.5	445.8	45.38	108.7
2011	3329.81	1004.52	30.17	528.6	476.0	47.38	121.0
2012	3343.44	1019.56	30.49	533.9	485.6	47.63	135.5
2013	3358.42	1043.13	31.06	532.0	511.2	49.00	143.6
2014	3375.20	1069.69	31.69	530.1	539.6	50.45	146.3
2015	3371.84	1069.43	31.72	505.5	563.9	52.73	150.2

资料来源：王天霞：《重庆人口空间分布及趋势性研究》，重庆工商大学硕士学位论文，2016年。

基于大数据的人口流动流量、流向新变化研究

2010年第六次人口普查数据显示，四川省总流出人口为2111万人，其中跨省流出1051万人，加上省外流入的113万人，全省流动人口总数为1173万人。在前面的文献分析中，没有证据表明四川的人口流出率低于重庆，两者人口大县的农村劳动力外出率大致相等。由此说明四川的流出人口统计可能仅仅统计农村流出劳动力的情况，或者在本县区域内流动的人口并没有被纳入统计。以重庆为参照，2010年四川省流出人口总数在2560万~2663万人，其中流向省外人口在1274.59万~1325.84万人，与2005年前后四川实际流出人口的数量大致相等。在外省人口流入方面，成都甚至比重庆更多一些，即约有一半的省外流入并没有纳入统计。

据《河南省第二次农业普查主要数据公报（第五号）》公布的全省农村劳动力资源与就业情况调查数据测算，2006年末，全省农村劳动力资源总量为4605万人，农村从业人员有4117万人，占农村劳动力资源总量的89.4%。其中，在第一产业就业的占76.3%，在第二产业就业的占11.9%，在第三产业就业的占11.8%。同时数据显示，农村外出从业劳动力有1148万人。因此，河南省第二次农业普查很可能没有将举家外出的人口计算在内。河南省人力资源和社会保障厅公布的数据显示，到2008年底，全省农村劳动力转移就业总量达2155万人，稳居全国首位，比2007年增加181万人，其中省外输出1200多万人，省内转移945万人，境外就业（含外派劳务）9万多人。到2010年上半年，农村劳动力转移就业总量达2341万余人，其中省内转移就业人数达1140万人，第一次高于1000万人，转移就业农民工人数比2009年底增加了164万人，省外转移就业人数比2009年底减少了81万人。2012年上半年河南省省外输出1119万人，从省外回流71万人，返乡农民工占省外就业人数的6%，比上年同期的35万人增加了36万人。

河南省统计局公布的"十二五"时期（2011~2015年）河南人口发展报告显示，2010年跨省外出人口占全部外出人口的比重是52.5%。由于农民工在外出人口中的占比大且比较固定，以上述2010年上半年农村劳动力转移总量来推算，2010年上半年跨省转移农民工1229万人，而上述省

外转移数量为1201万人,两者相差28万人。为减少误差,两者取均值,即2010年河南跨省流动农民工数量为1215万人,省内转移1126万人。2009年底农村劳动力转移总量为2177万人,省外转移1296万人,省内转移881万人。2008年底农村劳动力转移总量为2155万人,省外转移1210万人,省内转移945万人。2007年底农村劳动力转移总量为1974万人,省外转移1200万人,省内转移774万人。

来自河南、四川两省的人力资源和社会保障厅的数据显示,河南省农村劳动力省外转移的高峰是2009年,四川则是2010年。但从各方面的数据综合分析来看,若将农村劳动力自然增长因素排除,则两省都是在2007年前后达到高峰,自此之后总流出量基本保持稳定。根据上述分析,对图2-15和图2-16进行线性插值调整的河南各年度省外就业和省内就业的劳动力如图2-39所示。但河南的数据还是有可疑之处,例如,周口市2011年按计生部门的统计口径,全市农村流动人口为185.42万人,其中84%流出省外,达152.81万人(刘振杰,2013)。而户籍人口不到周口80%的信阳,2005年流出省外的人口就有185万多人,因此图2-39中的数字仍旧仅代表可统计的常年性外出人口数据,而真实的跨省流出劳动力在2005年前后可能已经达到高峰。

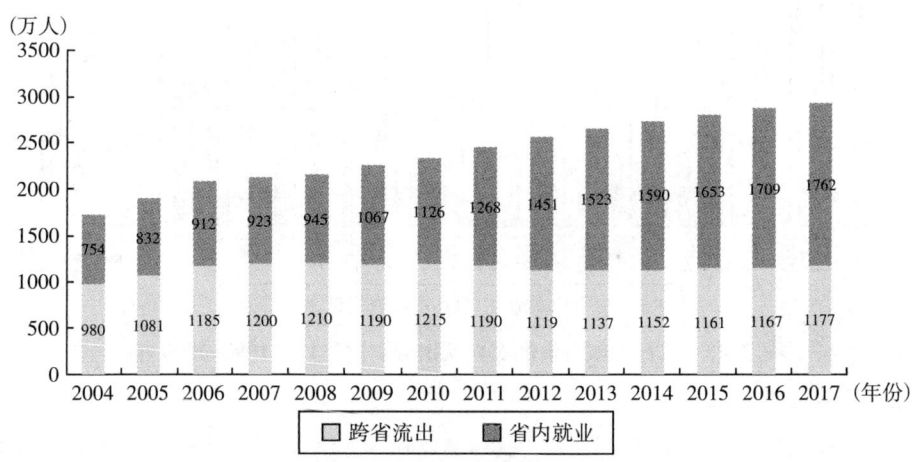

图2-39 河南省历年劳动力流动情况(2004~2017年)

吴寿平（2016）参照李勋力、李国平（2005）[①]的方法，测算出1978~2015年广西农村流出劳动力的数量。该估计结果是比较准确的，图2-40中，2012年农村流出劳动力数量比2011年突然减少约600万，原因是自2012年起广西将本省户籍的流动人口视为"居民"，即不再视为流动人口。因此，测算的2012年广西流动人口为跨地级市以上的口径，其中80%以上的农村人口跨省流出。而在2006年的跨地级市以上的流出人口中，流出省外的比重更高，随后是在本自治区流动的人口占比增加，因此广西流向省外劳动力大致也是在2007年前后达到顶峰，然后保持相对平稳的状态。还有一种可能性就是，广西将流出半年以上的人口不再计入统计口径中，而是以常住人口为统计口径，但查阅同期广西的统计年鉴发现，广西依旧以户籍人口为总人口统计。由于跨省流出人口总量既包括农村也包括城镇，因此图2-40估计的2012年之后的流动人口数量实际上也可以大致认为是广西流出自治区以外的总流量，即广西有1000万规模的人口流出本行政区域。该估计方法的主要问题是不能反映出经济波动对人

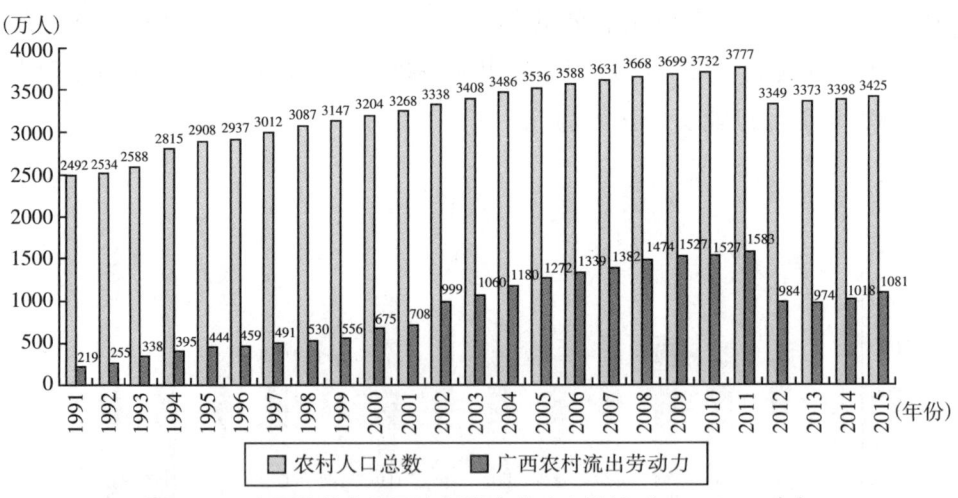

图 2-40 广西壮族自治区农村流出劳动力估计（1991~2015年）

---

① 即劳动力流动等于城镇从业人员减去城镇职工人数加上农村从业人员减去第一产业从业人员（农业从业人员），劳动力流动率则等于劳动力流动数与劳动力资源总数之积。参见李勋来、李国平：《农村劳动力转移模型及实证分析》，《财经研究》2005年第6期。

口流出的影响，但如果能得到真实的人口流出量，以此估计值为参照可以计算出当年流出劳动力的失业人数及失业率。从流出劳动力占农村劳动力总数来看，到 2008 年，仍旧在农村的广西劳动力已经只有 30% 左右，其中从事种养植等传统农业的劳动力大概只有 10% 左右。

三、最大人口流入地——广东跨省流入人口

从前述文献研究中可知，早在 2004 年末，广东跨省流入人口就已经达到 4200 万人。进一步研究发现，广东官方提供的有关外来流动人口，通常是以办理了暂住证的人口为基数上报的。由于本省户籍的流动人口通常不办理暂住证，外省人口中通常只有一半的人办理了暂住证，来自本省的流动人口约占流动人口总数的 1/3。因此，历次人口普查的流动人口通常只有实际人口的一半，即 50% 的流动人口被计入流动时间半年以下人口当中或完全被漏计。例如，深圳公安部门提供的数据显示，2012 年底全市流动人口为 1532.8 万人，其中约 120 万人无稳定收入，加上同期 287.62 万的户籍人口，深圳实有总人口在 1800 万人以上。而 2011 年深圳其实有更多的人口，如深圳市统计局发布的 2012 年国民经济和社会发展统计公报显示，全市非户籍人口减少了 11.5 万人。

2010 年"六普"数据显示（见图 2-41），深圳全市流动人口才 828 万人，减去 1/3 的本省流入人口，外省来深圳的人口只有 555 万人。同期深圳市流动人口和出租屋信息系统中共有 1301 万人，其中登记在册的非户籍人口有 1277 万人。其中，超过 30 万人的有 9 个省级行政区域，湘鄂桂川赣豫渝黔流入深圳的人口分别为 175.8 万人、115.1 万人、100 万人、96.5 万人、84.9 万人、80.7 万人、37.6 万人和 30.5 万人，全国 56 个民族中除珞巴族以外都有人在深圳居住（代迪尔，2016）。其中宝安、龙岗两区最多，关内南山、福田和罗湖老三区也占有很大比例。

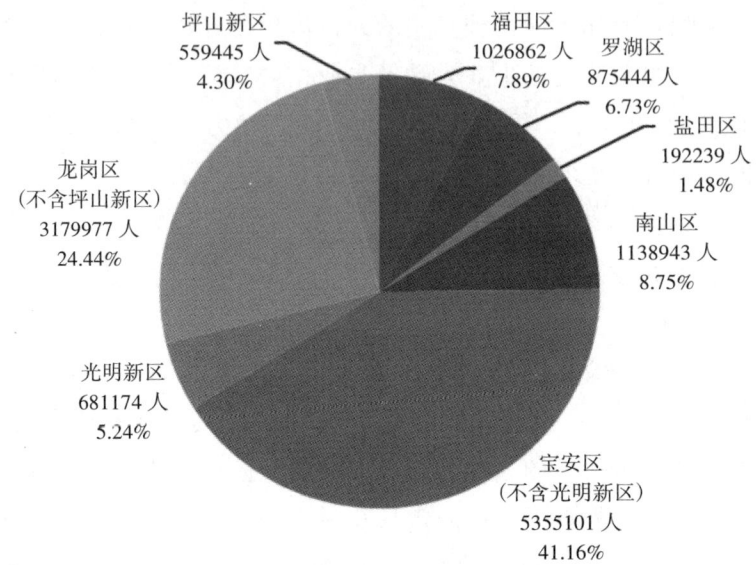

图 2-41　深圳市流动人口分布情况（2010 年）

由于深圳 90% 以上的外来人口都在出租屋居住，2010 年登记的住宅出租屋共有 500 多万套（间），2016 年登记数上升到 700 多万套（同期广州为 530 多万套）。由于存在漏登的情况，因此出租屋套数的增长并不表明人口的增长，而只是表明更多的出租屋被纳入了外来人口的管理之内。2007 年我们用大比例 GOOGLE 卫星图计算出深圳共有 90 万栋左右的城中村建筑，其中关内有 10 平方公里（政府内部报告数字为 9.98 平方公里）。从全市供水情况和年末移动用户数量来推断，2009 年的深圳人口比 2007 年少 100 万人左右[①]，而 2010 年深圳的实有总人口规模也在 2000 万人左右，但仍旧少于 2007 年（见图 2-42）。由于 2005 年和 2006 年仍然有部分地区自主供水，且人均移动拥有率难以确定，因此这两年深圳人口总量存在较大的低估；没有明显的证据表明 2007 年深圳的外来人口大量增加，真实年增量同 2006 年一样，比上一年增加 22 万人。更多的证据表明，

---

① 由于人均手机用户数量的增长，2009 年与 2007 年差不多同样数量的移动用户对应更少的人口；人均用水量会基本持平，2009 年供水量的明显降低也说明人口的减少。

2007年是深圳人口总量的高位，自此之后产业和人口的双转移导致深圳总人口呈现下降趋势，2010年人口普查年之后虽然有一定程度的回升，但依旧难以超越2007年的高位。

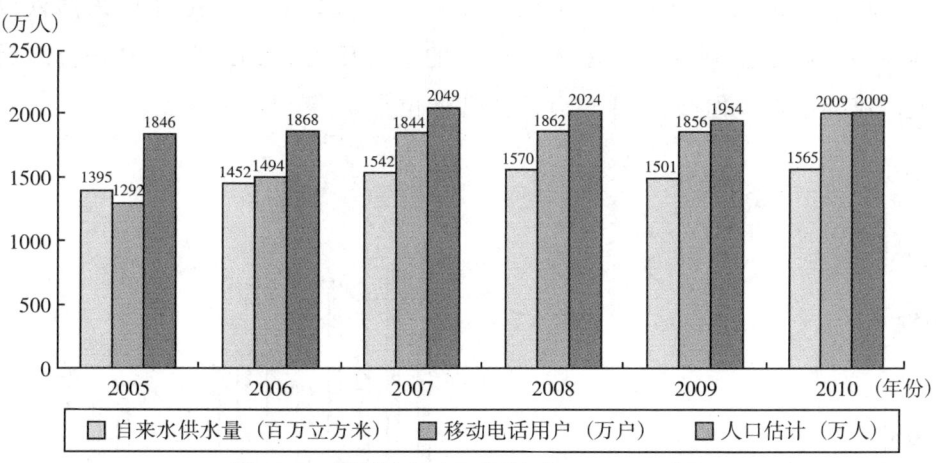

图 2-42　深圳市总人口情况（2005~2010年）

四、基于春运客流的人口流动研究

国内最早有关春运安全的文献可以追溯到1989年（徐家安，1989），1995年达到一个小高峰，而自2001年之后迅速增加，到2007年共有1962篇文献与春运有关，自此之后下降趋势明显。从文献数量增长率来看，1994年增长350%，1996年下降46.3%，1997年再次下降41.38%（见图2-43）。与中国加入WTO相对应，有关春运的研究文献及报道比上一年增长了169.84%，2006年同比增长226.30%，2008年同比下降21.15%，2010年同比下降51.99%，2018年有所回升。在前文的分析中，我们发现1995年是外出务工的一个小高峰，但随着国家宏观调整、国企改革、乡镇企业遭遇困境及亚洲金融危机的影响，跨省外出农民工几乎遭遇了一个小冰点。而中国加入WTO之后，劳动力跨省流出迅速增长，到2006年劳务输出几近极限。在春运和人口流动研究方面，2009年《人口研究》杂志甚至以一个专题的形式进行了分析。从春运文献变动来看，2007年之后文献数量下降趋势明显，1997~2006年增长明显，2010年之后稳中有降，2018年出现回升。春运文献变动与人口流动也有较大关联：1997年之后人口的跨省流动开始活跃，2007年达到顶峰，2010年以来高铁成网在一定程度上减缓了流动人口返乡的春运压力，2010年人口普查之后人口流动增强，但2017年达到阶段性低位①。

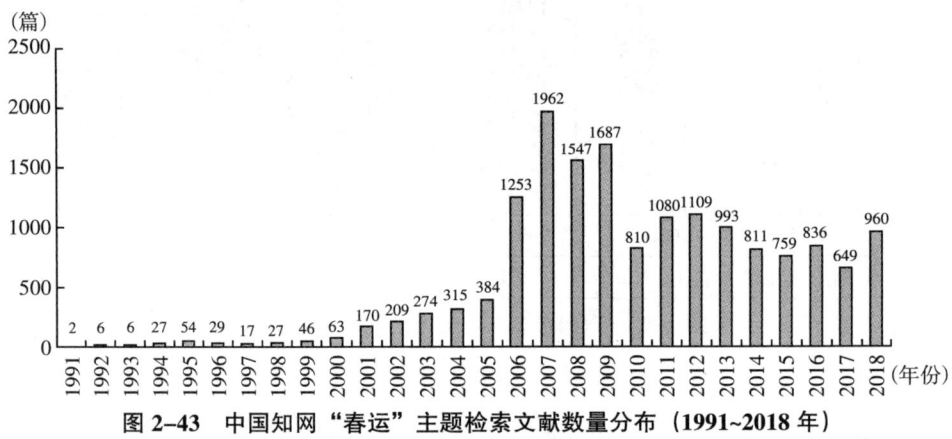

图2-43 中国知网"春运"主题检索文献数量分布（1991~2018年）

从"民工潮"主题检索的文献数量来看（见图2-44），1994年民工潮的相关报道和研究达到一个小高峰，此后直到2002年才再次逐年增加，至2005年相关文献达到96篇的最高点，然后是逐渐冷寂，2016年起只有3篇文献。而与"民工潮"相对应，2004年有关"民工荒"的报道与研究文献迅速增加，2005年达到395篇，然后总体趋势是逐年下降，2010年和2011年有异常的高点，主要与国家持续推行的反经济危机措施相关。

从历年春运客运量来看（见图2-45），1991年春运期间客运总量为8.5亿人次，1995年上升到14.28亿人次，2005年达到20亿人次。但2009年以来的春运客流量增长并不表明跨省人口流动的增加。原因有两

---

① 2014年以来，批发零售业等吸收较多外来人口的行业受电商冲击较大，大城市专业市场从业人口大量减少，无论是商贸占比较大的广州，还是北京、上海等大城市，都出现人口较大规模的减少。

第二章 基于调查文献的人口流动流量、流向研究

方面：一是铁路客流异常，2008年中国高铁成网，因此会有部分原来由公路运输的客流转向高铁；二是地方城际铁路也陆续投入运营，而这部分客流也被计算入春运客流中，而实际上只能算是省内客流。例如，2007年和2008年中国铁路旅客平均乘坐距离是532公里，而铁路运行了这个距离之后基本上已经跨出省界，到2013年铁路旅客平均乘坐距离下降到503公里，而铁路日均客运量则从2008年的400.53万人次上升到2013年的576.93万人次。显然，旅客平均乘坐距离的下降在很大程度上是由于

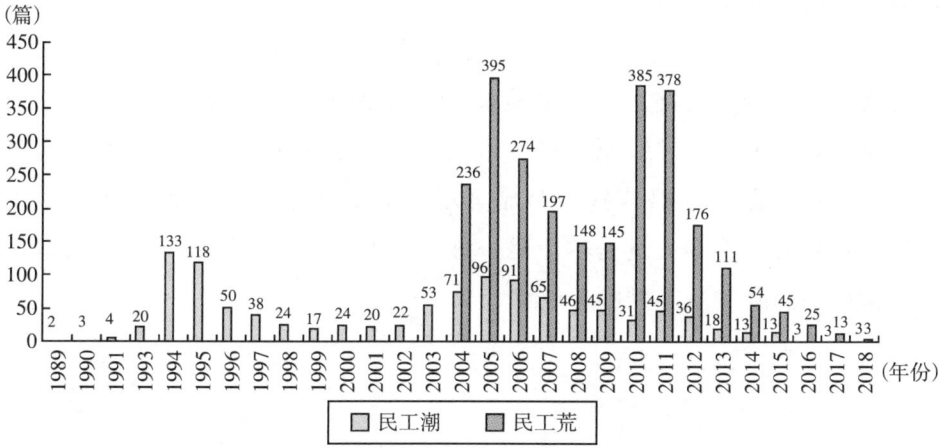

图2-44 中国知网"民工潮"和"民工荒"主题检索文献数量分布（1989~2018年）
注：截至作者检索时1992年相关数据为空白。

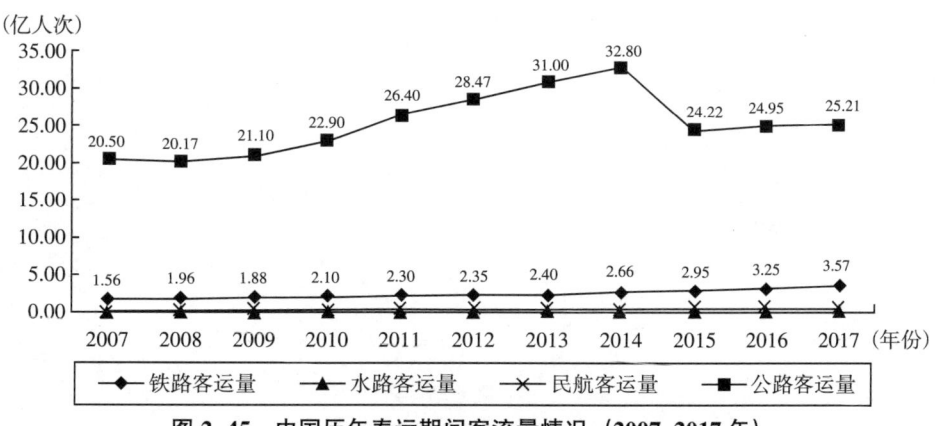

图2-45 中国历年春运期间客流量情况（2007~2017年）

· 139 ·

城际铁路运量增加所致。

依据引力模型推算，2015年因城际轨道开通带来的春运客流比2008年增加了5315.6万人次，而跨省旅客乘坐高铁在春运期间只增加了4800万人次，除去由普通铁路改乘高铁和公路旅客改乘其他交通工具的因素，2015年跨省高铁旅客几乎没有增加。公路旅客的异常增加，如2015年比2014年春运公路旅客迅速减少8.58亿人次，这种减少肯定不是因为旅客大幅度地减少，而是统计口径发生了重大变化，如大城市郊县公交化会大量减少以前纳入统计的公路客运量。另外，公路客运即使在人口流出总量没有增加的情况下也会出现自然增长。还有一种情况是，2009年以来全国各级政府对春运公路客运严格检查，坚决杜绝超载，凌晨2点至凌晨5点禁止车辆运营，这导致原来很多超载或夜间运营的客流量并没有进入统计范围。将公路、铁路这些引起旅客增长的因素排除后，2007年以来中国春运跨省的长途客流量基本上是一种自然增长，与我们关于跨省人口流动保持稳中有降的基本判断相吻合。

第三章 人口流动研究学术综述及应用进展

国内有关人口流动的研究文献极其丰富。来自中国知网（cnki.net）以"人口流动"为主题的检索结果显示，改革开放前只记录有1958年1篇（介绍欧洲共同市场内劳动力流动性）和1975年2篇文献；而在改革开放之后，从1980年的4篇逐步增加到2007年的3485篇（顶峰），其中1987年和1994年是一个阶段性的顶点；2007年之后相关文献逐年下降（见图3-1）。研究发现，以"人口流动"为主题的文献数量与中国大陆跨省流动的人口数量基本一致，即1988年以前省内流动人口较多，然后一直徘徊到1992年，1996年之后也有一定时间的停滞，2000年之后则迅猛增长。

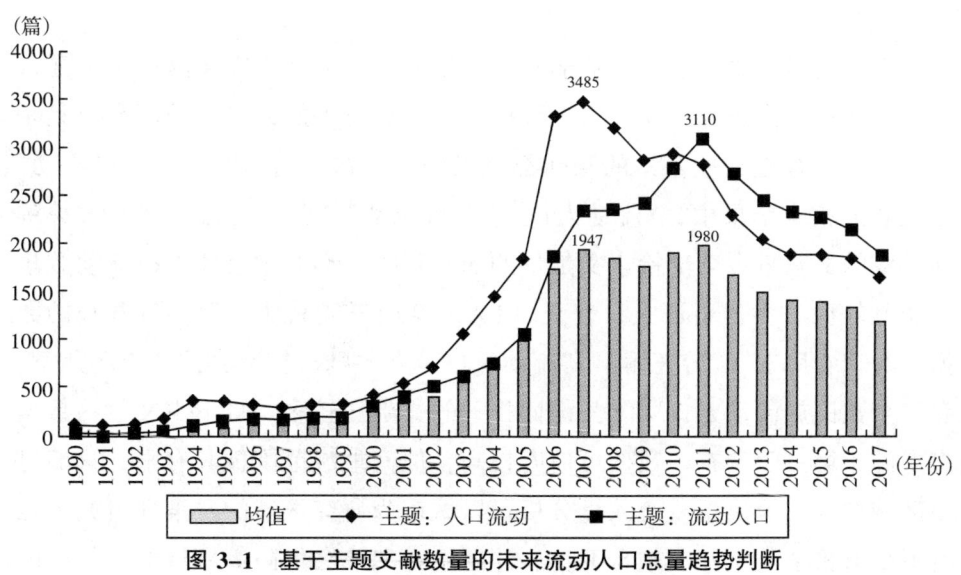

图 3-1 基于主题文献数量的未来流动人口总量趋势判断

基于大数据的人口流动流量、流向新变化研究

而以"流动人口"为研究主题的文献数量最高峰则延迟到2011年,其后才与"人口流动"研究主题一样持续下降。将两种因素叠加再取均值,则可得到一个"M"形曲线,其两个顶点分别对应2007年和2011年,这也是我们认为的国内跨省流动人口数量最大的年份。

从国家统计局发布的流动人口数量来看,流动人口的转折点是2014年。据我们研究,中国大陆流动人口的最高峰可能早在全球金融风暴的前夕即2007年就形成了,在国家积极应对金融风暴之后的2011年形成第二个高峰点,从此之后流动人口的数量就逐年减少。值得注意的是,由于学术研究的对象多以劳动力流动为主,而人口流动规模达到顶峰之后,流动人口中的非劳动力人口将逐年增加,因此2011年之后的流动人口总量并不会如文献数量展示的那样快速下降。

第一节 基于人口普查和人口调查的人口流动研究简述

毫无疑问,如果不能对基于非大数据的人口流动研究文献有一个深入的了解和积累性研究,在导入大数据技术之后有关的人口流动研究也只是空中楼阁,甚至一些基本的判断都难以作出。在中国知网以"人口流动"为主题的检索结果中,"流动人口""人口流动""劳动力流动"三大关键词对应的文献量占全部检索文献量的50%以上,但其中有关人口流动数量的文献较少,多为引证人口普查、1%人口抽查或其他大型人口调查的数据。与"农民工""劳务输出""流动人口子女""农村劳动力""流动儿童"和"少数民族流动人口"等关键词相关的文献比较多,且不少文献的数据多来源于第一手调查,数据可信度较高,但其地域范围极其有限,只能做小区域的人口流出量或流入量分析。以城市为研究区域的对策性研究中也有不少有价值的文献。来自卫生、计划生育和社会保障等领域的文献中的

数据目标人群较强，引用时需要特别注意其人口的年龄、性别等因素。各关键词对应的文献数量如图 3-2 所示。

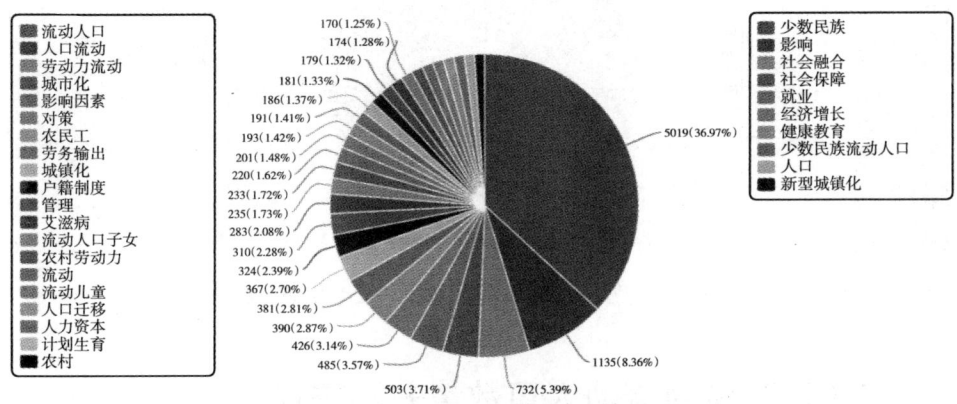

图 3-2　"人口流动"主题检索的关键词分布

一、报纸类文献占比较高

从检索的文献来源来看，《中国人口报》和《人口与计划生育》两大报纸几乎占了 30% 的文献量，对人口数量研究的参考价值并不大；由于公安部门对流动人口数量的掌握比较准确，因此来自《人民公安报》报道的数据对判断一个地区的人口数量很有用处，不少完全可以直接引用，但全国性的数据较少。《人口研究》等专业性的人口杂志主要引用人口普查等外源性数据，反而是一些知名度不高的杂志往往有各方面的人口数据信息，或者是实地调查信息。专业性的人口杂志对引致人口流动因素的判断往往更准确，其理论指导价值较大，但却要从较早年份才能找到较为公认的理论参考或方法。地方性报纸引用的人口数据有时需要注意不同年份的数据，而不能以报纸日期为准。不同文献来源占总检索量的比重如图 3-3 所示。

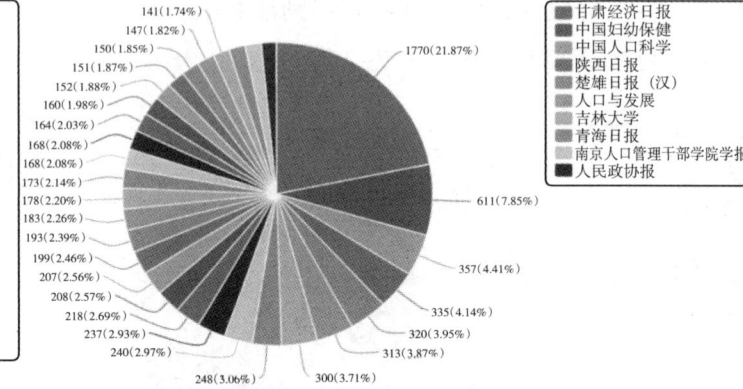

图 3-3 "人口流动"主题检索的文献来源分布

二、研究者对流动人口数量并不关注

从检索的学科分布来看（如图 3-4 所示），公安学科文献数量占检索总量的 10.16%，不及人口学、宏观管理、农业经济、人才与劳动科学，但其中的人口流动数量可用性高，后者的研究重点并不在于人口数量分析。社会学及统计学文献数量占检索结果总量的 2.15%，人口数量推算与分析通常会占一席之地，20 世纪 90 年代以前的社会学文献非常注重人口调查，此类文献对本书有较大的参考价值。无论是文献互引还是关键词共现，社会学及统计学有关人口流动的研究均呈现中心性、簇团性等特点，但有关农民工流动、剩余劳动力和劳动力市场等经济学较为关注的焦点在社会学研究领域中并不占据中心地位，其有关的人口流量的推算有时会出现失误，加之调查样本量较小，推算结果的可信度也较低，不像公安学科进行人口调查时更全面，社会学调查有时只有几百份样本。医学类学科文献数量主要集中于 2005 年以后，通常与流动儿童或流动人口常见病种或者专业病有关，与流动人口数量有直接关系的是流动人口参保率，或者研究流动人口与户籍人口医保差别等问题。2014 年以来，在大数据技术的推动下，人口医疗大数据研究进展较快。医学类学科或卫生委流动人口口径与公安部门的口径通常有较大的差异，例如，成都在 2014 年初医院和计生系统的流动人口数据为 400 万人，同期公安部门 2012 年的数据是 465 万流动人口，到 2016 年底公安系统提供的成都市流动人口①数据显示为 631.66 万人。

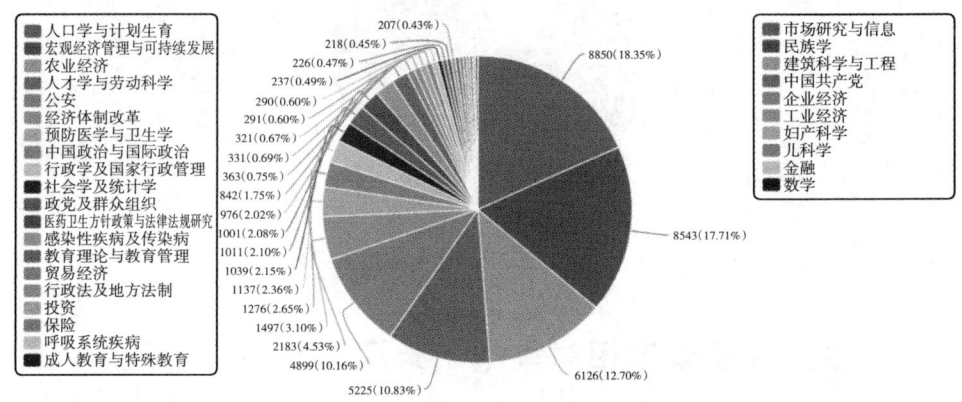

图 3-4 "人口流动"主题检索的学科分布

三、社科基金项目占基金来源较大比重

从检索的基金来源分布来看（见图 3-5），几乎一半的项目来自国家社会科学基金，而来自国家自然科学基金的也占了接近 1/4。此外，国家科技支撑计划和中国博士后科学基金也占有一定的比重，其余则分属其他不同的基金项目。由于基金项目多由个人来承担，鉴于项目拨款有限，很难进行较大规模的调查，因此有关的人口流动数量多是直接采用官方数据，其价值更多地在理论上作为参考，数据价值非常有限。

---

① 按照《四川省流动人口信息登记办法》（2014 年 10 月 1 日起施行），此处流动人口统计口径是指离开户籍所在地县级行政区域到其他行政区域居住的人员。

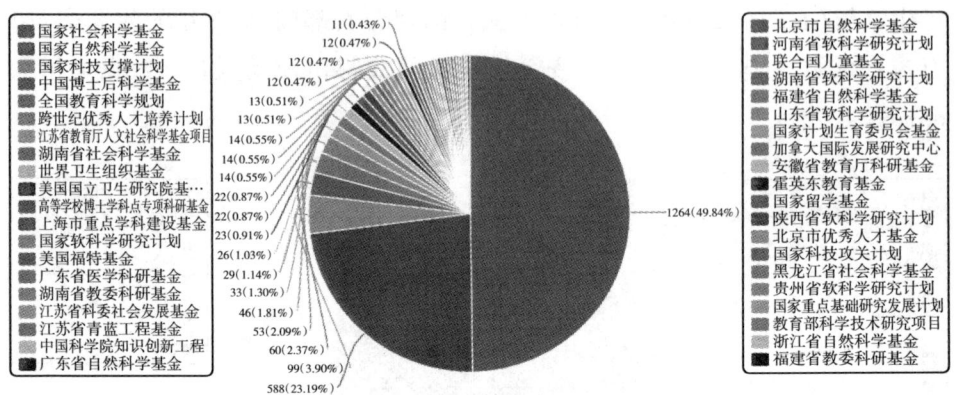

图 3-5 "人口流动"主题检索的基金分布

四、机构及作者相对集中于长江以北

从检索的机构分布来看,人大居第一位（533篇,占前40家机构的9.65%）,其次是复旦（411篇,占前40家机构的7.44%）和北大（331篇,占前40家机构的5.99%）,吉林大学居第四（301篇,占前40家机构的5.45%）,其余各大学如图3-6所示。中国社科院的人口与劳动经济研究所（138篇,占前40家机构的2.50%）也在众多的高校科研机构中占有一席之地。从城市来看,北京远超国内其他城市,文献来源占前40家科

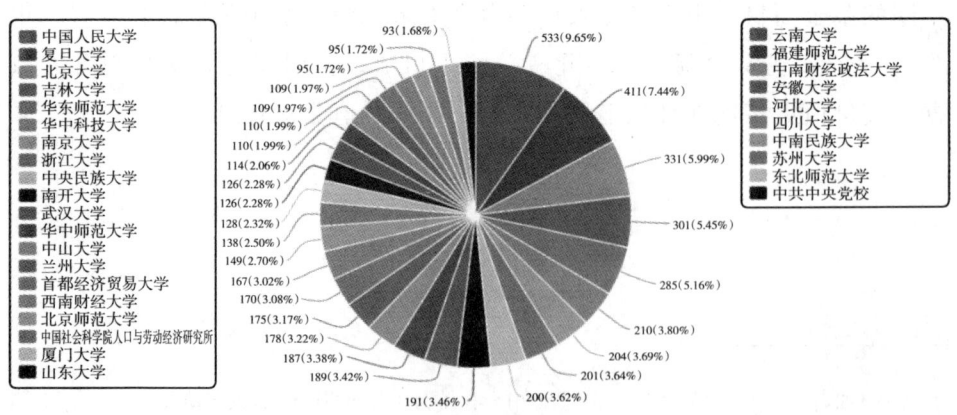

图 3-6 "人口流动"主题检索的机构分布

研机构的27.94%,其次是武汉,占12.38%,上海居第三位,占10.90%,成都、兰州、广州、长春、南京、杭州和天津分别居第四至第十位。相对其他机构以论文发表为重点而言,中国社科院人口与劳动经济研究所的人口流动文献的参考性更强,特别是相关研究报告具有很强的实用指导性。

从检索的作者分布来看(见图3-7),来自中国人民大学的段成荣教授居第一位(83篇,占前40位作者的10.78%),居第二位的作者是同样来自中国人民大学的杨菊华教授(45篇,占前40位作者的5.84%),上海市计划生育科学研究所的李玉艳居第三位(算上以复旦大学为发表单位的14篇,共48篇,则为第二名)。但从以前200篇论文的引用率来看,中国社科院人口所的蔡昉教授则与段成荣教授一样都是以12篇论文居前两名,王春光、王美艳和杨菊华同样以4篇论文居第三至第五。从高引用率论文的机构来看,人大依旧占据第一,社科院人口所上升为第二,北大、复旦和南大分别居第三至第五,中国社科院社会学所居第六,华东师大居第七。从专业杂志来源看,发表在《人口研究》杂志上的有28篇,占高引用率前200论文的14%;其次是《经济研究》和《中国人口科学》,都是15篇(占7.5%);《社会学研究》(13篇,6.5%),《中国社会科学》(10篇,5.0%)和《人口与经济》(6篇,3.0%)杂志名列第四至第六。高引用率论文绝大部分来自期刊(占97.5%),其余则被5篇博士论文所占据。

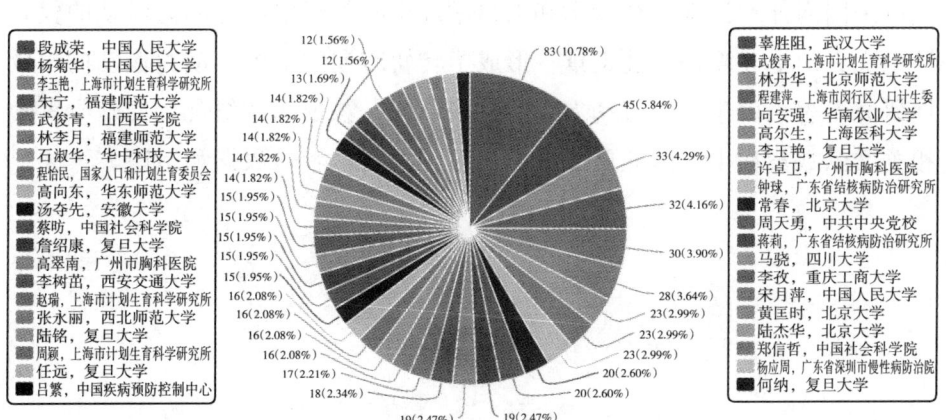

图3-7 "人口流动"主题检索的作者分布

五、研究所用数据高度依赖人口普查

人口流动数量化研究涉及数理统计、计算机科学与技术、经济法律等诸多学科。国内已有极为丰富的研究文献,自1980年以来文献呈现指数化增长态势,独立成篇的有关人口流动流量、流向变化研究的论文数量较少,主要见诸人口流动著述的前半部分。已有研究按数据来源可分为两大类:一类是以全国的人口流动为研究对象,通常基于全国人口普查和大型人口抽样调查。另一类是大城市与各地区的流动人口调查研究,其中北京、上海流动人口研究文献最早也最多,重庆、西安、深圳、沈阳、成都、郑州、武汉、广州等城市也不少。如翟振武、段成荣等(2007)、冯晓英(2005)等长期关注北京的人口流动,王桂新(2001,2004,2008,2011)则对上海人口流动研究有相当多的积累。国内研究热点主要集中在经济增长与人力资本(蔡昉,2004;王德文和蔡昉,2004;杨晓军,2012)、人口老龄化及影响因素(陈赛权,2000;彭希哲和宋韬,2002;王海涛,2011)、流动人口与城市化(任远和邬民乐,2006;刘传江和程建林,2008)、留守儿童(段成荣和周福林,2005;段成荣等,2013)等领域。已出版的学术专著中,蔡昉和白南生(2006)收集了17篇20世纪90年代以来国内外经济学、社会学和人口学等学科关于中国劳动力流动的代表性论文,加上6篇评述性文章,形成了转轨时期的中国劳动力流动的集成性研究专著。由于中国流动人口的规模巨大,数据繁杂纷乱,境外学者的相关文献数量稀少,因此更多地引用中国大陆学者的数据和结论。

第二节 人口流动大数据研究学术史梳理及研究动态

早前研究中有关流动人口的数量估计主要基于静态数据，而 2014 年以来人口数据的动态化及其累积性存储为人口数量的大数据研究提供了基础和条件。现阶段人口大数据的研究既关注特定日期的单一人口指标，又关注这一指标形成的动态过程。

一、人口流动大数据研究概览

在中国知网上若单纯以"人口流动大数据"为关键词进行检索，仅可搜索到 2014 年以来共 28 篇文献（见图 3-8）。其中，与人口流动直接关联的文献有 18 篇，涵盖"流动人口"（6 篇），"人口流动"（5 篇），"人口流动网络"（2 篇），"就业"（1 篇），"流动人口统计"（1 篇），"城市流动人口"（1 篇），"人口"（1 篇），"流动人口规模"（1 篇），"国家人口基础信息

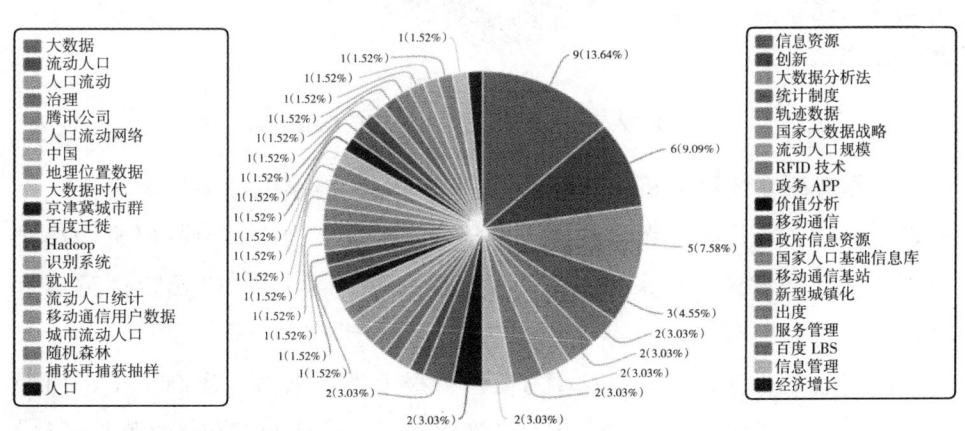

图 3-8 人口流动大数据文献涉及的关键词
资料来源：中国知网检索后的文献计量可视化分析，图 3-8~图 3-12 也是如此。

库"(1篇)等关键词,占人口流动大数据文献的67.86%。显然,人口流动大数据必然涉及大数据技术、数据公司、大数据管理及对策、数据分析等各个领域。

从作者分布来看(见图3-9),多数作者有1篇文献,少数作者已经发表2篇文献,作为新兴的综合性创新型学科领域,尚未形成文献集中于少数几个学者的状态。大学和科研院所依旧是研究主力,经济类院校贡献的文献较多,其次是理工类大学和科研机构,与流动人口直接相关的国家卫计委也有多篇文献。从研究层次来看,明显集中在社科领域(共20篇),其中基础研究(9篇)、政策研究(7篇)和行业指导(4篇)等社科类研究文献分别占71.43%,自科类研究文献仅有5篇,占文献总数的17.86%。

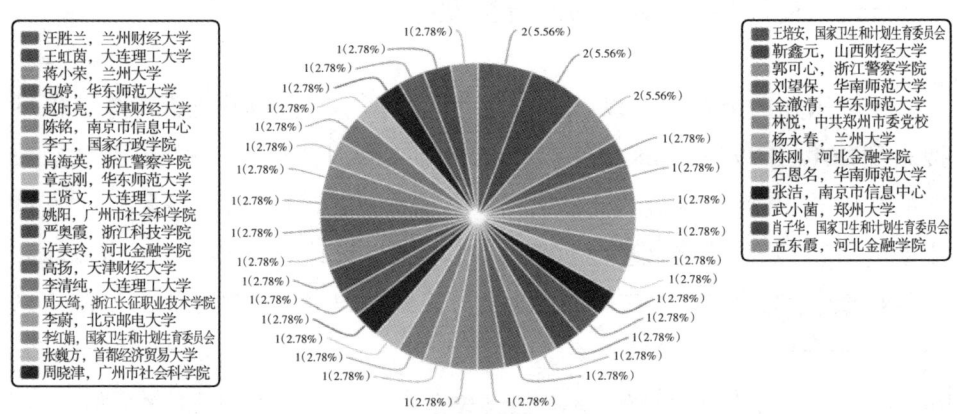

图3-9 人口流动大数据研究文献的作者分布

从作者所在的科研机构来看(见图3-10),国家卫计委出现3次,大连理工大学、兰州财经大学和兰州大学分别出现2次,其余科研机构都只出现1次。从学科分布来看,人口学和计划生育学科共17篇,计算机软件和计算机应用有4篇。

从文献来源分布来看(见图3-11),报道类文献占有较高比重,而期刊类文献则相对较少,除《南京人口管理干部学院学报》和《改革与开放》杂志各有2篇文献外,其余期刊都只有1篇文献。《中国人口科学》《人口与发展》专业人口杂志各发表 1 篇文献。

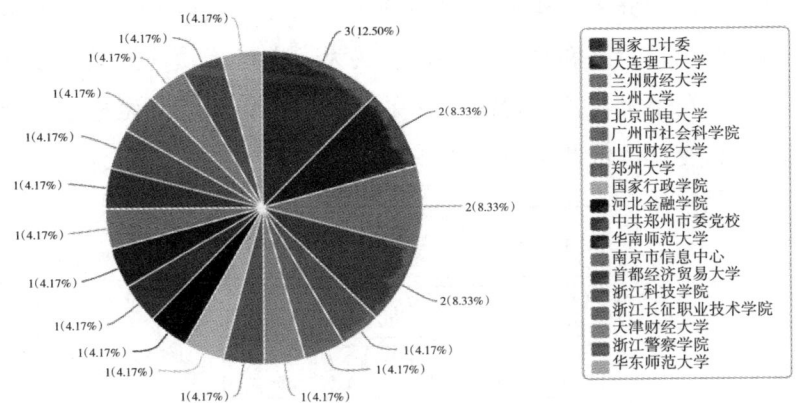

图 3-10 人口流动大数据研究文献的机构分布

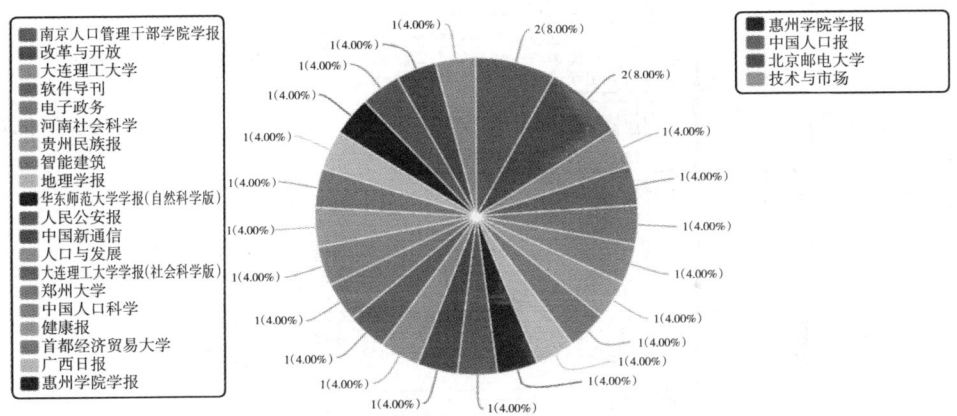

图 3-11 人口流动大数据研究文献来源分布

二、人口大数据研究元年（2014 年）

2014 年是国内人口大数据正规化研究元年。从参与机构看，产学研都有参与。中国知网全年共收录 13 篇与人口流动相关的文献（见图 3-12），其中期刊收录 11 篇，另有 2 篇报纸文献；专业人口研究机构、人文社科与经济院所占 7 篇，技术类的公司占 2 篇。从文献的可参考性方面来看，有 4 篇文献与人口流动研究有较强的相关性。王峰和唐美华（2014）认为，可以利用移动通信大数据为城市人口管理提供管理方案，通过对移动通信用户行为进行分析并构建模型和算法，来分析城市人口的时空分布及动态迁移情况。赵时亮和高扬（2014）认为，人口流动信息是国家重要的基础性信息；在手机普及的情况下，手机实时变化的空间坐标对应于人口时空的流动和变化，依此可以分析城市人口通勤规模和流向。

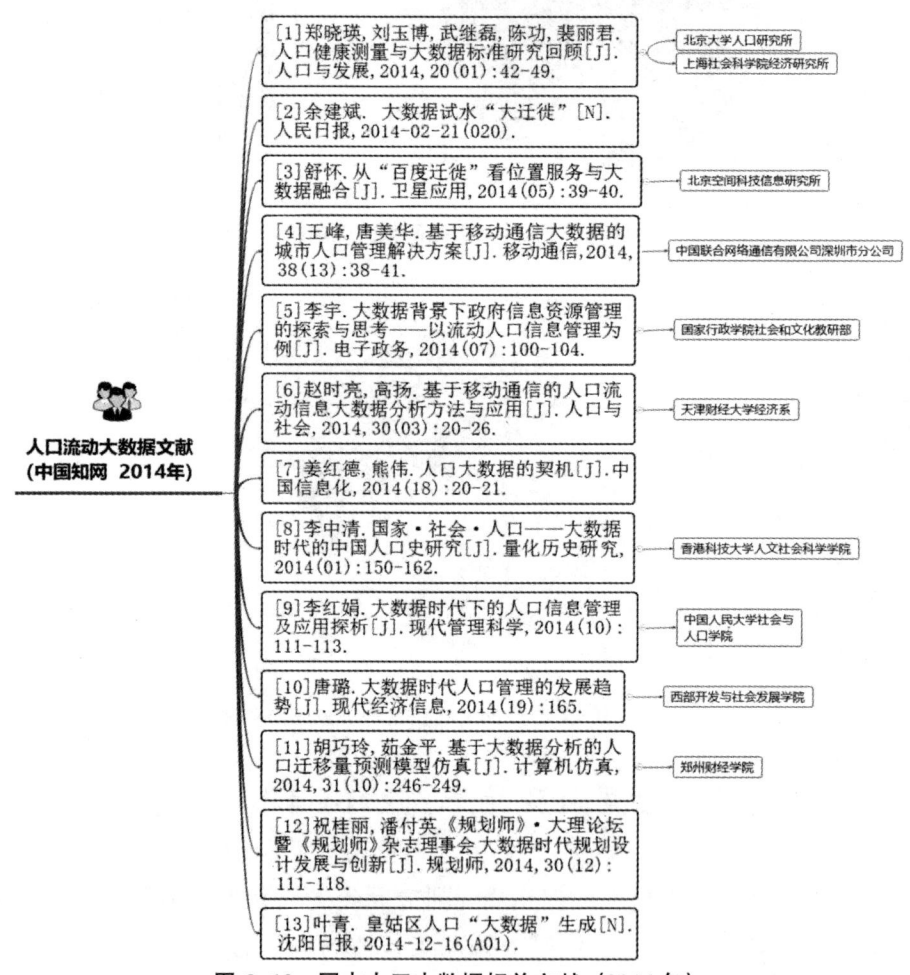

图 3-12　国内人口大数据相关文献（2014 年）

李红娟（2014）认为，在大数据时代，要充分利用云计算中心，建立人口基础信息库；通过大数据分析技术，对相关人口数据信息进行深入挖据,可以全面了解我国人口状况、未来发展趋势和进行人口预测,为宏观决策提供参考。胡巧玲和茹金平(2014)提出引入多种群竞争免疫算法的人口迁移量预测方法,通过计算机仿真来进行人口迁移量预测。

总体来看,随着各种类型的大数据出现,人口领域学者的敏锐感知必然会对人口流动研究产生巨大的影响,特别是中国作为世界上人口最多和流动规模最大的国家,人口流动大数据研究必将对各社科研究领域产生革命性的深远影响和冲击。但不少研究依旧停留于设想阶段,且数据相对缺乏,即使拿到数据,也不知数据代表什么意义,因此研究有待深入。

三、人口大数据研究分年综述:2015年

中国知网全年共收录15篇与人口流动相关的文献(见图3-13),其中期刊收录8篇,报纸文献6篇,会议论文1篇;专业人口研究机构、人文社科与经济院所占7篇,技术类的公司占2篇。报纸类文献中,显示人口流动大数据已经进入了实际性应用阶段,但数据连续时间还是相对较短,若能提供较长时间的数据,则其价值必将大为提高。如广西春节人口流动对研究广西人口跨省流动及外出人口来源地很有帮助;杭州公安局自主研发的"大数据碰撞"人口数据比对系统成效明显,10%未办证人员说明杭州的外来流动人口的办证率已有极大的提高。第8篇会议论文与第15篇期刊论文实为同一篇。

与上一年比较而言,2015年发表在期刊上的有关人口流动大数据的论文已有相当进展。王广州(2015)认为,面对新的人口大数据,许多人口统计指标需要重构,并在此基础上构建实时人口监测系统。该论文对中国人口大数据的应用现状、迫切需要解决的主要问题和人口大数据主要研究领域进行了深入的分析。在大数据时代,不但是人口学领域的统计指标需要重构,几乎所有的行业和研究领域都需要进行系统再分析,并在此基础上重构各种统计指标。如果不能进行深入的系统分析,在最后应用时往往会因一个指标的问题导致整个研究无法进行。

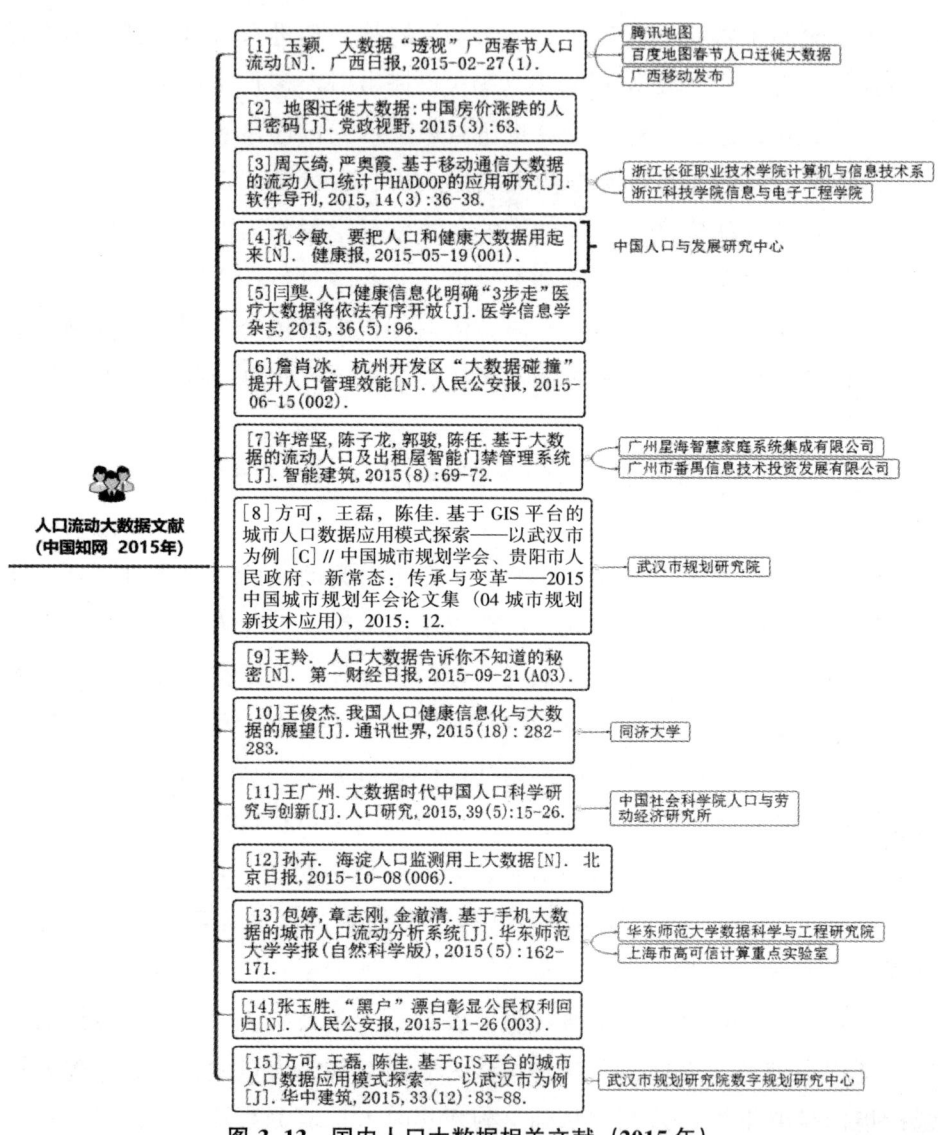

图 3–13　国内人口大数据相关文献（2015 年）

四、人口大数据研究分年综述：2016 年

2016 年与人口大数据有关的文献虽然数量较 2015 年有大幅度上升，但与本书有较强关联的参考文献主要集中在期刊论文中。以"人口大数

据"为主题检索的 22 篇文献中有 16 篇具备参考价值，其中 9 篇为学术期刊论文（含 1 篇辑刊）、5 篇硕士学位论文和 2 篇报纸文献（见图 3-14）。学术期刊论文中，2 篇出自《大数据》专业期刊，2 篇出自统计类期刊，2 篇出自通信技术类期刊。

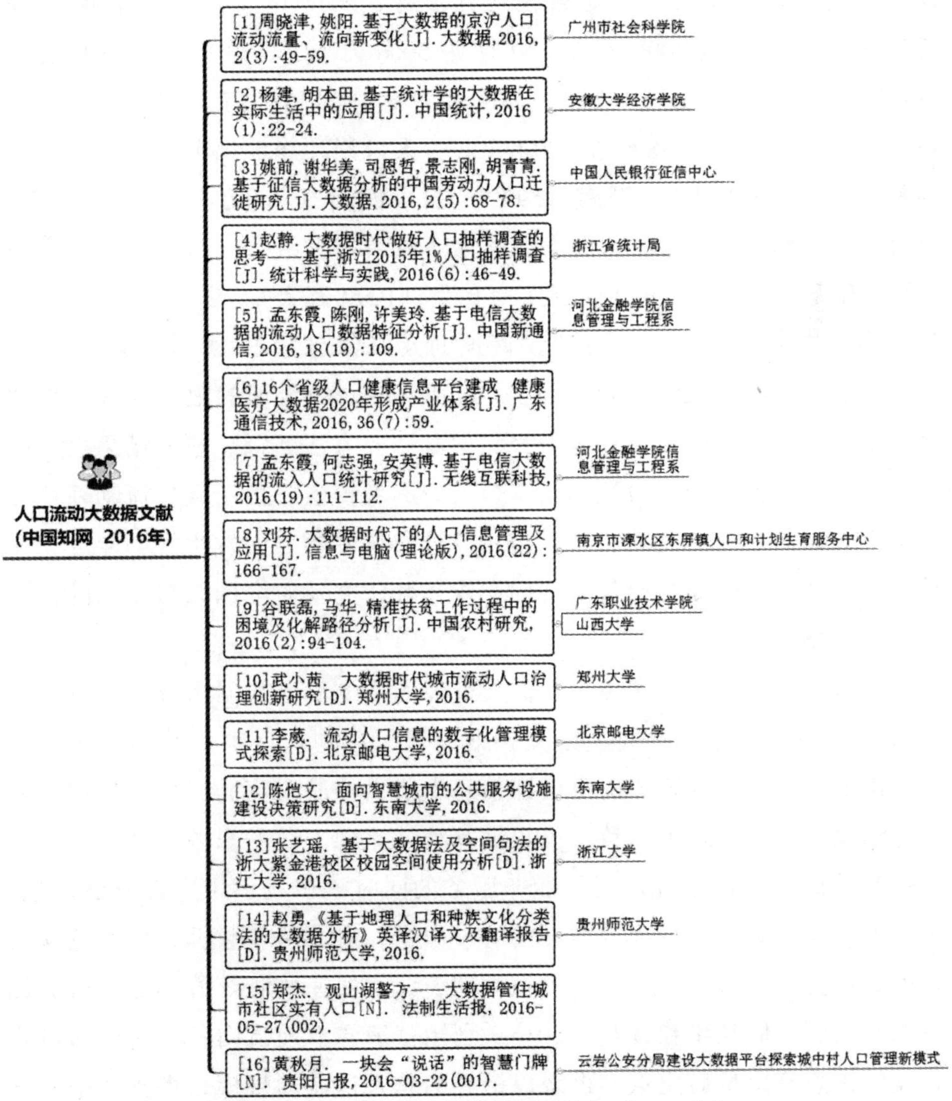

人口流动大数据文献（中国知网 2016 年）

[1] 周晓津, 姚阳. 基于大数据的京沪人口流动流量、流向新变化[J]. 大数据, 2016, 2(3): 49-59. —— 广州市社会科学院

[2] 杨建, 胡本田. 基于统计学的大数据在实际生活中的应用[J]. 中国统计, 2016(1): 22-24. —— 安徽大学经济学院

[3] 姚前, 谢华美, 司思哲, 景志刚, 胡青宙. 基于征信大数据分析的中国劳动力人口迁徙研究[J]. 大数据, 2016, 2(5): 68-78. —— 中国人民银行征信中心

[4] 赵静. 大数据时代做好人口抽样调查的思考——基于浙江2015年1%人口抽样调查[J]. 统计科学与实践, 2016(6): 46-49. —— 浙江省统计局

[5] 孟东霞, 陈刚, 许美玲. 基于电信大数据的流动人口数据特征分析[J]. 中国新通信, 2016, 18(19): 109. —— 河北金融学院信息管理与工程系

[6] 16个省级人口健康信息平台建成 健康医疗大数据2020年形成产业体系[J]. 广东通信技术, 2016, 36(7): 59.

[7] 孟东霞, 何志强, 安英博. 基于电信大数据的流入人口统计研究[J]. 无线互联科技, 2016(19): 111-112. —— 河北金融学院信息管理与工程系

[8] 刘芬. 大数据时代下的人口信息管理及应用[J]. 信息与电脑(理论版), 2016(22): 166-167. —— 南京市溧水区东屏镇人口和计划生育服务中心

[9] 谷联磊, 马华. 精准扶贫工作过程中的困境及化解路径分析[J]. 中国农村研究, 2016(2): 94-104. —— 广东职业技术学院 / 山西大学

[10] 武小茜. 大数据时代城市流动人口治理创新研究[D]. 郑州大学, 2016. —— 郑州大学

[11] 李葳. 流动人口信息的数字化管理模式探索[D]. 北京邮电大学, 2016. —— 北京邮电大学

[12] 陈恺文. 面向智慧城市的公共服务设施建设决策研究[D]. 东南大学, 2016. —— 东南大学

[13] 张艺瑶. 基于大数据法及空间句法的浙大紫金港校区校园空间使用分析[D]. 浙江大学, 2016. —— 浙江大学

[14] 赵勇.《基于地理人口和种族文化分类法的大数据分析》英译汉译文及翻译报告[D]. 贵州师范大学, 2016. —— 贵州师范大学

[15] 郑杰. 观山湖警方——大数据管住城市社区实有人口[N]. 法制生活报, 2016-05-27(002).

[16] 黄秋月. 一块会"说话"的智慧门牌[N]. 贵阳日报, 2016-03-22(001). —— 云岩公安分局建设大数据平台探索城中村人口管理新模式

图 3-14　国内人口大数据相关文献（2016 年）

姚前等（2016）利用中国人民银行征信中心依法收集的征信数据，对近50亿条业务数据、近200亿条数据字段进行分析挖掘，结果发现，征信系统中有3.9亿个自然人，监测到发生迁徙行为的共有1.2亿人，迁徙次数共计1.9亿次；自2001年以来人口迁移规模迅速增长，其中2007年迁移规模异常，2012年迁移规模达到顶峰，2013年迁移规模开始下降；迁移人口中男性达7000万人，女性达5000万人，"80后"是迁移主力（占迁移总数的44.1%），"70后""60后"和"90后"占比分别为28.5%、14.1%和7.8%；自1978年至2014年底，人口累计净流出前五名的省份分别是河南（744万人）、湖南（597万人）、四川（555万人）、湖北（554万人）、安徽（515万人），而人口累计净流入的省级行政区域分别是广东（2505万人）、北京（1675万人）、上海（1099万人）、浙江（317万人）和天津（161万人）。1978年京沪两地的人口分别为871.5万人和1104万人，到2014年北京的人口应该已经超过上海。受数据的限制，该文虽然没有实现动态实时的人口迁移研究，但其研究方法新颖、研究结果极具应用价值，对判断我国人口流动具有极大的参考价值。由于人口流动往往会早于银行征信系统的变动，所以当年的迁移量并不表明发生在当年度，而是前一年度。该研究结论与本文前面综述性研究及对全国人口流动的总体判断结论相符合。

孟东霞等（2016）发表的2篇文章都围绕电信大数据来进行人口流动分析，但侧重点完全不同。论文详细探讨了流动人口电信数据的表现特征，例如，实名认证客户的身份证信息中前六位所对应的出生地区域代码与电信运营商所在地不一致，可根据其统计流动人口的来源地区分。由于电信运营商在为移动客户提供业务服务的同时，积累了用户在身份信息、位置变化信息和消费行为等方面的海量数据，有了这些数据，研究流动人口的数据变化规律、流动人口的短周期统计、快速监测等方面会变得更加方便和精确。周晓津和姚阳（2016）利用京沪春节前流向各省份的人口表征流量占总流出量的比重，再乘以推算的总人口流动规模，得到两市外来人口的来源地构成，并与2010年"六普"的数据比较来判断两市人口流

第三章 人口流动研究学术综述及应用进展

动变化情况。

五、人口大数据研究分年综述：2017 年

2017 年以"人口大数据"为主题检索得到的文献共 54 篇，经筛选共有 28 篇与本书有较强的关联度。总体来看（见图 3-15），一是学术期刊与学位论文并不多且平分天下，学术期刊论文中含 11 篇期刊论文和 2 篇会议论文，学位论文中筛选出 11 篇硕士学位论文和 3 篇博士学位论文。二是社会科学和经济管理类文献占 60%，工程和信息科技类约占 30%，其余 10% 是医疗卫生和基础科学文献。三是人口学业杂志《中国人口科学》

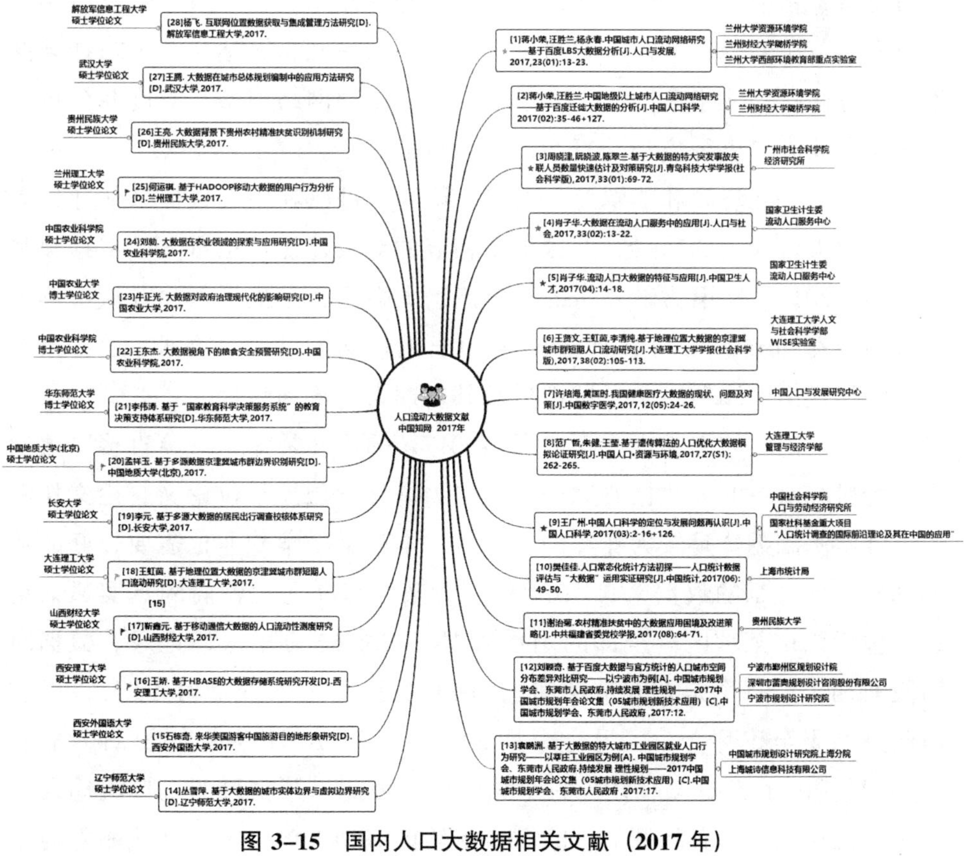

图 3-15 国内人口大数据相关文献（2017 年）

有 2 篇高质量论文，4 篇文献来自国家自科基金，2 篇来自国家社科基金。从机构分布来看，大连理工大学有 3 篇文献，兰州大学和兰州财经大学各有 2 篇，这表明传统科研强市在新兴研究领域并无特别优势。

中国社会科学院人口与劳动经济研究所的王广州（2017）认为，在大数据时代，中国人口科学发展面临的问题和差距巨大，人口研究的学者们需进一步加强数学、概率论与统计学和计算机科学等基础训练，并且指出了中国人口科学研究在基础数据、研究方法和分析技术等方面的学术创新方向。肖子华（2017）指出，流动人口大数据的来源主要包括：国家人口基础信息库、人口普查数据、全国性大型人口抽样调查数据、流动人口动态监测等；流动人口大数据在服务管理中可以发挥现状分析、趋势预测、决策支持、精准服务、绩效评价、智能匹配等作用。在人口大数据应用分析方面，蒋小荣等（2017）利用百度 LBS 平台大数据，运用 GIS 与社会网络分析方法，构建了我国 334 个地级市人口流动网络模型，测度并分析了我国城市间人口出行流动的复杂性网络特征。

周晓津、阮晓波和陈翠兰（2017）认为，可以利用大数据来估计特大突发事故失联人员的数量，并提出了相应的对策建议；王贤文、王虹茵和李清纯（2017）利用腾讯公司的人口流动大数据，采集了京津冀城市群内部各城市在 2015 年 2 月 3 日至 5 月 30 日的短期人口流动数据，通过聚类分析，识别出京津冀三个子城市群及其短期人口流动趋势。

在学位论文的文献中，靳鑫元（2017）的论文是唯一一篇直接以流动人口为研究对象的大数据研究论文。作为统计学硕士学位论文，论文作者的统计学基础无疑是较为扎实的，同时，本科金融学专业也需要较好的数学基础。该文献的数据来自 2014 年南方某地市联通运营商的真实通话记录，包括该市某辖区内全部的用户数据，共 4165 万条通话记录，数据时间段有两个：一个是在春节期间的 2014 年 1 月 20 日至 2 月 10 日，即农历腊月二十至正月十一，另一个是 2014 年 6 月 10 日至 6 月 30 日（非春节期间）。由于流动人口分布的非均衡性，因此以某辖区的人口流动及其占比来推算全市是有问题的，除非该市辖区流动人口与本地之比刚好与全

第三章 人口流动研究学术综述及应用进展

市吻合,即所选区域刚好是全市的一个微缩子集。从论文所附记的记录样本来看,除了沿海地区,2010年内地300万左右流动人口的城市只有武汉。

靳鑫元(2017)所得到的229705个独立号码中,能提取出有效身份证注册信息的号码仅占全部号码的72.1%,其中本地身份证注册用户仅占32.9%。该作者认为这些比例与其所掌握的该市本地人口的比重相去甚远,因此不敢将注册身份证信息作为判断是否为流动人口的依据。虽然有效身份证注册信息占全部号码的比重没有达到100%,但72.1%的比重实际上已足以推断该市辖区的流动及本地人口了,相当于100个总体中抽取了72.1个样本。同样由于流动人口的非均衡分布,外来人口比重远高于本地是完全正常的,但作者弃之而不敢用。当然还有一种情况不可忽视,即可能是由于联通收费便宜导致外来人口更多地选择用联通。另外,如果该市辖区处于中心城区,也会有很多本地户籍人口迁移到本地其他辖区居住,从而导致本地人口占比偏低。值得注意的是,由于有效身份证注册信息中外来人口已经有10万左右,即使该市有500万外来人口,10万有效身份证注册信息已经相当于2%的采样量,完全可以作为全市全部外来人口的较优抽样,以此可以推算该市外来人口的来源地构成及比重。

靳鑫元(2017)的硕士学位论文既然已经得到了春节和非春节两个时段的数据,那么应将春节前和春节后分开,因为根据中国绝大多数人口的习惯,春节前赶回其流出地过年通常是必选行为。如果节前留在该市,则很可能是常住性外来人口,而是否回到其流出所在地,则可通过检索其节前主叫通话所在地来判定。若节后并没有回到该市且到6月份依旧没有本市主叫通话记录,则该用户有很大可能已经不再流动到这个城市。其估计结果分析也存在较多的问题:一是不能依据联通占全市移动用户比重来推算,原因是不知道本地、外来人口是否都随机选择移动通信服务供应商;二是不能依据本市辖区流动人口占比情况来推及全市,因为流动人口在一个城市的分布是非常不均衡的;三是不能将大数据推算的结果与人口普查结果直接相比较,因为人口普查的流动人口数量可能包括本市的流动人口。此外,人口普查的流动人口数本身也很难断定其准确度。

靳鑫元（2017）还忽视了一个更重要的问题，即外来流动人口的年龄结构与本地是有非常大的差别的。我国流动人口主要年龄段为 16~40 岁，41~64 岁占比通常不会超过流动人口总数的 40%。而本地人口到 2014 年时 10 岁以上人口的手机拥有率就比较高，15~64 岁劳动年龄段人口更是人手一机。但人口结构性的差别在其论文中并没有被详细分析，因此推算结果也难以令人信服。此外，如果该辖区内有高校，也会有大量的"外来人口"，也需要将其从外来人口中排除。因此，虽然推算的结果与人口普查结果相对值相差并不大，看起来可以接受，但实际上由于人口结构差异导致的推断结果是值得商榷的。总体来看，大数据时代，大数据技术很重要，但不能离开人口学的专业判断，否则看起来无懈可击的结论实际上是漏洞百出，这也正是王广州（2017）所强调的未来人口大数据研究的问题所在和努力方向。

孟祥玉（2017）采用新浪微博以及夜间灯光数据所构成的时空大数据，挖掘数据不同角度所携带的不同信息，构建了一套由时空大数据不同角度的指标所组成的指标体系用于识别京津冀城市群的边界。王虹茵（2017）利用腾讯公司从 2015 年 2 月 3 日到 5 月 30 日共 117 天的各城市之间人口流动大数据，对京津冀城市群的网络结构现状，边缘城市和中心城市的人口流动模式、特征及其成因进行了定量研究。王娇（2017）在 Spark 大数据平台上部署 Hbase 数据库系统以存储流动人口数据库；为方便检索和分析，对流动人口数据库增加了二级索引功能，并进行性能分析、评估与测试；开发了海量流动人口数据管理原型系统，使之具有流动人口数据获取、数据存储、数据管理、统计分析、系统管理等功能。2017 年的文献中，还有 10 篇学位论文，但其仅将人口大数据作为外生性数据，由此可见人口大数据是其他所有社会、经济、文化等研究的基础性资源。人类社会所有的活动无一不与人息息相关，特别是与人口流动的联系时时存在。离开了人及人的活动，一切都将变得毫无意义，因此，迫切需要有动态实时性的人口流动大数据，其他各领域的研究才有可能更好和更有价值地开展。

第三章 人口流动研究学术综述及应用进展

六、人口大数据研究分年综述：2018 年

截至 2018 年 6 月底，共有 15 篇文献与本书密切相关（见图 3-16）。其中期刊类文献 8 篇，报纸类 6 篇，学位论文 1 篇。从报道情况来看，人

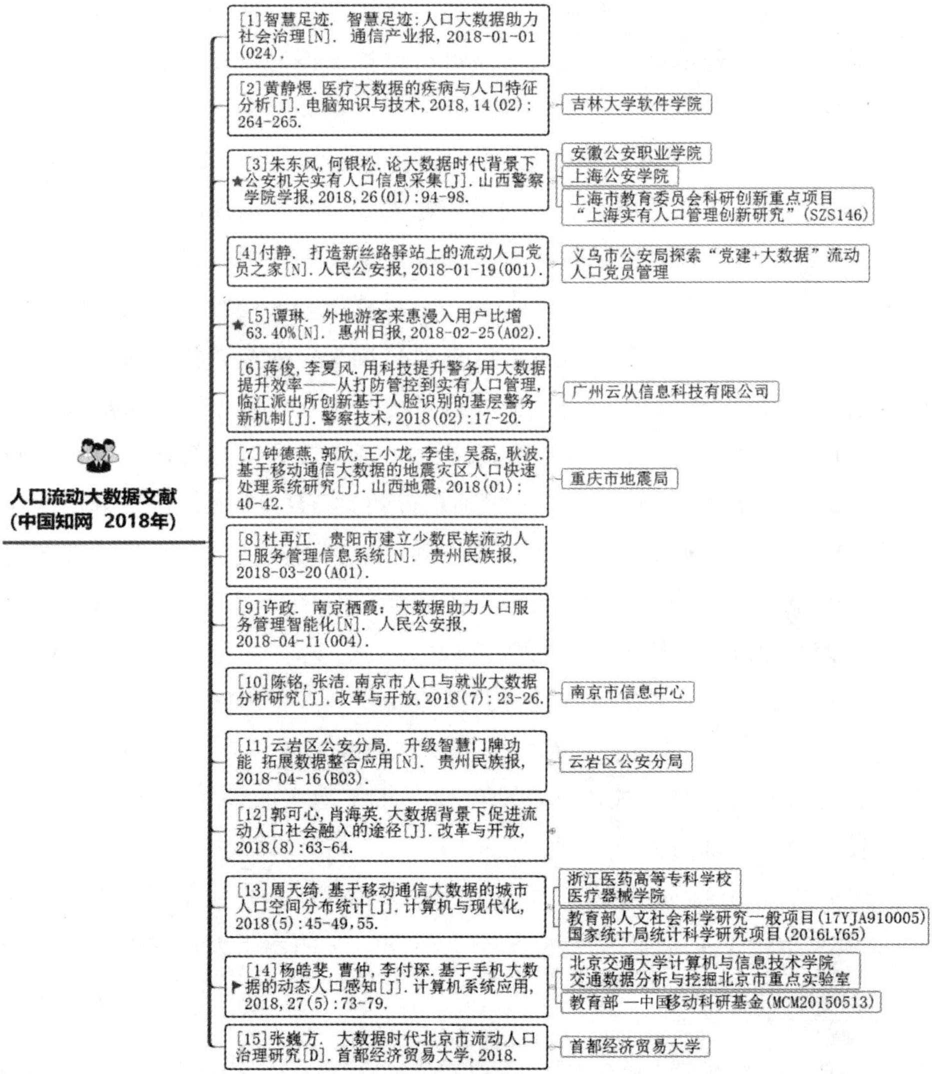

人口流动大数据文献（中国知网 2018年）

- [1] 智慧足迹. 智慧足迹：人口大数据助力社会治理[N]. 通信产业报, 2018-01-01 (024).
- [2] 黄静煜. 医疗大数据的疾病与人口特征分析[J]. 电脑知识与技术, 2018, 14(02): 264-265. —— 吉林大学软件学院
- [3] 朱东凤, 何银松. 论大数据时代背景下★ 公安机关实有人口信息采集[J]. 山西警察学院学报, 2018, 26(01): 94-98. —— 安徽公安职业学院 / 上海公安学院 / 上海市教育委员会科研创新重点项目"上海实有人口管理创新研究"(SZS146)
- [4] 付静. 打造新丝路驿站上的流动人口党员之家[N]. 人民公安报, 2018-01-19(001). —— 义乌市公安局探索"党建+大数据"流动人口党员管理
- [5] 谭琳. 外地游客来惠浸入用户比增★ 63.40%[N]. 惠州日报, 2018-02-25(A02).
- [6] 蒋俊, 李夏凤. 用科技提升警务用大数据提升效率——从打防管控到实有人口管理, 临江派出所创新基于人脸识别的基层警务新机制[J]. 警察技术, 2018(02): 17-20. —— 广州云从信息科技有限公司
- [7] 钟德燕, 郭欣, 王小龙, 李佳, 吴磊, 耿波. 基于移动通信大数据的地震灾区人口快速处理系统研究[J]. 山西地震, 2018(01): 40-42. —— 重庆市地震局
- [8] 杜再江. 贵阳市建立少数民族流动人口服务管理信息系统[N]. 贵州民族报, 2018-03-20(A01).
- [9] 许政. 南京栖霞：大数据助力人口服务管理智能化[N]. 人民公安报, 2018-04-11(004).
- [10] 陈铭, 张洁. 南京市人口与就业大数据分析研究[J]. 改革与开放, 2018(7): 23-26. —— 南京市信息中心
- [11] 云岩区公安分局. 升级智慧门牌功能 拓展数据整合应用[N]. 贵州民族报, 2018-04-16(B03). —— 云岩区公安分局
- [12] 郭可心, 肖海英. 大数据背景下促进流动人口社会融入的途径[J]. 改革与开放, 2018(8): 63-64.
- [13] 周天绮. 基于移动通信大数据的城市人口空间分布统计[J]. 计算机与现代化, 2018(5): 45-49, 55. —— 浙江医药高等专科学校医疗器械学院 / 教育部人文社会科学研究一般项目(17YJA910005) / 国家统计局统计科学研究项目(2016LY65)
- [14] 杨皓斐, 曹仲, 李付琛. 基于手机大★ 据的动态人口感知[J]. 计算机系统应用, 2018, 27(5): 73-79. —— 北京交通大学计算机与信息技术学院 / 交通数据分析与挖掘北京市重点实验室 / 教育部—中国移动科研基金(MCM20150513)
- [15] 张巍方. 大数据时代北京市流动人口治理研究[D]. 首都经济贸易大学, 2018. —— 首都经济贸易大学

图 3-16 国内人口大数据相关文献（2018 年）

口大数据已经进入实际性的应用且取得了较好的成果。例如,人脸识别技术已能帮助基层警察实现从打防管控到实有人口的动态化实时管理。这种技术若能用于重要关口或通道,可以对某些较为封闭的区域进行快速的人口总量、流量及变化分析。例如,西藏虽然面积广阔,但进藏主要通道并不多,若能实现主要通道联网监测,并积累较长时间的数据,则可以做出很好的人口流量分析。某些城市、县城、乡镇通道也极为有限,也可以广泛应用。另外,若想对某些重点区域进行监控,也可以在主通道设置此类装置并联网,将更多的力量投入突发性防控,例如地铁、机场、车站等进站监控等,其社会价值将会非常大。由于上半年并非学位论文的上传高峰,因此下半年应该还会有更多的学位论文上传至中国知网。

钟德燕等利用移动通信数据来快速确定地震灾区的人口状况,若能开发出实际应用的实时系统并用于实践,必将获得较大的社会价值。陈铭和张洁(2018)利用运营商的位置大数据对短期来宁人员的流动数量、实际来源地、停留时长、群体消费能力等进行分析。从短期来宁人员居住时间来看,居住超过11天以上的占比极低,这表明几乎没有新增人员在南京就业;日均流量72.3万人,16天内加权停留共3413万人,可推算出南京流动性较强的人口存留量为213万人,即每个到南京的外来人平均停留时间为2.95天。结合2017年南京市统计公报中的移动用户及人口数据,可推算出南京2017年末实有人口为1069万人,其中本地户籍人口681万人,外来人口388万人,日常性过路人口209万人,2018年4月全市区域内实有人口总数1278万人,其中拥有本地户籍的人口占53.27%。除短期来宁人员流动情况外,该论文还详细地分析了南京的职住人口流动情况,具有较高的参考价值。

周天绮(2018)利用COO定位技术①采集手机用户的位置数据,然后在ArcGIS中用Voronoi图构建地图信息模型,并构建了人口密度模型、职

---

① 手机定位技术是一种不依赖于GPS、具有广阔应用前景的技术,主要包括初始蜂窝小区(Cell of Origin,COO)定位技术、TOA(Time of Arrival,TOA)定位技术、七号信令定位技术等。

住地分布模型和报警电话分布模型,最后以杭州市区为例进行了实证分析。在我国广大城镇,手机几乎已经覆盖了 15 岁以上的所有人口,因此手机用户的位置数据链可以构成全国成年人的流动轨迹,可以十分方便地进行人口流动分析。杨皓斐、曹仲和李付琛(2018)构建了大数据实时处理分析平台,并提出了一种利用手机数据感知城市人口分布的方法。实验结果表明,基于手机数据的动态人口感知能够反映实际的城市人口分布,对于城市交通监管、公共资源配置优化等方面具有重要意义。由于验证原始数据集采用了北京统计局的第六次人口普查数据中的本地户籍常住人口和常住外来人口数据,因此实验结果显示人口感知的平均误差率达到 21.5%。由于官方的人口普查数据存在较多的人口漏计,其 2016 年估计值至少达到 16.66%,因此人口感知的真实误差率实际上在 5% 以内;另外,由于北京 80% 的外来人口主要集中在中心城区,因此人口感知的真实误差率实际上几乎已经不存在了。由此看来,人口大数据应用系统的开发必须吸收人口学、统计学以及社会学各个领域的专家共同参与,方有可能不发生结论性失误。

第三节　近年来国内有关人口流动大数据报告

一、《基于移动大数据的深圳市人口统计研究报告》

2017 年 12 月,广东移动大数据应用创新中心发布的《基于移动大数据的深圳市人口统计研究报告》① 显示,2017 年 11 月,深圳全市日均实有总人口 2565.6 万人,其中日均常住人口 2183.0 万人,日均短期性差旅等访

---

① 报告全文可通过百度网盘下载:https://pan.baidu.com/s/1qZItVsC,密码:bxu5。

客人口 288.4 万人，日均过路人口 94.2 万人[①]。2017 年深圳在册户籍人口只有 404.8 万人，意味着有 1700 万以上的非户籍人口。在国内，上海的人口数据比较准确，以上海常住人口为参照，利用上海年末移动用户数量和深圳年末移动用户数量，依据比例推算出的北京、广州、深圳的常住人口如表 3-1 所示。

表 3-1　基于上海常住人口的京沪穗深人口估计（2007~2016 年）

年份	年末移动用户数（万户）					估计人口数（万人）				
	上海	北京	广州	深圳	天津	深圳	广州	北京	上海标准*	天津
2007	1776.5	1598.3	1778.0	1844.0	738.3	2142	2065	1857	2064	857.6
2008	1880.9	1616.2	1971.3	1862.0	865.0	2119	2244	1839	2141	984.5
2009	2106.3	1825.4	2099.4	1907.3	1002.0	2001	2203	1915	2210	1051.5
2010	2361.6	2117.7	2328.8	2008.6	1089.8	1959	2271	2065	2303	1062.6
2011	2620.6	2575.9	2566.9	2313.2	1235.6	2072	2299	2307	2347	1106.8
2012	3008.3	3168.0	3040.2	2571.0	1325.2	2034	2406	2507	2380	1048.6
2013	3200.7	3373.8	3176.1	2766.0	1323.7	2087	2397	2546	2415	998.5
2014	3292.7	4076.2	3223.9	3377.0	1351.8	2180	2081	2631	2426	995.8
2015	3259.9	4051.6	3218.6	2621.0	1405.8	1942	2385	2583	2415	1041.6
2016	3126.2	3868.7	2828.1	2505.0	1499.8	1939	2189	2535	2420	1160.8

注：以上海市为参照系，列 10 为上海官方公布的年末常住人口数，其他城市为估计数。

从初步估计的结果来看，以上海为参照系估计的深圳人口数量，2007 年和 2014 年是两个人口较多的年份，2010 年、2015 年和 2016 年则为低点年份。由于移动用户主要为成年人，到 2017 年时，大城市 10 岁以下人口和 75 岁以上人口的使用率依旧较低，因此需要对深圳和上海两地的低龄人口和高龄人口进行分析。2010 年及以前上海每年的出生人口数都比

---

① 该报告中，日均常住人口是指 2017 年 11 月在深圳驻留 23 天及以上，且每天在深圳驻留时间不少于 10 小时的深圳 1997 平方公里内的所有人口；日均短期性差旅等访客人口是指数据采集每天平均在深圳停留超 3 小时以上但不计入常住人口的人口数量；日均过路人口是指路过深圳区域且停留时间 3 小时以内的人口。

深圳多,而2011年及以后深圳的出生人口要比上海多(见图3-17)。大城市人口出生数主要与青壮年人口有关,虽然上海也有大量的外来人口,但是上海户籍人口比深圳多1000万人左右,而深圳的外来人口却远多于上海,因此不能依据深圳的出生人口数多于上海而推定深圳的总人口多于上海。2006年以来上海的出生人口数为226.1万人,同期深圳的出生人口数为221万人,两市低龄人口数量差不多,因此不必考虑因低龄人口数量的差异而对表3-1中的人口估计数进行低龄差异调整。诚然,深圳与上海的出生人口差异还有一点就是,深圳的出生人口多在深圳生养,而上海则有部分出生人口是因为新生儿父母认为上海有较好的医疗条件而到上海生育,出生后有一部分离开上海,但这种差异很难排除。

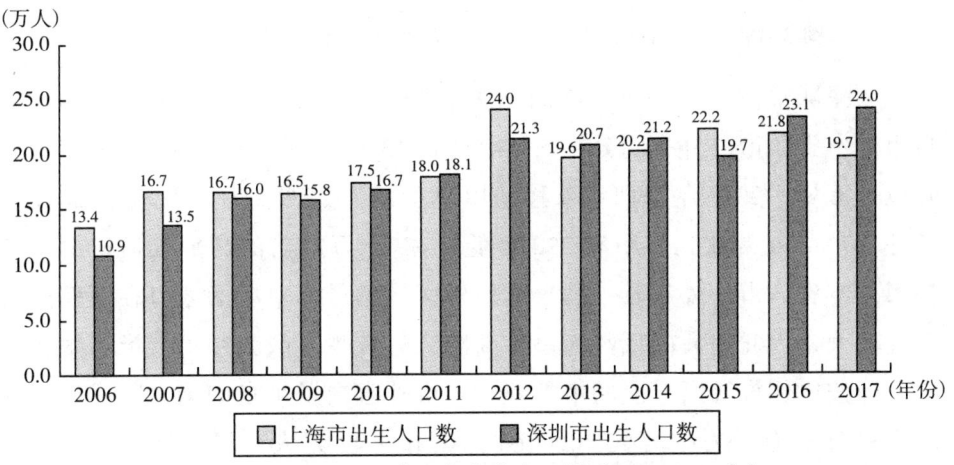

图3-17 深圳、上海历年出生人口数(2006~2017年)

从高龄人口判断,深圳依然是一个年轻的城市,近年来新增的户籍人口也主要是因为工作关系调入,因此几乎可以忽略75岁以上的人口数量;而上海2017年70岁及以上的老年人口为197.71万人,80岁及以上的高龄老年人口为80.58万人,因此上海75岁以上的高龄人口比深圳多出150万左右。将表3-1中的深圳估计人口数除以上海常住人口数,再乘以150万就得到经高龄人口差异调整后的深圳常住人口数(见图3-18)。由此可见,2007年以来深圳的常住人口基本保持平稳,2010年比2007年减少

150 余万人，2014 年比上一年增加近百万人，2017 年比 2016 年增加了近 130 万人。

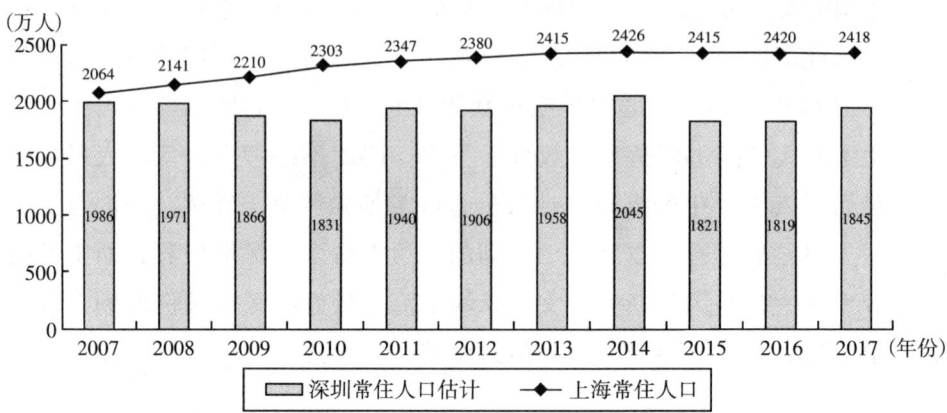

图 3-18 以上海为参照的深圳历年常住人口估计数（2007~2017 年）

从深圳常住人口手机号码的归属地来看，72.3%为深圳本地号码，来自市外本省、市外外省的分别占 14.5%和 13.1%，此外还有 0.1%的来自大陆以外区域。2017 年深圳年末移动用户总数为 2679.2 万户，对应 2183 万常住人口，而常住人口中有 220 万低龄和 15 万左右的高龄人口；由于来自市外本省、市外外省及中国大陆以外区域的号码对应的人口在短期内流动性较大，因此附属的低龄人口和高龄人口较少，故无须扩展推算附属人口，即按比例推算所对应的市外外省、市外省内及来自中国大陆以外区域的人口分别为 257.15 万人、284.64 万人和 1.42 万人，同比例推算此三类人口中约 291 万可计算为以上海为参照标准的常住人口，其余 252 万因流动性大不宜计入常住统计口径。与官方公布人口数据相比（见表 3-2），人口大数据推算的常住人口是官方公布数的 1.75 倍（全市平均值）。其中，两者最接近的是盐田区和大鹏新区，原因是这两个区的企业规模都比较大，被漏计人口少；其次是福田、罗湖和南山三个关内老区，福田被规划为市政府所在地，居住的人口主要为户籍人口，留给外来人口的空间有限，且经过持续的城中村改造后空间更小，罗湖和南山原有的村集体尚保留有不少土地使用权，建筑密度大，外来人口居住相对较多；宝安区和龙华新区原本同属于宝安，两者差别不大，龙岗区隐藏的人口也比较多，光明新区和坪山新区则远离城市中心，未计人口依然很多，但较2006年以前的未计情形已经有很大的改进。

表 3–2 深圳各区面积及人口情况

区域	面积（平方千米）	2017年GDP（亿元）	2016年常住人口（万人）	月常住人口（万人）	月工作人口（万人）	劳均GDP（万元/人）	月居住人口（万人）	地均GDP（万元/人）	常驻常住人口比
宝安区	392.14	3448	301.71	564.2	418.9	8.23	589.9	8.79	1.87
龙岗区	389.54	3800	214.38	440.4	320.3	11.86	460.0	9.76	2.05
龙华新区	175.58	2100	154.94	301.6	212.2	9.90	315.7	11.96	1.95
南山区	182.00	4500	135.63	195.8	178.4	25.22	205.2	24.73	1.44
福田区	78.80	3820	150.17	181.5	176.1	21.69	190.5	48.48	1.21
罗湖区	78.36	2150	100.4	137.3	115.7	18.58	143.9	27.44	1.37
光明新区	156.10	850	56.08	125.1	95.7	8.88	130.6	5.45	2.23
坪山新区	167.00	570	40.79	97.7	79.5	7.17	102.5	3.41	2.40
盐田区	72.36	583	22.65	25.2	19.7	29.59	26.3	8.06	1.11
大鹏新区	294.18	330	14.09	17.1	14.2	23.24	17.9	1.12	1.21
合计	1986.06	22151	1190.84	2085.9	1630.7	13.58	2182.5	11.15	1.75

注：2016年常住人口为官方公布数据，列5、列6、列8来自广东移动大数据应用创新中心发布的《基于移动大数据的深圳市人口统计研究报告》；列7：劳均GDP=列3/列6；列9：地均GDP=列3/列2；列10：常住人口比=列5/列4。

特别需要指出的是，官方对人口总数的情况其实是相当清楚的，并不存在政府不知情的情况，只是由于其他各方面的原因没有正式或公开发布而已。从劳均GDP的情况来看，盐田区最高，以常住人口计算的劳均GDP高达29.59万元/人，其次是南山区、大鹏新区和福田区，比较低的是坪山新区、宝安区、光明新区和龙华新区。盐田区是现代化港口所在地，而坪山区、宝安区和光明新区等则有大量的传统加工制造业，两者的差别是显而易见的。从月工作人口来看，深圳为1600多万劳动力提供工作，对于我国这样一个拥有8亿以上劳动力的国家而言无疑具有重要的地位和作用，这1600多万工作人口的背后，还有650万以上的人口依靠在深圳

基于大数据的人口流动流量、流向新变化研究

工作的家人生存。深圳所管理的实际人口远超天津直辖市，也远远超过西北地区大部分省级行政区域，由于深圳的行政及事业单位的工作人口远远少于这些行政区域，所以这表明深圳的行政效率和效益是非常大的。

企鹅智酷联合腾讯位置服务发布的《城市出行半径大数据报告》显示，京沪穗深四个一线城市春节期间空城率分别为52%、51%、60%和69%，根据表3-1中各城市统一以上海常住人口为参照的人口数据，可推算出2017年京沪穗深四市春节留守人口分别为1217万、1186万、876万和601万。该报告测算的穗深沪京工作日平均出行半径分别为6.5公里、7.4公里、8公里和9.3公里。我们认为造成四市工作出行半径最关键的原因是广州主城区内尚有不少可供外来人口高密度居住的城中村区域，深圳关内经城中村改造后此类区域大为减少，上海和北京则因主城区内基本上很少有村集体保留土地，导致外来人口近距离居住供应不足而远离工作区域。《城市出行半径大数据报告》还提供了京沪穗深节前人口主要流向，依据其比例可以得到各外来人口来源地的人口数量（见表3-3）。

表3-3 京沪穗深非户籍人口来源地构成及数量（2016年末）

单位：%，万人

深圳			广州			北京			上海		
广东	33	575.2	广东	45	593.3	河北	30	351.6	安徽	24	235.3
湖南	14	244.0	湖南	14	184.6	河南	12	140.7	江苏	19	186.3
广西	14	244.0	广西	11	145.0	山东	10	117.2	河南	10	98.1
湖北	9	156.9	湖北	5	65.9	山西	7	82.0	江西	6	58.8
江西	9	156.9	江西	7	92.3	安徽	4	46.9	浙江	6	58.8
四川	4	69.7	四川	3	39.6	辽宁	4	46.9	湖北	5	49.0
河南	4	69.7	河南	3	39.6	黑龙江	4	46.9	山东	5	49.0
贵州	2	34.9	贵州	2	26.4	湖北	3	35.2	四川	4	39.2
福建	2	34.9	福建	1	13.2	内蒙古	3	35.2	福建	3	29.4
重庆	2	34.9	重庆	1	13.2	四川	3	35.2	湖南	3	29.4
其他	7	122.0	其他	8	105.5	其他	20	234.4	其他	15	147.1
合计	100	1743	合计	100	1318.5	合计	100	1172.1	合计	100	980.5

注：来源地构成比例数据来自《城市出行半径大数据报告》，而外来非户籍常住性人口为我们自主推算，由于该报告所占百分比数据只精确到个位，因此与报告原数据有细微差别。

从估计结果来看，深圳常住人口中，有 1743 万非户籍人口，其中来自广东省的占 33%；广州和深圳吸引本省人口的比重是不同的，广州外来非户籍常住性人口中，来自本省的占 45%，广深外来常住性人口中，来自广东省以外的人口有 1893 万人，约占全省跨省流入人口的一半，两市吸引本省流入人口 1168.5 万人，也约占全省本省流动人口的一半；以城市为单位，深圳吸引的外来人口最多，其次是广州，北京排第三，上海排第四；流入广深的湖南人高达 428.6 万人，湖南全省流动到广东的人口在 800 万以上，与第二章中的结论完全一致。

二、《苏州人口大数据分析报告》

2014 年，苏州市公安局人口管理支队公布的数据显示，全市年末户籍总人口为 661.08 万人，年增长率为 7.99‰，全市流动人口实有登记数为 698.90 万人。2016 年度苏州公安工作新闻发布会数据显示，截至 2016 年 12 月底，全市实有人口 1375 万，其中户籍人口有 678.2 万人，流动人口有 697.64 万人。中国移动发布的《苏州外来人口大数据》报告显示，截至 2018 年 4 月，苏州共有外来人口 831.8 万人，其中常住性外来人口 679.4 万人，流动性外来人口 152.4 万人。与上海相比，苏州外来人口占总人口比重略高于上海，但苏州亦有较大规模的本地户籍人口。因此，以上海常住人口为参照，利用两地不同时期的移动用户数量可推算出苏州历年的常住性人口总量。推算结果如图 3-19 所示，2010 年以来苏州的常住性人口大致保持平稳且有一定的波动，如 2011 年比 2010 年多 20 余万，这种增长其实是人口普查因素所导致的，即有一部分人因为人口普查而暂时返乡。值得注意的是，上海的人口数字也是 2010 年以后才与我们的估计数相差不大，且上海 2010 年以前的人口数字也根据人口普查做了一定的调增。尽管如此，2010 年以前上海的人口数字依旧比实际人口数要少。因此，以上海为参照估计的大城市人口数据 2010 年前会有一定的低估。

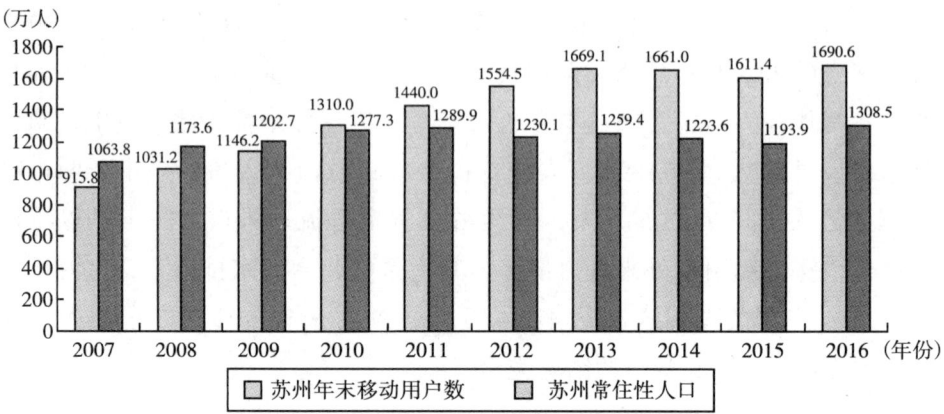

图 3-19 以上海为参照的苏州历年常住人口估计数（2007~2016 年）

《苏州外来人口大数据》报告认为，近年来苏州外省流入人口占比升高是因为苏州的城市魅力吸引了越来越多的西北、西南、东北人来苏发展，而本省其他城市外来人口中，来自江苏本省的占七成以上。其实真正的原因是，江苏大力推动苏北、苏中区域平稳发展，导致大量原来流入苏州的本省人口返乡，外省流入苏州人口增多的原因是上海产业与人口转型升级导致一部分外省人流向上海周边地区。报告中以外来人口占官方公布的常住人口的比重来计算外来人口指数（见表3-4，列5），这种计算值得思索，因为苏北、苏中等人口流出规模较大的地区实际上有一部分人口不应计算在内。

表 3-4 江苏省各地级市人口流动情况

按省辖市分	2016年GDP（亿元）	户籍人口（万人）	常住人口（万人）	外来人口比重（外来指数）（%）	外来人口（万人）	实有总人口（万人）	常住人口（万人）	净流入人口（万人）
南京	10503.02	662.79	827.00	44.60	370.05	1177.69	1114.72	514.90
无锡	9210.02	486.20	652.90	50.20	328.83	846.05	799.86	359.85
徐州	5808.52	1042.40	871.00	7.00	61.17	861.04	762.01	(181.36)
常州	5773.86	374.90	470.83	40.70	192.26	575.56	539.94	200.66
苏州	15475.09	678.20	1064.74	63.60	679.40	1512.02	1447.59	833.82
南通	6768.20	766.66	730.20	13.20	96.70	751.52	678.69	(15.14)

续表

按省辖市分	2016年GDP（亿元）	户籍人口（万人）	常住人口（万人）	外来人口比重（外来指数）（%）	外来人口（万人）	实有总人口（万人）	常住人口（万人）	净流入人口（万人）
连云港	2376.48	533.99	449.64	10.30	46.47	418.78	368.05	(115.21)
淮安	3048.00	567.56	489.00	5.00	24.53	437.26	383.34	(130.30)
盐城	4576.08	830.53	723.50	4.80	34.84	663.87	584.97	(166.66)
扬州	4449.38	461.67	449.14	14.30	64.44	481.22	437.36	19.55
镇江	3833.84	271.98	318.13	21.30	67.98	331.73	305.89	59.75
泰州	4101.78	508.21	464.58	48.10	224.20	453.04	404.76	(55.17)
宿迁	2351.12	591.60	487.94	39.50	193.37	427.76	371.56	(163.84)
全省	78275.39	7776.69	7998.60	27.89	2384.25	8937.53	8198.74	1160.84
苏南	44795.83	2474.07	3333.60	44.08	1638.53	4443.04	4208.00	1968.97
苏中	15319.36	1736.54	1643.92	25.20	385.34	1685.78	1520.81	−50.76
苏北	18160.20	3566.08	3021.08	6.78	360.38	2808.71	2469.93	−757.37

注：列2至列4数据来源于《江苏统计年鉴（2017）》，列5、列6数据来自《苏州外来人口大数据》报告，最后3列数据为我们自主推算。

据估计，江苏日均实有总人口8938万人，其中可称为"常住人口"的有8199万人，访客人口和过路人口有739万人。外省流入常住性人口1223.41万人，本省流出至省外人口401.24万人，全省净流入常住性人口822.17万人。外省流入可计入常住性的人口中，苏州有679.4万人，占全省的55.5%；苏州以外的其他地区外省流入常住性人口544万人，占44.5%。以常住人口计算各市的人均GDP，镇江最高（12.53万元/人），其次是无锡（11.51万元/人），苏州和常州同为10.69万元/人，宿迁（5.33万元/人）和连云港最低（6.46万元/人）。由于苏州拥有大量的外来人口，因此人均GDP有所拉低，但本地人却因大量外来人口的存在而拥有更多的实惠。从劳均GDP来看，全省劳均GDP为12.75万元/人，苏南、苏中分别为13.86万元/人和13.64万元/人，两者差距较小，而苏北也有10.18万元/人。估算结果显示，苏州劳均GDP略高于深圳，原因是深圳比苏州劳动力多出500万人左右，就全国劳动力就业而言，深圳对全国的贡献显然更大。由于苏州跨省外来人口占全省比重较高，我们以苏州为参照，估计江苏省同期跨省流入人口的来源构成及数量如表3-5所示，估计结果显示，安徽、河南是江苏跨省流入人口的主要来源地。

表3-5 苏州与江苏跨省外来人口数量及来源构成（2017年）

省份	来源地占比（%）	苏州常住性外来人口（万人）	苏州流动性外来人口（万人）	苏州外来人口总量（万人）	江苏常住性外来人口（万人）	江苏流动性外来人口（万人）	江苏外来人口总量（万人）
安徽	27.0	142.9	32.0	174.9	257.3	57.7	315.0
河南	19.6	103.7	23.3	127.0	186.8	41.9	228.7
四川	7.0	37.0	8.3	45.4	66.7	15.0	81.7
湖北	6.0	31.8	7.1	38.9	57.2	12.8	70.0
山东	5.5	29.1	6.5	35.6	52.4	11.8	64.2
陕西	4.7	24.9	5.6	30.5	44.8	10.0	54.8
江西	4.0	21.2	4.7	25.9	38.1	8.5	46.7
甘肃	3.2	16.9	3.8	20.7	30.5	6.8	37.3
云南	2.9	15.3	3.4	18.8	27.6	6.2	33.8
湖南	2.9	15.3	3.4	18.8	27.6	6.2	33.8
贵州	2.9	15.3	3.4	18.8	27.6	6.2	33.8
浙江	2.8	14.8	3.3	18.1	26.7	6.0	32.7
山西	2.0	10.6	2.4	13.0	19.1	4.3	23.3
黑龙江	1.7	9.0	2.0	11.0	16.2	3.6	19.8
福建	1.6	8.5	1.9	10.4	15.2	3.4	18.7
其他	6.2	32.8	7.4	40.2	59.1	13.2	72.3
全国	100.0	529.3	118.6	647.9	953.0	213.6	1166.7

三、《基于移动大数据的温州人口分析报告》

2016年，温州户籍人口有818.22万人。根据2016年手机号码迁移情况分析的温州人迁移情况表明，移动大数据识别出的温籍人口有720万，其中246万人在温州以外发展，在市外本省的温州人有95万，在省外国

第三章 人口流动研究学术综述及应用进展

内的温州人有151万;市内温州人和外来人口有733万,其中外来人口259万。市外本省的温州人中,仅杭州和宁波两地就占一半;省外国内温州人主要集中在广东、江苏、福建、上海、北京5省市。《温州统计年鉴》(2003)中的数据显示,在外温州人共有154万,其中东部、中部及西部的温州人分别为81万(占52.6%)、51万(33.1%)和22万(14.3%);在外温州人主要从事商贸经营(102万人,66.2%)、工业(16万人,10.4%)和服务业(36万人,23.4%);流向西欧、美国等海外的温州人有38.3万。

温州信息化研究中心、中国移动公司、中津研究院等机构联合发布的《基于移动大数据的温州人口分析报告》[①]显示,市外国内温州人有191万,其中省外国内温州人约有120万,省内市外温州人有71万;市外流入的人口约为350万,其中来自浙江本省的只有20万人,占总流入量的5.7%;跨省流入人口主要来自江西、贵州、安徽、湖北、四川、湖南、河南等相邻省份及人口流出大省。与前一报告相比,本报告市外国内温州人少了55万,这种差异最可能的原因是外出人口中长期不回温州的人口数量变少了,而本报告测定的191万是经常回温州或与温州经常有紧密联系的人口,因此数据差异并不表示测定不准确或选取时间太短。另外,外来人口差异较大,前一报告为259万人,本报告为350万人,这种差异主要是因时间跨度不同造成的推算统计结果差异(见表3-6)。

表3-6 基于移动用户数据的温州人口流动情况(2015年)

流入来源地	约350万人	占比(%)	流出省内目的地	71.3万人	占比(%)
江西	56.7	16.2	杭州	23.42	16.7
贵州	51.1	14.6	金华	15.15	10.8
安徽	42.4	12.1	台州	13.04	9.3

---

① 浙江新闻客户端(见习记者王艳琼,2016-01-16):《大数据告诉你:温州人口"体检"报告》,https://zj.zjol.com.cn/news/250064.html。该报告课题组采用760万温州移动用户作为样本,根据移动用户实名身份证信息,通过综合统计过去一周工作日时间内停留时间最长的位置进行判断,采样分析得出结论。

续表

流入来源地	约350万人	占比（%）	流出省内目的地	71.3万人	占比（%）
湖北	42.0	12.0	宁波	10.66	7.6
四川	38.2	10.9	嘉兴	6.45	4.6
湖南	24.5	7.0	丽水	6.17	4.4
河南	23.8	6.8	绍兴	5.61	4.0
浙江	20.0	5.7	湖州	2.52	1.8
其他	51.5	14.7	衢州	1.68	1.2
合计	350.2	100.0	舟山	1.26	0.9
流出省外目的地	共120万人	占比（%）	流出省外目的地	71.3万人	占比（%）
广东	13.08	15.7	河北	2.67	3.2
江苏	13.00	15.6	贵州	2.33	2.8
上海	11.17	13.4	陕西	2.25	2.7
福建	9.92	11.9	湖南	2.25	2.7
北京	5.75	6.9	新疆	1.92	2.3
山东	4.42	5.3	广西	1.92	2.3
湖北	3.33	4	山西	1.83	2.2
河南	3.25	3.9	辽宁	1.50	1.8
云南	3.17	3.8	重庆	1.33	1.6
安徽	3.17	3.8	甘肃	1.17	1.4
江西	3.00	3.6	天津	1.08	1.3
四川	2.83	3.4	内蒙古	0.92	1.1

与全国大部分地区不同的是，温州还有大量的人口在国外从事各种经济活动。例如，维基百科数据[①]显示，仅在意大利、法国和西班牙的温州人就有近50万人。据2014年的调查显示，浙江籍海外及港澳华侨、同胞有202.04万人，其中温州有68.89万人。从温州海外及港澳侨同胞占全市的比重来看，还有一些没有统计进去，如平阳县海外侨同胞占全市比重与

---

① 从其显示温州户籍人口有800万以上的数据来看，该数据应该在2012年之后。

其户籍人口占全市比重严重不相称。温州市委政研室与中国移动温州分公司合作课题组梳理、筛选出 2.36 万出国经商游学的温州人作为样本，其结果显示，温州各区县流向"一带一路"国家的人口与其户籍人口比重基本相关（见表 3-7）。从表 3-7 中可以看出，温州市区户籍人口出国人口到"一带一路"地区国家最多，占全市的 29.20%，瑞安市居第二位，苍南县和鹿城区相差不大，乐清市居第五位。而在海外侨同胞中，来自市区的所占比重依旧最高，文成县表现明显，超过瑞安市居全市侨同胞第二位，此外，瓯海区和鹿城区也有较多的侨同胞。

表 3-7 温州人口及其流动情况

区域	2016年户籍人口（人）	所占百分比（%）	乡村人口（人）	占全市百分比（%）	"一带一路"占比（%）	海外及港澳侨同胞（人）	占全市百分比（%）
全市	8182211	100.00	5081389	100.00	100.00	688449	100.00
市区	1680508	20.54	441964	8.70	29.20	252510	36.68
鹿城区	757678	9.26	108084	2.13	15.30	120760	17.54
龙湾区	331145	4.05	77029	1.52	6.60	11090	1.61
瓯海区	437839	5.35	161934	3.19	5.70	119757	17.40
洞头区	153846	1.88	94917	1.87	1.60	903	0.13
瑞安市	1235161	15.10	690474	13.59	21.90	159964	23.24
乐清市	1295926	15.84	872361	17.17	10.50	25890	3.76
永嘉县	971663	11.88	686382	13.51	8.20	65808	9.56
平阳县	883826	10.80	723559	14.24	8.80	6767	0.98
苍南县	1342048	16.40	1001461	19.71	15.30	8336	1.21
文成县	401972	4.91	355265	6.99	4.20	168598	24.49
泰顺县	371107	4.54	309923	6.10	2.10	576	0.08

以上海为参照，2010 年以来温州常住性人口减少了 100 万左右，同期东莞减少 330 万人左右，而苏州 2011 年至 2015 年减少了近百万，但 2016 年以来已经增加了 70 万人（见图 3-20）。由于东莞的本地户籍与外来人口结构与深圳相似，因此实际变动会更大些，而苏州和温州则基本上无须

调整。从前面的分析来看，2016 年，温州流向市外国内的人口有 250 万左右，在海外的温州人有 50 万左右，两者合计 300 万人左右，而市外流入温州的人口有 350 万左右，两者相差 50 万，即温州户籍人口加上净流出人口的实有总人口为 860 万人左右，与以上海为参照值的估计结果非常接近。从图 3-20 可以看出，东莞的人口自 2008 年以来持续下降，但近两年来基本保持在 1200 万左右的水平，较 2008 年减少 400 多万人。苏州总人口自 2008 年以来相对保持稳定，近两年来甚至有所上升。温州的情况与苏州相似，但温州邻近没有更大的城市，全靠自身力量集聚人口，而苏州则可接纳来自上海的产业和人口转移。

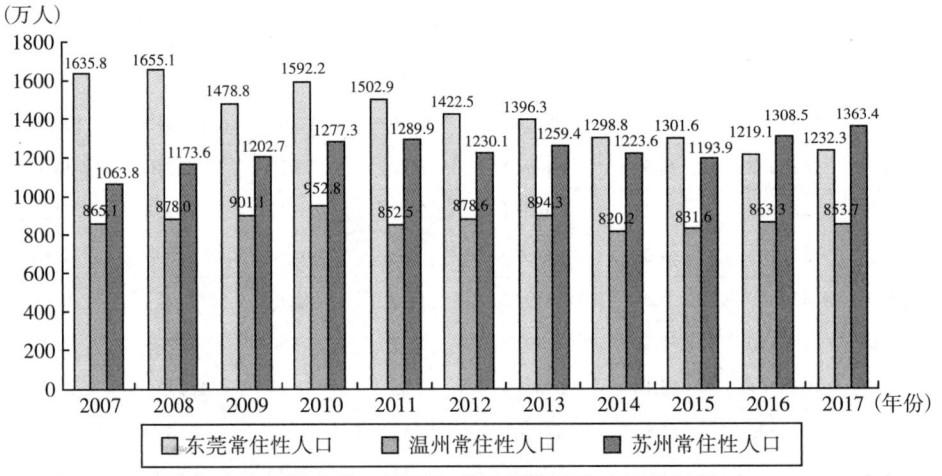

图 3-20　以上海为参照的东莞、温州和苏州历年常住人口估计数（2007~2017 年）

四、基于移动大数据的重庆市人口流动

1975 年，重庆有 2280.39 万农业人口，至 2014 年末，重庆仍有 2003.08 万农业人口，重庆 2000 多万农业人口的纪录保持了 40 年之久。相对于全国农业人口的数量而言，重庆农业人口占全国农业人口的比重不到 3%，但重庆流出市外的人口规模却占全国的 6% 左右。2002 年至今，重庆经济保持两位数以上的高增长已达 15 年，虽然经济的高增长吸引了

第三章 人口流动研究学术综述及应用进展

大量的劳动力，但时至今日，重庆每年净流出人口规模依然在300万人以上。国内很少有专门的文献来研究较大区域内的人口流动流量、流向，一般直接采用人口普查和抽样调查数据。2014年国内大数据热潮涌动，有关人口大数据研究也有不少文献，但可资应用的在少数。

在国内，重庆移动从2011年开始探索大数据运营发展，并较早利用移动用户通话信息来推算人口流动情况。2015年，重庆移动基于大数据技术发布了《2015年重庆市人口流动与五大功能区域发展分析报告》，该报告是国内外首份利用大数据技术测度重庆市人口流动的文献。2017年3月2日，重庆移动基于大数据技术发布了《2016年重庆市人口流动与五大功能区域发展分析报告》（以下简称《报告2016》）。两份报告都仅选取移动用户进行分析，重庆移动市场的份额为75%。报告所用的流动人口数据统计口径为，统计期内流入重庆市内或流出重庆市外，且连续驻留时长超过1个月的居民，即为常住流动人口。《报告2016》结果显示，近3年来，重庆市基本上每年新流入人口均高于流出人口，出现"入多出少"的净流入状态。报告指出，净流入规模明显扩大是由流入人口大量增加，流出人口规模基本上没有变化造成的。

由于农村劳动力在流出人口中占有极高的比例，国内不少人口流动研究往往直接以农村劳动力流动为对象。吴寿平（2016）参照李勋来和李国平（2005）的方法，推算出重庆1996~2015年农村流出劳动力的数量，并利用户籍人口减去常住人口的差额计算重庆市外、市内流动人口的数量（见图3-21）。图3-21中常住户籍人口差额是重庆市统计局公布的户籍人口数减去常住人口数，两者之差是政府公布的市外净流出人口数。而重庆流动劳动力数同样来自市统计局的口径，包括市内、市外流动。由于农村流出劳动力人数采样自市统计局口径，市外净流出数并不包含在内，因此常住户籍人口差额加上市外净流出数就是重庆流动人口总数（包括市内、市外流动人口）。另一个需要注意的是，农村流出劳动力中，通常会伴随10%左右的非劳动力人口流出，主要是外出劳动力的亲属。为谨慎计算，我们并没有将伴随农村劳动力流出的亲属（主要是小孩和老人）包含在内。若将农村劳动力亲属流动计算在内，2010 年和 2014 年重庆户籍的流动人口数分别为 1161.54 万和 1200.50 万，4 年间累计增加 38.96 万人，同期户籍人口增加 71.75 万人。

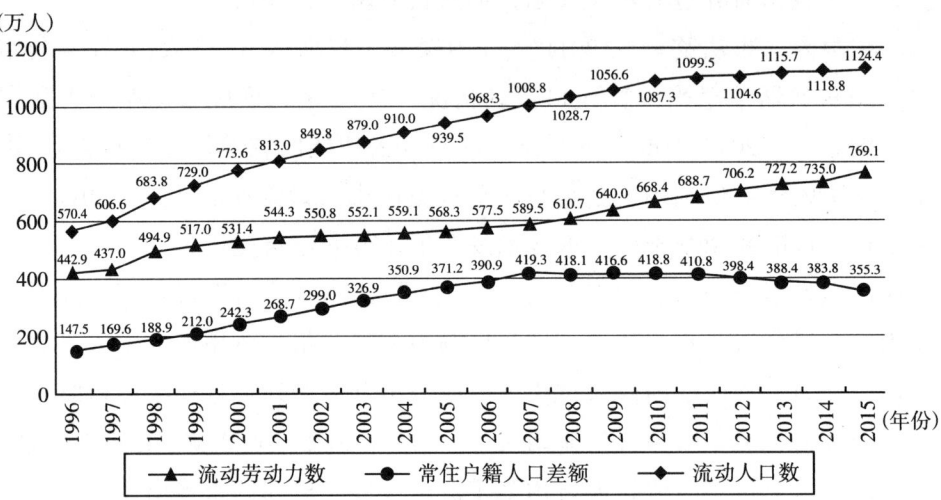

图 3-21 重庆市历年农村流出劳动力、常住户籍人口差额与流动人口数（1996~2015 年）

从图 3-21 中可以看出，2007 年以来重庆市内流动人口和流向市外的流动人口一直保持在 1000 万以上的规模并缓慢增长，2010 年之后几乎是一条平行线，2013 年仅比 2012 年增长 0.29%。与 2013 年重庆市人口计生委的全市流动人口动态监测数据相比，我们估计的全市外出流动人口（离开原籍一个月以上）为 1115.65 万人，同期卫计委的统计为 1043.13 万人，两者相差 72.52 万人；市人口卫计委数据显示，全市外出至市外的人口为 531.98 万人，占全部流动人口的 50.998%，在市内流动的人口为 511.15 万人；在来渝的外地人中，每 10 个外地人中就有 6 个是四川人。我们的估计结果与市人口卫计委的差别并不大，但重庆市人口卫计委的数据主要有三大缺陷：一是样本量过少，仅在全市范围内抽取 6000 个样本，通过小样本进行统计推算的结果误差通常会比较大；二是不同区县人口流出的流量和流向差异性较大，郊区人口流向中心城区的可能性较大，而山区县和新撤县设区的地方市外流动占比高；三是外调流入人口在九龙坡、沙坪坝、渝中、江北、渝北等中心区分布不均且密度不同。

与重庆市人口卫计委的数据相比，重庆移动的《报告 2016》大数据推断的结果更为可靠，这是因为样本量足够大，虽然移动公司占全市移动市场的份额没有达到 100%，但大数据采样数量达 2091.6 万个初始样本，符合人口流动定义的样本量也在 1000 万以上，样本量是重庆市人口卫计委样本的 1700 多倍，大数据统计推算误差显然会远远低于重庆市人口卫计委的抽样调查推算。例如《报告 2016》数据显示，从 2016 年全年来看，重庆市漫游入客流的规模一直比漫游出访大，且在春节达到了最大差值，约 487 万，具有明显的季节特征。春节漫游之所以产生最大差值，根本原因是由重庆流向市外的户籍人口返乡过年所导致，最大差值即是重庆市外流动人口的最小值。由于重庆远离广东、浙江、上海、江苏、福建和北京等发达省市，除了春节期间返乡过年的市外流动人口外，还有相当比例的流动人口留在他乡过年。例如，2015 年广州番禺市一项关于外来人口返乡过年的调查表明，有 70% 的外来人口返乡过年，由于重庆远离经济发达省市，返乡过年的比率应该低于 70%。当然最大差值并不能代表 487 万净流出人口，如 2016 年全国流动人口人均手机拥有量约为 1.25 部，由于重庆农民工占外出人口的比重较大，因此市外流动人口人均手机拥有量应低于全国平均水平。

图 3-21 中的流动人口数量既包括市内流动人口也包括市外流动人口，要得到重庆市外流动人口数量，还需要确定市外流动人口占总流出人口的比重。重庆市卫计委的人口流出规模可能偏小，但市外流动人口占流动人口总数的比重应该比较准确，我们先根据重庆市统计局公布的 2000~2006 年的流动人口数据推算的市外流动人口比重，以 2006 年和 2013 年市卫计委的数据为基点，采用插值法和趋势外推法计算其他年份的市流动人口占比，然后取均值，得到 2000~2015 年重庆市内、市外流动人口数量及其占比（见表 3-8）。由于农村人口占比较大，重庆在 2000 年流向市外的人口估计为 562 万人，至 2007 年达到 655 万的顶峰，自此之后流向市外的人口逐年下降，但市外流动人口占总流出人口的比重依旧在 50% 以上。

表 3-8　重庆历年流动人口数量及其市内、市外数量估计（2000~2015 年）

年份	流动人口数（万人）	市外流动（万人）	市内流动（万人）	市外流动占流出人口比重（%）
2000	773.64	562.25	211.39	72.68
2001	813.03	578.27	234.76	71.12
2002	849.80	595.52	254.28	70.08
2003	879.01	603.72	275.29	68.68
2004	909.99	612.33	297.66	67.29
2005	939.48	620.16	319.32	66.01
2006	968.32	645.06	323.26	66.62
2007	1008.83	655.49	353.34	64.98
2008	1028.70	651.52	377.18	63.33
2009	1056.63	651.87	404.76	61.69
2010	1087.27	652.93	434.34	60.05
2011	1099.49	642.22	457.27	58.41
2012	1104.62	627.09	477.53	56.77
2013	1115.65	615.04	500.61	55.13
2014	1118.83	598.43	520.40	53.49
2015	1124.37	582.94	541.43	51.85

从表 3-8 可以看出，2007 年重庆市外流动人口达到顶峰（拐点），与全国农村情况一样，农村可供流动劳动力基本枯竭。市内流动继续保持较快的增长态势，平均每年净增长 23.5 万人。流动人口总数自 2007 年以来一直增加，但其中 0~15 岁的非劳动力增长速度（约为 3%）远快于劳动力增长速度（约为 0.5%）。表 3-8 中的市外流动人口实际上是一种净流出。常住户籍差额人口被流入地官方作为外来常住人口记录，即市外流动人口减去常住户籍差额人口之后，两者之差被重庆市作为本市常住人口来加以记录（见图 3-22）。

由图 3-22 可以看出，2001 年之前重庆农村跨市流出的人口中，有 300 多万依然被户籍所在地列为当地的常住人口。这种情况并非重庆才

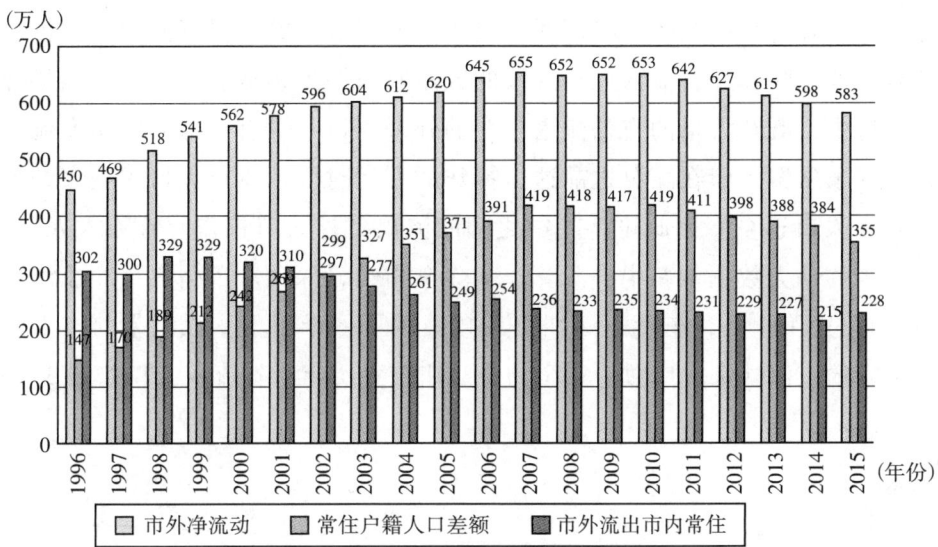

图 3-22 重庆市历年市外净流出人口、流出却被记录为常住的人口（1996~2015年）

有，全国人口流出地区都普遍存在这种现象。很多外出农民工害怕不被登记为当地常住人口就可能失去土地，因此即使常年外出，只要家里还有一个老人，也能全部登记为户籍所在地常住居民，甚至全家常年在外省就业，也与村里保持联系，积极参加农村医疗、养老，以免被除去户籍。另外，在全国加大转移支付力度的情况下，更多的常住人口意味着更多的转移支付，因此政府基层管理人员也乐意有更多的常住户籍人口。相对于3371.84万户籍人口来说，2015年重庆约有6.75%的人口（228万）依旧被登记为常住人口。

五、基于移动大数据的人口流动：广东和湖南

2018年春节，广东移动大数据分析结果显示，春节期间全省各地级市有5800多万人离开了常住地址到其他地方过除夕。其中，流向国内省外的占63.71%，规模高达3695万人，在省内地级市之间流动的占35.86%，省内流动规模为2080万人，流向大陆以外的约占0.43%（25万人）。虽然

并非所有外省来广东的人口都回家过年，但春节前的人口流向和流量占比却真实地反映出外省流入广东人口的数量及来源地构成。当然，流出省外的人口中，既有大量的省外流入广东的外来人口，也有一部分广东人流向省外探亲旅游，但在除夕之前这个特殊的春运时段，流出人口中绝大部分为外来人口返乡。因此可将除夕之间的流出省外人口视作跨省流入人口。据广东移动大数据创新中心测算，到除夕当天，深圳、广州累计净流出人数均超过1100万，东莞、深圳总人数减少了一半以上。该结果与本书前面推算的广深外来人口数量完全吻合。广东省历年跨省流入人口如图3-23所示。

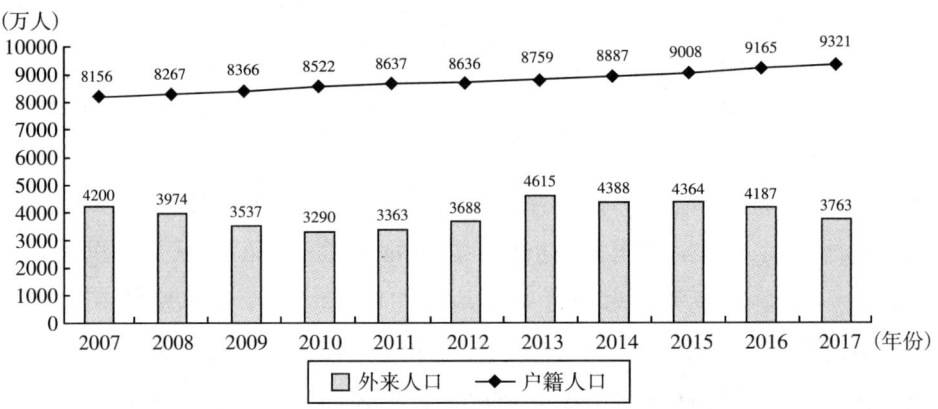

图3-23 广东省历年外省流入人口与本省户籍人口（2007~2017年）

从流动的峰值来看，省际人员流动在2017年农历腊月二十四达到峰值，由广东各地级市出省的有400万人。节前出省人口主要流向广西、湖南、江西、湖北、四川、河南、贵州、重庆、福建、云南十省市，这正是广东省外来人口的主要来源地，其中去广西的出行人数近800万。同期湖南移动大数据显示，截至2018年大年初三，累计漫游到湖南的用户中，有739万从广东回来，78万从湖北回来；漫游用户回湖南之后，有13%的用户回衡阳，12%的用户回邵阳。湖南流向广东的人口有800多万，这意味着春节有90%的湖南人返乡。从省内的情况来看，省内流动主要由粤东、粤西、粤北流向珠三角。广东移动大数据的分析结果显示，除夕当天梅州、茂名、汕尾三个城市的移动网络登记用户数增幅位居前三，相比平日增幅均超过50%，这说明这三个城市人口流出的比重极高。例如，平时住在深圳但在梅州过年的有80多万人。本省流动人口的春节返乡率比外省更高，基本上达到100%，因此广东本省跨地级市的流动人口高达2000万人以上。

中国移动茂名公司大数据显示①，2019年春节前累计331.5万人返回茂名，与2018年同期相近。2017年茂名年末户籍人口为803.83万人，占广东全省户籍总人口的8.63%。以2017年末户籍人口为基数，作为市区之一的茂南区外出人口占户籍人口的24.90%；由县级区域变成市区的电白区外出人口占户籍人口的比重也高达39.79%；信宜、高州和化州三个县级市外出人口占户籍人口的比重更是高达43.56%、45.48%和46.30%；全市流出人口占户籍人口的比重高达41.25%（见表3-9）。广东9000万户籍人口中，人口为净流入的珠三角占全省户籍人口的36%左右，而人口净流出的非珠三角地区户籍人口占全省的64%。从茂名的情况推算，广东本省籍跨市流动人口高达2339万人。

表3-9 茂名地区各区市外出人口推算

区域	2017年末户籍人口（人）	占全市户籍人口比重（%）	2019年春节前返乡人口（万人）	占全市返乡人口比重（%）	2019年返乡人口占户籍人口比重（%）
茂南区	1048178	13.04	26.1	7.87	24.90
电白区	1932747	24.04	76.9	23.19	39.79
信宜市	1483045	18.45	64.6	19.48	43.56
高州市	1816166	22.59	82.6	24.91	45.48
化州市	1758132	21.87	81.4	24.55	46.30
全市	8038268	100.00	331.6	100.00	41.25

---

① 资料来源：大数据出炉！331.5万人春节返茂，汕湛高速客流量高［EB/OL］．2019-02-08，http://www.sohu.com/a/293695896_699157．

从茂名返乡大军来源地来看,外出人口主要流向珠三角的深圳、广州和东莞,分别为58.4万人、58.1万人和45万人。也有小部分人口流向省外,其中由广西、海南和上海返乡的人口分别为3.5万人、2.9万人和1.1万人。以茂名省外返乡人口推算,广东全省流出人口145万左右。分省研究报告显示,广东省流出人口为455万人,由此大致可推算出广东省2015年春节节前"反向春运"的人数在300万人左右。

第四章 人口流动大数据计算基本理论和基础数据

在前面的综述性研究中发现，自 1978 年以来，中国大陆流动人口的数量表面看起来杂乱无序，但实际是有规律可循的。例如，改革开放之初的中国农村确实存在着较多的剩余劳动力，但到 1986 年之后，我们发现，所谓的农村剩余劳动力，实际上已经流出农村成为流动劳动力。中国大陆的人口流动在相当长的一段时间内，都可以看作是农村劳动力的外出流动。到 2007 年左右，中国大陆农村可流出的劳动力基本上已经枯竭。本章在前述研究的基础上，探讨中国大陆自 1978 年改革开放以来人口流动的基本数量规律。

第一节 流动人口数量与大数定律

我们可以把外出人口个体的每一次流动都视为一个随机过程，那么在某段时间内流向某个区域的流动人口就构成了一系列互相独立的随机变量。

一、弱大数定律

在某个特殊的流量测定时刻，外出人口的返乡可视为某种期望。随着测定流动人口样本数量 n 的增加，样本的平均数（总体中的一部分）将接

近于流动人口总体样本的平均数,因此可以在统计推断中使用样本平均数来估计总体流动人口平均数的值。弱大数定律的定义为:

对于独立同分布的随机序列 X_1, X_2, $\cdots$, X_n,只要总体均值 μ 存在,那么样本均值 $\overline{X}_n = \frac{1}{n}\sum_{i=1}^{n} X_i$ 会随着 n 增大而以概率收敛到总体均值 μ。

因此,若能够在某个较短的时段内,得到某区域各个方向的流动人口数量,或者得到与流动人口相关的表征数量,随着数量的增大,某方向的数量(或表征量)占区域总流出量的比重就将收敛到真实值。例如,2015年2月7日(农历2014年十二月十九日)至2月16日(农历2014年十二月二十八日),由广东省流向湖南省的人口表征流量为20259356(无量纲量),占广东省总流出表征量的22.98%,由大数定律可知,广东省跨省流入人口中,湖南人占22.98%。

二、强大数定律

相对于弱大数定律,强大数定律(辛钦定理)的定义为:

对于独立同分布的随机序列 X_1, X_2, $\cdots$, X_n,只要总体均值 $E(x_i) = \mu$ 存在,那么样本均值 $\overline{X}_n = \frac{1}{n}\sum_{i=1}^{n} X_i$ 会随着 n 增大而必定收敛到总体均值 μ。即对于任意正数 $\varepsilon > 0$,下式成立:

$$\lim_{n \to \infty} P\left\{ \left| \frac{1}{n}\sum_{i=1}^{n} X_i - \mu \right| < \varepsilon \right\} = 1 \tag{4-1}$$

在前面的例子中,由广东省流向湖南省的人口表征流量甚至已经远远比流动到广东的湖南籍实际人口要多,因此22.98%的比值可视为一种终极收敛值。另外,由于同期湖南省流向广东的人口流动表征量只有1057237,占湘粤两省互流量的4.96%,即该终极收敛值的最大误差也不会超过5%。

三、切比雪夫定理

更进一步,切比雪夫定理为:

设 X_1, X_2, $\cdots$, X_n 为相互独立的随机变量,方差 $D(X_i)=\delta^2<C$(常数 C 与 n 无关),对于任意正数 $\varepsilon>0$,下式成立:

$$\lim_{n\to\infty} P\left\{\left|\frac{1}{n}\sum_{i=1}^{n} X_i - \frac{1}{n}\sum_{i=1}^{n} E(X_i)\right|<\varepsilon\right\}=1 \qquad (4-2)$$

在某区域对某方向的流动人口计数时,X_i 可视为流向目的地的流动人口数,其中 $i=1$, $\cdots$, k,当 $k>1$ 可视为家庭式集体流动,而家庭之间依旧可视为相互独立。我们总能找到足够短的时间 τ,满足在每个时间 τ 内测定该方向只有 1 人在流动,从而使得随机变量 X(其数学期望为 μ,方差为 δ^2)对于任何正数 ε,下列切比雪夫不等式成立:

$$P(|X-\mu|\geq\varepsilon)\leq\frac{\delta^2}{\varepsilon^2} \text{ 或 } P(|X-\mu|<\varepsilon)\geq 1-\frac{\delta^2}{\varepsilon^2} \qquad (4-3)$$

在某计数时段内,设 μ_{HuNan} 是该计数时段内记录的由广东流向湖南的人口数,且此段时间内广东流出人口总数(或表征量)为 n 次独立事件,在每次独立事件中,由广东流向湖南发生的概率为 p,则当 n 足够大时,广东外来人口中来自湖南的人口比重 μ_{HuNan}/n 趋于服从参数为 $(p, p(1-p)/n)$ 的正态分布。在前面的人口流动大数据计数时段内,$\mu_{HuNan}=20259356$,$n=88156382$,$\dfrac{\mu_{HuNan}}{n}=22.98\%$。由于 n 足够大,因此就可以测定人口流动的流向,且该数值均值为 22.98%,标准差在 $n=88156382$ 的总表征流量情形下趋于 0。我们测定 2014 年广东跨省流入人口的来源构成如图 4-1 所示。例如,流动人口表征量计数为 22533599(无量纲),占同期广东省总流出量的 25.56%,即每 4 个跨省流出人口中,有 1 个流向广西,广西居广东省跨省流入人口的第一位;而广西的流出人口中,有 86.31%的广西籍人流向了广东省。

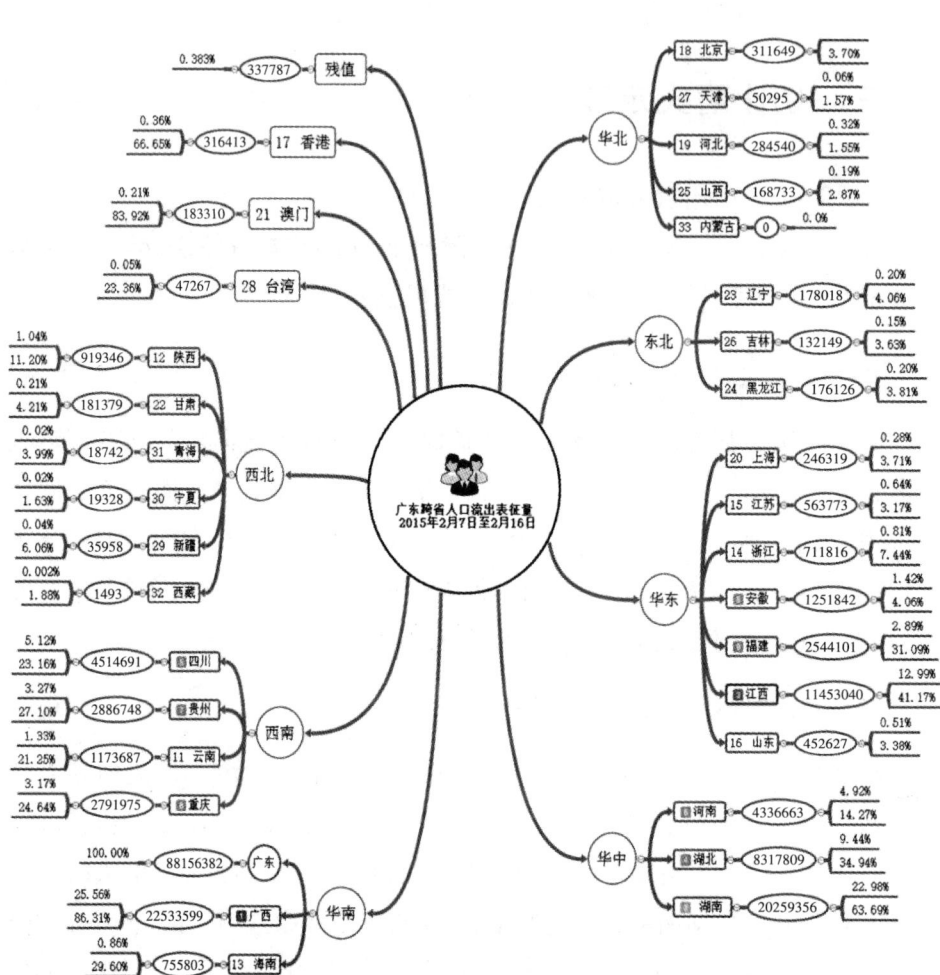

图 4-1 广东省跨省流入人口构成（2014年）

第二节 人口流动流量引力模型

利用引力模型研究人口流动由来已久，最早可追溯到1885年英国人口统计学家莱恩斯坦发表的《人口迁移规律》论文。莱恩斯坦（1885）总结了英国人口迁移的七大规律，有：农村人口比城市人口更容易发生流动；长距离人口迁移倾向流入大城市；快速成长的城市人口来自其附近的农村人口流入，而距离更远的农村将弥补这种农村人口流出后的空缺；女性比男性的流动性更强等。这些规律与我国改革开放以来的人口流动情况基本相符合。如 1990 年"四普"时的结果显示，广东和浙江的外来人口中女性占比高于男性，原因是工厂更愿意招收年轻女性。所不同的是，我国人口流出大省的农村人口流出后，在相当长的一段时间内并没有发生更远地区农村人口流入来弥补流出空缺的情况，如贵州农村人口流出之后，并没有出现四川农村人口流入来弥补空缺的情况。但在浙江还是出现了这种现象，如温州人流出之后，剩下的本地人兴办企业吸引了本地乃至更远地方的人口流入。

一、齐普夫城市人口流量引力模型

美国社会学家齐普夫（1946）专门探讨了城市之间人口流动流量规模与两市之间的距离及人口规模之间的引力模型关系。该定律早在 1687 年为英国著名的物理学家牛顿所发现，即任何物体之间都有相互吸引力，其大小与两个物体的质量成正比，而与两物体之间的距离的平方成反比。人口统计学家发现，任何两个城市之间的人口流动规模，其大小与城市人口规模成正比，而与两市之间的距离的平方成反比，即与牛顿万有引力定律极为相似。若区域 i 和区域 j 的人口规模分别为 P_i 和 P_j，两地距离为 D_{ij}，则两地之间的人口流动规模 M_{ij} 基本引力模型为：

$$M_{ij}=k\times\frac{P_i\times P_j}{D_{ij}^2} \text{（其中，k 为常量）} \tag{4-4}$$

在实证分析中，人们将人口流动规模基本引力模型改进为：

$$M_{ij}=k\times\frac{P_i\times P_j}{D_{ij}^\alpha} \text{（其中，k 为常量，}\alpha>1\text{）} \tag{4-5}$$

或

$$M_{ij}=k\times\frac{P_i^\beta\times P_j^\gamma}{D_{ij}^\alpha} \text{（其中，k 为常量，}\alpha>1,\ \beta>0,\ \gamma>0\text{）} \tag{4-6}$$

当数值比较大时，将上式对数线性化，模型公式转变为：
$$\ln(M_{ij}) = \ln\beta_0 + \beta_1\ln(P_i) + \beta_2\ln(P_j) + \beta_3\ln(D_{ij}) + \beta_4\ln(Y_i) + \beta_5\ln(Y_j) \quad (4-7)$$
（其中，Y_i，Y_j 分别为两地的经济总量）

二、人口引力模型实证分析——以广东为例

以广东为例进行人口引力模型实证分析，广东省为人口吸引中心，全国其他各地则为人口流出地（见表4-1）。我们先考察同位于京广线上的河南、湖北、湖南三省与广东省之间的人口流量是否符合基本引力模型。华中地区湘鄂豫三省皆为人口流出大省，户籍人口总量大，且基本上同位于京广线，除湖南直接受广东近距离吸引外，湖北自身有人口吸引源武汉市，而河南则面临人口吸引源的北京市。

表4-1 粤湘鄂豫四省人口及人口流动表征流量（2014年）

省级行政区域	户籍人口（万人）	城镇人口（万人）	农村人口（万人）	户籍人口城市化率（%）	到广东距离（公里）	流动到广东的流量
广东	8635.89	7212.37	1423.52	83.52	—	—
湖南	7179.87	3208.80	3971.07	44.69	660	20259356
湖北	6165.40	3161.03	3004.37	51.27	900	8317809
河南	10543.00	3990.97	6552.03	37.85	1700	4336663

在人口流动规模 M_{ij} 基本引力模型 $M_{ij} = k \times \dfrac{P_i \times P_j}{D_{ij}^2}$ 中，仅 k 为未知常量。结合表4-1中的数据，先看广东到湘鄂两省的人口流动表征量之比：

$$\frac{M_{HuNan\_GD}}{M_{HuBei\_GD}} = \frac{20259356}{8317809} = 2.43566 \quad (4-8)$$

而 $\dfrac{P_{HuNan}}{P_{HuBei}} \times \left(\dfrac{D_{HuNan\_GD}}{D_{HuBei\_GD}}\right)^2 = \dfrac{7179.87}{6165.40} \times \left(\dfrac{900}{660}\right)^2 = 2.45783 \quad (4-9)$

再看广东到湘豫两省的人口流动表征量之比：

$$\frac{M_{HuNan\_GD}}{M_{HeNan\_GD}} = \frac{20259356}{4336663} = 4.67165 \quad (4-10)$$

而 $\dfrac{P_{HuNan}}{P_{HeNan}} \times \left(\dfrac{D_{HuNan\_GD}}{D_{HeNan\_GD}}\right)^2 = \dfrac{7179.87}{10543.00} \times \left(\dfrac{1700}{660}\right)^2 = 4.51817$ (4-11)

最后看广东到鄂豫两省的人口流动表征量之比：

$$\dfrac{M_{HuBei\_GD}}{M_{HeNan\_GD}} = \dfrac{8317809}{4336663} = 1.91802 \qquad (4-12)$$

而 $\dfrac{P_{HuBei}}{P_{HeNan}} \times \left(\dfrac{D_{HeNan\_GD}}{D_{HuBei\_GD}}\right)^2 = \dfrac{6165.40}{10543.00} \times \left(\dfrac{1700}{900}\right)^2 = 2.08646$ (4-13)

式（4-8）与式（4-9）之比为0.9910，式（4-10）与式（4-11）之比为1.0340，式（4-12）与式（4-13）之比为0.9193。由此看来，k值作为常量也是可以接受的。因此，基于人口流动大数据得到的人口流动规模表征量符合人口流动基本引力模型，这也从侧面印证了利用大数据得到的人口流动流量乃至流向是可信的。值得注意的是，作为引力模型，人口流出地应为该省人口的加权重心，而人口流入地也应为该省外来人口的集聚地的加权重心。显然，我们对这一数据进行了简化。

需要指出的是，考察基本引力模型时，考察对象的情况应总体上相似，否则会得出不符合引力模型的反例出现。例如，江西和广西同与广东相邻，2014年广西户籍人口是江西的1.16倍，而广西流动到广东的表征流量是江西的1.97倍，这并不表明人口流量重力模型失效，而是因为江西周边除了广东之外，还有沪浙苏闽四个人口吸力源，而广东则是广西唯一的近距离人口吸力源。马伟等（2012）利用引力模型研究了人口迁移的影响因素和机制，发现交通基础设施改善极大地影响了人口迁移，但铁路交通承担的人口流量跟交通线的繁忙程度有很大关系。例如，贵广高铁的运营并没有明显导致由贵州到广东的流动人口增加，究其原因，一是贵州的流出人口总量基本保持稳定，二是贵广高铁客流密度远低于京广线，即短期内很难改变贵州外出人口的流动目的地。

第三节 人口重心与人口跨省迁移距离

在前面的人口流动流量引力模型中,当我们计算两地之间的距离时,并没有使用人口重心这个概念。事实上,引力模型中的距离应是两区域内人口重心之间的距离。在特有的户籍制度下,城镇户籍人口增长缓慢,而农村户籍人口增长相对较快,因此中国省级区域的人口重心自1990年以来基本上变化不大。由于人口主要由农村流向城镇,由内陆流向沿海,但跨省人口流动的来源地主要来自中西部地区,因此,在计算人口流动的重心时,应以地级市或县区为子区域户籍人口的依据,而不应使用常住人口数据。

一、人口重心及重心之间的距离

人口重心是一种加权概念。在小范围内可视之为平面重心,而在较大范围内则应计算球面重心。设某区域内其子区域人口所处质点经纬度位置为(x_i, y_i),子区域数量人口数量为p_i,则该区域的人口重心的地理坐标(X, Y)的计算公式为:

$$X = \frac{\sum_{i=1}^{n} p_i x_i}{\sum_{i=1}^{n} p_i}, \quad Y = \frac{\sum_{i=1}^{n} p_i y_i}{\sum_{i=1}^{n} p_i} \tag{4-14}$$

若区域 D 内的人口密度函数为 $\rho = \rho(x, y)$,人口总数为 M,则该区域的人口重心的地理坐标 (X, Y)为:

第四章 人口流动大数据计算基本理论和基础数据

$$X = \frac{M_y}{M} = \frac{\iint_D x\rho(x, y)d\sigma}{\iint_D \rho(x, y)d\sigma}, \quad Y = \frac{M_x}{M} = \frac{\iint_D y\rho(x, y)d\sigma}{\iint_D \rho(x, y)d\sigma} \qquad (4-15)$$

若已知两区域的人口重心的经纬度坐标分别为 $P_1(x_1, y_1)$ 和 $P_2(x_2, y_2)$，则两区域人口重心之间的距离为：

$$\text{Distance} = R \times \arccos(\sin y_1 \sin y_2 + \cos y_1 \cos y_2 \cos(x_1 - x_2)) \qquad (4-16)$$

其中 R 为地球半径，数据对 (x_1, y_1) 和 (x_2, y_2) 为弧度值。在 Excel 表格中，可快速计算任意两个重心之间的距离，其公式为：

$$\begin{aligned}
\text{Distance} = &\; 6371.004 \times \text{ACOS}(1 - (\text{POWER}((\text{SIN}((90 - \text{RC}[-3]) \times \text{PI}()/ \\
&180) \times \text{COS}(\text{RC}[-4] \times \text{PI}()/180) - \text{SIN}((90 - \text{RC}[-1]) \times \text{PI}()/180) \times \text{COS}(\text{RC} \\
&[-2] \times \text{PI}()/180)), 2) + \text{POWER}((\text{SIN}((90 - \text{RC}[-3]) \times \text{PI}()/180) \times \text{SIN}(\text{RC} \\
&[-4] \times \text{PI}()/180) - \text{SIN}((90 - \text{RC}[-1]) \times \text{PI}()/180) \times \text{SIN}(\text{RC}[-2] \times \text{PI}()/ \\
&180)), 2) + \text{POWER}((\text{COS}((90 - \text{RC}[-3]) \times \text{PI}()/180) - \text{COS}((90 - \text{RC}[-1] \times \\
&\text{PI}()/180)), 2))/2)
\end{aligned} \qquad (4-17)$$

由于我们的研究对象包含港澳台在内的全国共 34 个省级行政区域为方便计算，在 Navicat Premium 环境下，先复制包括各省级行政区域的人口重心经纬度坐标数据表（provincedata→provincedata_copy1），再利用 SQL 实现笛卡尔积：

Select × From provincedata Cross JOIN provincedata_copy1

通过 SQL 编程或 Excel 直接计算，最后得到全国 34 个省级行政区域人口重心之间的距离（如图 4-2 所示，34×34 共 1156 条记录）。

二、我国人口重心变动

李小云等（2017）计算的 1990 年至 2014 年的结果显示，我国的人口重心相对保持稳定，大致集中在河南省南阳市与湖北省襄樊市的交界处，1990~2000 年东移约 23.82 千米，人口重心在 3 个年份出现了较大的转折，总体南北移动仅 6.11 千米。实际上这种计算得到的转折性变动，完全是不同口径的人口数据变动的结果,若以户籍人口为统一口径来计算,则基本上不会出现转折性变动的情况,且人口重心的总体变化也会更小。实际的人口重心显然会与经济重心同步变化,但人口统计口径的差异掩盖了这一变化。

考虑到中国人口流动与户籍制度的特殊关系,以及1990年以来我国人口重心基本稳定的事实,因此在计算迁移距离时以1990年我国各省人口重心来计算省级行政区域之间的距离是比较稳妥的。如图4-2所示,本省的人口重心重合,因此共有1000条有效距离记录,如广东人口重心到北京人口重心之间的距离为1910.572千米。在后期的人口流动大数据处理中,要计算人口流动流量、流向的真实值,必须将省级行政区域的人口重心之间的距离与无量纲流量加权计算才能得到。这种权重实际上是春节节前人口流动的成本因素,若不进行加权计算,而仅以初始流量来计算各省流出人口,则会明显低估西部省区的人口流量、高估中部及与沿海省份相邻地区的人口流量。以人口流出大省四川为例,其距离人口主要流向地广东、浙江和江苏都较远,而距离邻近的重庆和云南则较近。在初始无量纲流量中,四川流向广东的人口占全省流出总量的比重只有23.69%,而2010年全国第六次人口普查时该值为30.37%,两者存在明显的冲突,因

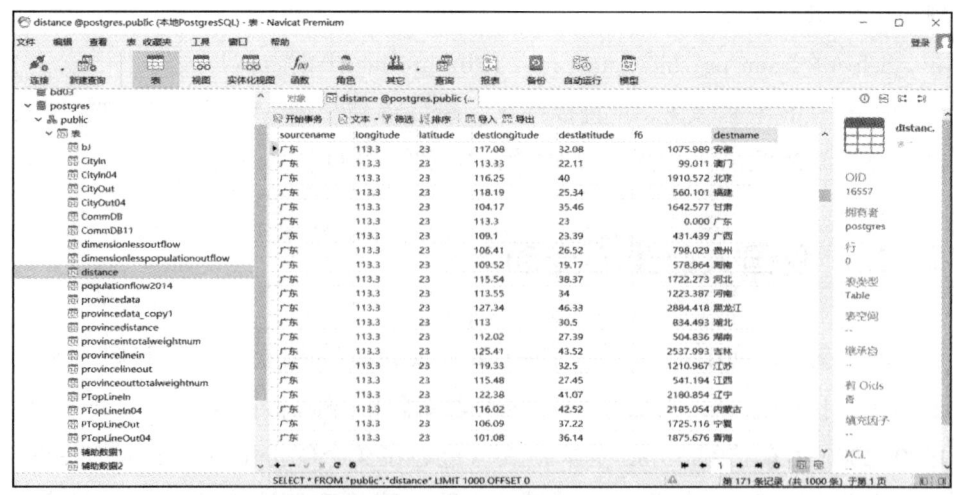

图4-2 全国各省人口重心之间的距离计算数据表文件

第四章 人口流动大数据计算基本理论和基础数据

为并没有事实或其他数据表明四川人口流动发生了重大变化。经过以人口重心距离为权重的加权计算，2014年四川流向广东的人口占全省流出人口的比重为29.941%，计算结果与预期值完全相符。

第四节 原始数据表结构及字段说明

在前面的研究中，我们选取加州大学伯克利分校计算机系开发的PostgreSQL作为数据处理工具。PostgreSQL支持大部分SQL标准，该工具可有效提供复杂查询、外键、触发器、视图、事务完整性、MVCC等数据分析工具，同时可方便后续研究中更多方法的扩展。

一、人口大数据表字段结构

将数据导入名为renkou的数据库中，该数据库含有4个数据表：CityIn（各城市人口热门迁入线路）、CityOut（各城市人口热门迁出线路）、PtopLineIn（省级人口热门迁入线路）和PtopLineOut（省级人口热门迁出线路）。各数据表中的数据字段说明如表4-2所示。

表4-2 人口流动数据表数据字段说明

CityIn（各城市人口热门迁入线路）、PtopLineIn（省级人口热门迁入线路）					
City/Province 迁入城市/省份	name 始发地	num 迁入热门线路数	singleNum 单向线路数	per 在总线路中的占比	floatFlag 常量，无意义
例：广东	广西	1548691	149951	33.07%	0
CityOut（各城市热门迁出线路）、PtopLineOut（省级人口热门迁出线路）					
City/Province 迁入城市/省份	name 始发站	num 迁出热门线路数	singleNum 单向线路数	per 在总线路中的占比	floatFlag 常量，无意义
例：广西	广东	22533599	2211773	86.31%	0

周晓津、姚阳（2016）利用百度公司提供的2015春运及春季全国城市间逐日逐小时人群流动数据来推断京沪人口跨省区流动流量、流向及其新变化。春节期间的人口流动大数据主要考察总人口流动规模的流量、流向变化，在数据选取方面，我们采用2015年2月7日至2月16日共10天的数据。我们之所以仅选取此段时间的数据，关键原因是该段时间对应2014年农历十二月十九日至十二月二十八日，即是劳碌一年的各跨省流出人口返乡过春节的高峰时期。由于春运购票艰难，非常年性以就业为目的的外出流动人口将尽可能地避开春运高峰，因此在该时段内进行大数据采样，意味着流入人口比重就等于该省2014年跨省流出人口在各流向上所占比重，而流出人口比重就等于该省跨省流入人口的各来源地所占比重（构成）。根据前面广东每年流出人口的总量，就可以测定广东的人口流动流量和流向。

二、用于人口大数据分析的数据表字段

在研究的结尾阶段，我们选用Navicat Premium数据库工具[①]来进行后续开发与运算。数据表PTopLineIn的SQL脚本语言为：

```
--------------------------------------
--Table structure for PTopLineIn
--------------------------------------
DROP TABLE IF EXISTS "public"."PTopLineIn";
CREATE TABLE "public"."PTopLineIn"(
"row.names" text COLLATE "pg_catalog"."default",
    "province" text COLLATE "pg_catalog"."default",——迁入省
```

[①] Navicat Premium 是一套完整的数据库开发工具，可从单一应用程序中同时连接MySQL、MariaDB、SQL Server、Oracle、PostgreSQL 和 SQLite 等常用数据库，且与 Amazon RDS、Amazon Aurora、Amazon Redshift、Microsoft Azure、Oracle Cloud、阿里云和腾讯云等云数据库兼容。可以快速轻松地创建、管理和维护数据库。本书使用的为 Navicat Premium（Windows）version 12.0.29 版本。

"name" text COLLATE "pg_catalog"."default"——始发地

"num" float8, ——迁入热门线路数

"singleNum" folat8, ——单向线路数

"per" float8, ——在总线路中的占比

"floatFlag" float8, ——常量,无意义

"date" date, ——日期

"time" text COLLATE "pg_catalog"."default"——时间

);

数据表 PTopLineOut 的 SQL 脚本语言为:

/ * Navicat Premium Data Transfer

--Table structure for PTopLineOut

DROP TABLE IF EXISTS "public"."PTopLineOut";

CREATE TABLE "public"."PTopLineOut"(

"row.names" text COLLATE "pg_catalog"."default",

"province" text COLLATE "pg_catalog"."default", ——迁出省

"name" text COLLATE "pg_catalog"."default", ——终点站

"num" float8, ——迁出热门线路数

"singleNum" float8, ——单向线路数

"per" float8, ——在总线路中的占比

"floatFlag" float8, ——常量,无意义

"date" date, ——日期

"time" text COLLATE "pg_catalog"."default" ——时间

);

第五节 原始数据文件导入

我们将 2015 春运全国城市间逐日逐小时人群流动数据（2015 年 4 月 13 日至 4 月 26 日共 14 天）导入 pgAdmin Ⅲ 系统中，其所包含的人口流动样本量足够支撑流量、流向分析的准确性。

一、基础数据表的生成

节前人口流动文件包含 4 个基础数据表：CityIn（城市间跨省人口流入）、CityOut（城市间跨省人口流出）、PtopLineIn（省级单位跨省人口流入）、PtopLineOut（省级单位跨省人口流出）。我们采用 R 语言，借助 xlsx 和 RPostgresql 程序包，将零散的 Excel 文件导入 PostgreSQL 数据库，便于后续研究中更多的人口流动流量、流向变化的数据分析。程序中"#"后面的文字均为解释语句。

```
library（rJava）
library（xlsx）
library（DBI）
library（RPostgreSQL）
setwd（"D：/Data/"）                    #设定程序运行工作目录

dirName = "2015 春运全国城市间逐日逐小时人群流动数据"
                                       #Excel 文件夹名称
filenames = list.files(dirName)        # 获取文件夹下所有 Excel 文件名称
filePaths = paste("./", dirName, "/", filenames, sep="")
                                       # 构建每个 Excel 文件的完整路径
```

```
n = length(filePaths)                    # 读取文件夹下的 xls 文件个数
sheetIndex = 1# 每个 Excel 文件下有多张 Sheet 数据表，sheetIndex 表示
需导入数据表的序号
allData = read.xlsx(filePaths[2], sheetIndex, encoding ='UTF-8')
                    # 读入第 2 个文件内容,即"20150207_0000_city.xls"
t0=paste(substr(filenames[2], 1, 4),"-",substr(filenames[2],5,6),"
-",substr(filenames[2],7,8),sep="")        # 根据 xls 文件名提取日期；
t1=paste(substr(filenames[2],10,11),sep="")
                                # 根据 xls 文件名提取日期时刻；
allData$date=as.Date(t0)              # 为数据表增加日期字段
allData$time=t1                       # 为数据表增加时刻字段


con=dbConnect（PostgreSQL（）,user="postgres",password="*********",
dbname="PCityFlow")
dbWriteTable(con, "PTopLineIn", allData)  # 所有数据直接写入数据库
for(i in 5:n)
{
  if(paste(substr(filenames[i], 15, 18), sep="")=="cityPtopLineIn")
                        # 根据文件名获取需要的 Excel 文件
  {
tt=paste(substr(filenames[i], sheetIndex, 4), "-", substr(filenames[i],
5, 6), "-", substr(filenames[i], 7, 8), sep="")
    tt1=paste(substr(filenames[i], 10, 11), sep="")
    tdata = read.xlsx(filePaths[i], sheetIndex, encoding='UTF-8')
    tdata$date=as.Date(tt)
    tdata$time=tt1
    dbWriteTable(con, "PTopLineIn", tdata, append=T)
                                # 所有数据直接写入数据库
```

}

　　}

dbDisconnect（con）　　　　　　　　　　　　　　#关闭数据库连接

二、日常性人口流动测定所用的数据表

节后日常性人口流动文件同样包含 4 个基础数据表：CityIn04（城市间跨省人口流入）、CityOut04（城市间跨省人口流出）、PtopLineIn04（省级单位跨省人口流入）、PtopLineOut04（省级单位跨省人口流出）。时间跨度为 2015 年 4 月 13 日至 4 月 26 日。Navicat Premium 环境下原始数据表及主要输出表格如图 4-3 所示。

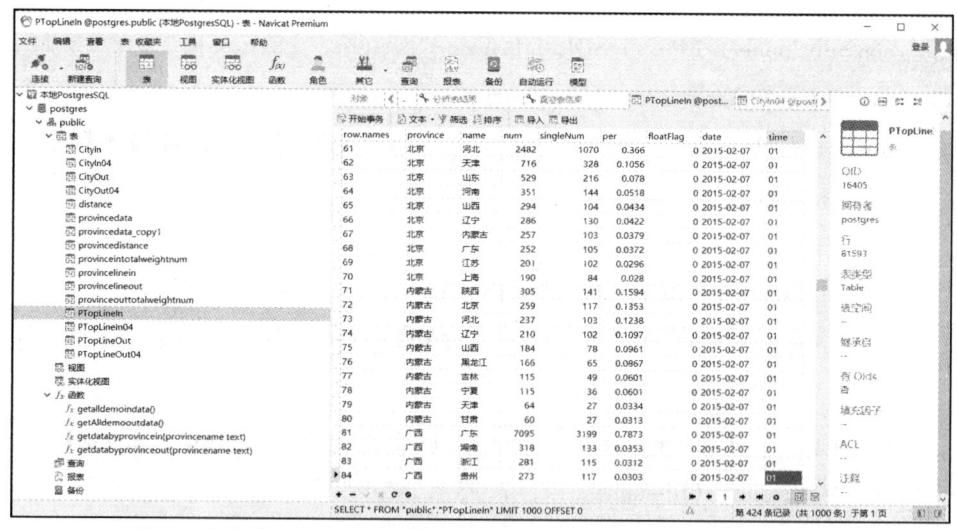

图 4-3　全国跨省人口流动流量、流向基础数据表及主要输出表格

第五章 全国跨省人口流出流量、流向计算

每年春节前后，全国大量跨省外出的人口集中返乡。从每年全国40天春运的旅客运送量来看，2012~2014年这3年的数据异常，而2011年、2015~2018年此5年的全国春运数据基本上保持在29亿~30亿人次的水平。据考证，2012~2014年其实是预测数据，而这种预测数据是依据前几年增长趋势做出的预测。我国春运人数主要与人口流动有关，在前面几章的研究中发现，我国以农村劳动力为主的跨省人口流动在2006年左右就已经达到顶峰，因此2006年以后的春运旅客运送人次数量的增长，更多地源于一种人为的数量增长，而并非流动人口的持续增加。这种增长主要源于政府对春运旅客运送企业及个人的严格管理，即要求全部在客运站内上车，而2010年前则存在大量站外上车的现象，即2010年前春运旅客发送量之所以较低是因为大量公路运输的旅客并没有被纳入统计所造成的。另一个原因是，2009年以来我国高铁及省内运营的城际铁路里程高速增长，大量原来从公路出行的旅客转向普速铁路与高铁城际，而后者更容易被纳入统计范围（见表5-1）。

表5-1 全国及广东春运运送旅客量（2006~2018年）

年份	全国春运（亿人次）	广东春运（亿人次）	广东占全国比重（%）	广东跨省运送（亿人次）
2006	20.00	1.22	6.10	0.31
2007	22.50	1.27	5.64	0.32
2008	22.63	1.38	6.10	0.35

续表

年份	全国春运（亿人次）	广东春运（亿人次）	广东占全国比重（%）	广东跨省运送（亿人次）
2009	23.59	1.38	5.85	0.35
2010	25.57	1.35	5.28	0.34
2011	28.93	1.42	4.91	0.36
2012	31.44	1.37	4.36	0.34
2013	34.20	1.39	4.06	0.35
2014	36.34	1.45	3.99	0.36
2015	28.09	1.43	5.09	0.36
2016	29.10	1.43	4.91	0.36
2017	29.80	1.32	4.43	0.33
2018	29.70	1.89	6.36	0.34

作为全国第一的人口流入大省，广东每年春运旅客发送数量基本保持稳定，仅2018年的数据出现较大异常。研究发现，很可能是将广珠城际、广深动车和广深高铁的运量计算在内所致。从广东春运占全国的比重来看，2008~2014年是逐渐降低的，而2008年与2006年同为6.10%，这与我们前面的研究结论完全相符，即2006年以来全国跨省流入广东的人口数量基本保持稳定，但其中非劳动力人口所占比重增加，而劳动力人口流入是减少的。从广东跨省运送的人口数量来看，每年40天春运运送的人口数量约为跨省流入总量的75%。由于节前春运主要是流出地人口回流，且其流量已经占到实际跨省流动量的70%以上，由大数定律可知，若能测定某省级区域在节前某段时间内的总流量和分省流量，就可得到流向百分比，再由实际的跨省人口流动量得到人口流动分省的流动人口数。

第五章 全国跨省人口流出流量、流向计算

第一节 初始无量纲流量与流向

在数据表 PtopLineIn 中,首先对每个省的"num"字段加总可以得到该省总的无量纲流量,即该数量并不表示该省与其他省级行政单位的实际流动人口数,但是一种与实际流动人口数呈严格的正比例关系的数据。其次,还需要对每个省的"per"字段加总,但表中为 10 天×24 小时的数据,故最后的分省流量占总流量为百分比数据,即需要将 240 个数据除以 100 来得到。以河北省为例,先对数据表 PtopLineIn 进行下述 SQL 查询操作:

SELECT province,name,sum(num) as num0,to_char(sum(per)/2.4,'9999.999%') As per0

FROM public."PTopLineIn"

where province ='河北'

group by province,name

order by num0 desc

可以得到节前河北人口流入来源地包括全国 12 个省级单位,这表明河北人口流出流向相对集中。由查询结果可知,河北跨省流出人口主要流向北京、天津、江苏、广东等经济发达省市,其次主要流向山东、山西、河南、内蒙古、辽宁五个相邻省区,陕西、上海和浙江也吸引了一定数量的河北人流入。查询得到流出省份中流量前十的省份所归集的大数据人口流量当量为 17039926,占河北流出人口总量的 90.30%。为避免数据漏计,因此还必须对数据表 PtopLineOut 进行下述 SQL 查询操作:

SELECT province,name,sum(num) as num0,to_char(sum(per)/2.4,'9999.999%') As per0

FROM public."PTopLineOut"

where name ='河北'

group by province,name

order by num0 desc

第二次查询共记录了19个省级区域的流入量。第二次查询在一定程度上解决了数据漏计或数据不一致的问题。比较两次查询的结果发现，陕西、上海和浙江都有漏计，两次查询输出结果如表5-2所示。

表5-2 河北人口流出的初始表征量

第一次查询				第二次查询				
流入地	流出地	大数据采样流量（人）	占河北流入量比重（%）	序号	流出地	流入地	大数据采样流量（人）	占流出地流量比重（%）
河北	北京	9320069	49.61	1	北京	河北	9320069	33.59
河北	天津	2867467	14.35	2	天津	河北	2867467	34.54
河北	山东	1435851	7.78	3	山东	河北	1435851	13.94
河北	山西	825509	4.59	4	山西	河北	825509	17.27
河北	河南	774315	4.29	5	河南	河北	774315	8.74
河北	内蒙古	448020	2.36	6	内蒙古	河北	448020	10.62
河北	辽宁	447497	2.39	7	辽宁	河北	447497	8.98
河北	江苏	434324	2.17	8	陕西	河北	279103	3.90
河北	广东	284540	1.55	9	黑龙江	河北	107885	5.19
河北	陕西	202334	1.20	10	吉林	河北	97912	4.29
河北	上海	68225	0.22	11	安徽	河北	62642	0.61
河北	浙江	10919	0.05	12	新疆	河北	54164	2.24
河北	前十	17039926	90.30	13	宁夏	河北	52326	3.17
河北	全国	18870350	0.00	14	甘肃	河北	51979	2.06
				15	青海	河北	25176	2.02
				16	西藏	河北	673	0.29
				17	澳门	河北	144	0.07
				18	香港	河北	39	0.02
				19	台湾	河北	35	0.59
				20	前十	河北	16603628	—
				21	全国	河北	18870350	—

需要特别注意的是，节前由外省流向河北的流量与河北流出人口流量相对应，而不是相反的。将两次查询结果合并，取大值新值后，最后生成新表。将各省节前回流量除以总流量，再乘以跨省总流出人口，就可以得到 2014 年河北人口跨省流出各个流向的实际人口流量。

第二节 省际人口流动流出量与流向的 SQL 查询实现

由于能得到的初始数据是每个省级行政区域流量排在前十名的省份，因此才需要两次查询。如果初始数据包含了全国全部 34 个省级行政区域，则无论是在数据表 PtopLineIn 还是数据表 PtopLineOut 中，都只需要一次查询就够了，因为目的省份的流入量必然与来源地的流出量相等。经过查询之后还有一个比较和排序的过程。其查询及比较的逻辑关系如图 5-1 所示。

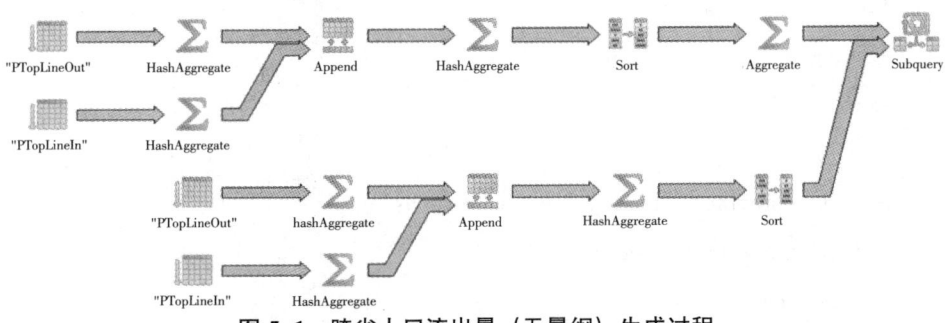

图 5-1 跨省人口流出量（无量纲）生成过程

在 Navicat Premium 环境下，以湖南为例的无量纲人口流出量相应代码如下：

Select aa.Province, aa.Name, aa.Num, to_char（aa.Num*100/（Select Sum（b.Num）

From

(Select a.Province, a.Name, Max (Num) As Num from
(
SELECT province, name, sum (num) as num
  FROM public. "PTopLineOut"
  where name='湖南'
  group by province, name
  Union all
SELECT name, province, sum (num) as num
  FROM public. "PTopLineIn"
  where province='湖南'
  group by province, name
) a
Group by a.Province, a.Name
Order by 3 desc, 1, 2) b), '9999.999%') as Ratio
From
(Select a.Province, a.Name, Max (Num) As Num from
(
SELECT province, name, sum (num) as num
  FROM public. "PTopLineOut"
  where name='湖南'
  group by province, name
  Union all
SELECT name, province, sum (num) as num
  FROM public. "PTopLineIn" where province='湖南'
  group by province, name
) a

第五章　全国跨省人口流出流量、流向计算

Group by a.Province，a.Name

Order by 3 desc，1，2）aa

其运行输出结果如图 5-2 所示。

province	name	num	ratio (%)	province	name	num	ratio (%)
广东	湖南	20259356	66.993	四川	湖南	208175	0.688
浙江	湖南	2491351	8.238	安徽	湖南	181716	0.601
湖北	湖南	1016213	3.360	海南	湖南	150992	0.499
福建	湖南	881387	2.915	河南	湖南	15620	0.052
广西	湖南	866677	2.866	西藏	湖南	5071	0.017
贵州	湖南	826166	2.732	山东	湖南	1164	0.004
江西	湖南	765151	2.530	香港	湖南	948	0.003
江苏	湖南	762205	2.520	青海	湖南	800	0.003
上海	湖南	663750	2.195	澳门	湖南	669	0.002
北京	湖南	524553	1.735	新疆	湖南	412	0.001
云南	湖南	369941	1.223	台湾	湖南	290	0.001
重庆	湖南	248528	0.822	宁夏	湖南	42	0.000

Select aa.Province,aa.Name,aa.Num ,to_char(aa.Num*100/(Sele 只读 查询时间: 0.158s 第 1 条记录（共 24 条）

图 5-2　湖南跨省人口流出量（无量纲）SQL 查询及输出

输出结果表明，湖南流出人口的 66.993% 流向邻近的广东。20 世纪 80 年代，湖南以务工经商为目的的跨省流出人口流向广东的几乎占 95% 以上，20 世纪 90 年代这一比例依旧占 90% 左右，而与广东距离较近的湘南、湘西几乎仍旧保持在 95% 以上的比重。2000 年之后湖南流向长三角的人口增长较快，但所占比重不及广东的 1/5。2008 年之后，湖南流向其他相邻省级区域的人口增长较快，但以广东为主要流向目的地的态势依旧没有改变。流向湖北的人口主要是经商人口和大学生。

第三节　省际人口流动流入量与流向的 SQL 查询实现

测定跨省级行政区域的无量纲人口流入量查询逻辑与流出量相反，但整个过程基本相同，所不同的是查询数据表的先后次序。在前面人口流出量的获取中，在第一轮的查询、比对、排序中，先对 PToplineOut 进行查询，再对 PToplineIn 进行查询，并与第一次查询进行比对取大值或新增查询记录，再汇总排序。第二轮查询则相反，先要对 PToplineIn 进行查询，再对 PToplineOut 进行查询。获取人口流入量的查询及比较的逻辑关系如图 5-3 所示。

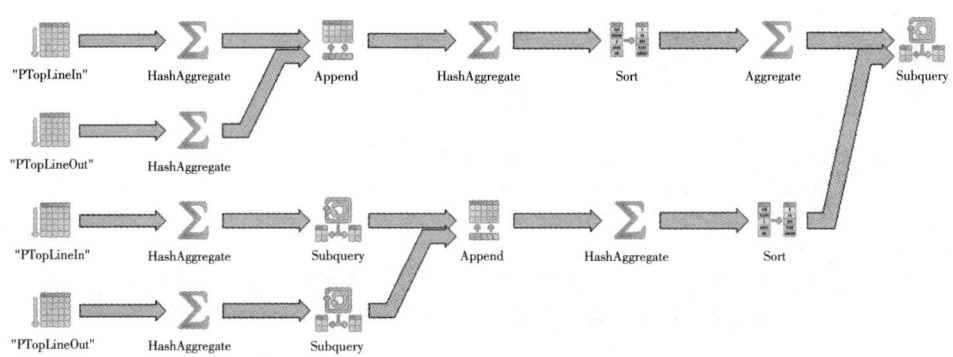

图 5-3　跨省人口流入量（无量纲）生成过程

在 PostgreSQL 环境下，以上海为例的无量纲人口流入量相应代码如下：

Select aa.Province，aa.Name，aa.Num，to_char（aa.Num*100/（Select Sum（b.Num）

From

（Select a.Province，a.Name，Max（Num）As Num

from

（

SELECT province，name，sum（num）as num

　FROM public."PTopLineIn"

　where name='上海'

　group by province，name

　Union all

SELECT name，province，sum（num）as num

FROM public."PTopLineOut"

where province='上海'

group by province，name

）a

Group by a.Province，a.Name

Order by 3 desc，1，2）b），"9999.999%"）as Ratio

From

(Select a.Province，a.Name，Max（Num）As Num

from

(

SELECT province，name，sum（num）as num

FROM public."PTopLineIn"

where name='上海'

group by province，name

Union all

SELECT name，province，sum（num）as num

FROM public."PTopLineOut"

where province='上海'

group by province，name

）a

Group by a.Province，a.Name

Order by 3 desc，1，2）aa

运行之后输出结果如图5-4所示。

从输出结果看，江苏占上海外来人口的比重最高，其次才是安徽，浙江排第三位，河南、江西、湖北分别排在第四至第六位。这与人口普查有较大的差别。我们认为主要原因是人口普查时的调查对象以制造业等相对固定工作岗位的外来人口为主，而来沪的江苏人除苏北农村地区的劳动力人口以外，苏南地区流动到上海的人口很多从事服务行业，且其因距离近

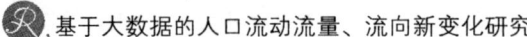

图 5-4　上海跨省人口流入量（无量纲）SQL 查询及输出

很容易返乡，从而导致普查时漏计的可能性增加。而安徽、河南、江西、湖北等以农村劳动力流出为主，从事的职业相对稳定。我们认为，大数据推算的流动人口构成更为准确和更接近事实，且受人为的干扰程度较小。

第四节　全国人口跨省流出百分比构成的 SQL 查询实现

通过调用函数遍历查询得到 34 个省级行政区域的无量纲人口流出量。PostgreSQL 环境下的函数 public.getdatabyprovinceout（text）的 SQL 代码如下：

--Function：public.getdatabyprovinceout（text）

--DROP FUNCTION public.getdatabyprovinceout（text）；

CREATE OR REPLACE FUNCTION public.getdatabyprovinceout（province-

name text)
　　RETURNS SETOF record AS
$BODY$ DECLARE
　v_rec RECORD;
BEGIN
　　FOR v_rec IN SELECT
　　aa.Province,
　　aa.NAME,
　　aa.Num,
　　to_char（
　　　aa.Num*100 /（
　　SELECT SUM
　　　（b.Num） AS Ratio
　　FROM
　　　（
　　SELECT A
　　　.Province,
　　　A.NAME,
　　　MAX（Num） AS Num
　　FROM
　　　（
　　SELECT
　　　province,
　　　NAME,
　　　SUM（num） AS num
　　FROM
　　　PUBLIC. PTopLineOut
　　WHERE

```
            NAME = provinceName
        GROUP BY
            province,
        NAME UNION ALL
        SELECT NAME
            ,
            province,
            SUM (num) AS num
        FROM
            PUBLIC. "PTopLineIn"
        WHERE
            province = provinceName
        GROUP BY
            province,
        NAME
        ) A
        GROUP BY
            A.Province,
            A.NAME
        ORDER BY
            3 DESC,
            1,
            2
        ) b
    ),
        '99.999%'
    ) AS Ratio
FROM
```

```sql
(
SELECT A
    .Province,
    A.NAME,
    MAX (Num) AS Num
FROM
    (
    SELECT
        province,
        NAME,
        SUM (num) AS num
    FROM
        PUBLIC. "PTopLineOut"
    WHERE
        NAME = provinceName
    GROUP BY
        province,
NAME UNION ALL
    SELECT NAME
        ,
        province,
        SUM (num) AS num
    FROM
        PUBLIC. "PTopLineIn"
    WHERE
        province = provinceName
    GROUP BY
        province,
```

NAME

) A

GROUP BY

A.Province,

A.NAME

ORDER BY

3 DESC,

1,

2

) aa

Loop

RETURN NEXT v_rec;

END Loop;

RETURN;

END $BODY$

　LANGUAGE plpgsql VOLATILE

　COST 100

　ROWS 1000;

ALTER FUNCTION public.getdatabyprovinceout (text)

　OWNER TO postgres;

函数 public.getdatabyprovinceout（text）运行时，需要读取全国34个省级行政区域数据表，调用过程由函数 getAlldemooutdata（）来实现，其 SQL 代码如下：

--Function：public."getAlldemooutdata"（）

```
--DROP FUNCTION public."getAlldemooutdata"();

CREATE OR REPLACE FUNCTION public."getAlldemooutdata"()
    RETURNS refcursor AS
$BODY$
declare--定义变量及游标
    provinceCursor refcursor;  --游标
    provincename varchar;       --变量

begin--函数开始
    truncate table "ProvinceLineOut";
    open provinceCursor for execute 'select provincename from provincedata';
--打开游标 并注入要搜索的字段的记录

    loop--开始循环
        fetch provinceCursor into provincename;  --将游标指定的值赋值给变量

        if found then--任意的逻辑
            Insert Into "ProvinceLineOut"
                    Select*from   getdatabyprovinceout（provincename） t
(Province text, Name text, Num double precision, Ratio text);

        else
            exit;
        end if;
    end loop;  --结束循环
```

close provinceCursor；--关闭游标

return provinceCursor；--为函数返回一个游标
exception when others then--抛出异常
raise exception 'error-----（%）', sqlerrm；--字符"%"是后面要显示的数据的占位符
end；--结束

$BODY$
LANGUAGE plpgsql VOLATILE
COST 100；
ALTER FUNCTION public."getAlldemooutdata"( )
OWNER TO postgres；

将无量纲人口流出量乘以各省人口重心之间的距离，得到加权无量纲人口流出量，其数据保存在provinceouttotalweightnum数据表中，该数据表的数据结构如下：

--Table：public.provinceouttotalweightnum

--DROP TABLE public.provinceouttotalweightnum；

CREATE TABLE public.provinceouttotalweightnum
(
province text,
name text,
totalnum numeric

)
WITH（
　OIDS=FALSE
）；
ALTER TABLE public.provinceouttotalweightnum
　OWNER TO postgres；

查询 provinceouttotalweightnum，计算任意两省之间的人口流出量占全国的比重，其 SQL 语言如下：

SELECT
　*，
　to_char（100*totalnum/(SELECT SUM（totalnum）FROM provinceouttotalweightnum），'99.999%'）AS NationalRatio
FROM
　provinceouttotalweightnum--order by 4 desc
　；

上述 SQL 查询的逻辑结构如图 5-5 所示。

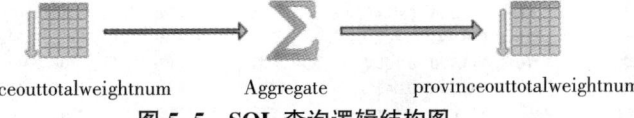

图 5-5　SQL 查询逻辑结构图

查询输出共 761 行，相对于 34 个省级行政区域而言，若每个省在每一个记录时间内都有流量记录，则输出结果应为 34×34 矩阵，应有 1156 行输出。因此，输出结果占应有数的 65.83%，尚有 34.17% 的网格空白。考虑到人口流出目的地的聚集性，由此推算的人口流出总量占实际流出总量的 95% 以上。在后面的章节中，我们将讨论这种误差。当然，若原始数据不是只将排名前十的省份显示，则无须讨论这种数据缺失误差，而仅仅只需要讨论数据采集时的误差。

以河南省为例，其人口流动到各省级行政区域的流量占全国的比重如图 5-6 所示。河南地处中原地带，作为人口过亿和农民占比极高的大省，大量人口流向全国各地。由于其地理位置居中，且人口规模巨大，其人口流出遍及全国各地，广东、浙江、江苏、北京和上海是河南人口的五大流出目的地。其中，流向广东的加权流量为 5305417137.581，占全国流出总量的 2.519%，广东是河南人口流出的第一目的地；流向浙江的加权流量为 3933218420.106，占全国流出总量的 1.867%，居河南流出量的第二位；流向江苏的加权流量为 2467110102.625，占全国流出总量的 1.171%，居河南流出量的第三位；流向北京的加权流量为 2148367939.420，占全国流出总量的 1.020%，居河南流出量的第四位；流向上海的加权流量为 1689097756.248，占全国流出总量的 0.802%，居河南流出量的第五位。

province	name	totalnum	nationalratio(%)	province	name	totalnum	nationalratio(%)
安徽	河南	493420137.305	0.234	内蒙古	河南	20395440.066	0.010
澳门	河南	425775.448	0.000	宁夏	河南	76475631.021	0.036
北京	河南	2148367939.420	1.020	青海	河南	92810823.116	0.044
福建	河南	697887970.483	0.331	山东	河南	730538161.320	0.347
甘肃	河南	130455417.917	0.062	山西	河南	344165370.804	0.163
广东	河南	5305417137.581	2.519	陕西	河南	470885926.315	0.224
广西	河南	201926148.342	0.096	上海	河南	1689097756.248	0.802
贵州	河南	127980499.514	0.061	四川	河南	282324090.630	0.134
海南	河南	126917059.332	0.060	台湾	河南	71253.985	0.000
河北	河南	670381091.968	0.318	天津	河南	438719364.804	0.208
黑龙江	河南	98652726.395	0.047	西藏	河南	29793850.884	0.014
湖北	河南	435158878.994	0.207	香港	河南	31515.912	0.000
湖南	河南	210138514.360	0.100	新疆	河南	708697478.363	0.336
吉林	河南	87860196.504	0.042	云南	河南	186095204.580	0.088
江苏	河南	2467110102.625	1.171	浙江	河南	3933218420.106	1.867
江西	河南	170396385.093	0.081	重庆	河南	114995241.582	0.055
辽宁	河南	260792865.084	0.124	澳门	黑龙江	101147.042	0.000

图 5-6　跨省人口流出量各流向流量及其占全国人口流出总量百分比

需要特别注意的是，查询输出文件中，字段 Name 为流出地，字段 Province 为流入地。可利用下述 SQL 语言查询计算某个流向上的加权流量占流出地最高比重的排序：

```
SELECT A
    .province,
    A.NAME,
    A.totalnum,
    to_char（A.totalnum/b.ProvinceTotalNum*100，'99.999%'）AS Province Ratio
FROM
    provinceouttotalweightnum
    A LEFT JOIN
    (SELECT NAME，SUM（totalNum）AS ProvinceTotalNum
    FROM
    provinceouttotalweightnum
    GROUP BY NAME）b
    ON A.NAME = b.NAME
Order by 4 desc，a.name，a.province；
```

该排序查询的逻辑图如图 5-7 所示。

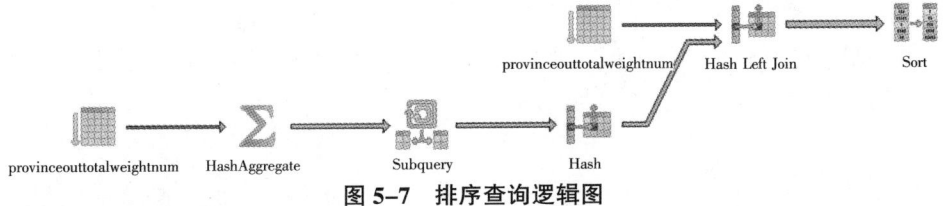

图 5-7　排序查询逻辑图

查询输出结果如图 5-8 所示。输出结果显示，由广西流向广东的加权人口流量为 9721873418.961，占广西全区人口加权流出量的 81.168%，为全国之最；由湖南流向广东的加权人口流量为 10227652245.616，占湖南省人口加权流出量的 58.188%；由江西流向广东的加权人口流量为 6198316529.760，占江西省人口加权流出量的 42.717%。广东作为全国第一的人口流入目的地，几乎是除安徽以外的所有人口流出大省的流出目的地省份。泛珠三角区域内除贵州、云南两省以浙江为第一流出目的地以外，湖南、广西、四川、重庆都以广东为第一流出目的地。除广东、浙江、江苏、上海、北京、福建等主要人口流入地之外，相邻省份之间的人口互相流入也是一个重要的人口流动特征。如内蒙古是宁夏的第一流出目的地，有42.266%的宁夏人流向邻近的内蒙古；新疆是甘肃的第一流出目的地，有33.984%的甘肃人流动到邻近的新疆；其他如澳门→广东、重庆→四川、上海→江苏、北京→河北等。

province	name	totalnum	provinceratio(%)	province	name	totalnum	provinceratio(%)	province	name	totalnum	provinceratio(%)
广东	广西	9721873418.961	81.168	浙江	江西	3272508101.390	22.553	广东	北京	595427853.228	15.765
广东	湖南	10277652245.616	58.188	广东	台湾	35128739.866	22.424	浙江	上海	378130773.134	15.520
广东	江西	6198316529.760	42.717	广东	黑龙江	1052889430.314	22.016	上海	台湾	24043416.160	15.348
内蒙古	宁夏	295280117.000	42.266	广东	云南	1367361786.618	21.960	江苏	山东	1093002359.284	15.251
浙江	贵州	3918185749.856	41.291	广东	海南	526935120.398	21.718	北京	天津	132429676.540	15.088
广东	湖北	6941153385.837	40.719	上海	江苏	1599045747.000	21.406	北京	山东	1075335731.646	15.004
广东	澳门	18149706.410	39.776	广东	香港	38087898.462	20.958	黑龙江	内蒙古	324086811.897	14.943
新疆	甘肃	1179081621.935	33.984	广东	陕西	1232338265.046	20.579	广东	四川	2572493310.795	14.753
江苏	上海	805000440.612	33.041	北京	吉林	514011107.260	20.372	广东	辽宁	388231267.372	14.583
河北	天津	285168524.490	32.490	陕西	内蒙古	438219126.147	20.205	广东	浙江	695400099.408	14.443
北京	河北	1782901239.493	32.173	青海	西藏	20228038.254	19.575	辽宁	吉林	364406419.210	14.427
广东	四川	5220757069.563	29.941	北京	辽宁	505433223.712	18.985	浙江	江苏	1062172004.031	14.219
浙江	安徽	3719513558.470	29.240	广东	重庆	1388749425	18.062	贵州	重庆	1085370539.855	14.116
四川	西藏	29873202.060	28.909	广东	海南	437507147.792	18.032	辽宁	黑龙江	673318437.547	14.079
北京	青海	52135350.894	28.687	甘肃	青海	58539780.320	17.821	广东	内蒙古	299427960.018	13.806
广东	福建	1424953514.201	28.293	江苏	浙江	849653995.707	17.647	浙江	湖北	2303038191.124	13.510
广东	重庆	2147218629.300	27.926	上海	香港	31803302.893	17.500	广东	吉林	335393236.957	13.293
广东	山东	2303078619.692	24.277	新疆	安徽	2200569600.432	17.299	新疆	青海	43443531.550	13.225
北京	山西	648593067.117	23.454	浙江	河南	3933218420.106	17.288	山东	黑龙江	618719683.556	12.938
浙江	云南	1456982347.776	23.399	广东	新疆	212046160.700	17.197	陕西	山西	353417088.911	12.780
广东	河南	5305417137.581	23.319	四川	云南	1067069836.413	17.137	上海	澳门	5806191.047	12.725
河北	北京	876707646.902	23.213	上海	安徽	2088614646.752	16.419	陕西	宁夏	88132760.300	12.615
北京	台湾	35750866.125	22.821	北京	澳门	7322265.446	16.047	江苏	陕西	743131003.425	12.410

图 5-8　跨省加权人口流出量占人口流出来源地省份比重排名

利用下述 SQL 查询计算出各省各个方向的流出量百分比构成，代码如下：

```
1  SELECT A
2   .province,
3   A.NAME,
4   A.totalnum,
5   to_char( A.totalnum / b.ProvinceTotalNum * 100, '99.999%' ) AS ProvinceRatio
6  FROM
7   provinceouttotalweightnum
8   A LEFT JOIN ( SELECT NAME, SUM ( totalNum ) AS ProvinceTotalNum FROM provinceouttotalweightnum GROUP BY NAME ) b ON A.NAME = b.NAME
9  ORDER BY
10  A.NAME,
11  4 DESC,
12  A.province
```

该查询的逻辑图如图 5-9 所示。

第五章 全国跨省人口流出流量、流向计算

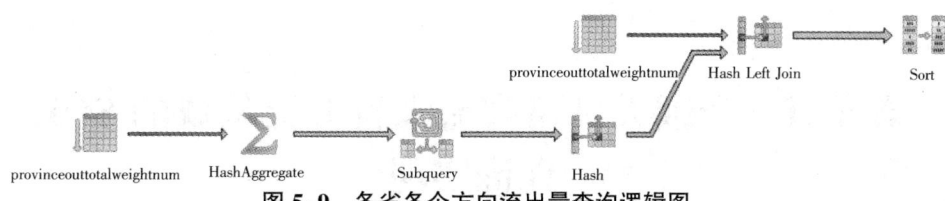

图 5-9 各省各个方向流出量查询逻辑图

查询输出结果如图 5-10 所示（仅显示部分输出结果）。以湖南为例的输出结果显示，由广东流向湖南的加权人口流量为 10227652245.616，占湖南全省人口跨省加权流出量的 58.188%，即广东为湖南第一大流出目的地，一半以上的流出人口流向广东。湖南前五大流向目的地中，浙江、北京、江苏、上海四大目的地分别吸引了 11.776%、4.343%、3.922% 和 3.751% 的湖南人。

province	name	totalnum	provinceratio(%)
广东	湖南	10227652245.616	58.188
浙江	湖南	2069874203.224	11.776
北京	湖南	763355753.250	4.343
江苏	湖南	689409849.270	3.922
上海	湖南	659295573.750	3.751
福建	湖南	577753585.435	3.287
贵州	湖南	466233563.444	2.653
广西	湖南	461710904.949	2.627
云南	湖南	442204904.999	2.516
湖北	湖南	364532878.721	2.074
江西	湖南	261349566.466	1.487
四川	湖南	157608876.150	0.897
海南	湖南	143280838.560	0.815
重庆	湖南	135912507.360	0.773
安徽	湖南	129816638.388	0.739
河南	湖南	11705378.080	0.067
西藏	湖南	10206345.919	0.058
山东	湖南	1283223.864	0.007
新疆	湖南	1288330.592	0.007
青海	湖南	1134467.200	0.006
香港	湖南	581812.248	0.003
澳门	湖南	402611.559	0.002
台湾	湖南	268779.830	0.002
宁夏	湖南	51501.030	0.000

图 5-10 湖南跨省人口流出量各流向加权流量及其占全省人口流出总量百分比

基于大数据的人口流动流量、流向新变化研究

第五节 全国人口跨省流入百分比构成的 SQL 查询实现

同理，通过调用函数遍历查询得到 34 个省级行政区域的无量纲人口流入量。与无量纲流出量 SQL 查询相比，无量纲人口流入量 SQL 查询的主要相同之点在于：一是查询数据表对象相同，都只对 PTopLineIn 和 PTopLineOut 两个数据表进行查询；二是查询过程相同，即都需要经过"查询→排序→并表→再排序"的过程。与流出量查询相比的不同之处在于：一是数据表使用顺序不同；二是不同过程使用的字段及其含义有差别；三是调用过程和输出结果不同。PostgreSQL 环境下的含数 public.getdatabyprovincein（text）的 SQL 代码下所示。

```
1    CREATE OR REPLACE FUNCTION "public"."getdatabyprovincein"("provincename" text)
2        RETURNS SETOF "pg_catalog"."record" AS $BODY$
3    Begin
4
5    | Return query
6    Select aa.Province,aa.Name,aa.Num ,to_char(aa.Num*100/(Select Sum(b.Num) As Ratio
7    | From
8    (Select a.Province,a.Name,Max(Num) As Num
9    | from
10   (
11    SELECT province, name,sum(num) as num
12      FROM public."PTopLineIn"
13      where name=provinceName
14      group by province, name
15
16     Union all
17
18    SELECT  name, province,sum(num) as num
19      FROM public."PTopLineOut"
20      where province=provinceName
21      group by province, name
22   ) a
23
24    Group by a.Province,a.Name
25   Order by 3 desc ,1,2)b),'9999.999%') as Ratio
26    From
27   (Select a.Province,a.Name,Max(Num) As Num
28    | from
29   (
30    SELECT province, name,sum(num) as num
```

```
31      FROM public."PTopLineIn"
32      where name=provinceName
33      group by province, name
34
35   Union all
36
37   SELECT name, province,sum(num) as num
38      FROM public."PTopLineOut"
39      where province=provinceName
40      group by province, name
41   ) a
42
43   Group by a.Province,a.Name
44   Order by 3 desc ,1,2) aa ;
45   End;
46   $BODY$
47   LANGUAGE plpgsql VOLATILE
48   COST 100
49   ROWS 1000
```

函数 public.getdatabyprovincein（text）运行时，需要读取全国 34 个省级行政区域的数据表，调用过程由函数 getAlldemoindata() 来实现，其 SQL 代码如下：

```
1   CREATE OR REPLACE FUNCTION "public"."getalldemoindata"()
2     RETURNS "pg_catalog"."refcursor" AS $BODY$
3
4   declare  --定义变量及游标
5       provinceCursor refcursor;   --游标
6       provincename varchar;       --变量
7
8   begin  --函数开始
9       truncate table ProvinceLinein;
10      open provinceCursor for execute 'select provincename from provincedata';  --打开游标并注入要搜索的字段的记录
11      loop  --开始循环
12          fetch provinceCursor into provincename;  --将游标指定的值赋值给变量
13
14          if found then  --任意的逻辑
15              Insert Into ProvinceLinein
16              Select * from  getdatabyprovincein(provincename) t(Province text,Name text,Num double precision,Ratio text);
17
18          else
19              exit;
20          end if;
21      end loop;  --结束循环
22      close provinceCursor;  --关闭游标
23
24      return provinceCursor;  --为函数返回一个游标
25   exception when others then  --抛出异常
26      raise exception 'error-----(%)',sqlerrm;--字符"%"是后面要显示的数据的占位符
27   end;  --结束
28
29   $BODY$
30     LANGUAGE plpgsql VOLATILE
31     COST 100
```

将无量纲人口流入量乘以各省人口重心之间的距离，得到加权无量纲人口流入量，其数据保存在 provinceintotalweightnum 数据表中，该数据表的数据结构与 provinceouttotalweightnum 数据表相同，但字段含义不同。

查询 provinceintotalweightnum，计算任意两省之间的人口流入量占全国的比重，其 SQL 语言如下：

SELECT

    *,

    to_char（100*totalnum/(SELECT SUM（totalnum）FROM provinceintotalweightnum），'99.999%'）AS NationalRatio

FROM

    provinceintotalweightnum——order by 4 desc；

上述 SQL 查询的逻辑结构图如图 5-11 所示。

图 5-11 跨省无量纲人口流入量查询逻辑结构图

输出窗口如图 5-12 所示。以湖南为例，外省流入湖南的人口主要来自于湖北、广东、江西、广西、贵州等相邻省份。加权流入量广东居第一位，占全国加权总流入量的 0.253%。

需要特别注意的是，查询输出文件中，字段 Name 为流入地，字段 Province 为流出地。可查询计算某个流向上的加权流量占流出地最高比重的排序。相应的 SQL 代码及输出窗口如图 5-13 所示。例如，流入澳门的人口中，74.684% 的人口来自广东，而流入香港的人口中，只有 63.948% 的人口来自广东。四川是重庆、西藏和云南的流入来源地，其流量分别占 63.371%、47.912% 和 33.343%。与流出量相对应，输出结果也是 761 行。

第五章　全国跨省人口流出流量、流向计算

province	name	totalnum	nationalratio(%)
湖北	湖南	414228814.467	0.196
广东	湖南	533731298.132	0.253
江西	湖南	240960808.794	0.114
广西	湖南	208688532.273	0.099
贵州	湖南	207499404.126	0.098
河南	湖南	210138514.360	0.100
福建	湖南	141904377.905	0.067
重庆	湖南	115489100.340	0.055
浙江	湖南	153069352.112	0.073
安徽	湖南	88909066.422	0.042
四川	湖南	28488840.642	0.013
海南	湖南	10752325.830	0.005
江苏	湖南	1413724.122	0.001
云南	湖南	1448750.868	0.001
澳门	湖南	155869.049	0.000
香港	湖南	69351.038	0.000
西藏	湖南	106672.517	0.000
台湾	湖南	47268.177	0.000
上海	湖南	34765.115	0.000
青海	湖南	5672.336	0.000

图 5-12　跨省人口流入量各流向来源流量及其占全国人口流入总量百分比

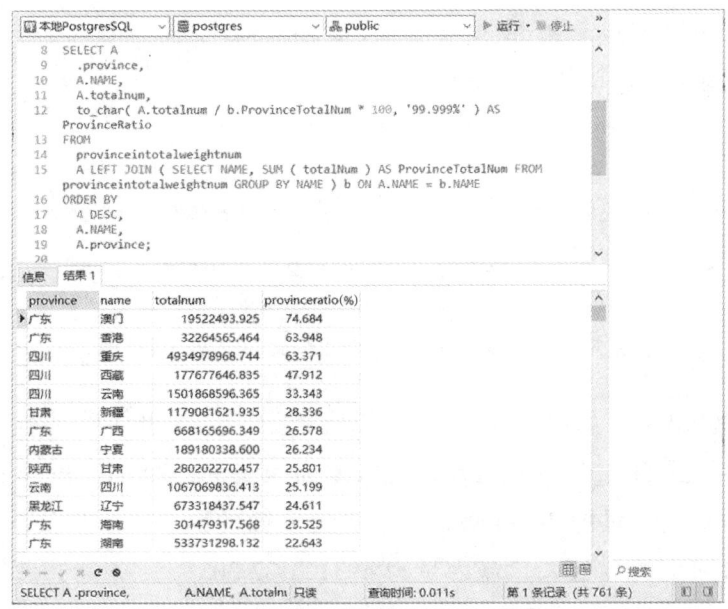

图 5-13　跨省加权人口流入量占人口流入地省份比重排名

· 225 ·

进一步，利用下述 SQL 查询计算出各省各个方向的流入量百分比构成，其代码如下：

SELECT A

　.province,

　　A.NAME,

　　A.totalnum,

　　to_char（A.totalnum/b.ProvinceTotalNum*100 , '99.999%'）AS Province Ratio

FROM

　　provinceintotalweightnum

　　A LEFT JOIN

　　（SELECT NAME, SUM（totalNum）AS ProvinceTotalNum

FROM

provinceintotalweightnum

GROUP BY NAME）b

ON A.NAME = b.NAME

Order by a.name, 4 desc, a.name, a.province

上述查询相应的逻辑图如图 5-14 所示。

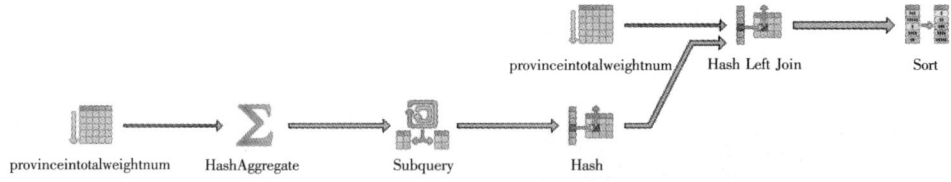

图 5-14　各省各方向流入量百分比构成查询逻辑图

查询输出结果如图 5-15 所示。以安徽为例，输出结果显示，安徽流入人口中，来自江苏的加权人口流入量为 493932832.584，占安徽全省人口跨省加权流入量的 20.849%，即江苏是安徽的第一大人口流入来源地；其次来自河南的加权人口流入量为 493420137.305，仅略少于江苏，占安徽全省人口跨省加权流入量的 20.828%。

第五章 全国跨省人口流出流量、流向计算

province	name	totalnum	provinceratio(%)
江苏	安徽	493932832.584	20.849
河南	安徽	493420137.305	20.828
浙江	安徽	278120029.713	11.740
上海	安徽	183179694.200	7.732
湖北	安徽	181777582.830	7.673
江西	安徽	177481976.910	7.492
山东	安徽	158797138.176	6.703
湖南	安徽	129816638.388	5.480
广东	安徽	109850944.977	4.637
福建	安徽	98904394.440	4.175
河北	安徽	44678341.586	1.886
北京	安徽	18372600.704	0.776
台湾	安徽	298504.344	0.013
西藏	安徽	166462.300	0.007
天津	安徽	145984.168	0.006
山西	安徽	74596.515	0.003
澳门	安徽	37403.008	0.002
宁夏	安徽	9242.064	0.000

图 5-15 跨省人口流入量各流向加权流量及其占全省人口流入总量百分比

第六章 全国人口流动流量、流向矩阵分析

在前一章中,我们构建了人口流动大数据的基本数据库。在本章中,我们从比较研究的角度来探讨全国性的人口流动。由于数据获取困难,我们仅能将"五普""六普"和 2014 年度的数据进行对比。

第一节 非加权无量纲分省流量

要得到非加权无量纲分省人口流量,需要将各省各方向的初始无量纲流量进行加总,再除以全国无量纲总流量。在 Navicat Premium 环境下,查询与输出结果如图 6-1 所示。

由于跨省流出量的初始数据采集主要在春节节前共 10 天的时间内,因此与流出地越接近的省份所记录得到的流量就越大,而远离流出地的省份所记录的流量随着距离变远就会大幅度减少。以湖南为例,由于湖南靠近广东,而广东又是节前流出量占全国比重最大的省份,同时湖南本身又是人口流出大省,因此节前由广东流回到湖南的表征湖南人口流出量就会大。又以广西为例,由于广西跨省外出人口的 80%以上流向广东,因此节前由广东流回广西的流量也会非常大。图 6-1 的输出结果中,节前湖南来自全国的流入量为 30241177(无量纲),即对应同等数量的湖南人口流出量,该流量占全国流出量 332325208 的 9.100%。

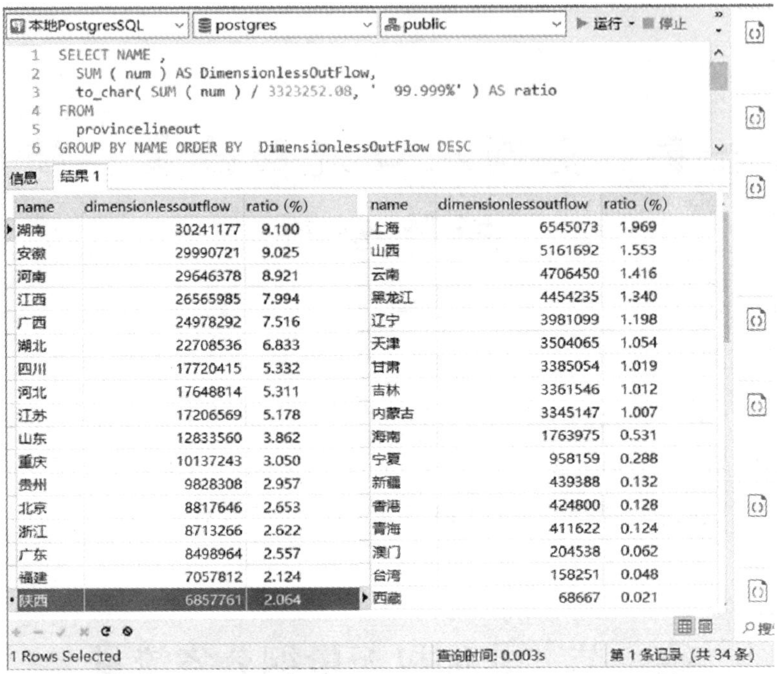

```
1  SELECT NAME ,
2      SUM ( num ) AS DimensionlessOutFlow,
3      to_char( SUM ( num ) / 3323252.08, ' 99.999%' ) AS ratio
4  FROM
5      provincelineout
6  GROUP BY NAME ORDER BY  DimensionlessOutFlow DESC
```

name	dimensionlessoutflow	ratio (%)	name	dimensionlessoutflow	ratio (%)
湖南	30241177	9.100	上海	6545073	1.969
安徽	29990721	9.025	山西	5161692	1.553
河南	29646378	8.921	云南	4706450	1.416
江西	26565985	7.994	黑龙江	4454235	1.340
广西	24978292	7.516	辽宁	3981099	1.198
湖北	22708536	6.833	天津	3504065	1.054
四川	17720415	5.332	甘肃	3385054	1.019
河北	17648814	5.311	吉林	3361546	1.012
江苏	17206569	5.178	内蒙古	3345147	1.007
山东	12833560	3.862	海南	1763975	0.531
重庆	10137243	3.050	宁夏	958159	0.288
贵州	9828308	2.957	新疆	439388	0.132
北京	8817646	2.653	香港	424800	0.128
浙江	8713266	2.622	青海	411822	0.124
广东	8498964	2.557	澳门	204538	0.062
福建	7057812	2.124	台湾	158251	0.048
陕西	6857771	2.064	西藏	68667	0.021

图 6-1　非加权跨省人口流出量（无量纲）SQL 查询及输出

2014 年全国跨省流出人口为 1.2 亿~1.4 亿，从非加权跨省流出人口的占比来看，湖南跨省流出人口规模在 1092 万~1274 万；重庆流向市外的人口在 366 万~427 万。以此来计算全国主要人口净流出地区的跨省流出规模的误差比较小，但北京、上海、天津等面积不算太大的直辖市的流出人口需要再次讨论，原因是这些特大城市的过路性人口和差旅人口有较大规模。以北京占全国流出人口的比重来计算，2014 年北京流向市外的人口在 318 万~371 万，而北京实际上常年性流出人口在 30 万~40 万。再看上海，以其占全国流出人口的比重来计算，2014 年上海流向市外的人口在 236 万~276 万，而上海同期实际上常年性流出人口与北京差不多，同为 30 余万。天津流向市外的人口要多于京沪，合理估计值为 50 万~60 万。广东常年性跨省流出的实际值约为 200 万人，同期江苏跨省流出 500 余万人，主要流向上海及邻近的浙江，其常年性流出规模在 400 万左右。

在非加权跨省流出人口中，京沪只有 10% 左右为常年性流出人口，广东和天津的常年性流出则占到计算值的50%左右，江苏进一步上升到70%以上。与2007年前后跨省流出高峰相比，湖南、安徽、河南、江西、广西和湖北等人口流出大省基本上保持在相同的流出规模，四川、重庆和贵州则因国家大力发展西部而出现了外出人口的返乡回流。在不能明确标识单个人口移动路径的情形下，非加权跨省流出人口推算结果与实际流出规模已经非常接近，具有较强的适用性。另外，若采集春节前3~7天的数据，在一定程度上可减少直辖市流出人口的高估，但会对人口主要流出地人口规模的实测带来不利影响。

由于受春运节前运量限制、路费制约和假期天数限制，这种非加权无量纲流量并没有反映真实的人口流出量，因此需要对其进行加权调整。以河南和四川为例，2014年两省跨省流出人口都在1000万以上，但如果直接以非加权人口流出量来计算，则湖南的人口流出量反而是四川的1.71倍，甚至是河南的1.02倍。同理，在Navicat Premium环境下，查询与输出非加权无量纲分省人口流入量如图6-2所示。

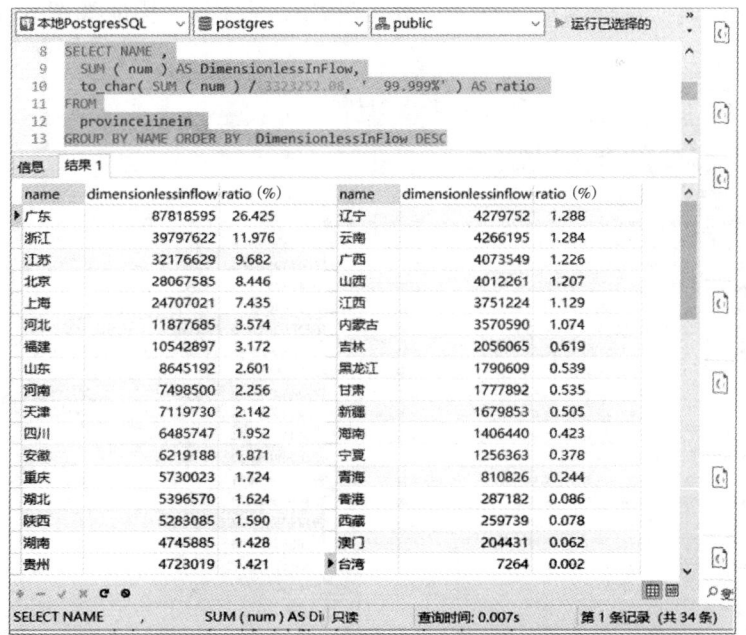

图6-2 非加权跨省人口流入量（无量纲）SQL查询及输出

从非加权跨省人口流入量及其全国占比来看，广东、浙江、江苏、北京和上海占据全国前五，结果似乎可以接受。但考虑到我国人口流入地的集中性，仅从初始流量数据就可以看出流入趋势是预料之中的事情。但河北的流入量大于福建，并不是因为河北能接纳较多的外来流入人口，而是河北与北京之间的往返式流量占了较大的比重，邻近上海的江苏也存在相同的情况。另外，人口流入地大部分位于东部沿海，而人口来源地则位于中西部，因此初始数据也会在一定程度上反映流入目的地的先后次序。

第二节　加权分省人口流量构成

上一章我们已经得到以各省人口重心之间的距离为参照权重的分省人口流出量数据库文件 provinceouttotalweightnum，在 Navicat Premium 环境下，通过 SQL 查询计算得到的各省人口流出量及全国百分比构成如图 6-3 所示。

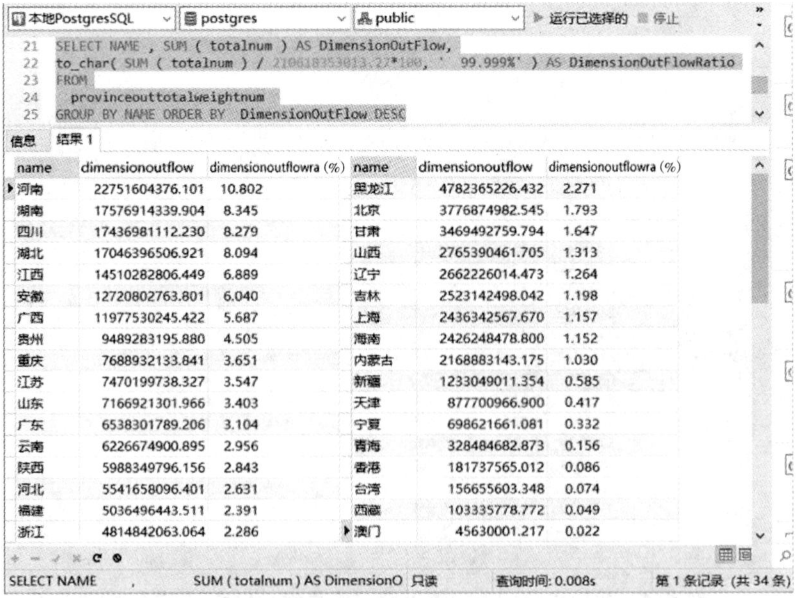


```
SELECT NAME , SUM ( totalnum ) AS DimensionOutFlow,
to_char( SUM ( totalnum ) / 210618353013.27*100, '  99.999%' ) AS DimensionOutFlowRatio
FROM
  provinceouttotalweightnum
GROUP BY NAME ORDER BY  DimensionOutFlow DESC
```

name	dimensionoutflow	dimensionoutflowra (%)	name	dimensionoutflow	dimensionoutflowra (%)
河南	22751604376.101	10.802	黑龙江	4782365226.432	2.271
湖南	17576914339.904	8.345	北京	3776874982.545	1.793
四川	17436981112.230	8.279	甘肃	3469492759.794	1.647
湖北	17046396506.921	8.094	山西	2765390461.705	1.313
江西	14510282806.449	6.889	辽宁	2662226014.473	1.264
安徽	12720802763.801	6.040	吉林	2523142498.042	1.198
广西	11977530245.422	5.687	上海	2436342567.670	1.157
贵州	9489283195.880	4.505	海南	2426248478.800	1.152
重庆	7688932133.841	3.651	内蒙古	2168883143.175	1.030
江苏	7470199738.327	3.547	新疆	1233049011.354	0.585
山东	7166921301.966	3.403	天津	877700966.900	0.417
广东	6538301789.206	3.104	宁夏	698621661.081	0.332
云南	6226674900.895	2.956	青海	328484682.873	0.156
陕西	5988349796.156	2.843	香港	181737565.012	0.086
河北	5541658096.401	2.631	台湾	156655603.348	0.074
福建	5036496443.511	2.391	西藏	103335778.772	0.049
浙江	4814842063.064	2.286	澳门	45630001.217	0.022

图 6-3　加权跨省人口流出量构成及全国排名的 SQL 查询及输出

第六章 全国人口流动流量、流向矩阵分析

通过加权计算之后得到的各省流出人口占全国的比重，基本上反映了该省跨省流出人口的真实情况，与其人口总量及其在全国的地理位置相符，也与我们前面的研究结果一致。例如，在第二章的研究中，川渝同为人口主要流出地，1997~2009 年四川跨省流出人口规模约为重庆的 2.41 倍，而加权计算结果显示，2014 年四川跨省流出人口规模是同期重庆的 2.27 倍，这与我们观察到的 2009 年以来四川比重庆有更快更大规模的人口回流相一致。从户籍人口比重来看，2014 年川渝户籍人口之比为 2.71，而人口流出量之比为 2.27，这说明四川人口跨省流出占户籍人口的比重要低于重庆。视具体情况而言，重庆除了主城区外，其余基本上是县城和农村，而四川的城镇体系比重庆更为完备。再以湘桂为例，两省皆为人口净流出地区，2014 年湖南户籍人口为 7202.29，是同期广西 5475 万户籍人口的 1.315 倍，而湖南加权跨省人口流出量是同期广西的 1.467 倍，即湖南跨省人口流出比重要略高于广西，原因与两省的人口民族结构及湖南铁路交通较广西发达有关。

同理，对分省人口流入量数据库文件 provinceintotalweightnum 通过 SQL 查询计算得到的各省人口流入量及其占全国比重如图 6-4 所示。

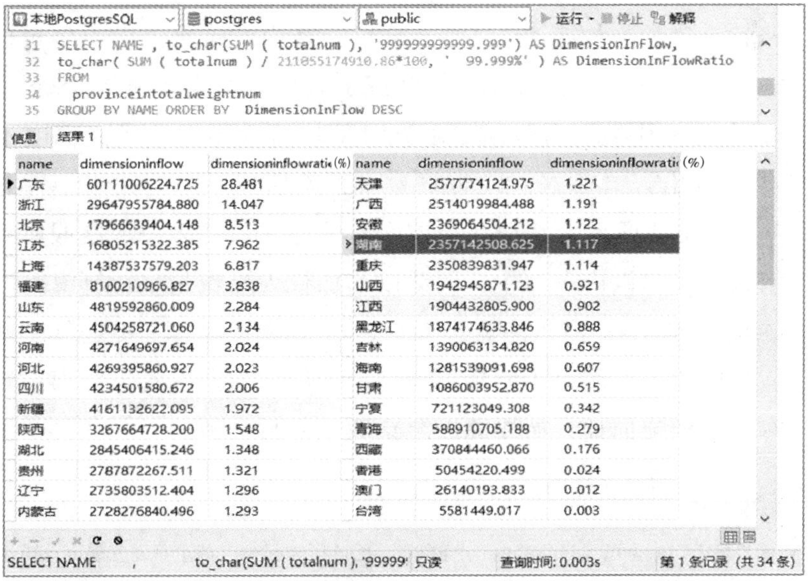

图 6-4 加权跨省人口流入量构成及全国排名的 SQL 查询及输出

通过加权调整后，各省人口流出或流入量及其占全国的比重基本上与第二章中讨论的结果相一致，也排除了近距离的往返式流动。一般而言，无论是流入还是流出，全国加总之后应该是相等的。但似乎加权流入量大于流出量，比较输出结果来看，流入量是流出量的 99.793%，其主要原因是我们以无量纲流入量来反向推算流出量，而节前流入量有一部分来源于境外，即有 0.207% 的境外流动人口返乡过年，这也为我们提供了一个测算我国流向境外的人口节前返乡量。由于北京、上海、广州是我国三大旅客口岸，因此加权之后的京沪粤三省市的人口流量略微偏高，但其他省级区域基本上与实际的人口流动相一致。

第三节 跨省流动人口平均流动距离

将各省加权流动量汇总可得到全国总流动量，以此除以非加权总流动量，即可得到跨省平均流动距离（见图 6-5）。通过计算可知，2014 年我国人口跨省流出的平均距离为 633.8 公里。其中，跨省流出距离最长的是新疆人，自人口新疆重心出发，每个流出人口平均需要跋涉 2806 公里才能到达目的地；其次是西藏，流出人口平均流动距离已经大幅度下降到 1505 公里，流出人口基本上以西藏为中心流动到周边的四川、青海和甘肃；海南人口流出异常，主要是节前大量北方人口涌入海南度假所致，考虑到海南人口流出以广东为主，因此以非加权人口流量来计算海南的人口流动可能更为准确[①]；广东的流出人口也有部分异常，主要是节前外来人口的家属反向流入广东过年所致；澳门、天津与河北的流出距离最短，前者以广东为主要流向地，而津冀以北京为流向目的地。

---

① 由于海南户籍人口占全国人口总数的 0.6% 左右，因此影响很少，甚至可以忽略不计或作为误差计入。

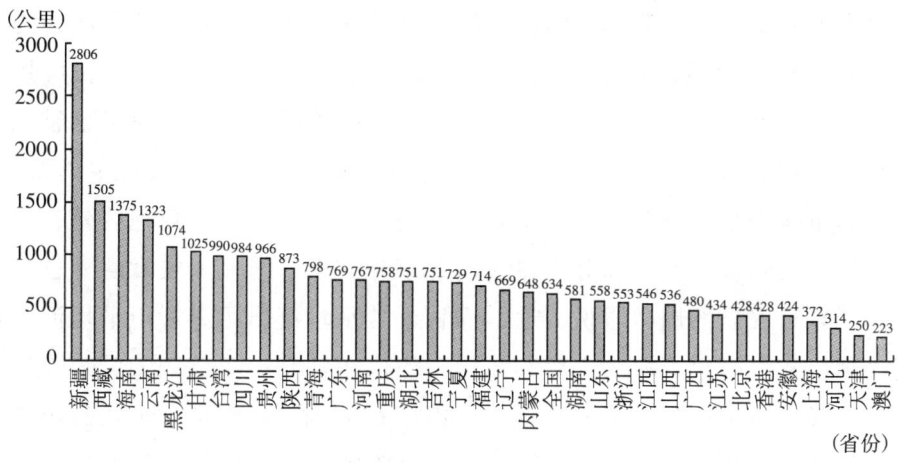

图 6-5 流出人口跨省平均流动距离（2014 年）

在 2011 年以前，我国农村外出人口的跨省流动主要为公路运输，其次才是铁路和航空。2011 年 7 月，国家交通部提出推行客运车辆凌晨 2 时至 5 时停运制度。2012 年 7 月，《国务院关于加强道路交通安全工作的意见》明确要求全国积极推行长途客运车辆凌晨 2 时至 5 时停止运行或实行接驳运输制度。除湖南、江西、广西和安徽四个人口流出大省与人口流入目的地距离较近之外，四川、贵州、陕西、河南、重庆、湖北等人口净流出省市与目的地的距离几乎都在 1000 公里以上，春运长途客车占据主力。由于我国农村是人口流动的主要来源地，而农村地区铁路极不发达，因此人口的跨省流动在 2011 年以前几乎 90% 以上是由长途公路承担的。每年春运期间，全国铁路能提供的运量每天只有 600 万人次左右，而跨省流动人口在 1.5 亿左右，即使全部用来运输跨省流动人口，也需要 25 天才能运完；再考虑到春运节前跨省运输的单向性，全国铁路需要 50 天才能将全部跨省流出人口运回家乡过年。另外，省内流动人口节前返乡也要占用一定的运力，因此无论是省内还是跨省运输，春节期间铁路 24 小时运输都不能满足需求。

同理推算，2014 年我国人口跨省流入的平均距离为 619.2 公里。理论上讲，全国跨省平均流入和流出距离应当相当，但由于原始数据只记录排名前十的省份之间的流动,因此可以将这种加权人口平均流动距离作为测算误差的根据,经计算相对值误差只有2.326%,表明误差完全在可接受范围之内。另外,各省平均流出距离和流入距离的差异也反映出该省人口流动的某些特殊性。例如,安徽人口跨省流出比外来流入人口距离要短,反映的事实则是:安徽人口流出除主要流向其邻近的长三角地区外,作为人口流出大省,还有一部分人口流向北京和广东,而流入安徽的外省人口则主要来自安徽的周边省份。通常而言,若平均流出距离大于平均流入距离,则该省级行政区域为人口净流出,但广东却是一个反例。为消除这种反例,我们再引进流出流入比指标。以广东为例,虽然广东平均流出距离与平均流入距离之比大于1,但广东人口跨省流出流量与省外人口流入流量之比远小于1,两者相乘之后得到流动对称性判别指标明显小于1。

$$流动对称性 = \frac{平均流出距离}{平均流入距离} \times \frac{非加权流入量}{非加权流出量}$$

若流出流入相等,则流动对称性值为1,由此可以得到以全国平均值为分界线,流动对称性远小于1的省份为人口净流入地区,而流动对称性大于1的地区为人口净流出地区。由于港澳台并没有对大陆开放就业,因此其流动对称性排名靠后。由表6-1可以看出,江西、湖南、湖北、安徽、河南、广西、四川、贵州、重庆和甘肃是典型的人口净流出地。人口净流入地中,仅广西跨省流入人口的平均流入距离比流出距离要小,即流出流入距离比为0.777<1,其主要原因是广西人口有80%以上流向邻近的广东,而流入人口来源地距离与全国平均水平相当,即除了广西周边地区外,节前北方度假性的流入并没有被排除。

表6-1 人口跨省流动距离与流动对称性(2014年)

省份	平均流出距离(公里)	平均流入距离(公里)	流出流入距离比	流出流量(人)	流入流量(人)	非加权流出流入流量比	流动对称性
广东	769.31	684.49	1.124	8498964	87818595	0.097	0.109
浙江	552.59	744.97	0.742	8713266	39797622	0.219	0.162
上海	372.24	582.33	0.639	6545073	24707021	0.265	0.169

第六章 全国人口流动流量、流向矩阵分析

续表

省份	平均流出距离（公里）	平均流入距离（公里）	流出流入距离比	流出流量（人）	流入流量（人）	非加权流出流入流量比	流动对称性
北京	428.33	640.12	0.669	8817646	28067585	0.314	0.210
西藏	1504.88	1427.76	1.054	68667	259739	0.264	0.279
新疆	2806.29	2477.08	1.133	439388	1679853	0.262	0.296
天津	250.48	362.06	0.692	3504065	7119730	0.492	0.340
江苏	434.15	522.28	0.831	17206569	32176629	0.535	0.445
青海	798.03	726.31	1.099	411622	810826	0.508	0.558
福建	713.61	768.31	0.929	7057812	10542897	0.669	0.622
内蒙古	648.37	764.10	0.849	3345147	3570590	0.937	0.795
宁夏	729.13	573.98	1.270	958159	1256363	0.763	0.969
辽宁	668.72	639.24	1.046	3981099	4279752	0.930	0.973
全国	633.80	619.23	1.024	332325208	332325208	1.000	1.024
河北	314.00	359.45	0.874	17648814	11877685	1.486	1.298
云南	1323.01	1055.80	1.253	4706450	4266195	1.103	1.382
山西	535.75	484.25	1.106	5161692	4012261	1.286	1.423
山东	558.45	557.49	1.002	12833560	8645192	1.484	1.487
澳门	223.09	127.87	1.745	204538	204431	1.001	1.746
吉林	750.59	676.08	1.110	3361546	2056065	1.635	1.815
陕西	873.22	618.51	1.412	6857761	5283085	1.298	1.833
海南	1375.44	911.19	1.509	1763975	1406440	1.254	1.893
黑龙江	1073.67	1046.67	1.026	4454235	1790609	2.488	2.552
甘肃	1024.94	610.84	1.678	3385054	1777892	1.904	3.195
重庆	758.48	410.27	1.849	10137243	5730023	1.769	3.271
贵州	965.51	590.27	1.636	9828308	4723019	2.081	3.404
香港	427.82	175.69	2.435	424800	287182	1.479	3.602
四川	984.01	652.89	1.507	17720415	6485747	2.732	4.118
广西	479.52	617.16	0.777	24978292	4073549	6.132	4.764
河南	767.43	569.67	1.347	29646378	7498500	3.954	5.326

续表

省份	平均流出距离（公里）	平均流入距离（公里）	流出流入距离比	流出流量（人）	流入流量（人）	非加权流出流入流量比	流动对称性
安徽	424.16	380.93	1.113	29990721	6219188	4.822	5.370
湖北	750.66	527.26	1.424	22708536	5396570	4.208	5.991
湖南	581.22	496.67	1.170	30241177	4745885	6.372	7.457
江西	546.20	507.68	1.076	26565985	3751224	7.082	7.619
台湾	989.92	768.37	1.288	158251	7264	21.786	28.067

由广东至辽宁的13个人口净流入地区中，辽宁和宁夏的流动对称性接近于1，这表明两地人口流出与外来流入大致相等。在人口净流入地区中，全部位于东部沿海或西部地区，没有一个中部省份是人口净流入之地。国家应在中部打造一个人口流动对称性大区域，长江中游地区的鄂湘赣大经济区似乎是一个选择，但从目前的情况来看，稳定其人口流出量还很不容易。

第四节 跨省人口流动矩阵
——基于"五普"与"六普"

考虑到与"五普""六普"跨省人口流动衔接，本部分探讨中国31个省级行政区域（不包括港澳台地区）的跨省人口流动矩阵。在任意时刻t，都可以构建跨省人口流动矩阵 GrossProvincialPopulationFlowMatrix = A_{ij} i，j = 1，31，A_{ij} 为 i 省流动到 j 省的人口流量，数据表 PtopLineIn 和 PtopLineOut 中的初始数据皆可构建240个（10天×24小时）34×34（含港澳台）的非加权非对称矩阵。

第六章 全国人口流动流量、流向矩阵分析

$$A_{ij} = \begin{bmatrix} 0 & A_{1,2} & \cdots & A_{1,33} & A_{1,34} \\ A_{2,1} & 0 & \cdots & A_{2,33} & A_{2,34} \\ \vdots & \vdots & \vdots & \vdots & \vdots \\ A_{33,1} & A_{33,2} & \cdots & 0 & A_{33,34} \\ A_{34,1} & A_{34,2} & \cdots & A_{34,33} & 0 \end{bmatrix}$$

以2000年"五普"为例（如表6-2所示），全国跨省流动半年以上的人口总数为4241.86万人。其中，第1行为各省级单位户籍人口流出量，如由北京户籍人口流动到国内30个省级行政区域半年以上的人口为9.17万人；第1列为各省级单位外来人口，如国内30个省级单位跨省流入北京半年以上的人口为246.32万人。

四川籍人口共流出693.78万人，居全国第一位，与四川处于同一位置且有大量农村人口的重庆籍人口仅流出100.58万人。在前面的研究中我们发现，四川籍人口流出与重庆籍人口流出大致呈现相同的步调，且重庆人口流出量占全市户籍人口的比重要略高于四川人口流出量占四川省户籍人口的比重，即四川跨省流出人口长期以来约为重庆市流出市外人口的2.41倍。因此，2000年重庆籍人口市外流量不少于287.88万人。以户籍人口为参照，依据四川省户籍人口流出率来推算，浙江、安徽、福建、江西、河南、湖北、湖南、广西、海南、重庆、四川、贵州、云南、陕西和甘肃15个省级区域人口跨省流出量实际在5500万人以上，即有2100万人以上的跨省流出人口并没有被计入。以江西为例，"五普"时江西户籍人口流出数量为368.03万人，而以四川为参照同比例推算只有340.35万人。

在流入人口方面，2004年广东自外省流入半年以上的人口就有3100多万人，而2000年"五普"时却只有1506.48万人。经考证，无论"五普"还是"六普"，广东跨省流入半年以上的人口仅指已经办理了广东外来人口暂住证的人口，那些没有办证的人口并没有计算在内。据推算，2000年"五普"时全国实际跨省流动半年以上的人口在8151.55万~8489.85万人，跨省流动半年以下的人口在2892.49万~3012.53万人，全国跨省流动人口在11044万~11502万人。其中，广东跨省流入半年以上人口为

· 239 ·

表6-2 全国第五次人口普查省跨省流动人口数量矩阵样式（不含港澳台地区）

流入量(人) \ 流出量(人)	91702 北京	82499 天津	1218975 河北	305148 山西	504557 内蒙古	361944 辽宁	608693 吉林	1174048 黑龙江	142657 上海	1715634 江苏	1482465 浙江	4325830 安徽
2463217 北京		17885	555015	66259	68487	54754	47253	90014	4232	141129	92865	228394
735033 天津	4401		202685	11195	21403	14598	18896	52352	760	20398	19521	58891
930455 河北	28903	32476		37286	62492	37120	32913	111764	1018	25457	40323	50167
667357 山西	2318	1328	84969		99584	5096	3909	4410	850	15315	29803	28252
547923 内蒙古	1919	2611	76458	44169		34585	33079	117883	431	13909	15240	12403
1045165 辽宁	2708	1835	32013	5054	97483		173945	320272	1005	34278	31318	56043
308605 吉林	813	492	11493	1474	21505	40621		91027	549	13926	11397	14205
386641 黑龙江	1437	652	15317	1315	34865	39091	99403		1121	25594	11693	22405
3134922 上海	4337	2335	21002	8518	4162	8975	9902	19721		749832	312783	1028508
2536889 江苏	3562	2046	12623	7214	6313	8647	9988	21116	48474		191915	1121326
3688851 浙江	1728	1261	10152	4826	4336	6003	6945	13403	20792	137658		781887
230116 安徽	1335	489	3238	1492	1024	1671	2570	4150	10776	53651	32389	
2145256 福建	1535	790	4935	2771	1809	4591	4143	7391	2975	28275	72213	170862
253095 江西	604	199	2799	703	461	778	806	1065	3876	10842	37790	25147
1033213 山东	4460	3565	36149	12991	29120	35958	106126	221444	2722	77451	62972	93900
476239 河南	3278	1270	25097	22907	4018	5279	4797	11226	1315	28598	39144	50531
609733 湖北	2073	1027	8717	4569	1435	2676	2549	2924	2576	22544	44791	31988
348838 湖南	1223	432	4341	2363	897	1513	1267	2666	1378	6302	24810	11118
1504838 广东	11356	5310	35226	19938	13926	32447	30809	50306	12596	149183	138484	359326

2895万人，占全国的35.51%，浙江、上海、江苏、北京占全国跨省流动人口的比重分别为8.70%、7.39%、5.98%和5.81%，粤浙沪苏京五省市占全国跨省流动人口的63.39%（见表6-3）。

表6-3　2000年中国省级区域跨省人口流入量估计（不含港澳台地区）

序号	区域	跨省流入量（万人）	占全国比重（%）	序号	区域	跨省流入量（万人）	占全国比重（%）
0	全国合计	8151.55	100.00	16	河南	91.52	1.12
1	北京	473.35	5.81	17	湖北	117.17	1.44
2	天津	141.25	1.73	18	湖南	67.04	0.82
3	河北	178.8	2.19	19	广东	2895	35.51
4	山西	128.25	1.57	20	广西	82.28	1.01
5	内蒙古	105.29	1.29	21	海南	73.37	0.90
6	辽宁	200.85	2.46	22	重庆	77.47	0.95
7	吉林	59.3	0.73	23	四川	103.05	1.26
8	黑龙江	74.3	0.91	24	贵州	78.5	0.96
9	上海	602.44	7.39	25	云南	223.76	2.75
10	江苏	487.51	5.98	26	西藏	20.88	0.26
11	浙江	708.88	8.70	27	陕西	81.87	1.00
12	安徽	44.22	0.54	28	甘肃	43.79	0.54
13	福建	412.25	5.06	29	青海	23.89	0.29
14	江西	48.64	0.60	30	宁夏	36.88	0.45
15	山东	198.55	2.44	31	新疆	271.17	3.33

在人口流出方面（见表6-4），四川和河南流出人口数量不相上下，其次是湖南和安徽亦大致相等，第三是湖北和江西流量齐等，第四是重庆和贵州，此八个省级行政区域皆为人口净流出地区；江苏和浙江也有较大的流出量，但两省经商人口多于务工人口，河北因包络京津而有较大的人口流出量；广西在2000年以前纯粹以广东为主要流出目的地，但因广东只将已经办理了外来人口暂住证的人口纳入登记，因此实际流出量约为"五普"的2倍。作为主要人口流入目的地，北京、广东、上海外出人口

主要流向本地城区或工业园区，跨省级区域流动量极少，跨省流出占本地户籍人口比重也非常低。流出人口占户籍人口低于全国平均水平的省级区域基本上为人口净流入地。东北地区人口外流趋势并不明显，辽宁除吸纳本省流出人口外，还吸纳黑吉两省相当一部分人口流入。

表6-4 2000年中国省级区域跨省人口流出量估计（不含港澳台地区）

序号	区域	跨省流出量（万人）	占户籍人口比重（%）	占全国比重（%）	序号	区域	跨省流出量（万人）	占户籍人口比重（%）	占全国比重（%）
0	全国	8151.55	6.56	100.00	16	河南	820.96	9.00	10.07
1	北京	17.43	1.28	0.21	17	湖北	533.10	8.96	6.54
2	天津	15.68	1.59	0.19	18	湖南	761.18	12.03	9.34
3	河北	393.62	5.90	4.83	19	广东	118.61	1.39	1.46
4	山西	57.99	1.79	0.71	20	广西	460.79	10.51	5.65
5	内蒙古	95.89	4.11	1.18	21	海南	62.98	8.33	0.77
6	辽宁	68.78	1.64	0.84	22	重庆	312.38	10.24	3.83
7	吉林	115.68	4.32	1.42	23	四川	827.80	10.05	10.16
8	黑龙江	223.12	6.16	2.74	24	贵州	298.53	8.47	3.66
9	上海	27.11	1.65	0.33	25	云南	105.88	2.50	1.30
10	江苏	365.14	5.00	4.48	26	西藏	3.77	1.44	0.05
11	浙江	382.67	8.33	4.69	27	陕西	223.76	6.33	2.75
12	安徽	656.82	11.13	8.06	28	甘肃	160.33	6.38	1.97
13	福建	219.07	6.42	2.69	29	青海	18.05	3.74	0.22
14	江西	517.99	12.82	6.35	30	宁夏	17.13	3.12	0.21
15	山东	209.93	2.33	2.58	31	新疆	59.39	3.22	0.73

将二维人口流动矩阵表格立体图示化（见图6-6），可以更直观地看到人口的流量和流向。从省级区域流入量来看，2000年"五普"时，广东一骑绝尘，跨省流入量占全国的35.51%，流入人口数比浙沪苏三个省级行政区域之和还多出570.4万人；浙沪苏三地构成人口流入地第二梯队，跨省流入量936万人，占全国的22.07%。北京的流入人口比福建略

多，其流入来源地分布较为均衡，而福建则吸引了较多的农民工流入，如江西和四川成为福建的两大流入来源地。东北和华北各省都有零星的流入量显示，流入量虽然不大，但都显示为人口流入。新疆是大西北的一大流入亮点，吸引了相当数量的河南、四川和甘肃的人口流入，但季节性的采棉工实际上在"五普"数据上得不到反映，若将外省季节性的采棉工计入，新疆跨省流入人口量也将成倍增长。地处大西南的云南也吸纳了不少周边省份的人口流入，川渝两地则为互相流入，其影响不具有全国性。人口与经济大省山东的流入和流出都不明显，山东人口流出主要以京津为目的地，而流入也大多来自周边，流入量和流出量大致相等。

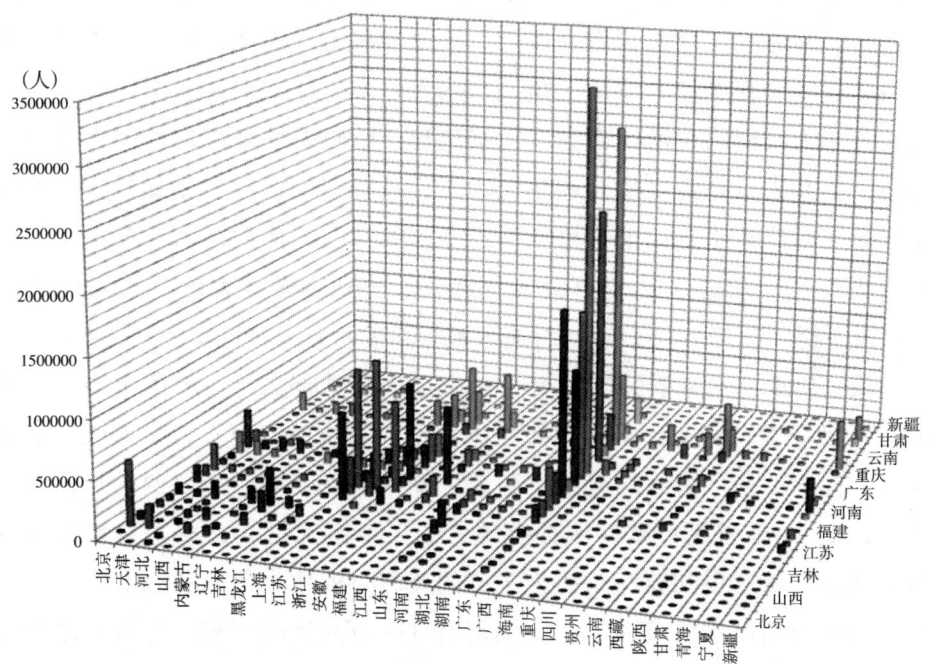

图 6-6 流入地视角的中国跨省人口流动（2000年"五普"数据）

到 2010 年全国第六次人口普查时，广东虽然依旧是最大的人口流入目的地，但其相对地位有所削弱，跨省人口流入量由 2000 年占全国比重的 35.51% 下降到 2010 年的 25.03%，人口流入绝对值由 2000 年的 1506.48

万人增长到 2010 年的 2149.78 万人，增长幅度为 42.70%。同期长三角的浙沪苏跨省流入人口由 2000 年占全国比重的 22.07%上升至 2010 年的 32.81%，人口流入绝对值由 2000 年的 936.07 万人增长到 2010 年的 2818.02 万人，浙苏沪三地流入量超过广东，增长幅度高达 201.05%。由于"六普"时广东仍旧只将办理了暂住证的外来人口计算在内，实际流入半年以上的外省籍人口在 3600 万以上，比浙沪苏三地实际流入半年以上的外省籍人口多出 400 万左右。浙沪苏三地面积之和为 21.90 万平方公里（是将浙沪苏三地互相流动的人口区域面积相加所得），广东面积为 17.97 万平方公里；浙沪苏外来人口主要集中在苏南、上海和杭州湾一带等 5 万平方公里左右的区域，而广东外来人口主要集中在珠三角 4 万平方公里的区域，其中 80%集中在深圳、东莞、广州和佛山。因此，珠三角吸引外来人口的强度和密度都大于长三角。广东省外来人口几乎遍及全国各地，长三角外来人口则以黄河以南为主，京津和辽宁吸引外来人口的能力也有所加强，但其人口来源以华北和东北为主，长江以南的人口则比较少。2010 年广东实际流入半年以上人口依旧占全国的 30%，而同期浙沪苏占全国的比重大约比广东少 3.33 个百分点。此外，大西南及大西北的人口流入占比略有下降。2010 年"六普"时流入地视角的跨省人口流动如图 6-7 所示。

从流出地视角来看，2000 年"五普"时中西部为绝对流出主力（见图 6-8）。其中四川籍流出人口遍布全国各地，其次是河南省；京广线以东的安徽、江西，京广沿线的河南、湖北、湖南，以及京广线以西的川渝陕甘黔桂，此 11 个省级行政区域都有较大的人口流出量，其跨大区域流出的特征明显，珠三角和长三角成为主要的流向目的地；华北和东北两大区域的人口流出则以本区域内为主。湖南有 333 万人流向广东，是省际之间的最大流量，其次是四川，有 284 万人流向广东，广西有 221 万人流向广东。前文已讲到，"五普"数据中流向广东的人口还有一半左右没有计算在内，加之广东本省的流动人口大多不办理暂住证，因此同期广东流动人口总量约为官方公布数据的 1/3。除深圳关内办理暂住证率较高之外，深圳关内、东莞、广州和佛山四大广东外来人口流入地，有相当数量的外来

第六章 全国人口流动流量、流向矩阵分析

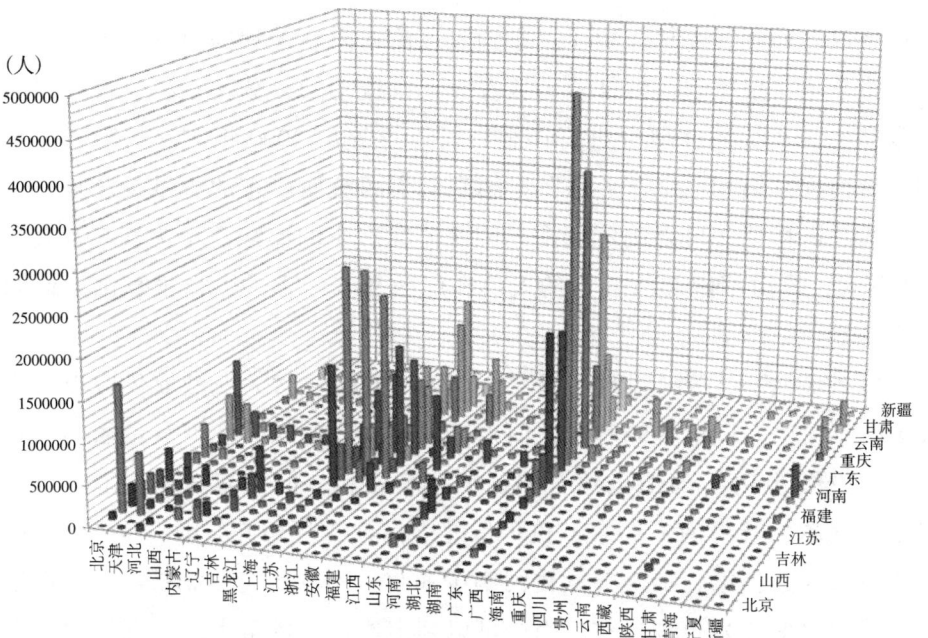

图 6-7 流入地视角的中国跨省人口流动（2010 年"六普"数据）

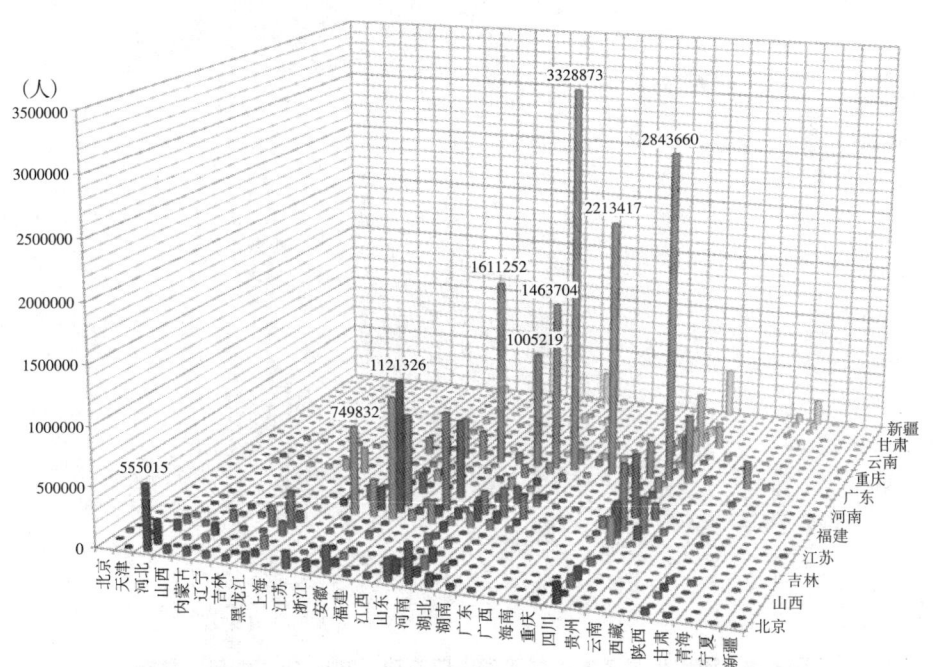

图 6-8 流出地视角的中国跨省人口流动（2000 年"五普"数据）

人口并没有办理暂住证。由于广东的人口流入来源地和四川外出人口目的地遍布全国，根据这一特征及"五普"人口流动的百分比矩阵，再根据第一章和第二章综述性研究进行调整，可以推算出 2000 年实际的跨省流量和流向构成。例如，由"五普"中湖南、广西流向广东的流量及广东外来人口的登记特征，可以确定湖南、广西流向广东的实际流量为 665 万人和 443 万人，再由湖南 80%以上的人口和广西 90%以上的人口推算出两地的流出总量。

与 2000 年"五普"相比，至 2010 年"六普"时，安徽取代四川成为我国跨省流出人口最多的省份，而人口规模巨大的四川和河南位居第二和第三（见图 6-9）。安徽虽然有邻近沪苏浙之利，但是河南在全国的位置也十分优越，既可南下广东，也可以北上京津，还可东进长三角及山东，往西也可到达新疆；加上安徽比河南少 3000 万人口，且 2010 年两省户籍人口城镇化率同为 40%左右。因此可以判定这是一种重大的数据异常。究

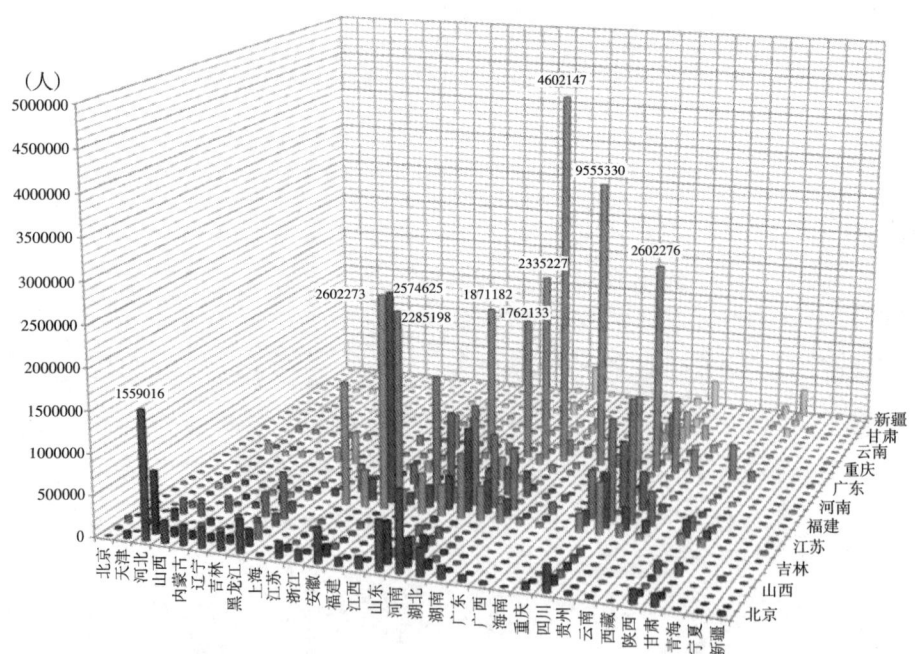

图 6-9 流出地视角的中国跨省人口流动（2010 年"六普"数据）

其原因，是安徽人口流出目的地沪苏浙的人口统计相对准确，2010年安徽流入沪苏浙三地的人口数量分别为260.23万人、257.46万人和228.52万人，流入沪苏浙的安徽籍人口共746.21万人，占安徽跨省总流出人口962.26万人的77.55%。而河南和四川的人口流出目的地广东则对外来人口存在严重的低估，广东上报的流动人口仍旧按是否办理暂住证为标准。2010年"六普"时广东跨省流入半年以上的人口数量甚至比2004年官方所掌握的3100多万还少1000万。虽然2008年在全球金融风暴的冲击下广东曾出现较大规模的外来人口返乡，但到2010年时基本上又得到恢复。

因此，2010年全国跨省流动人口的实际总量大致在官方数据的基础上将广东的流入人口乘以1.7~2.0就基本接近事实了。例如，2010年四川内部官方系统流向广东的人口数据是490多万，而同期广东内部系统显示的数据表明四川籍外来人口有620多万。两个不同内部系统的数据看起来自相矛盾，实际上四川系统中的流出人口是指常年流动到广东的人口数量，而广东系统中的四川籍流入人口则是指曾经流动到广东的四川籍人口数量。以半年以上为标准，2010年流动到广东的四川籍人口应在442万~520万是比较符合事实的；流动到广东的湖南籍人口应在782万~920万，即77.8%的湖南跨省流出人口流向广东。以1.7倍的系数调整后，四川成为第一人口流出大省，湖南居第二位，安徽下降到第三位，河南居第四位，湖北上升到第五位（如图6-10所示）。调整变动最大的是湖南和广西，其次是四川、江西与河南，安徽因以长三角为主要流出目的地而受调整的影响非常小。调整后除河南的数据依旧偏低之外，其他各省级行政区域流出人口数量基本上与第一章和第二章文献综述时的事实相佐证。

在对2010年广东流入人口做出调整后，与未调整相比，安徽与河北的人口流出量相对弱化，四川、湖南、湖北和广西人口流出地位增强（如图6-11所示）。京津沪三大直辖市、海南和大西北地区的藏青宁新只有极少量的人口流出。整体态势与2000年基本相似，中西部作为全国主要人口流出地极为明显。珠三角依旧一枝独秀，其人口流入量占全国的30%左右；长三角依旧需要以组团获取优势，实际人口流入量占全国比重仅增加

基于大数据的人口流动流量、流向新变化研究

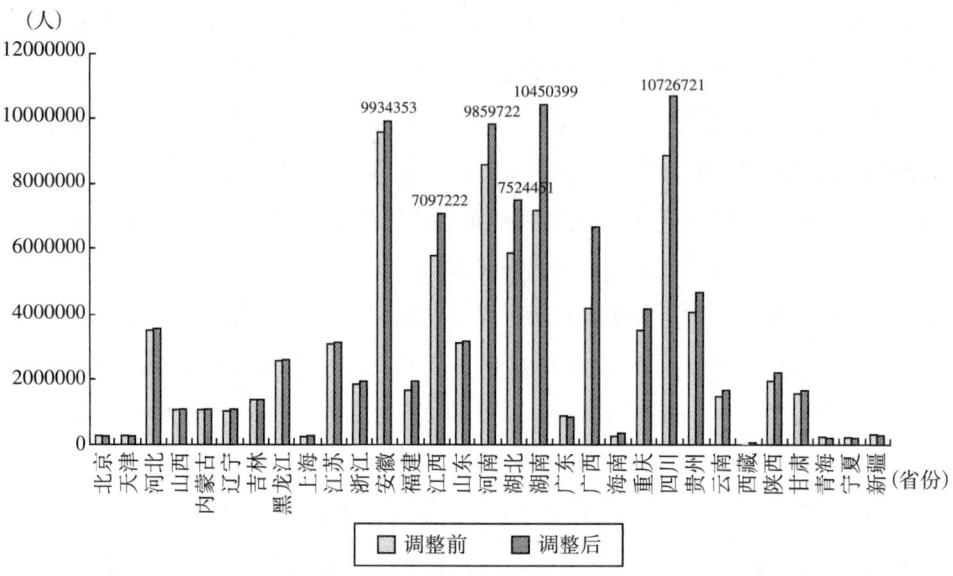

图 6-10 广东跨省人口流动调整对各省流出人口的影响（2010 年）

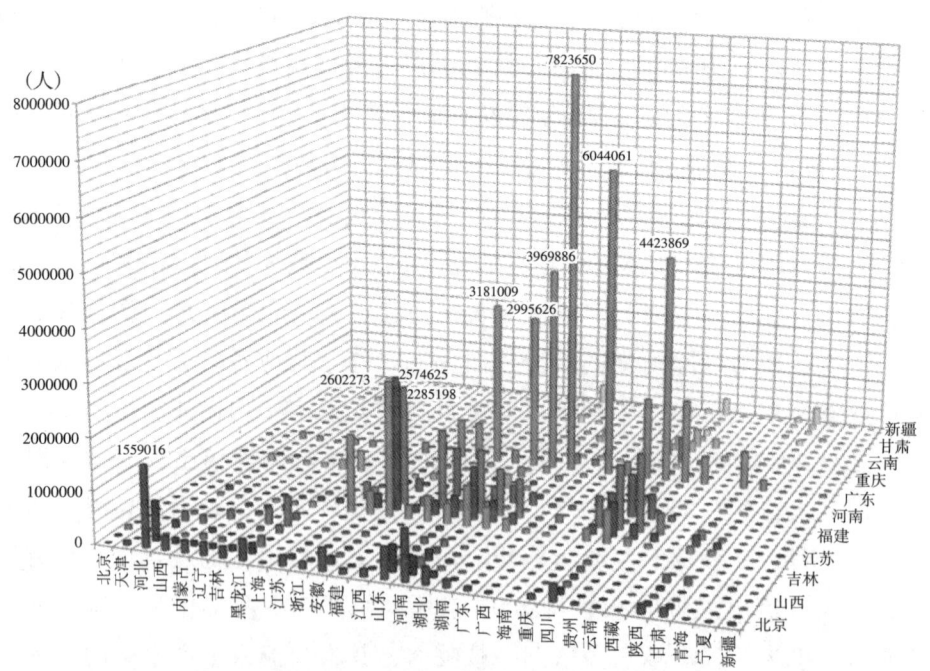

图 6-11 流出地视角的中国跨省人口流动（2010 年"六普"+广东调整）

5%；全国半年以上的流动人口实际数量超过1亿人。其他流出人口省份中，河南流出半年以上人口至少在1200万以上，浙江流出人口应在300万以上。全国跨省流出半年以上人口实际数在1.04亿~1.1亿人，加上流出半年以下的人口，2010年全国跨省流动人口实际数在1.13亿~1.20亿人。与2000年相比，全国跨省流动人口总数实际增加了4000万人左右，增长幅度为50%。主要原因是2000年以前人口流入目的地主要吸收30岁以下的青壮年人口，而2000年之后，大量农村40岁甚至50岁以上的人口都陆续加入流动大军，且该年龄段人口在2006年前后基本稳定，农村可输出劳动力已经大为减少。

从人口流动角度来看，2010年"六普"数据质量甚至要低于2000年"五普"。"六普"人口数据除广东严重被低估外，流动人口性别比也极为异常。例如，2000年"五普"时广东外来人口性别比是典型的"女多男少"，与工厂大量招收女工的情形相符合；而2010年"六普"时广东省外流入人口性别比变成了125.488，成了典型的"女少男多"局面，与工厂里女工依然占绝对多数的事实有较大冲突。从全国的情况来看，2010年全国总人口性别比为104.90，全国省内流动人口性别比为102.51，两者是极为接近的，而全国省外流动人口性别比则大幅度上升至128.89（见图6-12）。虽然北方地区或少数民族地区的男性流出率高于女性的可能性比较大，但从省内流动人口性别比来看，这种可能性除云南和陕甘外都得不到印证。省外流动人口中男性明显多于女性还存在一种重要的可能性，即流动的男性人口发生违法犯罪的概率更大，因此警方加强了对男性流动人口的登记和管理，从而使得登记的男性流动人口明显多于女性。从实地调研来看，各工业园区和外来人口聚集区的夜市或节假日依然是女性占多数，而男性则相对分散。从农村的调研情况来看，虽然留守妇女比男性多，但很少有年轻的农村妇女留守农村照看老人和小孩，基本上是50岁以上的农村妇女替儿子照看小孩。

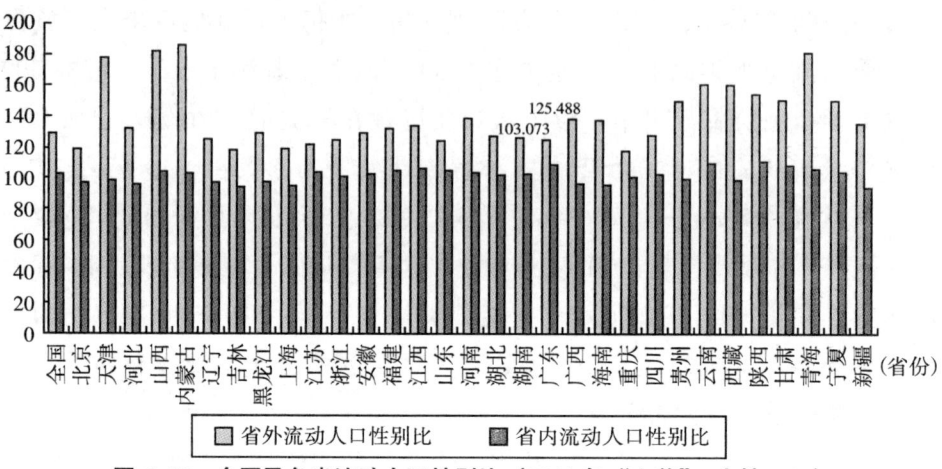

图 6-12 全国及各省流动人口性别比（2010年"六普"，女性=100）

第五节 基于大数据的跨省人口流动矩阵

人口流动（迁移）矩阵可以很好地描述人口从流出地到流入地的流量及其变化。在国内，杨云彦（1989）根据1987年全国1%人口抽样调查资料求出1982~1987年全国省区人口迁移矩阵。国家统计局农调总队于1988年在全国范围内开展了农村劳动力抽样调查，其发布的《1997~1998年中国农村劳动力就业及流动状况》报告中，附表使用的跨省流动矩阵有较大的参考价值。该报告的调查区域遍及中国31个省级行政区域（不包含港澳台），共有857个县、5000多个乡、8000多个村、68000个调查户。前期调查数据的获取和生成依赖人工，后期则由计算机处理。相对于2亿多农村流动劳动力而言，调查样本不到总量的1‰。

一、非加权无量纲流量矩阵

在第五章中，我们通过设计SQL查询语言查询两个数据表文件来得到各省的非加权无量纲流量,最后输出结果为 761 行(含港澳台)。由于港澳台流量小,且在"五普"和"六普"时也没有将其纳入人口普查范围之内,因此我们在此也只讨论大陆 31 个省级行政区域之间的流量矩阵,即 31×31 矩阵(共 961 个数据点)。由于原始数据每次流入或流出只记录流量排在前十名的省份,最后得到 600 个数据点。

从无量纲流出量来看(见图 6-13),全国省际流量最大的为"广西→广东",无量纲值为 22533599,占全国流量的 6.807%;"湖南→广东"为全国第二大省际流量,无量纲值为 20259356,占全国流量的 6.120%;"江西→广东"为全国第三大省际流量,无量纲值为 11453040,占全国流量的 3.460%;"安徽→江苏"为全国第四大省际流量,无量纲值为 10160164,占全国流量的 3.069%;"河北→北京"为全国第五大省际流量,无量纲值为 9320069,占全国流量的 2.815%。研究发现,"北京→河北""天津→河北""上海→江苏""上海→浙江"的流量都比较大,无量纲流量值分别为

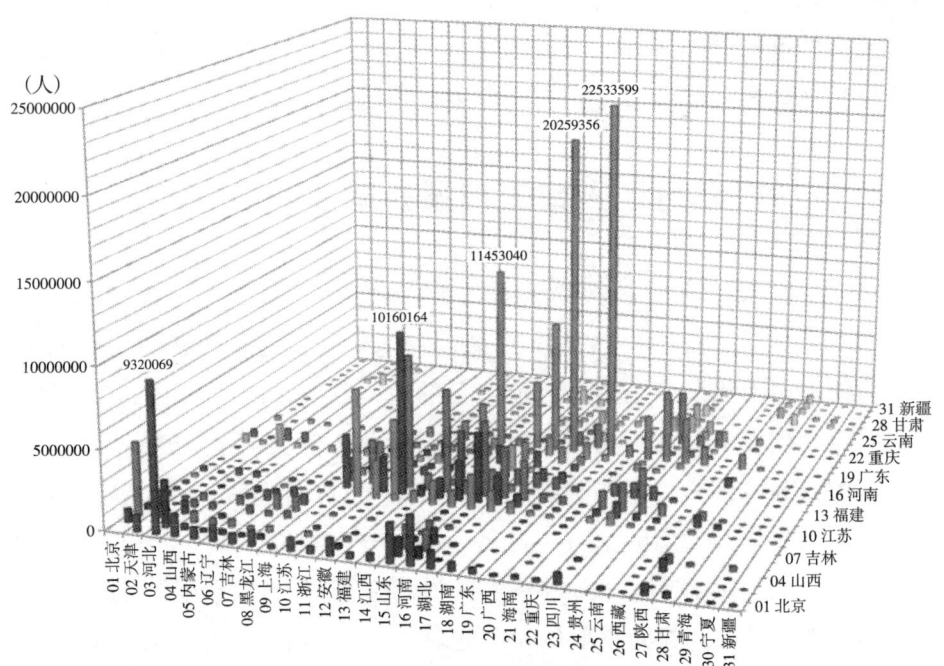

图 6-13 中国省际人口流动大数据测定流量(2014 年)

4582966、1725314、3396612 和 1550854，这种无量纲流量相当于广州、深圳等大城市与省内地级市之间的流量，若不加以处理而直接用其来推算北京和上海的人口流出量，则会有很大的误差。

这种异常大流量的出现，主要是由于初始数据没有很好地排除节前往返式流动。而广东与其周边省份的往返式流动则不明显，如"全国（31个省级行政区域）→广东省"无量纲值为 87271605，占全国流量的 26.363%；"广东→全国（31 个省级行政区域）"无量纲值合计为 8032192，流量虽然也不小，但不及同期流入量比重的 10%，而"北京→河北""天津→河北""上海→江苏""上海→浙江"占其反向流量比重分别高达 49.17%、60.17%、50.34%、64.59%。

有两种方法消除这种"小区域—近距离"流量异常值：第一种方法是参照广深等特大城市与其省内流量占其总流量的比值，再折算实际流量。如深圳流向省内的流量占深圳流出总量的 32%，广州流向省内的流量占广州流出总量的 36%，京津之于河北相当于广深之于广东，因此可将河北与京津之间的流量分别按 64% 和 68% 的流量折算，上海之于苏浙之间的流量也可以按此比率处理。第二种方法即前面所讲的人口重心加权法。

二、加权无量纲人口流出量矩阵

对无量纲人口流出量以省际人口重心之间的距离为系数进行加权之后，对"大区域—远距离"之间的实际人口流量测定非常有效。以湖南、广西为例，两地均以广东为最大流出目的地，判别是广西有 90% 以上的流出人口流动到广东，而湖南因长三角、湖北及北京吸纳了一部分流出，流向广东的占 80% 左右。未调整前，广西的流出量比湖南大，而调整后计算的广西流出量约为湖南的 95%。此外，未调整前湖南人口流出量占全国的 9.10%，高于河南与四川，而调整之后河南在全国人口流出中的地位明显上升（见图 6-14）。更为重要的是，这种加权调整后的人口流出与其他各省人口流动调查数据非常一致，与 2010 年"六普"数据经广东调整后的态势基本相似,这表明基于大数据的人口流动推算已经完全具备同人口普查相同的结果和效用,甚至比人口普查更准确。

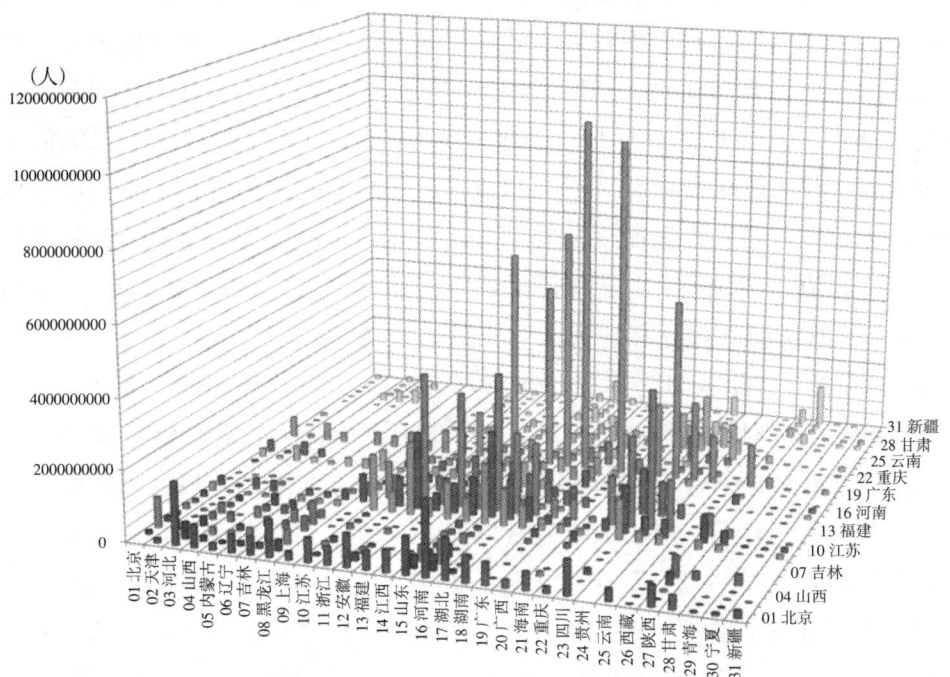

图 6-14 中国省际人口流动大数据加权流量(2014 年)

但是河北与北京之间、江苏与上海之间这种超大城市与其周边的近距离大流量数据会带来一定的误差。造成这种误差的原因是由人口重心距离造成的。以北京与河北之间的情况为例,由河北流动到北京时间在半年以上的人口主要来自河北南部及距北京较远的区域,而与北京相邻的区域主要为日常性流量,且流动时间大多在半年以下。上海与江苏的情况也基本类似,即日常性流量主要来自上海与苏南之间,而流动半年以上的人口主要来自苏北。这种误差所带来的直接结果:一是人口流入目的地的人口流出量被高估,如北京、上海的人口流出量被高估,二是其邻近特大城市的人口流出来源地人口流出量被低估,如河北、江苏的人口流出量相对被低估。

但从另一种角度来看，这种高估或低估其实反映了另外一个事实，即大城市高估的流出人口，实际上是邻近省级区域的流入人口常住化之后其家属在节前的反向流动，因此可以不认为是一种数据误差。进一步地，我们甚至可以利用这种"误差"来计算户籍制度下的外来人口的沉淀率。以北京为例，计算的北京人口流出量的估计值中的外来人口沉淀在北京的数量为200万人左右，相对北京1000万的流入人口而言，外来人口沉淀率为20%。这种常住化沉淀才是人口流入目的地的真正的常住人口，而其他流入人口则终将在户籍制度的安排下返回其户籍所在地。最终，这种大城市的人口流出"误差"并不影响后面真实的常住人口推算。例如，以全国14489万的流动人口计算，流入北京的人口为1230万，而流出为260万，即以1333万户籍人口为参照，2014年北京真实的常住人口为2300万人，加上商旅及临时过路性的500万人口，北京实时的人口总量达2800万人。

在现有数据条件下，还有一个提高精度的方法就是直接利用城市之间的流量来进行计算。对较大行政区域而言，前面我们在日期筛选时就将差旅等临时性人口过滤掉，但对上海、北京和海南而言，还需要仔细甄别。这种甄别分三个层次：一是京津之于河北、上海之于江浙等特别邻近的城市，如"北京→保定""北京→天津""上海→苏州""上海→杭州"几个"城市对"之间的往返式流量很大，应结合非节假日流量加以消除；二是大城市之于旅游热点城市之间的流量明显大于非节假日流量，这种流量也需要排除；三是东北地区到海南度假的流量。过滤掉这些非长期性流量之后，北京、上海、海南的实际人口流出量只有加权计算的30%、40%和50%，而天津的流出量几乎不需要调整。其他省级行政区域因差旅流量占该省流量比重极低，因此也不需要调整。

基于上述讨论，我们给出了2014年中国省级区域跨省人口流出量及其全国占比表（见表6-5）。表6-5最大的特点是，只要知道除京沪之外任何省份较为准确的人口流出量，就可以推算出全国流出人口总量。例如，贵州省卫计委的数据显示，2014年该省流出人口581万，依据贵州加权流出量占全国4.505%的比重，可推算出全国同期流出人口总数为

12866.63 万人。再如，前面第二章数据显示，2014 年重庆市流出市外人口有 530.1 万人，由此推算出全国同期流出人口总数为 14489.12 万人。表面看起来两者数据相差极大，但实际上贵州卫计委的数据是以农民工为主要调研对象，且数据样本量较少，因此一方面会导致流出人口数据少于实际流出人口数，另一方面 581 万的流出数据本身就会因样本量偏少而产生误差。而重庆市流出人口数据则包括全部流出数据。因此，以贵州为参照推算的全国流出人口总数相当于流出半年以上的人口数量，而重庆则是全部流出量。两个不同的数据实际上给出了全国流出人口数量的可信范围，即 2014 年全国流出半年以上的流动人口数量在 1.2 亿以上，而全国跨省流动人口总数则达到 1.45 亿。

表 6–5 中国省级区域跨省人口流出量及其占全国比重（2014 年）

序号	省级区域	直接测定流量	占全国流出量比重（%）	序号	省级区域	加权流出量	占全国流出量比重（%）
1	湖南	30241177	9.100	1	河南	22751604376	10.802
2	安徽	29990721	9.025	2	湖南	17576914340	8.345
3	河南	29646378	8.921	3	四川	17436981112	8.279
4	江西	26565985	7.994	4	湖北	17046396507	8.094
5	广西	24978292	7.516	5	江西	14510282806	6.889
6	湖北	22708536	6.833	6	安徽	12720802764	6.040
7	四川	17720415	5.332	7	广西	11977530245	5.687
8	河北	17648814	5.311	8	贵州	9489283196	4.505
9	江苏	17206569	5.178	9	重庆	7688932134	3.651
10	山东	12833560	3.862	10	江苏	7470199738	3.547
11	重庆	10137243	3.050	11	山东	7166921302	3.403
12	贵州	9828308	2.957	12	广东	6538301789	3.104
13	北京	8817646	2.653	13	云南	6226674901	2.956
14	浙江	8713266	2.622	14	陕西	5988349796	2.843
15	广东	8498964	2.557	15	河北	5541658096	2.631
16	福建	7057812	2.124	16	福建	5036496444	2.391
17	陕西	6857761	2.064	17	浙江	4814842063	2.286

续表

序号	省级区域	直接测定流量	占全国流出量比重（%）	序号	省级区域	加权流出量	占全国流出量比重（%）
18	上海	6545073	1.969	18	黑龙江	4782365226	2.271
19	山西	5161692	1.553	19	北京	3776874983	1.793
20	云南	4706450	1.416	20	甘肃	3469492760	1.647
21	黑龙江	4454235	1.340	21	山西	2765390462	1.313
22	辽宁	3981099	1.198	22	辽宁	2662226014	1.264
23	天津	3504065	1.054	23	吉林	2523142498	1.198
24	甘肃	3385054	1.019	24	上海	2436342568	1.157
25	吉林	3361546	1.012	25	海南	2426248479	1.152
26	内蒙古	3345147	1.007	26	内蒙古	2168883143	1.030
27	海南	1763975	0.531	27	新疆	1233049011	0.585
28	宁夏	958159	0.288	28	天津	877700967	0.417
29	新疆	439388	0.132	29	宁夏	698621661	0.332
30	香港	424800	0.128	30	青海	328484683	0.156
31	青海	411622	0.124	31	香港	181737565	0.086
32	澳门	204538	0.062	32	台湾	156655603	0.074
33	台湾	158251	0.048	33	西藏	103335779	0.049
34	西藏	68667	0.021	34	澳门	45630001	0.022

三、加权无量纲人口流入量及其占全国百分比

无论是直接由大数据测定的还是加权的各省级区域的流入量，广东、浙江都无可争议地居全国前列。如前所述，河北之于京津、苏浙之于上海都有较大的日常性流量，通过加权之后可以进一步过滤这种异常流入量。研究发现，2010年以来上海的流动人口数据与各种估计数据相一致，因此在得出各省占全国流量百分比的情况下，可以依据上海的流入量来推算全国的总流动量。上海市统计局、国家统计局上海调查总队发布的数据显示，2014年末上海全市外来常住人口有996.42万人，上海流入人口占全

国的 7.435%，由此可推算出 2014 年全国跨省流动人口下限值为 13402.49 万人；根据加权流量占全国的 6.649%，推算出 2014 年全国跨省流动人口上限值为 14980.70 万人；两者的均值为 14194.59 万人（见表 6-6）。

表 6-6 中国省级区域跨省人口流入量及其占全国比重（2014 年）

序号	省级区域	直接测定流量	占全国流入量比重（%）	序号	省级区域	加权流出量	占全国流入量比重（%）
1	广东	87818595	26.425	1	广东	59498941089.30	28.250
2	浙江	39797622	11.976	2	浙江	29647956316.53	14.077
3	江苏	32176629	9.682	3	北京	17938751929.09	8.517
4	北京	28067585	8.446	4	江苏	16681558490.30	7.920
5	上海	24707021	7.435	5	上海	14003373844.74	6.649
6	河北	11877685	3.574	6	福建	7715938687.21	3.663
7	福建	10542897	3.172	7	山东	4819592860.01	2.288
8	山东	8645192	2.601	8	云南	4576665599.21	2.173
9	河南	7498500	2.256	9	河南	4271649697.65	2.028
10	天津	7119730	2.142	10	河北	4269395860.93	2.027
11	四川	6485747	1.952	11	四川	4234508992.45	2.011
12	安徽	6219188	1.871	12	新疆	4096603473.33	1.945
13	重庆	5730023	1.724	13	贵州	3512003788.91	1.667
14	湖北	5396570	1.624	14	陕西	3267876715.50	1.552
15	陕西	5283085	1.590	15	湖北	2847292230.79	1.352
16	湖南	4745885	1.428	16	辽宁	2735803512.40	1.299
17	贵州	4723019	1.421	17	内蒙古	2728276840.50	1.295
18	辽宁	4279752	1.288	18	湖南	2702332580.91	1.283
19	云南	4266195	1.284	19	天津	2577774124.98	1.224
20	广西	4073549	1.226	20	广西	2508912656.03	1.191
21	山西	4012261	1.207	21	重庆	2382276453.66	1.131
22	江西	3751224	1.129	22	安徽	2369064504.21	1.125
23	内蒙古	3570590	1.074	23	山西	1942945871.12	0.922
24	吉林	2056065	0.619	24	江西	1904432805.90	0.904

续表

序号	省级区域	直接测定流量	占全国流入量比重（%）	序号	省级区域	加权流出量	占全国流入量比重（%）
25	黑龙江	1790609	0.539	25	黑龙江	1874174633.85	0.890
26	甘肃	1777892	0.535	26	吉林	1390063134.82	0.660
27	新疆	1679853	0.505	27	海南	1278522789.96	0.607
28	海南	1406440	0.423	28	甘肃	1086027674.59	0.516
29	宁夏	1256363	0.378	29	宁夏	721123049.31	0.342
30	青海	810826	0.244	30	青海	588918059.93	0.280
31	香港	287182	0.086	31	西藏	363184592.58	0.172
32	西藏	259739	0.078	32	香港	50676790.27	0.024
33	澳门	204431	0.062	33	澳门	26161344.42	0.012
34	台湾	7264	0.002	34	台湾	5572017.90	0.003
35	全国	332325208	100.000	35	全国	210618353013.27	100.000

四、省级区域外来常住人口推算

将加权前后数据取均值，以上海2014年外来常住人口为参照，推算出全国2014年跨省流动人口（外来常住人口和外来常住半年以上）总量为13401.55万人，相当于全国总人口的9.798%，即每10人中有1人是跨省外来人口。推算出2014年全国跨省流动人口总数（含半年以下）为15498.77万人，占全国总人口的11.331%。其中，广东省净流入外来人口3284.37万人，居全国净流入人口第一位。2014年广东省有8886.88万户籍人口，因此推算同期广东省常住半年以上的人口达12171.25万人，比官方公布的10724万常住人口多出1447.25万人。与2010年相比，广东外来常住人口实际上没有增加，而是减少了。浙江省净流入人口为1416.90万人，同期浙江户籍人口4859.18万人，因此2014年浙江实际常住人口为

6276.08 万人，比官方公布的 5508 万常住人口多出 768.08 万人①。值得注意的是，北京、上海的人口流入可视作河北、江苏的人口流出，因此京沪两地净流入人口与流入人口数实际上相差不大（见表 6-7）。

表 6-7 中国省级区域跨省常住性流动人口（2014 年）

序号	省级区域	流入人口数（万人）	占全国比重（%）	流出人口数（万人）	占全国比重（%）	净流入人口数（万人）
1	广东	3663.70	27.34	379.34	2.83	3284.37
2	浙江	1745.78	13.03	328.88	2.45	1416.90
3	北京	1136.67	8.48	297.92	2.22	838.75
4	上海	943.75	7.04	209.47	1.56	734.28
5	江苏	1179.49	8.80	584.65	4.36	594.84
6	福建	458.00	3.42	302.54	2.26	155.46
7	天津	225.55	1.68	98.57	0.74	126.98
8	新疆	164.17	1.23	48.05	0.36	116.13
9	内蒙古	158.74	1.18	136.50	1.02	22.25
10	青海	35.11	0.26	18.76	0.14	16.35
11	西藏	16.75	0.13	4.69	0.04	12.06
12	辽宁	173.35	1.29	164.98	1.23	8.38
13	宁夏	48.25	0.36	41.55	0.31	6.70
14	澳门	4.96	0.04	5.63	0.04	(0.67)
15	香港	7.37	0.06	14.34	0.11	(6.97)
16	台湾	0.34	0.00	8.18	0.06	(7.84)
17	海南	69.02	0.52	112.78	0.84	(43.76)
18	山西	142.66	1.06	192.05	1.43	(49.39)
19	云南	231.65	1.73	292.96	2.19	(61.31)

---

① 浙江省公安厅统计显示，至 2006 年 12 月 20 日，全省登记的暂住人口总量已达 1545.3 万，其中来自省外的有 1431.6 万，比 2010 年还多出 249.2 万人，同期却没有 2006 年以来浙江外来人口大规模减少的迹象或统计数据。根据浙江省综治委流动人口治安管理工作领导小组办公室主任、省公安厅副厅长凌秋来提供的信息，浙江省登记在册的流动人口有 1670.7 万，其中，来自省外的有 1414.8 万（中国平安网，2007 年 8 月）。

续表

序号	省级区域	流入人口数（万人）	占全国比重（%）	流出人口数（万人）	占全国比重（%）	净流入人口数（万人）
20	吉林	85.70	0.64	148.09	1.11	(62.39)
21	甘肃	70.43	0.53	178.65	1.33	(108.22)
22	陕西	210.54	1.57	328.81	2.45	(118.27)
23	黑龙江	95.76	0.71	241.97	1.81	(146.21)
24	河北	375.32	2.80	532.18	3.97	(156.87)
25	山东	327.61	2.44	486.82	3.63	(159.21)
26	重庆	191.31	1.43	449.03	3.35	(257.72)
27	贵州	206.92	1.54	500.02	3.73	(293.10)
28	四川	265.56	1.98	912.06	6.81	(646.50)
29	广西	161.96	1.21	884.72	6.60	(722.76)
30	湖北	199.42	1.49	1000.24	7.46	(800.82)
31	安徽	200.76	1.50	1009.49	7.53	(808.73)
32	江西	136.23	1.02	997.29	7.44	(861.06)
33	湖南	181.66	1.36	1168.97	8.72	(987.31)
34	河南	287.07	2.14	1321.61	9.86	(1034.55)
35	全国	13401.55	100.00	13401.75	100.00	(0.20)

注：表中括号中数据表示负值，即变动为减少，本书其他表格括号中数据含义同此处；移动用户数量和户籍人口来源于《广东统计年鉴（2016）》。

中国人口流动的本质特征是由农村流向城市、由中西部流向东部沿海，而中国人口的地域观念和户籍制度则是形成人口往返式流动的根本原因，即人口流动始终以户籍所在地为原点而流向经济发达的东部沿海及本省城镇。因此，可以根据户籍人口、流出人口和流入人口来计算省级行政区域的常住人口，即

本省行政区域的常住人口＝本省户籍人口＋外省流入半年以上的人口－本省流出半年以上的人口

2014年人口流出第一的河南省跨省流出人口1321.61万人，跨省流入人口287.07万人，净流出人口1034.55万人。以10662万户籍人口为参

照，2014 年河南实测常住人口有 9627.45 万人，比河南同期官方的统计公报多 191.45 万人，出现这种情况的主要原因最有可能是官方并没有将跨省流入常住人口计算在内，其次是流出省外超过半年但在省外地点不定的人口没有被计入省外的常住口径。例如，我们计算的跨省流动人口总数中，有 2097.22 万人流动性较强，而河南占 10% 以上，因此出现 191.45 万的差值也是正常现象。

第七章 主要流入目的地人口流量及流向测度

在第六章中,我们通过计算得到了省际间人口流向和百分比流量。如果能比较准确地知道全国省际人口流动的总数,则可以得到省际间人口流动的实际人口数。在前面的大数据抽取中,之所以只取春节前10天的无量纲流量,主要基于两个方面的考虑:一是可以过滤掉季节性人口流动,二是春运开始前几天可以将学生流过滤掉。且节前10天除北京、上海两大城市与周边省份的流量中含有一定的非单向流动外,其余省份由于相距较远,基本上是单向流动。另外,我们以节前流出量来测定流入人口,以流入量来测定流出人口。本章主要讨论人口流入量全国排名前五位的省级区域跨省流入的人口。

第一节 广东省

一、申领暂住证人口与实际流入人口

20世纪80年代,国内人口的跨省流动规模很小,但广东省公安部门的估计结果显示,1988年广东来自省外农村的流动人口就有300万人之多,占全省流动人口的60%。其中,签订劳务合同且办理了外来人口暂住

证的有100万人（廖世同和廖世添，1989），即办理暂住证的人数只占省外流入人口的1/3。据估计，1990年广东全省约有700万流动人口（彭发强，1992），比1988年增加200万人，按同口径推算，此时省外流入人口已经超过400万人。1994年底广东省流动人口总数已达到1200万，外省流入人口主要来自地处西南的川（含重庆）贵两省、与广东交界的湘桂赣三省、京广线上的鄂豫冀三省、人口大省安徽，甚至远至东北的辽宁等十几个省、自治区；仅农民工就有700万人左右，经商人口和零散用工人数有500万左右（王莉，1996）。到2000年"五普"时，广东省年末常住人口有8642万人，仅比7473万户籍人口多出1151.49万人，外省流入人口中常住人口仅有1100多万。但在2005年"两会"期间，广东省省长透露，广东全省有户籍人口7900万，常住半年以上的流动人口有3100多万，总人口达到1.1亿（2004年末），另外还有半年以下的流动人口1100万。

从不同年度的人口数据来看，广东官方所公布的外省流入人口应仅包括那些已经领了暂住证的外来人口。因此，2000年广东外省流入人口数量应在3000万以上，这样才有可能在2004年末增加到4200万。2003年开始，广东珠三角地区发生民工荒，2004年开始民工荒现象在全国范围内陆续发生，自此以后广东外省流入人口增速减缓，各界对流动人口的高度关注使外来人口取得暂住证也变得相对容易。申领暂住证人口占实际流动人口的比重下降，由2000年以前的1∶3下降到2010年的1∶2左右。因此，到2010年全国第六次人口普查时，广东官方公布的外省流入人口数据已经占到实际流入人口数据的50%左右。

二、由手机用户数推算实际流入人口

手机作为重要的通信工具，早期仅为高收入人群所拥有。由于外出人口的流动性强，因此其手机需求程度高于非外出人口，表现在人均手机拥有量上，即外出人口会高于非外出人口。据调查，2007年末，全国外出农民工人均手机拥有量已经达到0.9部，高于其流入所在地户籍人口手机拥有量。从全国范围来看，15~64岁人口是手机的主要拥有者，并以此为中心向高龄和低龄人口扩张。2007年末广东全省手机用户总数为7842.1万户，以人均劳动力0.9部计算，同期全省劳动力有8700万以上。而2007年末广东省户籍人口有8156万人，其中劳动力有4800万人左右，因此粗略推算出省外流入的劳动力在3900万人以上。从历年广东逐月移动用户到达数量来看，2008年10月用户数量比2009年3月多219.1万户，期间对应全球金融风暴，加上本应增长的260万左右的用户，对应外来人口减少530万左右。2008年广东跨省流入人口占全国的32%左右，推算出全国因金融危机导致跨省农民工失业人数为1660万人。据调查，2008年全国农民工因全球金融风暴失业人数为2000多万人，因此1660万再加上非跨省流动农民工，两者结果就非常接近了。

逐年逐月用户增长趋势表明（见图7-1），2014年前的用户数量增长，既包括本地户籍人口也包括外来人口，而2012年下半年及2013年的增长明显高于全国平均水平，这意味着外来人口的增加，而2012年上半年以前的平稳增长态势则难以判断外来人口是增加还是保持不变，除非2008年末的月份异常可表明其增减程度。由于广东每年有100万以上的新生人

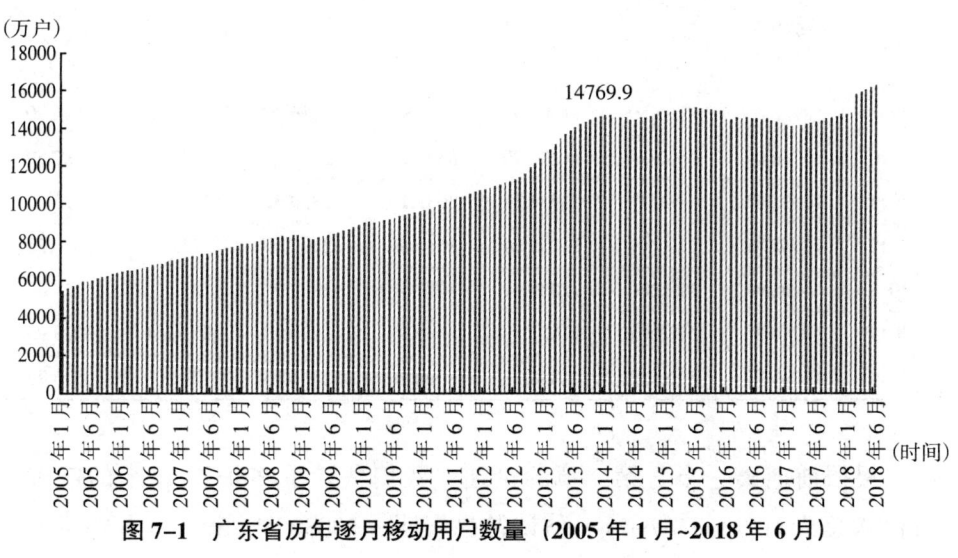

图7-1　广东省历年逐月移动用户数量（2005年1月~2018年6月）

口，这部分人及部分没有手机的中老年人必然会成为新用户，因此2014年的用户平稳意味着外来人口的减少。2016年受手机实名制影响，无法判断外来人口是否增长，但2017年的用户数量下降，则可推断出外来人口持续流失。2018年3月的突发性增长，很可能是用户统计标准发生了变化。

首先，我们将全国历年的移动用户总数除以全国15~64岁人口总数，可得到历年流动人口的人均手机拥有量（如表7-1列3所示）；其次，将广东历年的移动用户总数除以历年流动人口的人均手机拥有量；最后，由于广东经济比较发达，常住人口中0~10岁人口手机拥有率极低，因此需要调整。最终估计结果如表7-1所示。2009年广东估计实有人口高达12506.88万人，省外净流入人口4140.90万人。省外流入人口的大幅度减少与2008年金融危机导致农民工大规模返乡的事实高度吻合。2009~2011年连续3年减少，但2012~2013年流入人口增加，这也与中西部地区经济增速放缓、大量人口再次流向广东相符。从估计的结果来看，广东省际人口流动规模变动相当之大，流动性仍旧相当强烈。

表7-1 广东历年实有人口数量及其变动情况估计（2009~2015年）

年份	移动用户（万户）	15~64岁手机拥有率（%）	初次估计（万人）	户籍人口（万人）	实有人口（万人）	人口变动（万人）	省外净流入人口（万人）
2009	8938.85	76.650	11661.92	8365.98	12506.88	—	4140.90
2010	9710.09	85.954	11296.90	8521.55	12149.05	(357.83)	3627.50
2011	10792.83	98.347	10974.24	8637.19	11829.32	(319.74)	3192.13
2012	12467.99	110.769	11255.84	8635.89	12102.15	272.83	3466.26
2013	14706.06	122.200	12034.41	8759.46	12884.08	781.92	4124.62
2014	14943.37	128.009	11673.69	8886.88	12526.83	(357.24)	3639.95
2015	15009.75	126.682	11848.33	9008.38	12704.13	177.30	3695.75

根据前面第一章、第二章的论述，我们估计了2003年以来的广东跨省流入总人口（见图7-2）。估计结果表明，2003年以来，由省外流入广

东的劳动力人数逐年减少，2015 年相对于 2003 年省外劳动力流入量减少了 700 万人；但省外流入人口数量基本上保持在 4000 万人左右的规模，2007 年省外流入人口数量达到顶峰。出现这种情况的主要原因是省外流入人口中非劳动力占比上升。例如，2013 年广东省人口变动抽样调查结果表明，2010~2013 年，广东 0~17 周岁流动人口增长率高达 3%，远高于同期常住人口 0.67% 的增幅。我们的估计数据实际上与官方实际掌握的数据高度一致，所不同的是官方数据是呈逐年增长态势，而我们的估计数据却是始终保持在高位状态，但官方数据始终少于我们的估计数据，这表明随着时间的变动，官方将更多的流动人口纳入了其常住人口范围。例如，2007 年以来，深圳、东莞、广州、佛山等外来人口大量流入的城市，官方公布的常住人口数量逐年增加，但无论从劳动力市场还是从日常生活品消费量或是从交通总流量来看，这些与人口极为密切的指标并没有发生较大的变动，有些甚至绝对地减小。

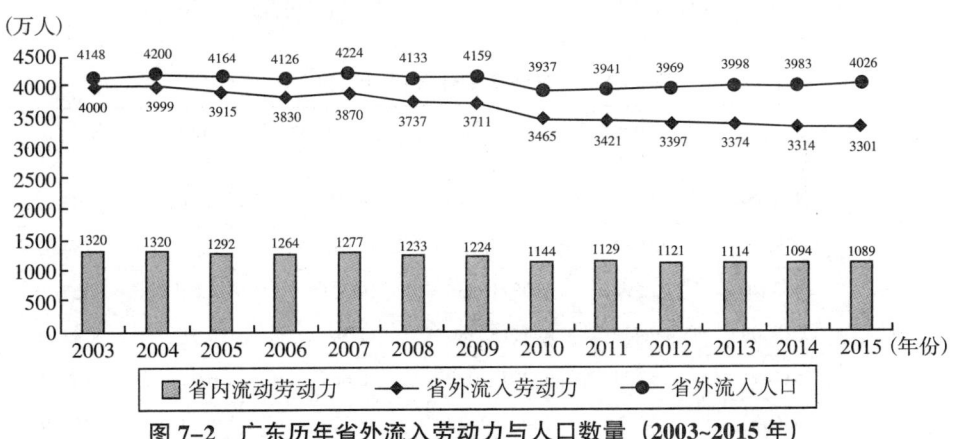

图 7-2　广东历年省外流入劳动力与人口数量（2003~2015 年）

三、广东省外来人口（流入半年以上）

在图 7-2 中，2010 年省外流入劳动力为 3465 万人，与第六章以上海为参照测算的流入半年以上的 3363.7 万人并不冲突。在大数据采样中，

基于大数据的人口流动流量、流向新变化研究

若能得到采样期内流入总量和流出总量,则根据人口净流入量就可以推算流出人口和流入人口。需要特别注意的是,大数据采样期内流入总量对应的是广东本省人口跨省流出,而流出总量则对应广东外省流入人口。通过查询计算,大数据采样期内流入总量为 9806775,流出总量为 88156382,净流出量为 78349607。由于净流出量对应于表 7-1 中的 3639.95 万净流入人口,推算出 2014 年广东外省流入人口总量为 4095.55 万,同期广东省际流出人口为 455.60 万。在此采用第六章推算省外流入广东人口均值为 3663.7 万人,以两次加权占全省比重均值为基准,推算出 2014 年外省流入广东的人口如表 7-2 所示。其中,广西初始流量大于湖南,但加权流量比湖南少,两次均值后依旧多于湖南,居外省流入人口第一位,流入人口数量 766 万人。其次是湖南流入 734 万人,江西、湖北居流入第三位、第四位。四川与河南流入广东的人口大致相等,两地距离差不多,但四川流入较早。重庆和贵州流入人口数量相差不大。流入量百万人口以上的八个省级区域共流入 3091.34 万人,占广东外来人口总量的 84.38%。

表 7-2 广东外来常住人口 (2014 年)

来源地	初始流量	占广东省比重 (%)	加权流量	占广东省比重 (%)	两次占比均值 (%)	流入人口 (万人)
广西	22533599	25.561	9721873419	16.173	20.91	765.97
湖南	20259356	22.981	10227652246	17.015	20.04	734.07
江西	11453040	12.992	6198316530	10.311	11.67	427.70
湖北	8317809	9.435	6941153386	11.547	10.51	385.11
四川	4514691	5.121	5220757070	8.685	6.92	253.40
河南	4336663	4.919	5305417138	8.826	6.89	252.28
重庆	2791975	3.167	2759283765	4.590	3.89	142.38
贵州	2886748	3.275	2303708620	3.832	3.56	130.44
福建	2544101	2.886	1424953514	2.371	2.63	96.47
安徽	1251842	1.420	1346968222	2.241	1.83	67.19
云南	1173687	1.331	1367361787	2.275	1.81	66.19
陕西	919346	1.043	1232338265	2.050	1.55	56.77

续表

来源地	初始流量	占广东省比重(%)	加权流量	占广东省比重(%)	两次占比均值(%)	流入人口(万人)
浙江	711816	0.807	695400099.4	1.157	0.98	36.05
江苏	563773	0.640	682710498.5	1.136	0.89	32.58
山东	452627	0.513	685693242.2	1.141	0.83	30.36
海南	755803	0.857	437507147.8	0.728	0.79	29.09
北京	311649	0.354	595427853.2	0.991	0.67	24.67
河北	284540	0.323	490055559.4	0.815	0.57	20.89
黑龙江	176126	0.200	508021004.7	0.845	0.52	19.18
辽宁	178018	0.202	388231267.4	0.646	0.42	15.56
上海	246319	0.279	296855284	0.494	0.39	14.19
吉林	132149	0.150	335393237	0.558	0.35	12.99
甘肃	181379	0.206	297928973.7	0.496	0.35	12.87
山西	168733	0.191	265237983.3	0.441	0.32	11.61
香港	316413	0.359	38087898.46	0.063	0.21	7.75
新疆	35958	0.041	127554964.1	0.212	0.13	4.64
澳门	183310	0.208	18149706.41	0.030	0.12	4.37
天津	50295	0.057	91932168.41	0.153	0.11	3.85
台湾	47267	0.054	35128739.87	0.058	0.06	2.06
青海	18742	0.021	35153919.59	0.058	0.04	1.46
宁夏	19328	0.022	33343042.05	0.055	0.04	1.42
西藏	1493	0.002	3409676.075	0.006	0.00	0.14
全国	88156382.4	99.6168	60111006225	100.000	100.00	3663.70

四、单一指标人口流动大数据测定

进入2014年以后，国内手机已经非常普及，除10岁以下人口、高龄人口或与外界极少接触的农村人口外，其余人口基本上100%普及。因此，可由一个区域的手机用户数量的变动判断人口流动。在广东省，如无特殊的促销或统计变动，新增用户主要是低龄人口。2017年2月，珠三角人口净流入的深圳、广州、东莞、佛山和中山手机用户数量减少了416.95万户，而五市之外的地级市手机用户数量却增加了511.70万户。这种一增一减的变动实际上是五市之外的人口在春节期间返乡所致，两者差值为94.75万户。由于全省手机用户在2月份为净减少，因此该差值为16市流向省外的人口春节回流，省外回流占16市净增回流量的18.5%，以第三章中2080万非珠三角流出人口为基数，推算出16市流向省外的人口有385万。在无统计口径变动的情况下，若2016年全省手机用户数保持与2015年相同的情况，这也就意味着广东省外来人口减少了118.9万人（见图7-3）。

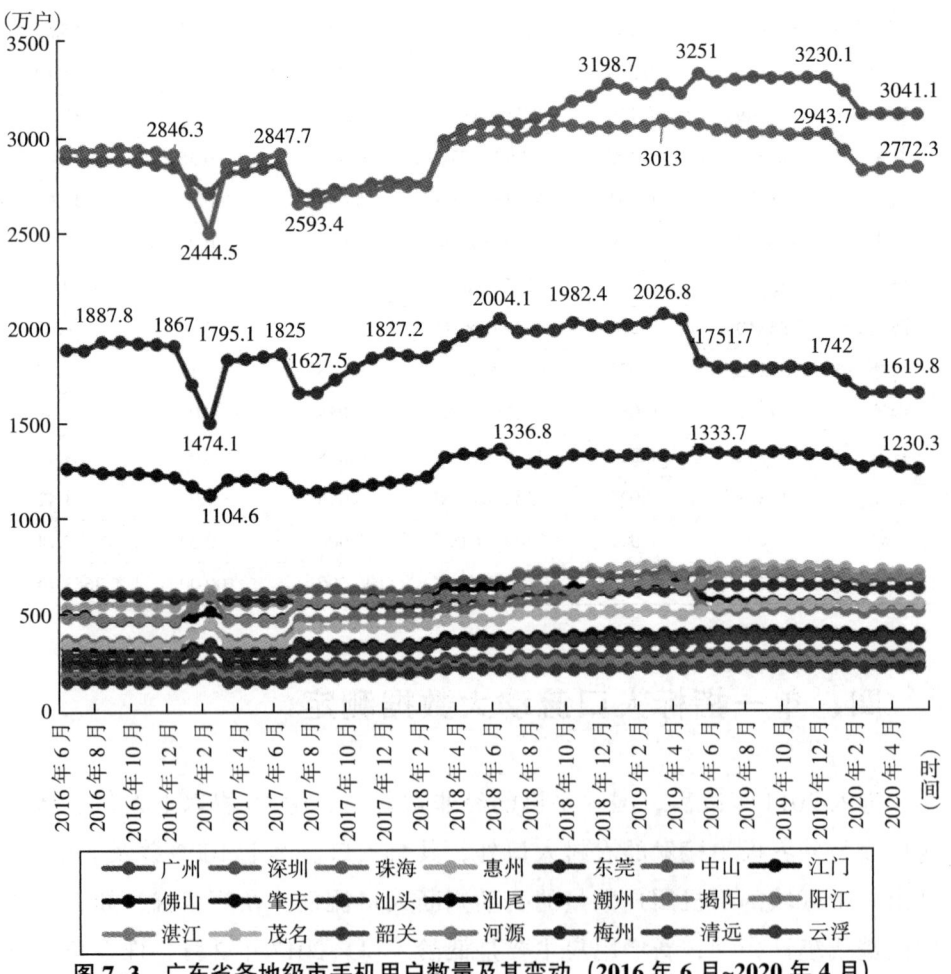

图7-3 广东省各地级市手机用户数量及其变动（2016年6月~2020年4月）

因此，在较大区域范围内不间断地记录活动手机用户数有助于判断该区域内的人口流动情况，但区域面积应在 500 平方公里以上，因为区域面积太小则意义不大。2018 年 2 月广东手机用户数仅比 2016 年 6 月多 271 万，减去成长人口应有的自然增量 236 万，实际新增仅 35 万。考虑到农村中老年人口中的增量，可推断同期广东省外流入人口基本上保持稳定。2018 年 3 月，广东省手机用户的突发式增长极可能是统计标准变动造成的，而人口流入变动的可能性较低。2017 年 12 月，广州、深圳手机用户数比 2014 年 12 月分别减少了 518.8 万户和 697.8 万户，同期广东全省用户只减少了 147.2 万户，以人均 1.5 户计算，同期广深人口减少了 811 万人（见图 7-4）。

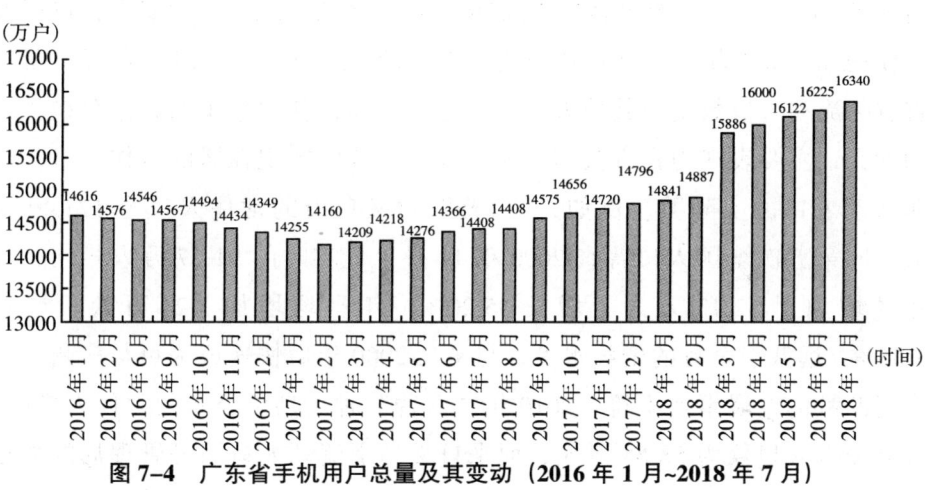

图 7-4　广东省手机用户总量及其变动（2016 年 1 月~2018 年 7 月）

基于大数据的人口流动流量、流向新变化研究

第二节 浙江省

一、暂住人口与实际流入人口

浙江第六次全国人口普查数据显示，2010年全省的省外流入人口为1182.4万人，每5个常住人口中就有1人以上来自省外。与2000年相比，增加了813.5万人，增幅高达220.5%，年均增长12.4%。同期全省户籍人口仅增加246.7万人，只有省外流入人口的20.9%。对比研究发现，浙江省省际流动人口数量与其他人口流入地区一样，各种来源的数据存在较大的冲突，主要表现为官方公布的流动人口是政府登记在册的常住人口，而非流动人口的实际数。例如，"六普"时义乌市的常住人口为123.40万人，同第五次全国人口普查2000年11月1日零时的91.27万人相比，10年共增加了32.13万人，增长35.20%，年平均增加3.21万人，增长3.06%，远低于全省的增长水平，与义乌2000年后快速成为可与广州专业市场匹敌的发展事实不符。2010年"六普"时义乌市公布的常住人口中，市外流入人口仅为58.58万人，而来自义乌市流动人口服务管理局的数据显示，义乌市流动人口2011年时达到了151.3万人的历史峰值。虽然有统计时点差异，但以此推算出2010年义乌市外流动人口规模应在100万以上，即义乌官方统计公布的流动人口规模只有流动人口管理服务局的50%左右。

浙江省公安厅统计显示，至2006年12月20日，全省登记的暂住人口总量已达1545.3万，其中来自省外的有1431.6万，比2010年多249.2万人，同期却没有2006年以来浙江外来人口大规模减少的迹象或统计数据。根据浙江省综治委流动人口治安管理工作领导小组办公室主任、省公

安厅副厅长凌秋来提供的信息,浙江省登记在册的流动人口有1670.7万,其中来自省外的有1414.8万。浙江外来劳动力主要分布在温州、宁波、杭州三地。2006年末,三地外来劳动力分别为375万、331万和200万,义乌也有100万左右的流动劳动力。在我国,公安部门的人口数据应该是最权威和最可信的。从不同年度的人口数据来看,与广东一样,浙江官方所公布的外省流入人口应仅包括那些已经领了暂住证的外来人口。

二、实际跨省流入人口推算

参照广东外省流入人口的方法,2009年浙江实有人口(估计数)比2008年减少114.45万人,省外净流入人口1778.59万人,省外流入人口的减少与2008年金融危机导致农民工大规模返乡的事实高度吻合。值得注意的是,由于估计数是以年末数为基础的,实际农民工返乡的规模更大。随着国家财政、货币等一揽子反金融危机政策的实施,2010年浙江省外人口净流入增加了41.69万人,这种增加更多地源于返乡农民工再次流入,而非新增流入,因为我国农村剩余劳动力在2008年前后基本上不复存在。2011~2014年连续4年减少,累计减少了219.46万人,此段时间是浙江经济调整与转型升级时期,2015年省外净流入人口再度净增加,这表明浙江经济调整转型升级取得了阶段性成果,从而带动人口流入的增加(见表7-3)。

表7-3 浙江历年实有人口数量及其变动情况估计(2009~2015年)

年份	移动用户（万户）	15~64岁手机拥有率（%）	初次估计（万人）	户籍人口（万人）	实有人口（万人）	人口变动（万人）	省外净流入人口（万人）
2009	4436	76.65	5787.35	4716.18	6494.77	(114.45)	1778.59
2010	5047	85.95	5871.75	4747.95	6536.46	41.69	1788.51
2011	5756	98.35	5852.75	4781.31	6474.32	(62.14)	1693.01
2012	6443	110.77	5816.61	4799.34	6416.53	(57.79)	1617.19
2013	7072	122.20	5787.23	4826.89	6366.46	(50.07)	1539.57

续表

年份	移动用户（万户）	15~64岁手机拥有率（%）	初次估计（万人）	户籍人口（万人）	实有人口（万人）	人口变动（万人）	省外净流入人口（万人）
2014	7371	128.01	5758.19	4859.18	6316.99	(49.47)	1457.81
2015	7466	128.68	5801.90	4873.34	6337.97	20.97	1464.63

注：移动用户数量和户籍人口来源于《浙江统计年鉴（2016）》。

从估计的结果来看，浙江省际人口流动规模变动相当之大，流动性仍旧相当强烈。值得一提的是，我们估计的省外净流入人口是一种极为谨慎的估计，实际流入人口数量可能更多。例如，来自浙江省公安厅的数据显示，2009年浙江有1800万外来务工人员，当然这种务工人员包含一小部分本省人口，但浙江本省户籍流动务工人员规模小，且主要来自丽水、衢州和台州，更多的是经商人员，由于经商人员流动性更强，通常不被纳入务工人员统计。据调查，温州800万户籍人口中，外出经商的有400万人左右，几乎全民皆商，其中流向境外的温州人亦达百万之巨。

2009年及以前的浙江流动人口数量，较为权威和可信的则是来自省公安厅的暂住人口统计数据（见表7-4）。但这份数据需要仔细解读，一是统计范围是暂住登记人口而非实有的流动人口数量，因此较早年份的流动人口仅是登记数，大量从事第三产业的流动人口并没有被纳入统计；二是这种暂住登记的主要是外省人口，早期本省人口被纳入统计的占比极低；三是统计质量是逐年提高的，越到后期数据越能反映真实情况，也越可信。本书认为，2000年浙江跨省流入人口应在800万以上，到2010年增加到1800万左右，实际增量和增速都不同于省公安厅的数据。来自省公安厅的数据显示，2016年浙江全省登记在册的流动人口数量为2300多万，该数据基本上可以接受，依表7-4的估计推算，本省户籍的流动人口有800万左右。值得注意的是，登记在册的人口中一部分已经发生了变化，因此利用大数据来提升人口数据的准确性极为迫切。

第七章 主要流入目的地人口流量及流向测度

表 7-4 浙江流动人口规模及其变动情况估计（2000~2009 年）

年份	流动人口（万人）	年增量（万人）	年增速（%）
2000	404.20	—	—
2001	574.60	170.40	42.157
2002	706.90	132.30	23.025
2003	898.20	191.30	27.062
2004	1101.90	203.70	22.679
2005	1291.00	189.10	17.161
2006	1459.80	168.80	13.075
2007	1670.70	210.90	14.447
2008	1823.40	152.70	9.140
2009	1944.10	120.70	6.620

资料来源：浙江省公安厅历年暂住人口统计。

三、基于大数据的浙江跨省人口流动（流入视角）

利用第五章中的编程查询方法，可以直接得到江浙跨省流入人口的百分比构成和无量纲流量（见图 7-5）。输出结果表明，安徽是浙江外省流

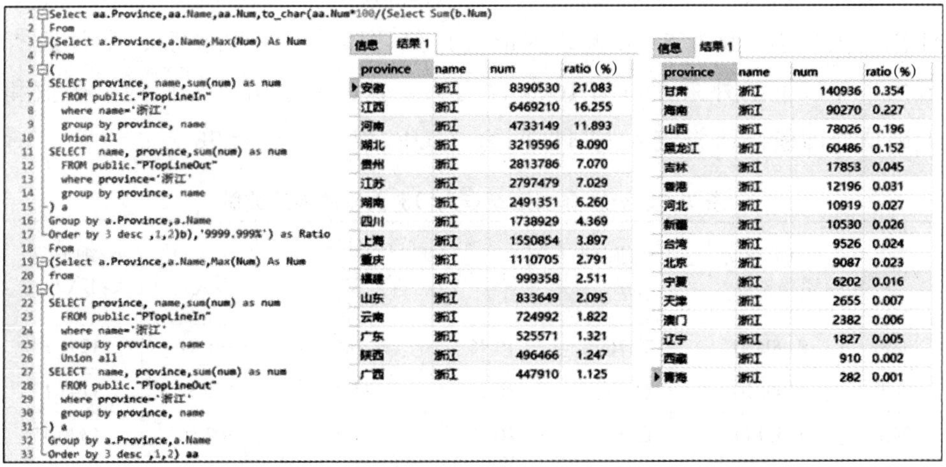

图 7-5 浙江跨省流入人口百分比构成（2014 年）

· 275 ·

动人口的主要来源地，且占到浙江外省流入人口的 1/5 以上。其余各省流量大小排名位次为江西、河南、湖北、贵州、江苏和湖南等省。前十名最大流入省份占流出总量的 85.16%，推算采样期间浙江人口的流入量为 40877236（无量纲值）。

对数据表 PtopLineIn 进行下述 SQL 查询操作还可以反向推算得到浙江跨省流入来源地的流出总量。

SELECT province, name, sum（num）as num0, to_char（sum（per）/ 2.4, '9999.999%'）As per0

    FROM public."PtopLineIn"

    where name='浙江'

    group by province, name

    order by num0 desc

在前面的分析中，2014 年浙江跨省流入常住性外来人口有 1745.78 万。因此，先计算出节前流出量占流出量的比重，再乘以浙江省外流入人口总量，就可以得到各省 2014 年流入浙江的人口数量，如表 7-5 所示。在计算流出来源地流出人口时，由于原始数据只记录排名前十的流量，因此自重庆之后的数据只能做一个参考。如果原始数据记录全部省级区域的流量，则全部数据都具有实用价值。从来源地流出人口来看，由于全国常住性流出人口有 13401.55 万人，因此同比例调整或加权调整后，浙江跨省流出半年以上的外来人口为 1606.47 万人。这构成了流入人口的下限值和上限值，即浙江跨省流入人口区间为 [1606.47 万, 1745.78 万]。

表 7-5 2014 年浙江跨省人口流入来源地及数量

来源地	人口大数据采样流量	占来源地比重（%）	占浙江流入人口比重*（%）	占浙江流入人口比重**（%）	流入人口（万人）	来源地流出人口（万人）
安徽	8390530	27.76	19.76	20.53	358.41	1291.10
江西	6469210	24.09	16.12	15.83	276.36	1147.19
河南	4733149	15.31	10.76	11.58	202.16	1320.45
湖北	3219596	13.96	8.01	7.88	137.57	985.44

第七章 主要流入目的地人口流量及流向测度

续表

来源地	人口大数据采样流量	占来源地比重(%)	占浙江流入人口比重* (%)	占浙江流入人口比重** (%)	流入人口（万人）	来源地流出人口（万人）
贵州	2813786	27.19	7.50	6.88	120.11	441.74
江苏	2797479	15.99	7.13	6.84	119.41	746.79
湖南	2491351	7.99	6.12	6.09	106.32	1330.64
四川	1738929	9.03	4.26	4.25	74.20	821.66
上海	1550854	21.21	3.67	3.79	66.17	311.95
重庆	1110705	9.92	1.83	2.72	47.49	478.68
福建	999358	12.57	0.97	2.44	42.60	338.88
山东	833649	5.94	0.35	2.04	35.61	599.56
云南	724992	13.23	—	1.77	30.90	233.56
广东	525571	5.43	—	1.29	22.52	414.74
陕西	496466	5.78	—	1.21	21.12	365.47
广西	447910	1.95	—	1.10	19.20	984.80
甘肃	140936	3.49	—	0.34	5.94	170.08
海南	90270	3.52	—	0.22	3.84	109.11
山西	78026	1.57	—	0.19	3.32	211.27
黑龙江	60486	1.51	—	0.15	2.62	173.42
吉林	17853	0.47	—	0.04	0.70	148.58
香港	12196	2.78	—	0.03	0.52	18.84
河北	10919	0.05	—	0.03	0.52	1047.47
新疆	10530	2.16	—	0.03	0.52	24.25
台湾	9526	4.53	—	0.02	0.35	7.71
北京	9087	0.05	—	0.02	0.35	698.31
宁夏	6202	0.68	—	0.02	0.35	51.35
天津	2655	0.23	—	0.01	0.17	75.90
澳门	2382	1.18	—	0.01	0.17	14.79
辽宁	1827	0.06	—	0.00	0.00	0.00
西藏	910	1.32	—	0.00	0.00	0.00

· 277 ·

续表

来源地	人口大数据采样流量	占来源地比重(%)	占浙江流入人口比重*(%)	占浙江流入人口比重**(%)	流入人口(万人)	来源地流出人口(万人)
青海	282	0.22	—	0.00	0.00	0.00
残值	1079614	2.64	—	2.64	46.09	0.00
全国	40877236	100.00	—	100.00	1745.78	14563.72

注：占浙江流入人口比重*为第一次查询直接得到的结果，而占浙江流入人口比重**则为推算得到的结果。

第三节 北京市

一、北京全市总人口估计

由于北京几乎是一个单向流入的城市，因此，知道总人口和户籍人口就可以推算出流入人口。北京人口数量一直以来受到国内外学者的广泛关注和研究。但北京究竟有多少市外流入人口一直以来也没有权威的定论，官方统计数据与学者的研究结果一直以来也存在较大的差距。例如，公安部的数据显示，1996 年北京有 330 万的流动人口（《时代潮》，1997），而官方公布的外来常住人口只有 181.7 万人。周晓津（2014）根据北京年人均粮食消费量推算，2005 年北京总人口有 1740 万人，实有外来人口 559.3 万人。为迎接 2008 年北京奥运会召开，北京对全市人口进行全方位控制，周晓津和张强（2015）估计整个奥运会期间由于遣返、控制等政府强力措施实施导致奥运会之后北京外来人口的实际增量减少了 320 万人。2006~2008 年，在手机并没有完全普及的情况下，拥有较多人口的区域必然会显现出用户持续增长的态势，而北京却在该段时间内停滞，其背后反映的情况是强力控制人口所导致的外来人口流失。2010~2014 年手机用户数量的迅速增长,则意味着人口的持续流入,而 2015~2017 年则对应外来人口的持续减少。北京市历年逐月移动用户数量如图 7-6 所示。

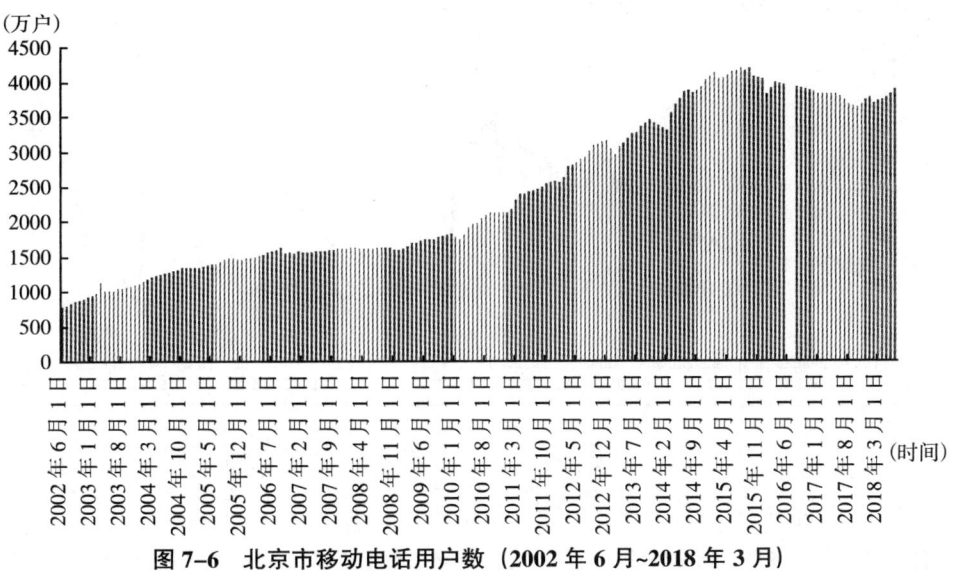

图 7-6　北京市移动电话用户数（2002 年 6 月~2018 年 3 月）

为了排除人均手机用户的变动所导致的判断失误,我们考察了北京市电信业务收入总量（亿元）和户均用户贡献（元）,结果发现两者并没有什么异常情况出现,两次断崖式的变动应该是手机资费调整所致。若户均贡献明显减少,则可能是一人多机所导致,而数据显示户均贡献比电信业务总量增长更快,因此可排除一人普遍拥有多个用户的情况出现。北京作为全国首都,市民人均收入较高,因此在 2010 年以后,市民的需求增长基本上停滞了,因此手机用户总量的增长更多地源于外来人口流入（见图 7-7）。

以上海年末常住人口为参照系,我们估计了 2007 年至 2016 年京津沪穗深五大城市的常住人口（见表 7-6）。估计结果显示,北京、广州和深圳的估计人口数都高于官方公布的年末常住人口,唯天津 2007 年、2013 年和 2014 年的估计结果不但低于官方公布的常住人口,也低于天津的户籍人口。造成这种现象的主要原因有两个：一是北上广深的人口估计可能

· 279 ·

被低估；二是制造业占比较高的天津比北上广深拥有更低的人均手机拥有率。结果显示，2008年北京的常住人口甚至比2007年少18万，这与2008年北京奥运会期间强力控制流动人口密切相关，是由大量流入人口

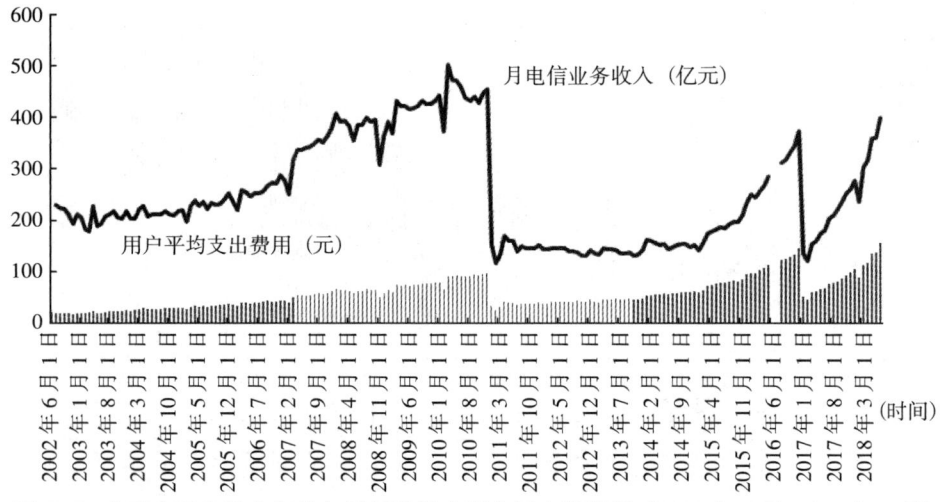

图7-7 北京市月电信业务收入及平均每个用户月支出费用（2002年6月~2018年3月）

表7-6 以上海为参照的基于移动用户数量的京津沪穗深实有人口估计（2007~2016年）

年份	年末移动用户总数（万户）					估计人口（万人）				
	上海	北京	广州	深圳	天津	深圳	广州	北京	上海	天津
2007	1776.5	1598.3	1778.0	1844.0	738.3	2142	2065	1857	2064	857.6
2008	1880.9	1616.2	1971.3	1862.0	865.0	2119	2244	1839	2141	984.5
2009	2106.3	1825.4	2099.4	1907.3	1002.0	2001	2203	1915	2210	1051.5
2010	2361.6	2117.7	2328.8	2008.6	1089.8	1959	2271	2065	2303	1062.6
2011	2620.6	2575.9	2566.9	2313.2	1235.6	2072	2299	2307	2347	1106.8
2012	3008.3	3168.0	3040.2	2571.0	1325.2	2034	2406	2507	2380	1048.6
2013	3200.7	3373.8	3176.1	2766.0	1323.2	2087	2397	2546	2415	998.5
2014	3292.7	4076.2	3223.9	3377.0	1351.8	2180	2081	2631	2426	995.8
2015	3259.9	4051.6	3218.6	2621.0	1405.8	1942	2385	2583	2415	1041.6
2016	3126.2	3868.7	2828.1	2505.0	1499.8	1939	2189	2535	2420	1160.8

注：年末移动用户总数来源于各城市统计年鉴（2016年或2017年）或年度统计公报。估计人口中上海一列为上海官方的年末人口总数，其余城市为我们推算出的结果，其中北京2014年以来的数据利用移动业务量进行调整。

返回原籍所导致的。2010年至2014年，北京实有常住人口猛增700万以上。2017年12月，同口径估计的北京实有常住人口已经下降到2458万，比2014年减少近百万人。若不根据移动业务量对北京单独进行调整，而以上海1.35745个用户对应1个常住人口计算，则北京同期的常住人口为3002.8万人，该数据已经远超任何数据记录。在现有的条件下，尚无法判断究竟是何原因导致北京人口如此快速地增长，因为即使到2013年，北京的移动用户数量也仅比上海多173万户，而2014年却比上海多出近800万户。从平均每个用户的收入贡献额来看，暂时也没有发现异常，因此2014年的北京常住人口之谜有待进行更深入的研究和证实。尽管如此，若能获得同期北京移动用户的通话记录，同样可以解开常住人口之谜。

比较研究的结果还显示，2007年以来深圳的实有常住人口在减少，广州也有较大波动，而天津的人口估计值却远低于官方数值。表7-6估计的意义在于使人们清晰地测度到2007年以来天津人口总量的变动情况，即2007~2011年，天津总人口持续增加，随后持续3年减少，2016年又有较大幅度的增加。

二、基于大数据的北京外来流入人口

利用第五章中的编程查询方法，可以直接得到北京市外流入人口的百分比构成和无量纲流量（见图7-8）。输出结果表明，河北是北京市外流动人口的主要来源地，且占到北京市外流入人口的1/3。其余各省流入量大小排名依次为河南、山东、山西、安徽、湖北和天津等省市。前十名最大流入省份占流出总量的78.249%，推算采样期间北京无量纲人口流入量为28067712（不含误差值）。同理，对数据表PtopLineIn进行下述SQL查询操作还可以反向推算得到北京市外人口流入来源地的流出总量。

SELECT province，name，sum（num）as num0，to_char（sum（per）/ 2.4，'9999.999%'）As per0

FROM public."PtopLineIn"

```
1  Select aa.Province,aa.Name,aa.Num ,to_char(aa.Num*100/(Select Sum(b.Num)
2  From
3  (Select a.Province,a.Name,Max(Num) As Num
4   from
5   (
6   SELECT province, name,sum(num) as num
7     FROM public."PTopLineIn"
8     where name='北京'
9     group by province, name
10    Union all
11    SELECT name, province,sum(num) as num
12    FROM public."PTopLineOut"
13    where province='北京'
14    group by province, name
15  ) a
16  Group by a.Province,a.Name
17  Order by 3 desc ,1,2)b),'9999.999%') as Ratio
18  From
19  (Select a.Province,a.Name,Max(Num) As Num
20   from
21   (
22   SELECT province, name,sum(num) as num
23     FROM public."PTopLineIn"
24     where name='北京'
25     group by province, name
26     Union all
27     SELECT name, province,sum(num) as num
28     FROM public."PTopLineOut"
29     where province='北京'
30     group by province, name
31  ) a
32  Group by a.Province,a.Name
33  Order by 3 desc ,1,2) aa
```

province	name	num	ratio (%)	province	name	num	ratio (%)
河北	北京	9320069	33.206	浙江	北京	407771	1.453
河南	北京	3030805	10.798	广东	北京	337275	1.202
山东	北京	2400662	8.553	福建	北京	333046	1.187
山西	北京	1377339	4.907	甘肃	北京	324870	1.157
安徽	北京	1076911	3.837	上海	北京	223296	0.796
湖北	北京	1065850	3.797	海南	北京	219197	0.781
天津	北京	1026340	3.657	重庆	北京	162956	0.581
辽宁	北京	951128	3.389	云南	北京	150430	0.536
黑龙江	北京	923358	3.290	广西	北京	117712	0.419
江苏	北京	790242	2.815	新疆	北京	75130	0.268
内蒙古	北京	702330	2.502	宁夏	北京	68271	0.243
四川	北京	671904	2.394	香港	北京	26202	0.093
陕西	北京	652016	2.323	青海	北京	21778	0.078
吉林	北京	601895	2.144	台湾	北京	19669	0.070
湖南	北京	524553	1.869	澳门	北京	3646	0.013
江西	北京	458446	1.633	西藏	北京	2514	0.009

图 7-8 北京市外流入人口百分比构成（2014 年）

　　where name='北京'

　　group by province，name

　　order by num0 desc

以户籍人口为参照，取不同方法推算结果的均值，我们得到 2014 年北京市净流入人口的可信值为［1194.30 万，1246.03 万］。需要特别注意的是，大数据采样期内流入总量对应的是北京常住人口跨市流出，而流出总量则对应北京市外流入人口。周晓津和姚阳（2016）为避免日常性商旅人口流动的影响，以净流出量来推算北京外来流动人口。查询汇总结果表明，大数据采样期内流入总量为 10205265，流出总量为 28552669（含误差校正值），净流出量为 18347403（同期上海为 18275927）。由于净流出量对应在［1194.30 万，1246.03 万］区间内的净流入人口，由此推算 2015 年春节北京市流出人口总量为［1621.17 万，1691.38 万］（同期上海流出人口推算值为 1504.6 万），推算流入人口总量为［426.87 万，445.35 万］（同期上海流入人口为 433.60 万）。由北京市外来人口的性质来判断，以推算的下限值来看，节前出京人口为 1621.17 万，而进京人口为 426.87 万。由于北京户籍人口基本上不会离京，因此 1194.30 万节前净流出人口即是北京外来人口的数量，而 426.87 万进京人口即是真正的外来常住人口，其余 767.43 万外来人口属于外来流动人口（同期上海为 637.4 万），该部分外来人口农民工居多，他们迟早会返回户籍所在地。

以 1194.30 万外来人口为基数，将北京节前流向京外各省级单位的大数据采样流量除以总流出量，可以得到北京各方向外来流入人口的数量（见表 7-7 列 6）。我们推算 2014 年流入北京的外来人口中，河北居第 1 位，流入北京的人口不少于 389.84 万人（见表 7-7 列 6），占北京外来人口的 32.64%（见表 7-7 列 5），占河北跨省流出人口的 49.61%（见表 7-7 列 3），即河北流出人口中，2 人当中有 1 人流向北京。此外，还可反推出河北跨省流出人口总量在 785.87 万人以上，推算全国跨省流出人口在 1.4 亿以上。由于北京、上海和广东的外来人口的全国性特征明显，因此利用北上广可较为准确地推算出全国各省级单位的跨省流出人口规模（取三地推算均值以减小误差）。值得注意的是，反向推算时若排名比较靠后，则相应参考价值较低。

表 7-7 2014 年北京跨市人口流入来源地及数量

来源地	人口大数据采样流量	占来源地比重（%）	占北京流入人口比重*（%）	占北京流入人口比重**（%）	流入人口（万人）	来源地流出人口（万人）
河北	9320069	49.61	33.59	32.64	389.84	785.87
河南	3030805	10.19	10.42	10.61	126.77	1243.60
山东	2400662	16.91	7.92	8.41	100.41	593.89
山西	1377339	22.93	4.98	4.82	57.61	251.22
安徽	1076911	3.59	3.73	3.77	45.04	1254.74
前五	17205786	103.23	60.63	60.26	719.68	4129.31
湖北	1065850	4.61	3.87	3.73	44.58	968.13
天津	1026340	26.35	2.64	3.59	42.93	162.92
辽宁	951128	19.69	3.10	3.33	39.78	202.03
黑龙江	923358	17.59	2.90	3.23	38.62	219.56
江苏	790242	4.26	2.24	2.77	33.05	776.65

续表

来源地	人口大数据采样流量	占来源地比重(%)	占北京流入人口比重* (%)	占北京流入人口比重** (%)	流入人口(万人)	来源地流出人口(万人)
第六至第十	4756918	72.49	14.74	16.66	198.97	2329.29
内蒙古	702304	17.91	0.57	2.46	29.38	164.01
四川	671904	3.53	0.75	2.35	28.10	795.48
陕西	652016	7.78	0.66	2.28	27.27	350.37
吉林	601895	15.27	0.04	2.11	25.18	164.92
湖南	524553	1.57	—	1.84	21.94	1396.63
江西	458446	1.57	—	1.61	19.18	1223.73
浙江	407771	4.26	—	1.43	17.06	400.57
广东	337275	3.31	—	1.18	14.11	425.69
福建	333046	4.00	—	1.17	13.93	348.35
甘肃	324870	7.15	—	1.14	13.59	190.05
上海	223296	3.31	—	0.78	9.34	282.52
海南	219197	8.89	—	0.77	9.17	103.09
重庆	162956	1.48	—	0.57	6.82	461.48
云南	150430	2.84	—	0.53	6.29	221.56
广西	117712	0.46	—	0.41	4.92	1079.75
新疆	75130	12.52	—	0.26	3.14	25.09
宁夏	68271	5.76	—	0.24	2.86	49.59
香港	26202	6.15	—	0.09	1.10	17.81
青海	21778	3.95	—	0.08	0.91	23.04
台湾	19669	10.65	—	0.07	0.82	7.73
澳门	3646	1.83	—	0.01	0.15	8.35
西藏	2514	3.10	—	0.01	0.11	3.40
残值	485084	—	—	1.70	20.29	—
全国	28552669	—	—	100.00	1194.30	14201.78

注：占北京流入人口比重*为第一次查询直接得到的结果，而占北京流入人口比重**则为推算得到的结果。

第七章 主要流入目的地人口流量及流向测度

第四节 上海市

一、对上海人口总量的基本判断

上海作为我国最大的城市，其人口数量一直以来受到国内外学者的广泛关注和研究。但上海究竟有多少市外流入人口一直以来也没有权威的定论，官方统计数据与学者的研究结果一直以来也存在较大的差距。例如，公安部的数据显示，1996年上海有350万的流动人口（《时代潮》，1997），而官方公布的外来常住人口只有146.6万人，占比依旧低于50%。再如，2000年"五普"时上海登记的流动人口为387.11万，其中居留六个月以上的外来人口有287万人。而黄志法和傅禄建（1998）认为，1997年上海市实际流动人口在500万~600万。周晓津（2015）根据上海的肉类和蔬菜消费推算出2000年上海总人口已经超过2000万人。为迎接2010年上海世博会召开，上海对全市人口进行全方位摸底调查，各种人口估算方法所推算的估计数与官方公布的人口相差不大，甚至可以作为国内其他拥有相同人口年龄和收入结构的特大城市推算外来人口的参照。

相对于其他弹性较大的生活必需品而言，日人均生活用水量刚性较大，利用每年的城市生活用水量大致可以估计出城市人口的数量（见图7-9）。2001年中国加入WTO是第一个人口流入加速期，2002年上海开始进入人口流入的另一个加速期，2007年上海人口流入放缓，在国家4万亿元计划的强刺激下人口流入增长期延续到2009年，7年间上海实有人口从2002年的1812万增长到2009年的2345万，累计增加533万，年均增加76.14万，无论是增加的绝对值还是相对值都较20世纪90年代要低。2009年以来的4年里累计增加155万人，年均增加38.75万人。2001

·285·

年上海每天要消费猪肉 1000 吨、禽肉 330 吨、鲜奶和水产品各 800 吨、蔬菜 1 万吨、鲜切花 100 万枝，每年农副产品流通金额超过 80 亿美元。以当时上海每天人均 50.68 克的猪肉消费量估计，2001 年上海的总人口是 1973 万人，考虑到上海尚有相当数量的农村人口并没有计入猪肉消费的总量之内，因此 2000~2001 年上海总人口在 2000 万规模以上。另外，从上海日人均 500 克的蔬菜消费量推算，上海当时总人口规模也在 2000 万左右。与前述推算结果略有不同的是，基于生活用水量推算的人口高峰是在 2013 年，其原因是移动用户数是年尾数，而用水则是全年量。除去日常性商旅流动人口，上海总人口为 2500 万，特别是 2013 年以来以农民工为主的外来劳动力人口的加速流出，而以大学毕业生为代表的服务业人口的增长相对缓慢，上海的劳动力结构进入长期调整期。从全国层面来看，中国可供劳动力也在 2012 年达到顶峰，农村可流出劳动力总量也处于下降周期，加上高房价的阻碍作用等因素来判断，上海设置的 2040 年将常住人口控制在 2500 万的目标可能比较符合实际情况，人口控制力度无须加强，甚至需要某种程度的放松。

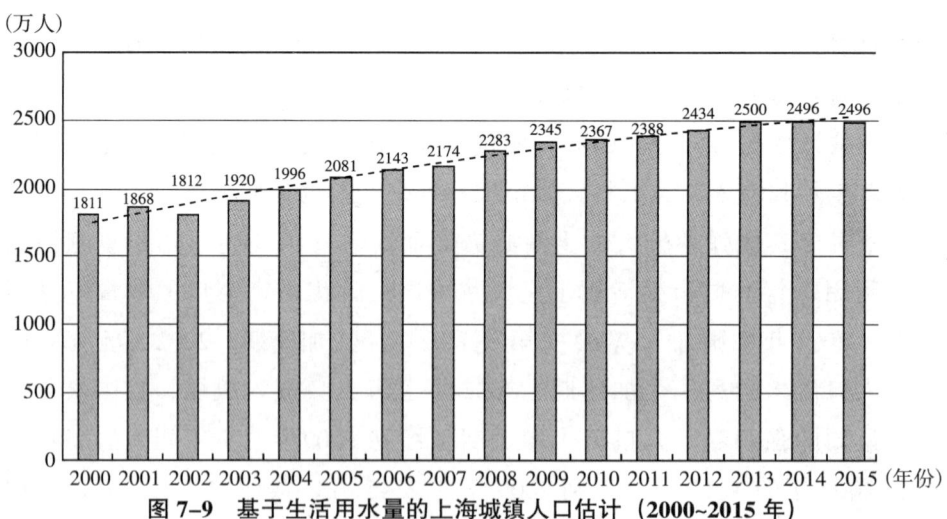

图 7-9 基于生活用水量的上海城镇人口估计（2000~2015 年）

第七章 主要流入目的地人口流量及流向测度

二、基于大数据的上海外来流入人口

在数据库系统的帮助下，利用与北京相同的查询方法，可以很快得到由各个省份流动到上海的无量纲流量及百分比构成（见图7-10）。除内蒙古外，上海与全国其他32个省级区域都记录到有人口流动。与北京相类似，上海的流入人口中江苏占了很大比重，但其中有较大的日常性流量，特别是上海与苏州之间的流量甚大。在没有过滤这种日常性流量时，江苏占上海流入人口的第一位，即在上海的实有人口中，江苏人多于安徽人。这种日常性流量在人口普查时通常不会将其计入外来常住人口的口径中。以北京与河北为例，其初始无量纲流入量为9320069，其中38%（校正系数）为日常性流量，北京至保定之间占了很大比重，过滤之后河北流入北京的流量变为5778443，校正之后北京的人口流入量无量纲值为25011043。同理，校正之后上海的无量纲流入量为22278101，由此推算同期上海的市外流入人口量只有北京的89.07%。以《上海统计年鉴（2015）》中996.42万常住人口推算，同期北京的常住外来人口为1118.66万人。

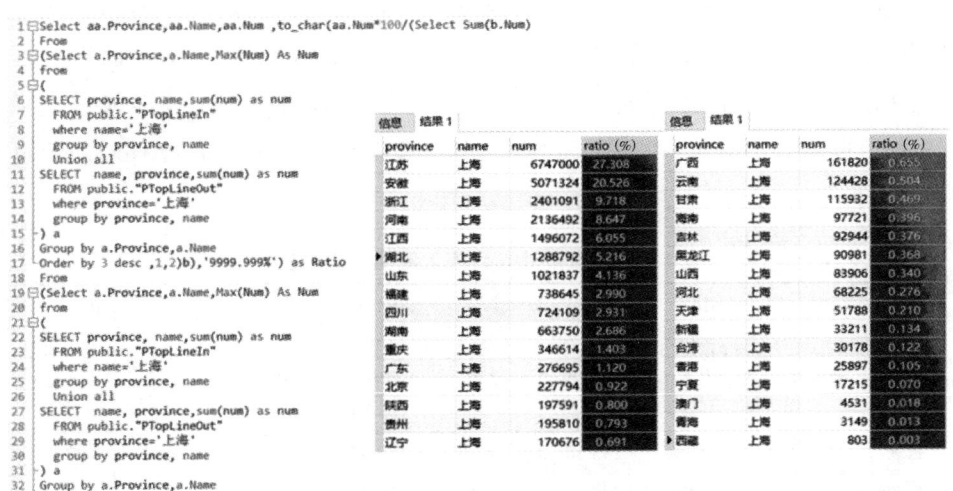

图7-10 上海市外流入人口百分比构成（2014年）

三、2010 年以来上海外来流入人口变动

接下来我们比较 2014 年大数据推算的外来常住人口与 2010 年官方的外来常住人口。此外,我们还对官方的"六普"数据进行了微调。比较结果显示,2010 年以来上海市外流入人口的总体变化是:安徽、四川、重庆等劳动力输出大省流入上海的人口减少,而江苏、浙江、江西等相邻省份的流入人口增加。由于外省流入劳动力多集中于制造业,而江苏、浙江、广东等经商人口和从事服务业人口较多,经商人口的流动性大,中小服务业人口统计时漏计的可能性也比较大,因此劳动力输出大省人口占比可能被高估,而江浙两地的人口则有可能被低估。具体来看,安徽、四川和重庆流入上海的人口分别减少了 33.41 万、30.06 万和 7.27 万;占上海流入人口比重较低的贵州、甘肃和陕西也大幅度减少。邻近上海的浙江、江苏人口流入增幅明显,江苏即使过滤了日常性人口流动,其流入量也增加了 42.78 万人,浙江增加了 62.34 万人(未过滤日常性流量)。来自河南、江西和湖北的流入量增加,但由于数据来源不同,难以判断是否增加,或是"六普"数据有所低估,或是人口普查时流出地申报有误。比较结果还显示,来自东北黑吉两省的人口流入比 2010 年减少了,而来自辽宁的流入增加了 1.34 万人。由于对"六普"数据调整也比较谨慎,实际情况可能是来自山东、福建、湖南、广东等省的人口流入并没有增加(见表 7-8)。

表 7-8　上海市外人口流入流量、流向变化

来源地	2014 年			2010 年			新变化	
	流量当量	占总流量比重(%)	大数据人口数(万人)	"六普"比重(%)	"六普"数据(万人)	"六普"调整数(万人)	占比变动(%)	人口流量变动(万人)
江苏	4318080	19.383	193.13	16.75	150.35	170.28	2.63	42.78
安徽	5071324	22.764	226.82	28.99	260.23	294.72	-6.23	(33.41)
浙江	2401091	10.778	107.39	5.02	45.05	51.02	5.76	62.34

第七章 主要流入目的地人口流量及流向测度

续表

来源地	2014年			2010年			新变化	
	流量当量	占总流量比重(%)	大数据人口数(万人)	"六普"比重(%)	"六普"数据(万人)	"六普"调整数(万人)	占比变动(%)	人口流量变动(万人)
河南	2136492	9.590	95.56	8.72	78.26	88.63	0.87	17.30
江西	1496072	6.715	66.91	5.43	48.72	55.18	1.29	18.19
前五	15423059	69.230	689.82	66.84	600	679.52	2.39	89.82
湖北	1288792	5.785	57.64	4.54	40.77	46.18	1.25	16.87
山东	1021837	4.587	45.70	4.22	37.84	42.86	0.37	7.86
福建	738645	3.316	33.04	2.94	26.38	29.88	0.38	6.66
四川	724109	3.250	32.39	6.96	62.45	70.72	-3.71	(30.06)
湖南	663750	2.979	29.69	2.55	22.85	25.88	0.43	6.84
第六至第十	4437133	19.917	198.46	19.26	172.9	195.81	0.66	25.56
重庆	346614	1.556	15.50	2.54	22.77	25.78	-0.98	(7.27)
广东	276695	1.242	12.38	0.88	7.93	8.99	0.36	4.45
北京	227794	1.023	10.19	0.25	2.28	2.59	0.77	7.91
陕西	197591	0.887	8.84	1.41	12.62	14.29	-0.52	(3.78)
贵州	195810	0.879	8.76	1.65	14.81	16.77	-0.77	(6.05)
辽宁	170676	0.766	7.63	0.70	6.29	7.12	0.07	1.34
广西	161820	0.726	7.24	0.55	4.92	5.58	0.18	2.32
云南	124428	0.559	5.57	0.78	7	7.93	-0.22	(1.43)
甘肃	115932	0.520	5.19	1.06	9.48	10.74	-0.54	(4.29)
海南	97721	0.439	4.37	0.11	0.95	1.07	0.33	3.42
吉林	92944	0.417	4.16	0.66	5.89	6.67	-0.24	(1.73)
黑龙江	90981	0.408	4.07	1.10	9.86	11.16	-0.69	(5.79)
山西	83906	0.377	3.75	0.50	4.5	5.10	-0.12	(0.75)
河北	68225	0.306	3.05	0.75	6.75	7.64	-0.44	(3.70)
天津	51788	0.232	2.32	0.14	1.28	1.45	0.09	1.04
新疆	33211	0.149	1.49	0.32	2.88	3.26	-0.17	(1.39)
台湾	30178	0.135	1.35	—	—	—	—	—

来源地	2014年			2010年			新变化	
	流量当量	占总流量比重(%)	大数据人口数(万人)	"六普"比重(%)	"六普"数据(万人)	"六普"调整数(万人)	占比变动(%)	人口流量变动(万人)
香港	25897	0.116	1.16	—	—	—	—	—
宁夏	17215	0.077	0.77	0.11	0.99	1.12	-0.03	(0.22)
澳门	4531	0.020	0.20	—	—	—	—	—
青海	3149	0.014	0.14	0.13	1.13	1.28	-0.12	(0.99)
西藏	803	0.004	0.04	0.01	0.11	0.13	-0.01	(0.07)
全国	22278101	100.000	996.42	100.00	897.7	1016.68	0.00	98.72

注：2010年市外流入排名前五的是安徽、江苏、河南、四川、江西五省，而前十是指前五加上浙江、湖北、山东、福建、湖南五省。2014年市外流入前五和前十（表7-8列1）已经发生了很大的变化。

第五节 江苏省

一、江苏实有常住人口

作为国家和长三角地区的经济强省，江苏不同于同区域的上海和浙江，除接纳一部分省外人口流入之外，经济发达的苏南地区还吸引了大量苏北地区的农村人口流入。据江苏省公安厅统计，2011年江苏省登记在册（发放暂住证）的流动人口有1700多万。来自江苏省卫生计生委的数据显示，截至2016年底，江苏流动人口总量约为1864万人，其中跨省流入约1219万人，占总数的65.4%。由于仍旧有较大数量的流动人口并没有办理暂住证，因此两者150万左右的人口差值并非是由流动人口的增量所致。另外，2016年省外流入比2010年常住口径多出481万也并非流动人口增加所致，更多的只是统计口径的差异，原因是 2010 年以来江苏与广东、浙江和上海等经济发达地区一样面临着外来劳动力人口的大量流失。

根据《江苏统计年鉴（2015）》，利用各地级市移动用户数量和每百户居民手机拥有量，我们推算出江苏各地级市实际人口及实际的人均手机拥有量（见表 7-9）。推算的数据显示，2014 年江苏净流入人口为 577.06 万人，全省实际常住总人口为 8294.65 万人（官方公布的常住人口为 7960.06 万人）。省内人均实际拥有手机 0.884 部。苏州净流入人口为 652.41 万人，总人口为 1319.42 万人，居江苏省第一位。苏州市公安局人口管理支队公布的 2015 年苏州市人口主要数据显示，2015 年末全市户籍总人口达 6670124 人，比 2014 年增加 59358 人，增长率为 8.98‰；全市流动人口实有登记数为 6981000 人，比 2014 年同期减少 8000 人。由此推算 2014 年苏州公安局掌握的实有人口为 1359.98 万人，由于无法判断实有登记人口的变动，因此表 7-9 中的推算数与公安局的数据都是可信的，平均误差只有 1.51%，这表明推算结果比较可靠。南京人口已经接近千万规模，净流入人口估计为 329.46 万人，苏南地区的无锡、常州和镇江也录得人口净流入。全省仅苏南地区为人口净流入，净流入规模为 938.70 万人；苏中地区人口流入和流出基本平衡，净流出规模为 20.38 万人；苏北地区为人口净流出，净流出规模为 195.81 万人。全省表现为净流入，规模为 577.06 万人。苏中、苏北净流出 875.77 万人，其中 300 万人左右流向省外（由表 7-9 推算为 298.71 万人流出，主要流向上海和浙江）。苏州因劳动力适龄人口比例较高，其实际人均手机拥有量为 1.113 部，其次是无锡、南京，苏南的镇江也接近人均 1 部手机。

表 7-9　江苏各地级市实有人口及实际人均手机拥有量（2014 年）

城市	户籍人口		外来人口		总人口	
	数量（万人）	手机数量（万部）	手机数量（万部）	净流入（万人）	数量（万人）	人均手机（部）
南京	653.40	620.73	421.71	329.46	982.86	1.061
无锡	480.90	456.86	375.68	293.50	774.40	1.075

续表

城市	户籍人口 数量（万人）	户籍人口 手机数量（万部）	外来人口 手机数量（万部）	外来人口 净流入（万人）	总人口 数量（万人）	总人口 人均手机（部）
徐州	1028.70	977.27	(226.26)	(176.76)	851.94	0.882
常州	370.85	352.31	167.87	131.15	502.00	1.036
苏州	667.01	633.66	835.08	652.41	1319.42	1.113
南通	766.77	728.43	(83.66)	(65.36)	701.41	0.919
连云港	530.56	504.03	(137.51)	(107.43)	423.13	0.866
淮安	564.45	536.23	(160.24)	(125.19)	439.26	0.856
盐城	828.03	786.63	(216.83)	(169.40)	658.63	0.865
扬州	461.12	438.06	(15.64)	(12.22)	448.90	0.941
镇江	271.67	258.09	59.28	46.32	317.99	0.998
泰州	507.85	482.46	(99.58)	(77.79)	430.06	0.890
宿迁	586.28	556.97	(181.27)	(141.61)	444.67	0.845
苏南	3318.80	4181.26	1201.53	938.70	4249.51	0.984
苏中	1641.45	1450.07	(26.08)	(20.38)	1619.79	0.895
苏北	2999.81	2439.02	(250.64)	(195.81)	2792.70	0.873
全省	7717.59	7331.71	738.64	577.06	8294.65	0.884

注：户籍人口来源于《江苏统计年鉴（2015）》。

二、基于大数据的江苏外来常住性流入人口

以上海流量及上海外来常住人口为参照，过滤掉与上海之间的日常性人口流量后，2014年江苏外来常住人口为1317.61万人，以原始性流量同比例计算的江苏外来常住人口为1278.94万人，两者极为接近。与2010年调整的外来常住人口相比，2014年与江苏相邻的省级区域都表现为流入增加，而中西部地区则表现为流入减少。距离江苏较近的河南、湖北和江西也表现为增加，由于受普查年份影响，这种增量难以被直接认定为新增流入，而可能是2010年已经有相同数量的流入，只不过2014年表现为可

见的数字而已。据观察，除浙江外，来源于其他省份的流入增加，很可能是上海转型升级所导致的。来自西南地区的人口减少明显，一个原因是西部发展导致人口回流，另一个原因是无法观测数据采样期的人口返乡率，因此需要做出加权调整。加权调整后四川籍流入人口为104.18万人，仅比2010年减少7万人（见表7–10）。

表7–10　江苏省外人口流入流量、流向变化

来源地	2014年			2010年			新变化	
	流量当量	占总流量比重(%)	大数据测算人口（万人）	"六普"比重(%)	"六普"数据（万人）	"六普"调整数（万人）	占比变动(%)	人口流量变动（万人）
安徽	10160164	34.49	454.43	34.89	257.46	439.30	-0.40	15.13
河南	4384625	14.88	196.11	13.77	101.64	173.43	1.11	22.68
上海	679322	2.31	30.38	1.12	8.26	14.10	1.19	16.28
山东	2527892	8.58	113.06	5.57	41.08	70.10	3.01	42.96
浙江	2237763	7.60	100.09	3.64	26.85	45.81	3.96	54.28
前五	19989766	67.86	894.07	68.48	505.32	862.21	-0.62	31.86
湖北	1776518	6.03	79.46	5.43	40.07	68.37	0.60	11.09
江西	1238866	4.21	55.41	3.59	26.48	45.18	0.62	10.23
四川	960674	3.26	42.97	8.82	65.06	111.01	-5.56	(68.04)
湖南	762205	2.59	34.09	2.75	20.30	34.64	-0.16	(0.55)
陕西	725325	2.46	32.44	2.80	20.69	35.30	-0.34	(2.86)
第六至第十	5463588	18.55	244.37	16.52	121.87	207.95	2.03	36.42
福建	616019	2.09	27.55	1.88	13.86	23.65	0.21	3.90
河北	434324	1.47	19.43	1.14	8.40	14.33	0.33	5.10
重庆	384918	1.31	17.22	2.42	17.88	30.50	-1.11	(13.28)
贵州	373691	1.27	16.71	3.73	27.55	47.01	-2.46	(30.30)
山西	350485	1.19	15.68	0.69	5.10	8.70	0.50	6.98
北京	290367	0.99	12.99	0.19	1.41	2.41	0.80	10.58
甘肃	266847	0.91	11.94	1.38	10.17	17.35	-0.47	(5.41)
云南	238467	0.81	10.67	1.91	14.11	24.07	-1.10	(13.40)

续表

来源地	2014年			2010年			新变化	
	流量当量	占总流量比重(%)	大数据测算人口(万人)	"六普"比重(%)	"六普"数据(万人)	"六普"调整数(万人)	占比变动(%)	人口流量变动(万人)
广东	180484	0.61	8.07	0.60	4.46	7.61	0.01	0.46
辽宁	177803	0.60	7.95	0.50	3.66	6.24	0.10	1.71
黑龙江	174524	0.59	7.81	0.94	6.92	11.81	−0.35	(4.00)
广西	156556	0.53	7.00	0.62	4.56	7.78	−0.09	(0.78)
吉林	112642	0.38	5.04	0.54	4.02	6.86	−0.16	(1.82)
天津	81854	0.28	3.66	0.12	0.88	1.50	0.16	2.16
海南	51142	0.17	2.29	0.08	0.58	1.00	0.09	1.29
新疆	33815	0.11	1.51	0.29	2.14	3.66	−0.18	(2.15)
宁夏	26994	0.09	1.21	0.09	0.70	1.19	0.00	0.02
青海	20668	0.07	0.92	0.19	1.38	2.36	−0.12	(1.44)
台湾	19711	0.07	0.88	0.00	0.00	0.00	0.07	0.88
香港	11195	0.04	0.50	0.00	0.00	0.00	0.04	0.50
西藏	1996	0.01	0.09	0.02	0.18	0.31	−0.01	(0.22)
澳门	1533	0.01	0.07	0.00	0.00	0.00	0.01	0.07
全国	29459339	100.00	1317.61	100.00	737.93	1259.11	0.00	58.50

注：2010年省外流入排名前五的是安徽、河南、四川、山东、湖北五省，而前十是指前五加贵州、浙江、江西、陕西、湖南五省。2014年省外流入前五和前十（表7-10列1）已经发生了很大的变化。

第八章　主要流出来源地人口流出量及其流向测度

以大数据直接测定的无量纲流量来计算，湖南、安徽、河南、江西、广西、湖北和四川排在全国跨省流动人口的前七位，占全国跨省流出人口总量的 54.72%；七省跨省流出人口下限值为 7057.25 万人，流出人口上限值为 7411.79 万人，全国跨省流出人口下限值为 12896.91 万人，上限值为 13544.83 万人。通过加权计算后，跨省流出人口量排名前九位的分别是河南、湖南、四川、湖北、江西、安徽、广西、贵州和重庆，同样全部为中西部人口流出地，所不同的是河南、四川、贵州和重庆排名上升，其中河南上升至第一位；九省流出人口占全国跨省总流出的 62.292%，流出人口下限值为 8033.66 万人，上限值为 8437.26 万人。本章主要讨论这些省级区域的人口跨省流出。

第一节　河南省

一、跨省人口流出规模探讨

今后我国要着重解决好"三个 1 亿人"问题，即促进约 1 亿农业转移人口落户城镇，改造约 1 亿人居住的城镇棚户区和城中村，引导约 1 亿人

基于大数据的人口流动流量、流向新变化研究

在中西部地区就近城镇化。河南是一个人口大省，也是一个农业人口大省，是中国人口流出最多的省份。对河南而言，则需要着重解决好"三个1500万人"问题，即1500万跨省外出人口，1500万省内外出人口和1500万就近城镇化人口。"三个1500万人"问题的解决，人口流动流量、流向及其变化研究是第一步。

河南省人口流动研究远不如四川详细，但从其巨大的户籍人口存量来推算，其人口流出量居全国第一也在情理之中。据《河南省第二次农业普查主要数据公报（第五号）》公布的全省农村劳动力资源与就业情况调查数据测算，2006年末，全省农村劳动力资源总量为4605万人，农村从业人员有4117万人，占农村劳动力资源总量的89.4%。其中，在第一产业就业的占76.3%，在第二产业就业的占11.9%，在第三产业就业的占11.8%。同时数据显示，农村外出从业劳动力有1148万人。河南省人力资源和社会保障厅公布的数据显示，到2008年底，全省农村劳动力转移就业总量达2155万人，稳居全国首位，比2007年增加181万人，其中省外输出1200多万人，省内转移945万人，境外就业（含外派劳务）9万多人。比较3年的数据可知，2006年以前的河南人口流出数量应是仅指跨省流出的农村劳动力数量，这种进入统计范围的人口数量在2008年就已经超过1200万人。因此，算上城镇流出人口、短期性外出劳动力及流出人口中的非劳动力，早在2008年河南跨省流出人口规模应该已经超过1500万人，其中流出半年以上人口应在1200万以上。

到2010年上半年，农村劳动力转移就业总量达2341万人，其中省内转移就业人数达1140万人，第一次高于1000万人，转移就业农民工人数比2009年底增加了164万人，省外转移就业人数比2009年底减少了81万人。2012年上半年河南省省外输出1119万人，从省外回流71万人，返乡农民工占省外就业人数的6%，比去年同期的35万人增加43万人。河南省统计局公布的"十二五"时期（2011~2015年）河南人口发展报告显示，2010年跨省外出人口占全部外出人口的比重为52.5%。由于农民工在外出人口的占比大且比较固定，以上述2010年上半年农村劳动力转移总

量来推算，2010年上半年跨省转移农民工1229万人，而上述省外转移数量为1201万人，两者相差28万人。为减少误差，两者取均值，即2010年河南跨省流动农民工数量为1215万人，省内转移1126万人。2009年底农村劳动力转移总量为2177万人，省外转移1296万人，省内转移881万人。2008年底农村劳动力转移总量为2155万人，省外转移1210万人，省内转移945万人。2007年底农村劳动力转移总量为1974万人，省外转移1200万人，省内转移774万人。来自河南、四川两省的人力资源和社会保

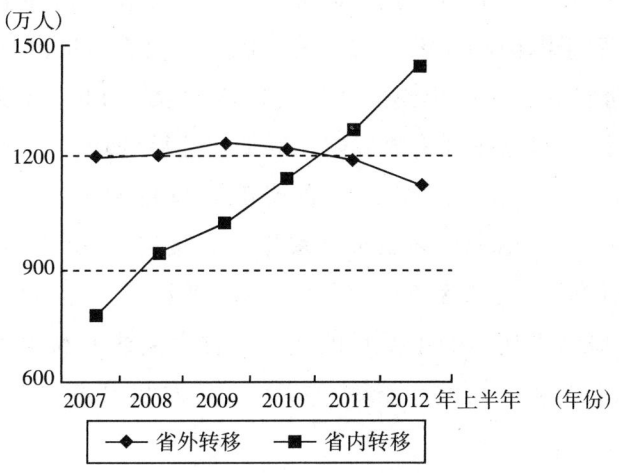

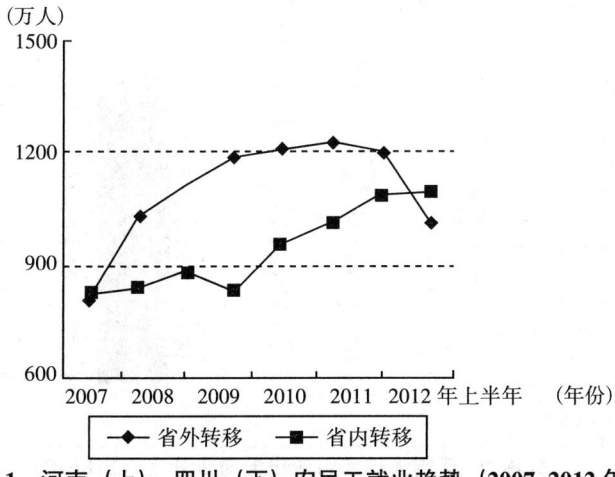

图8-1　河南（上）、四川（下）农民工就业趋势（2007~2012年）

障厅的数据显示，河南省农村劳动力省外转移的高峰是 2009 年，四川则是 2010 年（见图 8–1）。据前面第一章和第二章的研究显示，两省实际流出高峰应提早到 2006 年前后。

二、基于大数据的河南跨省人口流向构成

大数据直接测定的结果显示，2014 年河南常年性跨省流出人口下限值为 1150.52 万人，上限值为 1208.32 万人，流出量占全国流出人口的 8.921%，落后于湖南和安徽两省居第三位。加权流出量占全国流出人口的 10.802%，跨省流出人口规模区间为［1393.11 万，1463.10 万］，从前面的分析来看，该区间也在可信区域内。取加权前后的均值，河南跨省流出人口占全国流出人口的 9.86%，跨省流出人口规模区间为［1271.82 万，1335.71 万］。在 Navicat Premium 环境下，直接得到 2014 年河南人口跨省流向百分比构成（见图 8–2）。结果显示，浙江、江苏、广东、北京和上海是河南人口跨省流出的主要目的地，五省市接纳了 62.81% 的流出人口，与河南相邻的山东、河北、安徽、湖北、陕西和山西六省接纳了 24.61% 的流出人口。

```
Select aa.Province,aa.Name,aa.Num ,to_char(aa.Num*100/(Select Sum(b.Num)
From
(Select a.Province,a.Name,Max(Num) As Num
from
(
SELECT province, name,sum(num) as num
  FROM public."PTopLineOut"
  where name='河南'
  group by province, name
  Union all
SELECT  name, province,sum(num) as num
  FROM public."PTopLineIn"
  where province='河南'
  group by province, name
) a
Group by a.Province,a.Name
Order by 3 desc ,1,2)b),'9999.999%') as Ratio
From
(Select a.Province,a.Name,Max(Num) As Num
from
(
SELECT province, name,sum(num) as num
  FROM public."PTopLineOut"
  where name='河南'
  group by province, name
  Union all
SELECT  name, province,sum(num) as num
  FROM public."PTopLineIn"
  where province='河南'
  group by province, name
) a
Group by a.Province,a.Name
Order by 3 desc ,1,2) aa
```

信息 结果 1

province	name	num	ratio (%)
浙江	河南	4733149	15.965
江苏	河南	4384625	14.790
广东	河南	4336663	14.628
北京	河南	3030805	10.223
上海	河南	2136492	7.207
山东	河南	1677940	5.660
河北	河南	1295012	4.368
安徽	河南	1258099	4.244
湖北	河南	1108397	3.739
陕西	河南	1010795	3.410
山西	河南	945234	3.188
天津	河南	670836	2.263
福建	河南	657257	2.217
四川	河南	311518	1.051
湖南	河南	280415	0.946
新疆	河南	249143	0.840
辽宁	河南	235951	0.796

信息 结果 1

province	name	num	ratio (%)
辽宁	河南	235951	0.796
江西	河南	226809	0.765
广西	河南	160683	0.542
重庆	河南	158703	0.535
甘肃	河南	149593	0.505
贵州	河南	118799	0.401
云南	河南	104465	0.352
宁夏	河南	100203	0.338
青海	河南	80102	0.270
海南	河南	74809	0.252
吉林	河南	59651	0.201
黑龙江	河南	54863	0.185
内蒙古	河南	20994	0.071
西藏	河南	13972	0.047
澳门	河南	322	0.001
台湾	河南	55	0.000
香港	河南	24	0.000

图 8–2　河南人口跨省流出流向百分比（2014 年）

第八章　主要流出来源地人口流出量及其流向测度

三、"六普"以来河南跨省流出人口变化

2010年以来河南人口流动变化非常明显。与2010年相比，2014年末跨省流出人口总量减少了22.11万人。原因在于流动人口的人口结构已经发生了巨大的变化，在农民工大潮逐渐退去的同时，高校毕业生逐渐成为跨省流动大军的重要力量。同时，流向省外的流动人口常住化，以前留守在流出户籍地的非劳动力人口也逐渐流出。流向粤沪京津闽等发达地区的人口和劳动力明显减少，其中流向广东的人口减少了80.66万；流向苏浙两省的人口和劳动力增加，其中流向江苏的人口增加了33.23万人，流向浙江的河南籍人口增加了16.81万人。早在2003年广东发生民工荒时，全国各地流向广东的劳动力就在减少，加上长三角经济快速增长，人口流出大省劳动力都出现了由广东珠三角流向长三角的大转变。2014年以来，苏浙两省的河南人也同样出现了类似粤沪京津式的人口大回流，流向本省及周边省份的人口和劳动力大幅度增长。粤沪京津闽等省的产业转型升级和特大城市的人口调控也是河南籍人口流动变化的重要原因（见表8-1）。

表8-1　河南跨省人口流动流量、流向变化

流向	2014年大数据人口流出			2010年人口流出			流量流向变化	
	初始百分比（%）	微调百分比（%）	人口流出量（万人）	"六普"百分比（%）	"六普"流出量（万人）	"六普"调整量（万人）	占比变动（%）	流量变动（万人）
浙江	15.97	15.76	200.44	14.19	122.42	230.45	1.57	16.81
江苏	14.79	14.60	185.69	11.78	101.64	191.31	2.82	33.23
广东	14.63	14.44	183.65	20.43	176.21	331.78	-5.99	(80.66)
北京	10.22	10.09	128.33	11.36	97.97	184.49	-1.27	(18.63)
上海	7.21	7.11	90.43	9.07	78.26	147.30	-1.96	(26.96)
山东	5.66	5.59	71.09	3.30	28.49	53.59	2.29	28.36
河北	4.37	4.31	54.82	2.10	18.11	34.10	2.21	27.65
安徽	4.24	4.19	53.29	1.12	9.66	18.19	3.07	38.80

·299·

续表

流向	2014年大数据人口流出			2010年人口流出			流量流向变化	
	初始百分比(%)	微调百分比(%)	人口流出量(万人)	"六普"百分比(%)	"六普"流出量(万人)	"六普"调整量(万人)	占比变动(%)	流量变动(万人)
湖北	3.74	3.69	46.93	2.20	18.97	35.73	1.49	18.48
陕西	3.41	3.37	42.86	1.86	16.04	30.21	1.51	18.80
山西	3.19	3.15	40.06	2.29	19.74	37.19	0.86	10.45
天津	2.26	2.46	31.29	3.84	33.13	62.36	-1.38	(18.41)
福建	2.22	2.41	30.65	3.22	27.79	52.29	-0.81	(11.03)
四川	1.05	1.15	14.63	0.69	5.94	11.21	0.46	5.72
湖南	0.95	1.03	13.10	0.53	4.59	8.61	0.50	6.21
新疆	0.84	0.91	11.57	4.48	38.66	72.76	-3.57	(46.42)
辽宁	0.80	0.87	11.06	1.41	12.21	22.90	-0.54	(7.25)
江西	0.77	0.84	10.68	0.48	4.1	7.80	0.36	4.53
广西	0.54	0.58	7.38	0.47	4.01	7.63	0.11	1.36
重庆	0.54	0.58	7.38	0.30	2.55	4.87	0.28	3.55
甘肃	0.51	0.55	7.00	0.67	5.74	10.88	-0.12	(1.61)
贵州	0.40	0.44	5.60	0.33	2.82	5.36	0.11	1.37
云南	0.35	0.39	4.96	0.49	4.19	7.96	-0.10	(1.32)
宁夏	0.34	0.36	4.58	0.57	4.93	9.26	-0.21	(2.82)
青海	0.27	0.30	3.82	0.52	4.44	8.44	-0.22	(2.84)
海南	0.25	0.28	3.56	0.42	3.66	6.82	-0.14	(1.93)
吉林	0.20	0.22	2.80	0.30	2.56	4.87	-0.08	(1.04)
黑龙江	0.19	0.20	2.54	0.29	2.52	4.71	-0.09	(1.24)
内蒙古	0.07	0.08	1.02	1.20	10.36	19.49	-1.12	(14.52)
西藏	0.05	0.06	0.76	0.10	0.86	1.62	-0.04	(0.53)
合计	100.00	100.00	1271.82	100.00	862.62	1624	0.00	(22.11)

流向新疆的人口和劳动力发生的变化令人惊异，但却与事实高度一致。2008年之前新疆一直是河南农民工的重要输出地，20世纪90年代河

南每年流向新疆的摘棉工数量巨大。新疆大规模建设放缓、反恐形势变化和劳动工资的变化是影响河南籍人口回流的主要因素,我们同样也测量到了同为人口流出大省的四川也出现了同样大规模的川籍人口离开新疆的情况,这种趋势值得国家高层领导的高度关注。表8-1同样也显示了流向辽宁的河南籍人口和劳动力在减少。

从前面的分析可知,2010年河南"六普"数据中的河南跨省流出人口明显偏低,因此对其同比例按1.5倍的系数进行调整。与2010年调整后的数据相比,相对于粤沪京津闽流向人口的大幅度减少,流向周边六省的人口则大幅度增加。其中,流向安徽的河南人增加了38.80万。从增量变化的幅度来看,流向邻近省份的安徽、河北的变动最大,流向安徽的人口较2010年调整后增长了267.77%,沪苏浙产业向安徽转移带来的河南劳动力流动的驱动作用明显;流向河北的人口和劳动力增长与北京的产业向河北转移带动相关;中部及长江流域带经济增长也与河南人口流向转变高度相关。流向内蒙古的人口与劳动力数量的绝对值虽然并不大,但其变化幅度高于新疆,这与内蒙古煤炭产能过剩密切相关,大量河南籍矿工返乡或流向其他省份。

《2017年河南超级黄金周出游大数据报告》显示,国庆长假8天内到访河南的旅客有662万人,其中北京来访67万人。国庆与春节相类似,省外来访多是本省外出人口回乡和外省流入人口的家属来河南省亲。而河南流出与外省流入比约为4∶1,即国庆期间河南流出人口回乡探亲人数为528万人左右。从河南流向北京的人口数量来看,在北京的河南籍人口中,国庆期间回河南的比重在40%~50%左右。从到访河南各个地市的人口分布来看,商丘、周口、信阳、驻马店、南阳五个人口流出大市分别占10.57%、10.36%、10.07%、8.8%和8.76%,五市合计占48.56%,而同期五市户籍人口占全省的比重为46.74%。分析发现,除南阳外,各市流出人口几乎与其户籍人口成正比,2017年全省流出人口3000万左右,其中常年性流向省外的人口数量在1056万~1320万,与2014年基本持平。

第二节 湖南省

一、跨省人口流出规模探讨

自从 1978 年改革开放以来,湖南经济发生了巨大的变化。从官方的统计数据来看,2014 年湖南第一产业从业人员数量依然高达 1651.37 万人,占全社会就业人数比重的 40.8%;另外,2014 年第一产业增加值仅占全省 GDP 的 11.6%。除了省会长沙,春节过后的遍布全省的农村难见几家烟火,也极难见青壮年劳动力,甚至碰上最需要男性抬棺的丧事,留守妇女却成为绝大主力。与其他人口流出大省一样,湖南跨省流出人口规模一直以来是一个谜。正式的统计数据与很多调查文献数据有极大的差异。从湖南各地农村劳动力流动调查情况来看,湖南政府各级机关对跨省流出人口规模其实是比较清楚的,只不过在公开的统计数据中出于各方面的原因而与实地调查结果有较大的差异。吴寿平(2016)参照李勋力和李国平(2005)的方法,即劳动力流动等于城镇从业人员减去城镇职工人数加上农村从业人员减去第一产业从业人员(农业从业人员),劳动力流动率则等于劳动力流动数与劳动力资源总数之积,测算出 1978~2015 年广西农村流出劳动力(农民工)数量。利用同样的方法,我们推算出湖南 2005~2014 年农村流出劳动力数量(见表 8-2 第 6 列),并利用户籍人口减去常住人口的差额计算湖南省内、省外流动人口之和(见表 8-2)。

表 8-2 从业人员法——农村流出劳动力及流动人口数量的估计（2005~2014 年）

年份	城镇从业人员（万人）	在岗职工数（万人）	农村从业人员（万人）	第一产业从业人员（万人）	农村流出劳动力（万人）	常住户籍人口差额（万人）	省内省外流动人口（万人）
2005	1024.72	1024.72	2776.76	1846.90	929.86	406.10	1335.96
2006	1079.76	1079.76	2762.41	1790.46	971.95	426.10	1398.05
2007	1121.34	1121.34	2762.07	1743.65	1018.42	450.70	1469.12
2008	1148.21	1148.21	2761.85	1720.44	1041.41	465.20	1506.61
2009	1175.27	1175.27	2769.94	1693.05	1076.89	494.20	1571.09
2010	1229.48	1229.48	2753.25	1690.03	1063.22	519.53	1582.75
2011	1408.91	1408.91	2596.12	1679.94	916.18	540.00	1456.18
2012	1475.17	1475.17	2544.14	1668.99	875.15	540.94	1416.09
2013	1572.46	1572.46	2463.99	1656.01	807.98	456.68	1264.66
2014	1666.87	1666.87	2377.26	1651.37	725.89	465.05	1190.94

注：列 2 至列 5 数据来源于《湖南统计年鉴》(2016)，其余列为推算数。列 6=列 2-列 3+列 4-列 5。常住户籍人口差额=户籍人口数-常住人口数。列 8=列 6+列 7。

表 8-2 中 2010 年以来的数据存在较大的异常，其原因是湖南统计局根据农村调查情况迅速调整了农村从业人员数量，也根据"六普"调整了常住人口数量，甚至对 2010 年以前的人口数据也做出了调整，但省外流动人口（省卫计委口径）依然远大于常住人口与户籍人口的差额。例如，来自湖南省卫计委的数据显示，2014 年湖南全省有流动人口 1518 万人，占总人口的 21%，其中跨省流出人口 1033 万人，跨省流入 44 万人，省内流动人口 440 万人。由于统计口径不一致，我们根据国家统计局和国家卫计委的数据重新推算了 2010 年以来湖南流动人口的总数。并根据省外流动占全部流动人口比重以及农民工占流动人口比重推算出省外和省内流动农民工的数量（见表 8-3）。表中第 4 列给出的实际上是湖南省外流动人口的最低值，在此我们还给出省外流动的最大可能值，每年的最低值和最大可能值构成该年份省外流出人口的可信区间。如 2010 年、2014 年湖南跨省流出人口的可信区间分别为 [992.89 万，1185.14 万] 和 [1033.00 万，1233.02 万]。

表 8-3　湖南流动人口总数及其省内外流动数量估计（2005~2014 年）

年份	流动人口总数（万人）	省外流动占比（%）	省外流动（万人）	省外农民工（万人）	省内流动（万人）	省内农民工（万人）
2005	1119.24	83.41	933.61	858.92	185.64	161.51
2006	1171.26	81.71	957.00	870.87	214.26	184.26
2007	1230.80	80.00	984.64	886.18	246.16	209.24
2008	1262.21	78.29	988.22	879.51	273.99	230.15
2009	1316.23	76.59	1008.04	887.08	308.19	255.80
2010	1326.00	74.88	992.89	863.81	333.11	273.15
2011	1380.00	73.17	1009.76	868.40	370.24	299.89
2012	1416.00	71.46	1011.93	860.14	404.07	323.25
2013	1470.00	69.76	1025.43	861.36	444.57	351.21
2014	1518.00	68.05	1033.00	857.39	485.00	378.30

研究发现，2001 年中国加入 WTO，到 2003 年就基本将青壮年劳动力吸纳转移完毕（以"民工荒"为标志）；到 2008 年的全球金融危机前，中国农村中 40 岁和 50 岁以上的可供转移的劳动力也基本枯竭。东部地区的流动人口数量在 2007 年达到拐点，其中广东的拐点则在 2005 年。金融危机后全国约有 2000 万的农民工返乡，在政府"四万亿"政策的推动下，东部地区流动人口数量虽然有所波动，但在 2010 年又再次掉头向下，而中西部地区的流动人口则在 2012 年开始回冷。我们认为，2010 年随后的人户分离造成的人口与流动人口数量上的增长，很大可能性是源于"六普"以来的统计惯性，而实际上全国流动人口规模基本保持稳定。另外，随着流动人口的居留稳定性持续增强，人口流动已经进入以家庭化迁移为主的新特征与新趋势阶段，非劳动力人口的迁移增长在一定程度上抵消了劳动力人口流动的波动，实际流动人口则与劳动年龄人口基本保持同步。

从湖南人口流出历史来看，1984~1988 年，湖南平均每年向广东输出劳动力 46.7 万人（杨立勇，2006）。湖南劳动力转化与人口流动课题组（1995）的调查结果显示，1994 年湖南跨省流出 500 多万人，其中 80%流向广东，周晓津（2011）推算 1994 年湖南有 383 万劳动力流向广东。

2005年广东两会时省长透露，广东跨省流入人口有4200多万，而湖南人口占广东外省流入人口的20%左右，即840余万湖南籍人口在广东。由此推算，早在2004年全国性民工荒发生之时，湖南跨省流出人口就已经达到1000万左右的规模。而以民工荒为标志，湖南农村劳动力基本全部流出。2004年之后，湖南人口流向有了较大改变，虽然广东依然是湖南外流首选的目的地，但流向江浙沪等长三角地区的占比增高；同时，流出人口总量略有增加，但由外省回流至本省的趋势日益明显。2005年以来湖南省外流动人口的最大值和最小值（见图8-3）。

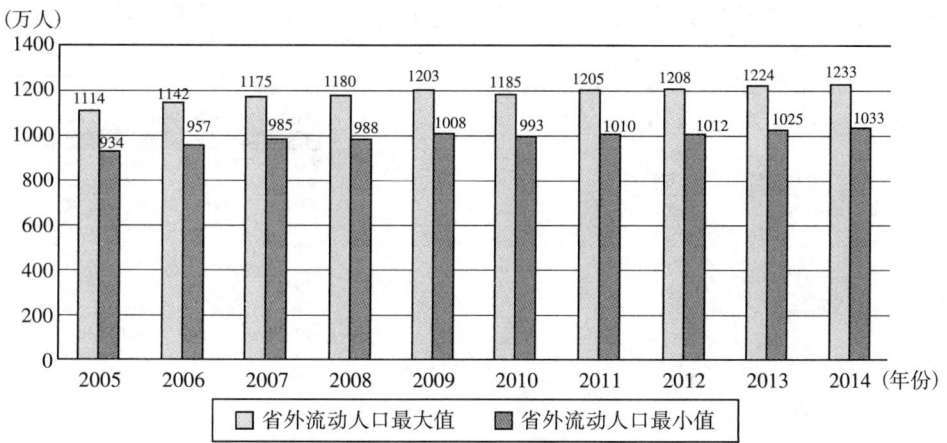

图8-3 湖南省历年省外流动人口可信的最大、最小值（2005~2014年）

二、基于大数据的湖南跨省人口流向构成

大数据直接测定的结果显示，2014年湖南常年性跨省流出人口的可信区间为［1173.61万，1232.57万］，流出量占全国流出人口的9.10%，居全国第1位。加权流出量占全国流出人口的8.345%，跨省流出人口规模区间为［1076.24万，1130.30万］，都与前面的分析结果相一致。取加权前后的均值，湖南跨省流出人口占全国的比重为8.72%，跨省流出人口规模区间为［1124.92万，1181.44万］。在Navicat Premium环境下，通过SQL查询可直接得到2014年湖南人口跨省流向百分比构成（见图8-4）。

结果显示，湖南的人口流出高度集中于广东，仅广东一省就吸纳了66.993%的流出人口，全国第二大人口流出目的地浙江也仅吸纳了8.238%的流出人口；邻近湖南的湖北、福建、广西、贵州、江西五省吸纳了14.40%的流出人口；全国五大人口流出目的地中的江苏、上海和北京吸纳了6.45%的流出人口。对数据表PtopLineIn查询后得到的大数据表征的人口流量为29066462，占全部回流量总数的92.466%，因此推断出节前流回湖南的大数据表征的人口总流量为31434757，以此为基数可以微调湖南流出人口各方向的百分比构成。将各省节前回流量除以总流量，再乘以跨省总流出人口，就可以得到2014年湖南人口跨省流出各个流向的实际人口流量。

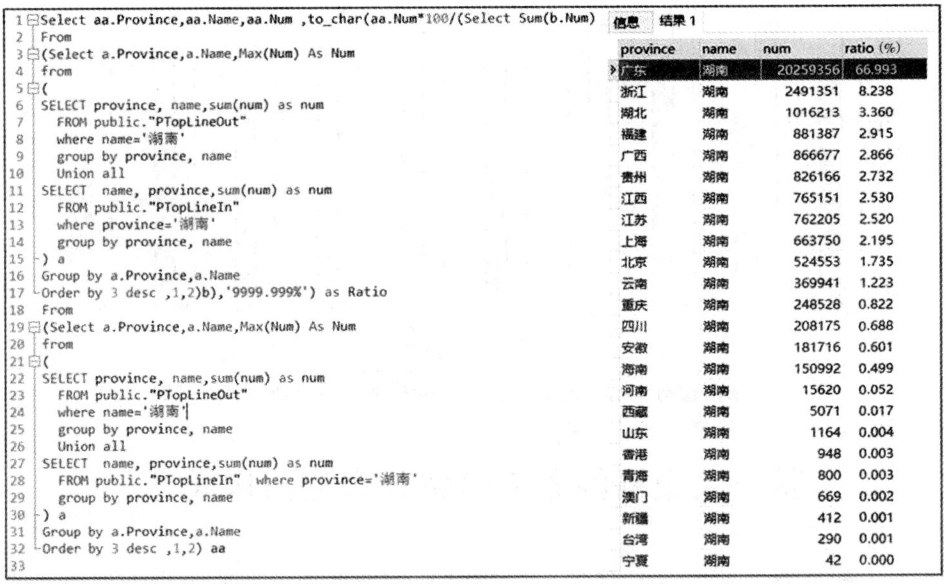

```
Select aa.Province,aa.Name,aa.Num ,to_char(aa.Num*100/(Select Sum(b.Num)
From
(Select a.Province,a.Name,Max(Num) As Num
from
(
SELECT province, name,sum(num) as num
  FROM public."PTopLineOut"
  where name='湖南'
  group by province, name
  Union all
SELECT  name, province,sum(num) as num
  FROM public."PTopLineIn"
  where province='湖南'
  group by province, name
) a
Group by a.Province,a.Name
Order by 3 desc ,1,2)b),'9999.999%') as Ratio
From
(Select a.Province,a.Name,Max(Num) As Num
from
(
SELECT province, name,sum(num) as num
  FROM public."PTopLineOut"
  where name='湖南'
  group by province, name
  Union all
SELECT  name, province,sum(num) as num
  FROM public."PTopLineIn"  where province='湖南'
  group by province, name
) a
Group by a.Province,a.Name
Order by 3 desc ,1,2) aa
```

信息　结果1

province	name	num	ratio (%)
广东	湖南	20259356	66.993
浙江	湖南	2491351	8.238
湖北	湖南	1016213	3.360
福建	湖南	881387	2.915
广西	湖南	866677	2.866
贵州	湖南	826166	2.732
江西	湖南	765151	2.530
江苏	湖南	762205	2.520
上海	湖南	663750	2.195
北京	湖南	524553	1.735
云南	湖南	369941	1.223
重庆	湖南	248528	0.822
四川	湖南	208175	0.688
安徽	湖南	181716	0.601
海南	湖南	150992	0.499
河南	湖南	15620	0.052
西藏	湖南	5071	0.017
山东	湖南	1164	0.004
香港	湖南	948	0.003
青海	湖南	800	0.003
澳门	湖南	669	0.002
新疆	湖南	412	0.001
台湾	湖南	290	0.001
宁夏	湖南	42	0.000

图 8-4　湖南人口跨省流出流向百分比 SQL 查询及结果输出（2014 年）

三、“六普”以来湖南跨省流出人口变化

从表8-4中可以看出，2010年以来湖南人口流动变化非常明显。与2010年相比，2014年末跨省流出人口总量减少了29.60万人。流向长三角

和福建等发达地区的人口和劳动力明显减少,其中流向浙沪苏的人口减少了48.49万;流向珠三角(广东省)的人口也减少了9.99万人。流向除广东外的相邻五省市人口增加了57.15万人。其中流向湖北的人口增加最多,其次是江西,长江中游城市群的发展是吸引湖南人口回流及转向的主要因素;流向贵州和重庆的人口也出现增加,但幅度不如鄂赣两省,原因一是贵渝经济规模小,二是交通不如鄂赣便利;流向广西的人口则出现小幅度降低,广西城镇化和产业相对落后是主因。流向安徽的人口和劳动力出现小幅度增加,原因是随着沪苏浙产业转移至安徽后,以农民工流出为主的湖南劳动力也出现一定程度的随迁。由于湖南人口流出高度集中,加之初始数据只记录排名前十的省份流动,微调之后的其他省级区域3.80%的占比中,有很大一部分应计入前十之后的各个省份,因此这些省份的湖南籍流入量变动并非表中流量变化的那样剧烈。跨省流出的变化是以大数据推算的下限值来计算的,实际上2010年以来总流出量变化不大,但流向浙江的人口减少应是确定的。流向广东的人口总量大致保持不变,邻近省份的增加也可能是这些数据在"六普"时没有进入统计系统但已经实际存在了(见表8-4)。

表8-4 湖南跨省人口流动流量、流向变化

流向	2014年大数据人口流出			2010年人口流出			流量流向变化	
	微调百分比(%)	初始百分比(%)	人口流出量(万人)	"六普"百分比(%)	"六普"流出量(万人)	"六普"调整量(万人)	占比变动(%)	流量变动(万人)
广东	64.45	66.99	725.01	63.66	460.21	735.00	0.79	(9.99)
浙江	7.93	8.24	89.21	10.37	74.97	119.73	-2.44	(30.52)
湖北	3.23	3.36	36.33	1.36	9.82	15.68	1.87	20.65
福建	2.80	2.92	31.50	3.25	23.46	37.46	-0.45	(5.96)
广西	2.76	2.87	31.05	2.82	20.40	32.58	-0.06	(1.53)
前五	81.17	84.37	913.10	81.46	588.87	940.47	-0.29	(27.37)
贵州	2.63	2.73	29.59	1.58	11.45	18.29	1.05	11.30
江西	2.43	2.53	27.34	0.95	9.66	10.92	1.48	16.42

续表

流向	2014年大数据人口流出			2010年人口流出			流量流向变化	
	微调百分比(%)	初始百分比(%)	人口流出量(万人)	"六普"百分比(%)	"六普"流出量(万人)	"六普"调整量(万人)	占比变动(%)	流量变动(万人)
江苏	2.42	2.52	27.22	2.81	18.97	32.43	-0.39	(5.21)
上海	2.11	2.20	23.74	3.16	16.04	36.50	-1.05	(12.76)
北京*	1.67	1.74	18.79	2.10	19.74	24.30	-0.43	(5.51)
前十	**92.44**	**11.71**	**1039.88**	**92.07**	**664.73**	**1062.91**	**0.37**	**(23.03)**
云南	1.18	1.22	13.24	1.83	13.26	21.17	-0.65	(7.93)
重庆	0.79	0.82	8.90	0.40	2.90	4.63	0.39	4.27
四川	0.66	0.69	7.45	0.69	5.01	8.00	-0.03	(0.55)
安徽	0.58	0.60	6.50	0.45	3.24	5.17	0.13	1.33
海南	0.48	0.50	5.40	0.89	6.40	10.22	-0.41	(4.82)
河南	0.05	0.05	0.56	0.34	2.47	3.94	-0.29	(3.38)
西藏	0.02	0.02	0.18	0.06	0.40	0.64	-0.04	(0.46)
山东	0.00	0.00	0.04	0.45	3.25	5.19	-0.45	(5.15)
青海	0.00	0.00	0.03	0.11	0.80	1.28	-0.11	(1.25)
新疆	0.00	0.00	0.01	0.44	3.16	5.04	-0.44	(5.03)
宁夏	0.00	0.00	0.00	0.06	0.46	0.73	-0.06	(0.73)
其他*	3.80	0.00	42.71	2.22	16.82	25.58	1.58	17.13
全国	**100.00**	**100.00**	**1124.92**	**100.00**	**722.89**	**1154.52**	**0.00**	**(29.60)**
珠三角	64.45	66.99	725.01	63.66	460.21	735.00	0.79	(9.99)
长三角	12.46	12.95	140.17	16.34	109.98	188.66	-3.88	(48.49)
邻五省	13.85	14.40	155.80	8.55	64.59	98.65	5.30	57.15

注:*代表根据对数据库二次查询的输出数对流向北京的人口进行了调整;其他项相当于总体误差值。

第八章 主要流出来源地人口流出量及其流向测度

第三节 四川省

一、跨省人口流出规模探讨

20世纪80年代以来，随着农村改革推进，大量农村劳动力（农民工）流动到城市，在流动的农民工大潮推动下，人口流动不但成为经济学家所关注的热点问题，同时也是社会学者乃至文学作家笔下的热点。四川是我国人口和劳动力大省，在国内外有关人口流动研究中具有十分重要的地位，"三百万川军闯天下，一年赚回五十个亿"既是20世纪80年代末期川人流动的真实写照，也在宏观层次上引发了规模更大的连锁迁移。农村劳动力大规模地从农业转向非农产业就业，但从官方的统计数据来看，2014年四川第一产业从业人员数却依然高达1909万人，占全社会就业人数的39.5%，而第一产业增加值仅占全省GDP的12.4%；另外，农村空村现象随处可见，除春节以外，在广大农村寻找几个青壮年劳动力却极不容易，转移到统计上显示，具有大量剩余劳动力地区的劳动密集型企业招工十分困难。

参照李勋力和李国平（2005）的方法，劳动力流动等于城镇从业人员减去城镇职工人数加上农村从业人员减去第一产业从业人员（农业从业人员），劳动力流动率则等于劳动力流动数与劳动力资源总数之积。我们推算四川2000~2014年农村流出劳动力数量（见表8-5第6列），并利用户籍人口减去常住人口的差额计算四川省内、省外流动人口之和（见表8-5）。表8-5中的数据基本上反映了四川农村劳动力流出的真实数量。2014年城镇就业人员数据有点异常，即2014年城镇就业人员比2013年突增108.58万人，其他年份变动最大的2007年也只有25.30万人，2010年甚至减少

· 309 ·

25.09万人。我们认为，其他年份城镇就业人员的变化实际上真实地反映了经济波动对就业的影响，例如2001年比2000年减少了23.20万人，原因可能是2001年中国加入WTO，沿海劳动力需求强劲，从而导致省内城镇就业减少。2014年城镇就业数量的增加，其主要原因是官方将城市化区域内部的农村人员身份转变为城镇就业人员，而真实的增量应该在10万人以下。我们取2011~2013年增长的平均数，对2014年城镇就业人数进行调整，得到2014年流动人口数为2774.0万人。为了推算流动到省外的人口数量，我们需要知道省外流动人口占全部流动人口的比重。早期流动人口中，省外流动比例极高。我们比较各种数据发现，2000年以前除极少数调查文献外，官方公布的四川人口流动数量基本上就是跨省人口数量，其公布的跨省人口数量则基本等同于跨省流出半年以上的劳动力数量。

表8-5 从业人员法——农村流出劳动力及流动人口数量的估计（2000~2014年）

年份	城镇从业人员（万人）	在岗职工数（万人）	农村从业人员（万人）	第一产业从业人员（万人）	农村流出劳动力（万人）	常住户籍人口差额（万人）	省内省外流动人口（万人）
2000	702.20	441.41	3564.50	2643.35	1181.94	172.70	1354.64
2001	679.00	408.84	3556.20	2595.84	1230.52	293.60	1524.12
2002	679.30	379.63	3542.00	2517.48	1324.19	364.50	1688.69
2003	695.40	364.60	3516.60	2482.80	1364.60	353.40	1718.00
2004	711.90	349.30	3481.80	2445.70	1398.70	505.30	1904.00
2005	723.00	344.60	3473.10	2421.50	1430.00	430.10	1860.10
2006	748.30	344.50	3452.30	2306.90	1549.20	553.50	2102.70
2007	723.60	351.93	3432.70	2266.22	1538.15	688.20	2226.35
2008	736.68	347.90	3430.00	2186.18	1632.60	769.80	2402.40
2009	711.59	349.08	3410.76	2144.13	1629.14	799.70	2428.84
2010	719.67	369.46	3390.63	2083.20	1657.64	959.30	2616.94
2011	727.72	363.75	3368.00	2043.36	1688.61	1008.40	2697.01
2012	705.92	375.00	3343.30	1991.30	1682.92	1021.15	2704.07
2013	722.69	379.20	3324.30	1955.79	1712.00	1025.60	2737.60
2014	831.27	380.10	3302.00	1909.00	1844.17	1018.90	2863.07

注：列2至列5数据来源于《四川统计年鉴》（2015），其余列为推算数。列6=列2-列3+列4-列5。常住户籍人口差额=户籍人口数-常住人口数。列8=列6+列7。

第八章 主要流出来源地人口流出量及其流向测度

虽然官方数据与实地调查数据有很大的差异,但官方采样中省外流动人口占其全部流动人口的比重是较为准确的,因此我们尽量采用2010~2014年官方口径来确定出省流动比重。例如,2010年全国第六次人口普查数据显示,全省外出半年以上的人口有2091.37万人。其中,省内有1040.82万人,省外有1050.55万人（省外流动占50.23%）。《2011年四川省人力资源和社会保障事业发展统计公报》显示,2011年全省农村劳动力转移输出总量达到2300.5万人,比上年增加54.6万人。转移输出的农村劳动力中,省内转移1091.7万人,增加77.8万人;省外输出1205.2万人（省外流动占52.47%）,减少21.4万人。由于2010年"六普"数据是省外流出人口,而2011年是省外流出劳动力数据,因此省外流动占比会有差异。四川省人社厅和省统计局历年公布的相关统计公报数据显示,2013年全省共转移农村劳动力2467.7万人,其中省内转移1313.1万人,同比增加66.3万人;省外输出（三个月以上）1154.6万人（省外输出占比46.79%）,同比减少45.5万人。2015年1月,四川省劳务开发暨农民工工作领导小组办公室发布信息称2014年全省转移输出农村劳动力2472.2万人,同比增长0.7%;2015年全省转移输出农村劳动力2478.9万人,比上年增长0.3%。其中,省内转移1339.7万人、省外输出1136.2万人（省外输出占比45.83%）、外派劳务3万人;全省实现劳务净收入3577亿元,比上年增长10%;全省农民人均劳务收入5794.9元,同比增加764元。全年参加中高级劳务品牌培训达3.63万人。据四川省农调队统计资料显示,2003年全省农村劳动力转移的数量达1389.8万人,2004年达到1516.7万人,2005年已接近2000万人,占四川3700多万农村劳动力的50%以上。2006年末,四川省农村劳动力资源总量为3197万人,占全国劳动力资源的6%;农村外出从业劳动力有1285万人,占全国外出劳动力的9.7%。外出从业劳动力中,省外从业的劳动力占64.3%。利用周晓津(2011)有关劳动力及人口流动估算方法及结果,以及上述数据及论证分析,我们推算出2000~2014年四川流动人口与劳动力数量（见表8-6）。

表 8-6 四川省历年流动人口与劳动力数量估计（2000~2014 年）

年份	流动人口总数（万人）	省外流动			省内流动	
		占流动人口比重（%）	流动人口（万人）	流动劳动力（万人）	流动人口（万人）	流动劳动力（万人）
2000	1354.6	86.10	1166.3	1131.3	188.3	177.0
2001	1524.1	82.47	1256.9	1206.6	267.2	247.2
2002	1688.7	78.83	1331.2	1264.7	357.5	325.3
2003	1718.0	75.20	1291.9	1214.4	426.1	381.3
2004	1904.0	71.57	1362.6	1267.2	541.4	476.4
2005	1860.1	67.93	1263.6	1162.5	596.5	516.0
2006	2102.7	64.30	1352.0	1230.4	750.7	638.1
2007	2226.4	60.78	1353.2	1217.9	873.1	729.0
2008	2402.4	57.27	1375.8	1224.4	1026.6	841.8
2009	2428.8	53.75	1305.5	1148.8	1123.3	904.3
2010	2616.9	50.23	1314.6	1143.7	1302.4	1028.9
2011	2697.0	49.08	1323.8	1138.5	1373.2	1064.2
2012	2704.1	47.94	1296.3	1101.8	1407.8	1070.0
2013	2737.6	46.79	1280.9	1075.9	1456.7	1085.3
2014	2774.0	46.31	1284.7	1066.3	1489.3	1087.2

注：列 2 中 2006 年、2010 年和 2013 年为四川省人社厅劳动力省外输出劳动力占农村流动劳动力比重，2007~2009 年占比以 2006 年和 2010 年数据为基础采用插值法推算，2011~2012 年以 2010 年和 2013 年为基础采用插值法补足，2014 年为 2013 年和 2015 年的均值推算。

前面的数据推算是否准确呢？早在 20 世纪 80 年代末，四川省跨地区流动农民以每年 100 万以上的人数增加，1995 年已超过 1000 万人（上海经济研究资料室，1995）。尹明芳（1995）指出，1992 年仅四川、安徽、湖南、湖北、河南、江西外流的农业劳动力就达 2370 多万（其中四川 500 多万、安徽 500 多万、湖南 500 多万、湖北 370 多万、河南 300 多万、江西 200 多万），全国有 6000 万~7000 万农民工在流动。经历 1992~1996 年国内经济的飞速发展，到 1997 年川渝两地跨省外流的劳动力规模就应在 1000 万以上。从实地调研的情况来看，早在 1995 年前后，成都平原边缘地带的山区县外出农民工已经占到全县总人口的 20%（李小平，1995；何景熙和罗蓉，1999），1995 年四川通江县外出务工经商人员占全县总人口比例高达 26.87%（邓文国和鲁阳俊，1996）。1995 年四川有 6829.4 万农业人口，按 20%的外出流动比例计算，1995 年省内外流动的人口也有 1365.88 万。一般而言，公安与村镇农村劳动力调查数据是相当可信的，由此推断，2000 年前后，四川 6100 万农村人口中，外出就业经商的人口占农村人口总数的 30%左右，跨省流动规模在 1000 万人左右，其中长年流出占 70%左右①。到 20 世纪 90 年代末，四川实有流动人口总量远非官方统计数据所揭示的规模，农村中绝大部分的青壮年剩余劳动力都已经流出，其总量占到农村总人口的 30%以上。

2000 年全国第五次人口普查数据显示，全省有 695.7 万跨省外出人口，约占全省 1400 万外出人口（农村劳动力转移数量）的 50%。研究发现，2000 年四川省跨省外出人口数量大致等于跨省外出农村劳动力数量，而实际的跨省外出人口应该在 1000 万左右，2000 年全国第五次人口普查跨省外出人口占实际外出人口的 70%左右。我们可以从同期广东跨省外来人口总量中四川籍人口数量与四川流向广东的比例计算相关结果。2000 年"五普"数据显示，广东跨省流入人口在 2470 万，其中四川占 16%，这意味着 2000 年四川有 395.2 万人口流动到广东。"五普"数据显示，四川有 40.99%的人口流向广东，可推算出 2000 年四川跨省外出人口有 964.1 万人，占四川农村劳动力总数的 25%以上。据广东省省长透露，2004 年末广东流入半年以上的外省人口有 3100 多万，半年以下的外省流动人口有 1100 多万，全省务工经商的外省流入人口有 4200 多万。以此反推，2000 年广东跨省流入人口数量大致在 3000 万，若四川省占 16%，则意味着有 480 万四川人在广东，考虑到川粤两省距离遥远，川人在粤主要从事相对稳定的工作，因此其在"五普"调查中被列入统计的可能性更

---

① 2000 年"五普"数据表明，四川跨省流出劳动力为 695.7 万人，此应为长年跨省流出劳动力，跨省流动人口可能高达 1200 万左右。

高,两者取平均值437.5万人,川人流向广东占其全部总流出40.99%的比重不变,推算出2000年四川跨省外出人口有1067.33万人。

2001年中国加入WTO,中西部大量劳动力流向粤浙苏沪闽京等东部地区,四川农村劳动力转移数量出现井喷,跨省外出劳动力猛增,4年间估计仅广东就增加了1000万左右的外省人口。2003年广东民工荒显现,2004年全国性民工荒出现,以往40岁以上的农民工很难就业,民工荒之后大量40岁以上的农村劳动力加入流动大军,至2008年全球金融危机前,农村可转移劳动力基本全部转移流出。由于2008年以前农村剩余劳动力并没有全部转化为流动劳动力,因此,2008年以前的跨省流出人口可能存在高估,或者说流出人口中隐性失业的数量和比重较高。以2000年为例,我们推算最为可信的省外流动人口数量为1067.33万人,表8-6中推算的省外流动人口为1166.30万人,但依旧低于以广东为参照推算的四川跨省流出人口的高位值(1171.01万人)。官方是流出六个月以上的人口,我们推算的则是流出时间较短(一个月以上)或以就业为目的(务工经商)的流动人口,两者虽然有差异,如2010年我们推算的流出人口为1314.6万人,而官方流出半年以上的人口为1050.6万人,两者相差264万人,排除统计口径的差异,我们推算的结果与官方统计数据的吻合程度极高。值得注意的是,表8-5中农村流出劳动力通常会伴随一定比例的家属流动,以2014年为例,农村随劳动力流出家属占流出人口的10%左右,表8-5中实际可能还有180多万的随劳动力流出的非劳动力人口,当然年份越早,随流家属占比越低,但为谨慎起见,并没有将其计算在内。

2001年中国加入WTO导致跨省流出劳动力供给与需求急增,较高的失业率导致2003年跨省外出人口数量一度回落,但2002~2013年,四川省连续12年保持了两位数以上的高速增长(年均增长率高达12.8%),加剧了省内、省外劳动力需求市场对外出劳动力的争夺。四川本省经济的高增长一方面将本省农村高龄劳动力拉入市场,另一方面又对省外流出劳动力形成强大的吸引作用,使得省外流出比重逐年降低。据我们估计,2000~2006年省外流出劳动力占全部流动劳动力比重每年下降3.63个百分点，随着劳动力供应总源头的缓慢增长甚至出现负增长，2010 年以后省外劳动力占比平均每年下降 1.1 个百分点。全省流出劳动力在 2010 年之后基本保持平稳，2012 年农村跨省外出劳动力数量首次低于本省就业的劳动力数量。2000 年以来，四川流动劳动力总量的增长实际上是一条 Logistic 曲线，为简便计算，可将其拟合为对数方程 $y = 365.95 \times \ln(x) + 1197.1$（$R^2 = 0.9317$）。由于省内家属随迁比例高于省外，2013 年时省内流动劳动力首次超过省外流动劳动力（见图 8-5）。

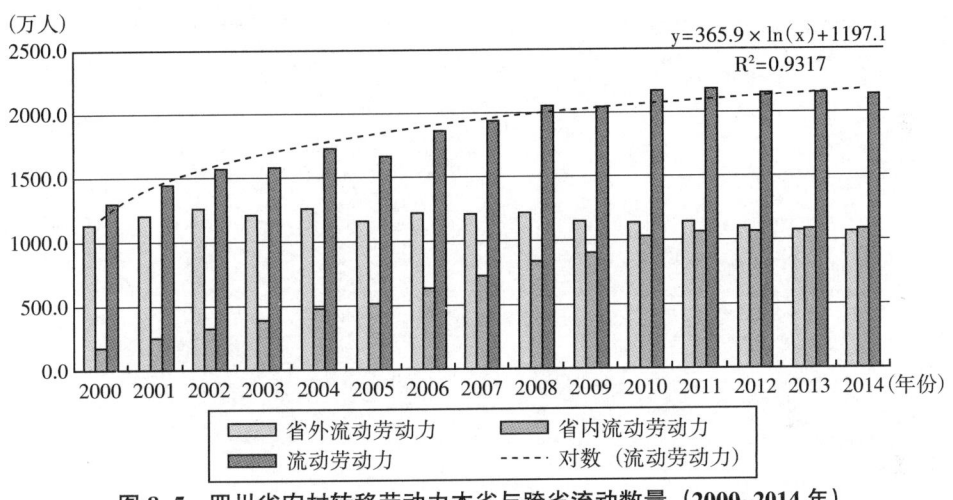

图 8-5　四川省农村转移劳动力本省与跨省流动数量（2000~2014 年）

二、基于大数据的四川跨省人口流向构成

大数据直接测定的结果显示，2014 年四川常年性跨省流出人口的可信区间为［687.66 万，722.20 万］，流出量占全国流出人口的 5.332%，居全国第 7 位，落后于湖南、安徽、河南、江西、广西、湖北。加权流出量占全国流出人口的 8.279%，跨省流出人口规模区间为［1067.72 万，1121.36 万］。虽然直接测定的四川流出人口数量严重偏低，但其各方面所占比重则基本符合实际情况，而加权测算的流出人口数量则与官方及前面计算的常年性流出人口比较接近。取加权前后的均值，四川跨省流出人口占全国

的比重为6.81%，跨省流出人口规模区间为［877.69万，921.78万］。基于数据一致性原则，在随后的研究中，我们采用加权后的下限值作为比较分析值。在Navicat Premium环境下，通过SQL查询可直接得到2014年四川人口跨省流向百分比构成（见图8-6）。结果显示，四川人口流出主要集中于广东、浙江、江苏、福建、上海、北京这六个经济发达的省市，占四川流出人口量的53.77%；其次是与四川相邻的重庆、云南、贵州和陕西，占四川流出人口量的37.78%。

```sql
Select aa.Province,aa.Name,aa.Num ,to_char(aa.Num*100/(Select Sum(b.Num)
From
(Select a.Province,a.Name,Max(Num) As Num
from
(
SELECT province, name,sum(num) as num
  FROM public."PTopLineOut"
  where name='四川'
  group by province, name
  Union all
SELECT  name, province,sum(num) as num
  FROM public."PTopLineIn"
  where province='四川'
  group by province, name
) a
Group by a.Province,a.Name
Order by 3 desc ,1,2)b),'9999.999%') as Ratio
From
(Select a.Province,a.Name,Max(Num) As Num
from
(
SELECT province, name,sum(num) as num
  FROM public."PTopLineOut"
  where name='四川'
  group by province, name
  Union all
SELECT  name, province,sum(num) as num
  FROM public."PTopLineIn"
  where province='四川'
  group by province, name
) a
Group by a.Province,a.Name
Order by 3 desc ,1,2) aa
```

信息　结果 1

province	name	num	ratio (%)
广东	四川	4514691	25.477
重庆	四川	3369718	19.016
浙江	四川	1738929	9.813
云南	四川	1485735	8.384
贵州	四川	1095538	6.182
江苏	四川	960674	5.421
福建	四川	917354	5.177
陕西	四川	744392	4.201
上海	四川	724109	4.086
北京	四川	671904	3.792
新疆	四川	238610	1.347
湖北	四川	238078	1.344
甘肃	四川	193240	1.090
广西	四川	169714	0.958
山西	四川	163667	0.924

province	name	num	ratio (%)
山西	四川	163667	0.924
西藏	四川	137107	0.774
海南	四川	120857	0.682
青海	四川	78506	0.443
江西	四川	77149	0.435
宁夏	四川	40211	0.227
湖南	四川	37629	0.212
河南	四川	928	0.005
香港	四川	665	0.004
河北	四川	366	0.002
山东	四川	247	0.001
澳门	四川	191	0.001
台湾	四川	153	0.001
辽宁	四川	33	0.000
吉林	四川	20	0.000

图8-6　四川人口跨省流出流向百分比SQL查询及结果输出（2014年）

三、“六普”以来四川跨省流出人口变化

2010年以来四川人口流动变化非常明显。与2010年相比，2014年末跨省流出人口总量比2010年四川“六普”数据增加了17.17万人。而2010年实际流出可能在1300万人以上，因此实际2010年以来四川跨省流出应为较大幅度地减少。其中，即使没有调整“六普”流出数据，流向广东珠三角的四川籍人口也减少了47.03万人，流向长三角的四川籍人口减少113.50万人。流向与四川相邻的六省市则增加了274.35万人。其中流

向重庆的人口增加最多，其次是云南和贵州，区域一体化和西部大开发战略基本上扭转了人口的流向。2010年，粤浙闽苏沪是四川省外流动的五大目的地，有915.75万四川人流向五省市，占全省流出的69.66%；而2014年四川五大流出目的地变为粤渝浙云贵，排名前五的流出目的地占全省流出的比重略微下降。广东外省流入人口约占全国的1/3，是浙江的2倍之多，按理广东累计减少的人口应该更多。原因是2000年中国西部大开发战略敲定，成渝地区劳动力需求开始增长，第一代出省农民工回流渐成暗潮。例如，到2000年底，单金堂县竹篙镇输出到成都的农民工就达1300多人，同时，金堂劳务输出主战场东莞的川籍外来工为319009人，比2000年减少近7万人。2008年全球金融风暴来袭，川渝跨省流出农民工返乡就业也迎来了高潮，仅四川省返乡农民工就高达92.6万人，金堂县2008年返乡农民工在4万人以上。截至2011年10月，88万人口的金堂县农村劳动力转移规模已达28万人，外出务工人员达18万人，其中大部分回归成渝经济区域就业，也就是说四川人大规模撤离广东在2012年以前就已经完成了（见表8-7）。

表8-7 四川跨省人口流动流量、流向变化

流向	2014年大数据人口流出			2010年人口流出		流量、流向变化	
	微调百分比(%)	初始百分比(%)	人口流出量(万人)	"六普"百分比(%)	"六普"流出量(万人)	占比变动(万人)	流量变动(%)
广东	23.69	25.48	272.02	30.37	319.05	(47.03)	-4.89
重庆	17.68	19.02	203.04	5.85	61.46	141.58	13.17
浙江	9.12	9.81	104.78	15.86	166.62	(61.84)	-6.05
云南	7.79	8.38	89.52	3.43	36.03	53.48	4.95
贵州	5.75	6.18	66.01	2.41	25.32	40.69	3.77
前五	**64.03**	**68.87**	**735.36**	**69.66**	**731.81**	**3.55**	**-0.79**
江苏	5.04	5.42	57.88	7.40	77.74	(19.86)	-1.98
福建	4.81	5.18	55.28	8.85	92.97	(37.70)	-3.67
陕西	3.91	4.20	44.85	1.11	11.66	33.19	3.09

续表

流向	2014年大数据人口流出			2010年人口流出		流量、流向变化	
	微调百分比(%)	初始百分比(%)	人口流出量(万人)	"六普"百分比(%)	"六普"流出量(万人)	占比变动(万人)	流量变动(%)
上海	3.80	4.09	43.63	7.18	75.43	(31.80)	-3.09
北京	3.53	3.79	40.49	3.65	38.35	2.14	0.14
第六至第十	**21.09**	**22.68**	**242.13**	**18.93**	**198.87**	**43.26**	**3.75**
新疆	1.25	1.35	14.38	3.91	41.08	(26.69)	-2.56
湖北	1.25	1.34	14.35	0.78	8.19	6.16	0.56
甘肃	1.01	1.09	11.64	0.45	4.73	6.91	0.64
广西	0.89	0.96	10.23	0.54	5.67	4.56	0.42
山西	0.86	0.92	9.87	0.67	7.04	2.83	0.25
西藏	0.72	0.77	8.26	0.93	9.77	(1.51)	-0.16
海南	0.63	0.68	7.28	0.81	8.51	(1.23)	-0.13
北京	3.53	0.44	4.73	3.33	34.98	(30.25)	-2.89
青海	0.41	0.44	4.64	0.41	4.31	0.34	0.02
江西	0.40	0.23	2.42	0.31	3.26	(0.83)	-0.08
宁夏	0.21	0.21	2.26	0.23	2.42	(0.15)	-0.02
湖南	0.20	0.01	0.05	0.41	4.31	(4.25)	-0.41
其他	7.04	0.01	0.11	4.76	50.01	(49.90)	-4.75
全国	**100.00**	**100.00**	**1067.72**	**100.00**	**1050.55**	**17.17**	**0.00**
珠三角	23.69	25.48	272.02	30.37	319.05	(47.03)	-4.89
长三角	17.96	19.32	206.28	30.44	319.79	(113.50)	-11.12
相邻六省	36.86	39.65	423.32	14.18	148.97	274.35	25.47

2018年3月,全国移动用户达到14.7亿,对应于全国13.9亿的人口而言,手机已经十分普及;而四川7981万移动用户对应9250万户籍人口,以此推算四川净流出人口在1270万以上。从四川移动用户增长态势来看,2014年四川总人口估计有7952万人,即2014年以来四川总人口大约只增加了30万人。

第四节 安徽省

一、跨省人口流出规模探讨

从安徽各地农村劳动力流动调查情况来看，安徽政府各级机关对跨省流出人口规模其实是比较清楚的。从安徽官方有关人口流动的统计数据来看，这些数据是比较接近事实的。例如，2005年以来，安徽省外流动人口逐年增加，在2011年达到顶峰（拐点）后逐年减少。其中2008年全球金融危机使得省外流动人口一度减少51万人。而在净流出人口（其值等于户籍人口减去常住人口之差）方面，官方数据显示2012年（净流出拐点）差值最大（见图8-7），这是比较符合事实的，因为2008年之后国家"四万亿元"政策约在2012年达到尾声。

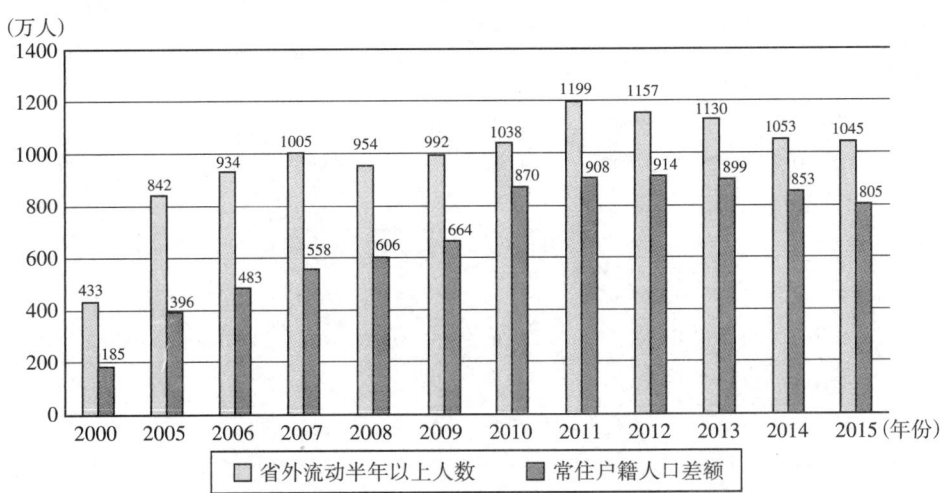

图8-7 安徽省跨省流动人口数量及净流出人口数量（2000~2015年）

注：户籍人口为公安户籍统计数，常住人口为人口普查或人口抽样调查推算数；常住人口是指常住本地的人，不包括户籍人口中到省外半年以上的人口，包括外省来我省常住半年以上的人口。

调查发现，2008年之后官方统计公布的第一产业从业人员数量（官方数）乘以第一产业占GDP的比重才是真实的第一产业从业人员数量（估计数），而官方数与估计数之间的差额实际上是农村流出劳动力却依旧被记录为本地常住人口的数量。2015年安徽全省总从业人员4342.1万人，实际农村从业人员只有484.75万人，农村流动到省外的劳动力有911.45万人，加上常住户籍人口差额中流出的非劳动力人口，省外净流出人口为1056.82万人（见表8-8）。由于2008年以前安徽农村尚有一定的剩余劳动力，因此占比产出法估计的省外流动人口数相对偏高。而2008年以后的农村劳动力枯竭，因此估计相对准确。调研结果表明，经过近30年的发展，中国农村劳动力基本上已经转移完毕，剩余劳动力基本上已经没有剩余。2001年中国加入WTO之后，以前难以转移的四五十岁的农村劳动力也离开农村进入城镇找到了工作。到2008年全球金融危机前后，安徽省农村剩余劳动力基本上都已经外出，由于全球金融危机的冲击，直到

表8-8 占比产出法——流动人口总数及省内外流动数量估计（2000~2015年）

年份	全社会年末从业人员数（万人）	第一产业占GDP比重（%）	第一产业实际从业劳动力（万人）	第一产业官方从业人员数（万人）	第一产业省外流动劳动力数（万人）	官方省外净流出人口（万人）	官方净流出非劳动力（万人）	省外农村劳动力占比（%）	省外净流出人口数（万人）
2000	3450.7	25.56	882.00	2018.9	1136.90	185.0	12.12	93.45	1149.03
2005	3669.7	18.06	662.93	1783.3	1120.41	396.0	29.95	92.44	1150.36
2006	3741.0	16.73	625.87	1741.0	1115.13	483.0	41.41	91.43	1156.54
2007	3818.0	16.30	622.52	1639.7	1017.18	558.0	53.48	90.42	1070.66
2008	3916.0	16.02	627.37	1592.8	965.43	606.0	55.43	90.85	1020.86
2009	3988.0	14.86	592.66	1566.1	973.44	663.5	89.71	86.48	1063.15
2010	4050.0	13.99	566.58	1583.6	1017.02	870.0	109.18	87.45	1126.20
2011	4120.9	13.17	542.78	1598.8	1056.02	908.0	121.75	86.59	1177.77
2012	4206.8	12.66	532.50	1531.2	998.70	914.0	135.65	85.16	1134.35
2013	4275.9	11.79	504.13	1469.7	965.57	899.0	137.14	84.75	1102.70
2014	4311.0	11.47	494.69	1415.3	920.61	853.0	142.08	83.34	1062.69
2015	4342.1	11.16	484.75	1396.2	911.45	805.0	145.37	81.94	1056.82

第八章 主要流出来源地人口流出量及其流向测度

2011年安徽的省外净流出人口和劳动力才达到顶峰。

二、基于大数据的安徽跨省人口流向构成

大数据直接测定的结果显示，2014年安徽常年性跨省流出人口的可信区间为［1163.93万，1222.41万］，流出量占全国流出人口的9.025%，仅次于湖南省，居全国第2位。加权流出量占全国流出人口的6.040%，跨省流出人口规模区间为［778.97万，818.10万］。虽然直接测定的安徽流出人口数量较大，但其值范围也在表8-5的分析范围之内，而加权测算的流出人口数量则比官方统计的数字还少，原因是安徽人口主要流向与其邻近的长三角。取加权前后的均值，安徽跨省流出人口占全国的7.53%，跨省流出人口规模区间为［971.45万，1020.25万］。由于安徽的情况与湖南类似，而湖南户籍人口为安徽的97%，因此基于数据一致性原则，2014年安徽跨省流出半年以上人口的区间在［1086.84万，1141.45万］。在Navicat Premium环境下，通过SQL查询可直接得到2014年安徽人口跨省流向百分比构成（见图8-8）。结果显示，安徽人口流出主要集中于长三角的苏浙沪，占安徽流出人口量的78.77%，流向广东、北京和福建的分别只占安徽总流出量的4.17%、3.59%和1.79%；流向河南、山东、湖北、江西四个邻近省份的占7.94%。流向排名前十的省份合计占总流量的96.26%，这表明安徽人口流向目的地非常集中，比湖南还高0.18个百分点。

三、"六普"以来安徽跨省流出人口变化

为了和"六普"数据比较，同口径的流出总量以971.45万为基准（见表8-9）。实际上我们前面推算2014年安徽净流出人口也达到1062.69万，若算上流入人口，实际流出人口应在1300万左右，由此需要对2010年的数据进行同口径调整。仅从数值上看，2014年流出人口比2010年增加了9.69万，图8-4中的数据也表明2014年流出人口比2010年仅增加15万，

基于大数据的人口流动流量、流向新变化研究

```
Select
aa.Province, aa.Name, aa.Num, to_char（aa.Num*100 /
(Select Sum（b.Num）
From
(Select a.Province, a.Name, Max（Num）As Num
from
(
SELECT province, name, sum（num）as num
FROM public."PTopLineOut"
where name='安徽'
group by province, name
Union all
SELECT name, province, sum（num）as num
FROM public."PTopLineIn"
where province='安徽'
group by province, name
) a
Group by a.Province, a.Name
Order by 3 desc, 1, 2) b), '9999.999%') as Ratio
From
(Select a.Province, a.Name, Max（Num）As Num
from
(
SELECT province, name, sum（num）as num
FROM public."PTopLineOut"
where name='安徽'
group by province, name
Union all
SELECT name, province, sum（num）as num
FROM public."PTopLineIn"
where province='安徽'
group by province, name
) a
Group by a.Province, a.Name
Order by 3 desc, 1, 2) aa
```

province	name	num	ratio(%)
江苏	安徽	10160164	33.878
浙江	安徽	8390530	27.977
上海	安徽	5071324	16.910
广东	安徽	1251842	4.174
河南	安徽	1084872	3.617
北京	安徽	1076911	3.591
山东	安徽	572529	1.909
福建	安徽	536917	1.790
湖北	安徽	402531	1.342
江西	安徽	322547	1.075
天津	安徽	275205	0.918
河北	安徽	264048	0.880
辽宁	安徽	131814	0.440
湖南	安徽	124454	0.415
陕西	安徽	111093	0.370
山西	安徽	109943	0.367
广西	安徽	50581	0.169
青海	安徽	21115	0.070
新疆	安徽	14418	0.048
海南	安徽	13013	0.043
宁夏	安徽	3572	0.012
西藏	安徽	896	0.003
吉林	安徽	217	0.001
澳门	安徽	112	0.000
重庆	安徽	30	0.000
台湾	安徽	27	0.000

图 8-8 安徽人口跨省流出流向百分比 SQL 查询及结果输出（2014 年）

因此在口径一致的情况下可进行比较。以上海为参照系推算，安徽流出人口可能高达 1341.34 万人，若以此来推算，则 2010 年安徽流出人口也需要调整到 1300 万左右。而我们以"六普"为基准进行比较，同样可以得出人口流动的趋势。2010 年以来，流向上海的安徽人急剧减少，而流向江苏和浙江的安徽人则出现较大的增加；流向广东、福建等传统人口流入地的份额降低，流出量也出现较大幅度的减少；流向相邻省份的人口明显增加。若同时调整到 1300 万左右，则 2014 年人口流出量大约同比例地增加

第八章 主要流出来源地人口流出量及其流向测度

1/3。若将普查年份因素排除，2010年以来安徽跨省流出人口总量基本上没有太大变化，但流向构成却发生了较大变化（见表8-9）。

表8-9 安徽跨省人口流动流量、流向变化

流向	2014年大数据人口流出			2010年人口流出		流量、流向变化	
	微调百分比(%)	初始百分比(%)	人口流出量(万人)	六普百分比(%)	六普流出量(万人)	占比变动(%)	流量变动(%)
江苏	32.88	33.88	329.11	26.76	257.46	71.65	7.12
浙江	27.15	27.98	271.78	23.75	228.52	43.26	4.23
上海	16.41	16.91	164.27	27.04	260.23	(95.96)	-10.13
广东	4.05	4.17	40.55	4.63	44.54	(3.99)	-0.46
河南	3.51	3.62	35.14	0.64	6.12	29.02	2.98
前五	84.00	86.56	840.85	86.65	833.76	7.09	-0.09
北京	3.48	3.59	34.88	4.47	43.01	(8.13)	-0.88
山东	1.85	1.91	18.54	1.35	13.01	5.53	0.56
福建	1.74	1.79	17.39	2.60	25.03	(7.64)	-0.81
湖北	1.30	1.34	13.04	0.62	6.01	7.03	0.72
江西	1.04	1.08	10.44	0.53	5.13	5.31	0.55
第六至第十	9.42	9.71	94.30	7.02	67.55	26.75	2.69
天津	0.89	0.92	8.92	1.44	13.9	(4.98)	-0.52
河北	0.85	0.88	8.55	0.65	6.27	2.28	0.23
辽宁	0.43	0.44	4.27	0.78	7.5	(3.23)	-0.34
湖南	0.40	0.42	4.03	0.26	2.55	1.48	0.16
陕西	0.36	0.37	3.59	0.43	4.17	(0.58)	-0.06
山西	0.36	0.37	3.57	0.47	4.55	(0.98)	-0.10
其他	3.29	0.35	3.37	3.56	34.26	(30.89)	-3.21
全国	100.00	100.00	971.45	100.00	962.26	9.19	0.00
珠三角	4.05	4.17	40.55	4.63	44.54	(3.99)	-0.46
长三角	76.44	78.77	765.16	77.55	746.21	18.95	1.22
相邻四省	7.71	15.65	152.06	3.15	30.27	121.79	12.50

注：2010年安徽流出人口的五大目的地前五名是沪苏浙粤京，而第六至第十分别是闽津鲁新宁。

2010年以来，安徽流向上海的人口大幅度减少，而流向江苏、浙江等相邻省份的人口大幅度增加。造成这种现象的原因可能是，一方面官方统计结果低估了相邻省份的人口流动，即抽样调查时样本很难覆盖到边界区域，另一方面区域一体化日益紧密。百度贴吧"农民工1.5亿人的回家之路"大数据显示，每年春节全国有1.5亿农民工跨省返乡，其中安徽排名仅落后于四川，以1723万人居全国第二位。该数据也并非空穴来风，对表8-6中的数据谨慎处理，将部分农村流出劳动力计算在官方净流出半年以上的人口，则推算出2014年安徽省内外流动人口将高达3227万人，若省外流动占53.39%，即达到1723万人口的规模；除去省外流入288万人口，加上净流出人口所拥有的手机，安徽籍人口每百人手机拥有量为91.7部，仍旧低于全国可接受水平，前述数据依然具有较高的可信度。更为精确的省内外人口流动、流向及其新变化有赖于获得手机实名制后的电信大数据，这也是我们进一步努力的方向。

第五节　湖北省

一、农村剩余劳动力与流出人口

湖北究竟有多少跨省流出人口，各种不同来源的官方数据也是不确定的。例如，湖北省统计局人口处发布的数据显示，2010~2014年省际流出人口分别为589万人、560万人、535万人、512万人和490万人，呈逐年下降趋势；2010~2014年省际流入人口分别为101万人、110万人、118万人、128 万人和 142 万人，呈逐年上升趋势①。而湖北省农村劳动力转移监测调查数据显示，截至 2012 年 12 月 31 日，湖北省农村劳动力转移外出总量规模持续增长，全年外出务工人员 1076.28 万人，较上年增加 30.91 万人，增长 3.0%，外出务工人员占农村实际从业人员比重为 46.0%，比上年同期上升 0.3 个百分点；5 年来外出人员逐年增加，比 2008 年的 961.50 万人增加了 114.78 万人，增幅达 11.9%；外出务工人员在省内就业达到 452.78 万人，同比增长 2.5%，省外就业的外出务工人员也稳步增加，全年省外就业外出务工人员达到 619.04 万人，同比增加 18.5 万人，增长 3.1%②。

与其他大多数人口流出省份不同的是，1999 年之前，人口普查和抽样显示的是湖北常住人口数量多于户籍人口数量（如图 8-9 所示）。主要原因是武汉作为全国第三大高校聚集城市，高校在校生规模位居全国第三，在校生户籍地大多被确认为武汉市。早在 1992 年，大量湖北农村劳动力涌向珠三角寻求就业机会，2000 年之后长三角则分流了相当一部分的外出人口流量。"五普"时湖北户籍人口反超常住人口 290 万，即以户籍人口为参照，湖北净流出人口 290 万。在前面的研究中，我们推算 2000 年全国跨省流出半年以上的人口有 8151.55 万，其中湖北流出 533.10 万人。到 2010 年"六普"时，户籍人口比常住人口多出 452.2 万人，自此之后户籍与常住之间的差额逐渐缩小。户籍常住差额实际上是一种净流出，例如，2010 年湖北户籍人口比常住人口多 452.2 万人，这意味着省际流出人口（流出半年以上）比省际流入人口多 452.2 万。据徐宏伟和唐铁山（2015）估计，湖北省农村剩余劳动力数量自 2008 年以来一直保持在 900 万人左右的高位，但实际上农村已经找不出剩余劳动力可供当地企业发展所用。因此，这种农村剩余劳动力即可视为跨省流出人口的数量。

---

① 湖北省统计局人口处：《湖北人口流动进入新常态的思考》，2015 年 3 月 2 日，http：//www.stats-hb.gov.cn/tjbs/qstjbsyxx/111947.htm。
② 湖北省统计局农村处：《湖北人口流动进入新常态的思考》，2013 年 3 月 1 日，http：//www.stats-hb.gov.cn/tjbs/qstjbsyxx/111947.htm。

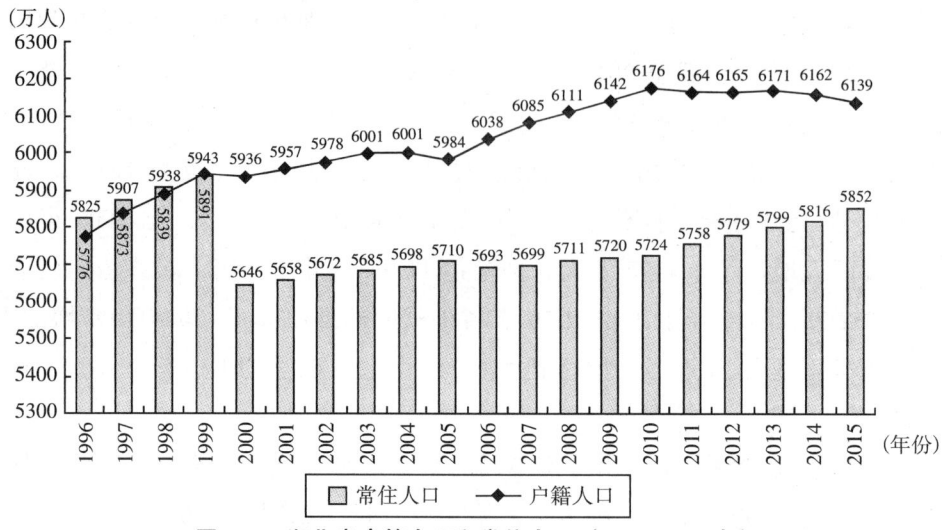

图 8-9 湖北省户籍人口和常住人口（1996~2015 年）

从所估计的农村剩余劳动力数量来看（如图 8-10 所示），2000 年湖北省农村剩余劳动力是 544.10 万人，同期我们推算湖北跨省流出半年以上的人口是 533.10 万人，官方的户籍常住人口差额为 290 万人，即官方净流出大约只将一半的流出人口纳入统计。我们发现，若谨慎选择估计参数及根据人口调查做出适量的调整，从估计得到的农村剩余劳动力中也可以得出该地区的流出人口量。2004 年估计的农村剩余劳动力明显高于前后两年，因此取前后两年的均值 789 万即可，而根据 982.56 的高位值可对其他年份进行线性调整得到各年份农村流出劳动力的上限值。可以看出，2005~2009 年湖北农村剩余劳动力只增加了 83.3 万人，而 2010 年及其之后年份比 2009 年变动明显，其原因是人口普查之后的数据变化。真实的情况是，2005 年以来每年流出的变化都不大，而跨省流出高峰则是在 2005 年前后。值得注意的是，农村剩余劳动力对应的是流出劳动力，而流出人口则会明显多于流出劳动力。早期农村流出劳动力占跨省流出人口的 90% 左右，而 2010 年之后这一比例已经下降了约 10 个百分点。国内有关农村剩余劳动力数量的估计通常是相当保守的。以保康县为例，2005 年农村外出劳动力已经占到测算剩余劳动力总量的 89.64%，2006 年占比上升到99.60%，2007年上升到103.59%，超过所测算的剩余劳动力，2008年进一步上升到115.54%，2009年更是上升到139.44%的高位（含临时外出劳动力），占全县农村劳动力总数的60.76%。虽然不同年份的外出劳动力越到后期数量越准确，但是农村外出劳动力2008年前后趋于枯竭却是不争的事实。

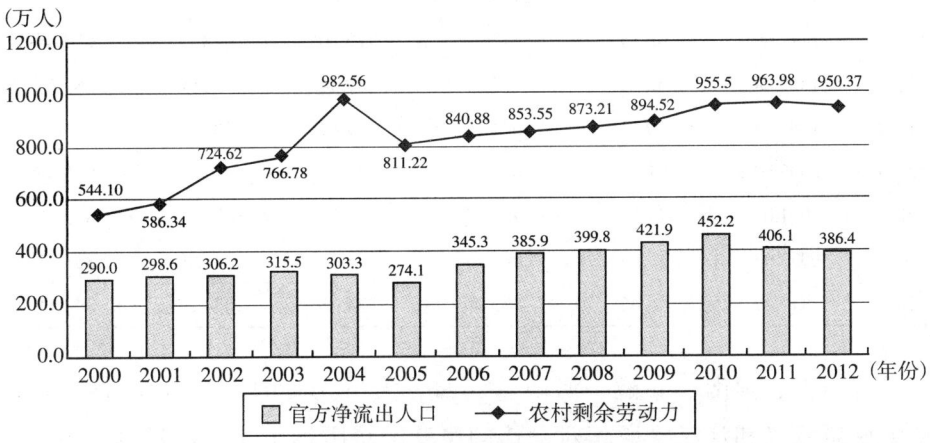

图8-10 湖北省农村剩余劳动力与官方户籍常住人口差额（2000~2012年）

二、湖北省流出人口规模估计

利用李勋力和李国平（2005）的方法，我们推算湖北2000~2014年农村流出劳动力数量，并利用户籍人口减去常住人口的差额计算湖北流动人口总数。然后，以湖北省统计局2008年和2010~2014年省际流出人口占比为基数推算2008年以及2010~2014年以来湖北省外流动人口的数量。2009年省外流出比重取前后年份的均值，2015年利用2013~2014年的趋势值推算。2005~2007年则是根据"五普"值进行推算的，由于这三年数据仅有参考价值，我们直接取值。我们还根据农民工占流动人口的比重推算出省外和省内流动农民工的数量（见表8-10）。

表 8-10　湖北流动人口总数及其省内外流动数量估计（2005~2015 年）

年份	流动人口总数（万人）	省外流出比重（%）	省外流动（万人）	省外农民工（万人）	省内流动（万人）	省内农民工（万人）
2005	1712.79	62.80	1075.63	989.58	637.16	586.18
2006	1731.29	62.80	1087.25	989.40	644.04	586.07
2007	1896.01	62.80	1190.69	1071.62	705.31	634.78
2008	1795.11	62.80	1127.33	1003.32	667.78	594.32
2009	1772.00	62.83	1113.30	979.70	658.71	579.66
2010	1809.24	62.85	1137.18	989.34	672.06	584.69
2011	1783.14	60.63	1081.19	929.82	701.95	603.68
2012	2005.69	51.50	1032.92	877.98	972.77	826.86
2013	1991.03	49.65	988.51	830.35	1002.52	842.12
2014	1977.03	47.85	946.04	785.21	1030.99	855.72
2015	1917.27	46.05	882.99	724.06	1034.27	848.11

与四川、湖南、安徽、河南、江西等人口大省的人口省际流动不同，特大城市武汉和江汉平原相对发达的民营经济吸纳了相当数量的本省流动劳动力。从表 8-10 列 4 可以看出，湖北省际流出人口和流出劳动力数量在 2007 年达到顶峰（拐点），2013 年起省内流动人口和劳动力数量开始超过省外流动数量。2008 年省内外流动农民工同比减少 108.76 万，我们甚至可以推算出金融危机造成的湖北外出农民工的失业率为 6.37%。

三、基于大数据的湖北跨省人口流向构成

大数据直接测定的结果显示，2014 年湖北常年性跨省流出人口的可信区间为 [881.24 万，925.51 万]，流出量占全国流出人口的 6.833%，排在湖南、安徽、河南、江西和广西之后，居全国第 5 位。加权流出量占全国流出人口的比重为 8.094%，跨省流出人口规模区间为 [1043.87 万，1096.31 万]。由于湖北地处华中，与广东珠三角、长三角和北京等五大人口流入目的地的距离在 800~1000 公里之内，交通极为方便，加权后流量

占全国比重有所上升，但其数值范围仍在可接受范围之内。取加权前后的均值，湖北跨省流出人口占全国的比重为 7.46%，跨省流出人口规模区间为［962.55 万，1010.91 万］。在 Navicat Premium 环境下，通过 SQL 查询可直接得到 2014 年湖北人口跨省流向百分比构成（见图 8-11）。结果显示，湖北人口流出主要集中于粤浙苏沪京闽六个人口流入目的地，占湖北总流出量的 73.41%，其次是湘豫赣渝陕皖六个相邻省份，占湖北总流出量的 17.89%。

```sql
Select aa.Province,aa.Name,aa.Num ,to_char(aa.Num*100/(Select Sum(b.Num)
From
(Select a.Province,a.Name,Max(Num) As Num
from
(
SELECT province, name,sum(num) as num
  FROM public."PTopLineOut"
  where name='湖北'
  group by province, name
  Union all
SELECT  name, province,sum(num) as num
  FROM public."PTopLineIn"
  where province='湖北'
  group by province, name
) a
Group by a.Province,a.Name
Order by 3 desc ,1,2)b),'9999.999%') as Ratio
From
(Select a.Province,a.Name,Max(Num) As Num
from
(
SELECT province, name,sum(num) as num
  FROM public."PTopLineOut"
  where name='湖北'
  group by province, name
  Union all
SELECT  name, province,sum(num) as num
  FROM public."PTopLineIn"
  where province='湖北'
  group by province, name
) a
Group by a.Province,a.Name
Order by 3 desc ,1,2) aa
```

province	name	num	ratio (%)
广东	湖北	8317809	36.629
浙江	湖北	3219596	14.178
江苏	湖北	1776518	7.823
上海	湖北	1288792	5.675
湖南	湖北	1154751	5.085
北京	湖北	1065850	4.694
福建	湖北	1001021	4.408
河南	湖北	980887	4.319
江西	湖北	554401	2.441
重庆	湖北	510675	2.249
陕西	湖北	433645	1.910
安徽	湖北	427114	1.881
四川	湖北	417348	1.838
山东	湖北	340919	1.501
广西	湖北	219793	0.968
贵州	湖北	210913	0.929

province	name	num	ratio (%)
云南	湖北	200991	0.885
山西	湖北	143376	0.631
海南	湖北	115553	0.509
天津	湖北	93265	0.411
甘肃	湖北	66956	0.295
新疆	湖北	61755	0.272
河北	湖北	51155	0.225
青海	湖北	26242	0.116
宁夏	湖北	16126	0.071
辽宁	湖北	6247	0.028
西藏	湖北	5745	0.025
香港	湖北	586	0.003
澳门	湖北	398	0.002
台湾	湖北	86	0.000
吉林	湖北	23	0.000

图 8-11　湖北人口跨省流出流向百分比 SQL 查询及结果输出（2014 年）

2010 年以来湖北人口流动变化非常明显（见表 8-11）。与 2010 年相比，2014 年末跨省流出人口总量减少了 10.98 万人。其中，流向广东、长三角、北京和福建等发达地区的人口和劳动力明显减少，其中流向长三角（浙沪苏）的人口减少了 16.93 万人；流向珠三角（广东省）的人口减少了 36.10 万人。流向湖北周边相邻六省的人口增加了 115.84 万人，其中流向河南的人口增加最多，其次是湖南；流向江西和重庆的人口也出现增加，但幅度不如豫湘两省，原因一是赣渝经济规模小于豫湘，二是交通不如豫湘便利；流向广西的人口则出现小幅度降低，广西城镇化和产业相对落后是主因。

表 8-11　湖北跨省人口流出流量、流向变化

流向	2014年大数据推断			2010年人口流出			流量变化	
	微调占比(%)	直接测定占比(%)	人口流出量(万人)	"六普"占比(%)	"六普"流出(万人)	调整流出(万人)	人口流动(万人)	农民工(%)
广东	35.69	36.63	385.11	39.65	233.52	421.21	(36.10)	-3.02
浙江	13.81	14.18	149.06	15.26	89.86	162.09	(13.03)	-1.08
江苏	7.62	7.82	82.25	6.80	40.07	72.28	9.97	1.02
上海	5.53	5.68	59.67	6.92	40.77	73.55	(13.88)	-1.25
湖南	4.95	5.09	53.46	2.21	13.00	23.46	30.00	2.88
前五	67.61	69.39	729.55	74.41	438.24	790.46	(60.91)	-5.02
北京	4.57	4.69	49.35	5.68	33.45	60.34	(10.99)	-0.99
福建	4.30	4.41	46.34	5.77	34.01	61.34	(15.00)	-1.36
河南	4.21	4.32	45.41	1.02	6.01	10.84	34.57	3.30
江西	2.38	2.44	25.66	0.89	5.25	9.47	16.19	1.55
重庆	2.19	2.25	23.65	0.77	4.53	8.18	15.47	1.48
第六至第十	92.44	87.50	919.97	86.66	510.39	920.59	(0.62)	0.84
陕西	1.86	1.91	20.08	1.09	6.43	11.59	8.49	0.82
安徽	1.83	1.88	19.78	0.82	4.81	8.67	11.11	1.06
四川	1.79	1.84	19.32	1.19	7.02	12.67	6.65	0.65
山东	1.46	1.50	15.78	1.33	7.83	14.12	1.66	0.17
广西	0.94	0.97	10.18	0.85	4.99	9.00	1.18	0.12
贵州	0.90	0.93	9.77	0.70	4.10	7.40	2.37	0.23
云南	0.86	0.89	9.30	0.96	5.68	10.24	(0.94)	-0.07
山西	0.62	0.63	6.63	0.82	4.82	8.69	(2.06)	-0.19
海南	0.50	0.51	5.35	0.74	4.38	7.90	(2.55)	-0.23
天津	0.40	0.41	4.32	1.84	10.84	19.55	(15.23)	-1.43
甘肃	0.29	0.30	3.10	0.44	2.59	4.67	(1.57)	-0.15
新疆	0.26	0.27	2.86	0.90	5.33	9.61	(6.75)	-0.63
河北	0.22	0.23	2.37	1.06	6.23	11.24	(8.87)	-0.84
青海	0.11	0.12	1.22	0.31	1.84	3.31	(2.09)	-0.19

第八章 主要流出来源地人口流出量及其流向测度

续表

流向	2014年大数据推断			2010年人口流出			流量变化	
	微调占比(%)	直接测定占比(%)	人口流出量(万人)	"六普"占比(%)	"六普"流出(万人)	调整流出(万人)	人口流动(万人)	农民工(%)
宁夏	0.07	0.07	0.75	0.15	0.90	1.63	(0.88)	−0.08
辽宁	0.03	0.03	0.29	0.60	3.53	6.36	(6.07)	−0.57
西藏	0.02	0.03	0.26	0.08	0.48	0.86	(0.60)	−0.06
其他	2.57	0.00	0.04	1.14	6.71	12.09	(12.05)	−1.14
全国	**100.00**	**100.00**	**1051.38**	**100.00**	**588.98**	**1062.36**	**(10.98)**	**0.00**
珠三角	35.69	36.63	385.11	39.65	233.52	421.21	(36.10)	−3.02
长三角	26.97	27.68	290.98	28.98	170.71	307.91	(16.93)	−1.30
邻近六省	17.43	17.89	188.04	6.80	40.03	72.20	115.84	11.09

注：2010年的前五是广东、浙江、上海、江苏和福建五省市，前十除五省市外还包括北京、湖南、天津、山东和四川。

第六节 江西省

一、跨省流出人口规模

20世纪90年代，江西以优越的地理位置迅速成为广东、浙江、福建、江苏、上海等邻近省市的廉价劳动力供应基地。到2000年"五普"时，官方统计数据显示的江西出省务工人口已经达到368万，成为仅次于四川、河南、湖南、安徽等人口大省的劳动力输出大省，其输出劳动力占总人口比例居全国之冠。据我们估计，2000年江西跨省流出半年以上的人口数量为517.99万，省外流入人口为48.64万。江西省农调队发布的报告显示，2003年江西省跨省流出农村劳动力高达484.85万人。江西省1%人口抽样调查结果表明,2004~2006年江西跨省流出劳动力分别为502.6万、541.32万和562.9万。以线性插值法计算,2006年江西跨省流出半年以上的人口数量为792万。2010年"六普"时,江西户籍外出人口有578.74万人,同比例测算流出人口有815万。由于户籍外出人口仅指户籍在省内、离开户口登记地半年以上、现住地在省外的人口,因此实际跨省流出人口远超普查数据。例如,据周晓津(2011)估计,2000年江西跨省流出劳动力423万人(跨省流出人口528万),其中常年性跨省流出劳动力336万人,估计的跨省流出劳动力数量虽然为"五普"户籍外出人口数据的2倍,但与江西省农调队2003年的数据在逻辑上保持一致。按同口径、同比例粗略推算,2010年江西跨省流出人口规模似乎应该达到1000万,然而"六普"时人口调查的范围、广度、深度和精度都高于"五普",因此可以确定的是江西跨省流动的人口规模应在1000万以内,但远多于"六普"的户籍外出人口数据。

大江网论坛网文《江西外出人口特征及影响的分析》认为,江西有978.74万户籍外出人口。我们认为这仅是一种猜测而不是科学推算,因为赣州、上饶、九江三个地级市户籍外出人口数量仅比2010年"六普"时增加100万。该网文还认为2015年外出人口将继续增加并可能突破千万大关,但江西省统计局的抽样调查数据显示,2015年该省跨省流动人口的数量比2014年减少了3.19万人。我们利用各地移动用户数量和居民人均拥有量估计的实际人口数据显示,上饶净流出人口为265.98万人,赣州净流出人口为211.02万人(见表8-12)。这种估计是否准确呢?以赣州为例,有学者于2006年8月在江西省赣州市90个村农村劳动力转移情况的调查结果表明,赣南有90个村173330人,有110218个劳动力(劳动力占63.59%),外出劳动力46219人(外出率41.94%)。赣州90%是农村人口,这意味着早在2006年赣州流出劳动力的数量就在216万以上,而2014年净流出人口换算之后只相当于175万净流出劳动力。事实上,2003年以来广东不少产业转移至赣州,大量外出赣州人返乡创业,并带动了人口与劳动力回流,早年赣州流出人口甚至更高。因此2010年江西全国第六次人口普查数据存在严重的低估，仅相当于将农村外出人口中从事制造业的劳动力纳入统计，大量从事小微制造业和服务业的人口游离在统计数据之外。

表8-12 江西年末移动用户数量、户籍人口数量与"六普"户籍外出人口数量

城市	2014年移动电话年末用户数（万户）	2014年户籍人口（万人）	2014年实际人口（万人）	2014年净流出人口（万人）	2010年"六普"户籍外出人口（万人）
南昌	620.75	517.13	605.53	(88.40)	46.20
景德镇	39.41	166.70	149.14	17.56	19.92
萍乡	143.08	192.40	172.82	19.58	15.95
九江	361.00	508.60	416.47	92.13	71.66
新余	95.63	120.50	116.49	4.01	10.34
鹰潭	81.50	124.00	99.22	24.78	15.86
赣州	510.00	954.21	743.19	211.02	92.20
吉安	284.79	505.50	388.97	116.53	67.35
宜春	255.75	573.10	461.72	111.38	62.73
抚州	199.62	417.80	302.12	115.68	57.98
上饶	379.91	773.09	507.11	265.98	118.55
江西	2971.44	4853.03	3962.79	890.24	578.74

注：移动用户数来源于各市2014年统计公报；户籍人口数据有些不是2014年的数据，因此净流出人口规模应该在900万左右。

从江西省卫生计生委的全省人口信息平台的最新统计了解到，江西全省流动人口有836万人，其中跨省流出人口714万人，跨省流出人口总量仅次于安徽、四川、河南、湖南四省，在全国居第五位。从流向上看，江西省13%的流动人口属省内流动，87%属跨省流出，跨省流向邻近的经济发达的长珠闽地区。由于卫计委人口信息平台主要与计生人口有关，高龄劳动力漏计的可能性较大，因此该数据可以作为江西跨省流出人口的最低下限。大数据直接查询得到的可表征人口流动的大数据总流入量为27529934（无量纲单位），总流出量为4424258，净流入量为23105676。经计算得到2014年江西净流出人口为913.38万（基于劳动力口径），根据总

流入量和总流出量，推算出 2014 年江西跨省流出人口为 1088.27 万，跨省流入人口为 176.87 万。

二、基于大数据的江西跨省人口流向构成

大数据直接测定的结果显示，2014 年江西常年性跨省流出人口的可信区间为［1030.97 万，1082.76 万］，流出量占全国流出人口的比重为 7.994%，仅次于湖南、安徽、河南，居全国第四位。直接测定的跨省流出人口的下限值占 2014 年江西户籍人口 4542 万人的 22.7%，由于江西与全国主要人口流入目的地极为接近，这一比重也在情理之中。加权流出量占全国流出人口比重下降到 6.889%，跨省流出人口规模区间为［888.46 万，933.09 万］。取加权前后的均值，江西跨省流出人口占全国的比重为 7.44%，跨省流出人口规模区间为［959.71 万，1007.93 万］。在 Navicat Premium 环境下，通过 SQL 查询可直接得到 2014 年江西人口跨省流向百分比构成（见图 8-12）。结果显示，江西人口流出首先集中于广东、浙江

```
Select aa.Province,aa.Name,aa.Num ,to_char(aa.Num*100/(Select Sum(b.Num)
From
(Select a.Province,a.Name,Max(Num) As Num
from
(
SELECT province, name,sum(num) as num
  FROM public."PTopLineOut"
  where name='江西'
  group by province, name
  Union all
SELECT  name, province,sum(num) as num
  FROM public."PTopLineIn"
  where province='江西'
  group by province, name
) a
Group by a.Province,a.Name
Order by 3 desc ,1,2)b),'9999.999%') as Ratio
From
(Select a.Province,a.Name,Max(Num) As Num
from
(
SELECT province, name,sum(num) as num
  FROM public."PTopLineOut"
  where name='江西'
  group by province, name
  Union all
SELECT  name, province,sum(num) as num
  FROM public."PTopLineIn"  where province='江西'
  group by province, name
) a
Group by a.Province,a.Name
Order by 3 desc ,1,2) aa
```

信息　结果 1

province	name	num	ratio (%)
广东	江西	11453040	43.112
浙江	江西	6469210	24.351
福建	江西	3129843	11.781
上海	江西	1496072	5.632
江苏	江西	1238866	4.663
湖南	江西	705459	2.655
湖北	江西	539915	2.032
北京	江西	458446	1.726
安徽	江西	330215	1.243
广西	江西	207198	0.780
云南	江西	129525	0.488
贵州	江西	126450	0.476
四川	江西	96095	0.362
海南	江西	87960	0.331
重庆	江西	69276	0.261
山东	江西	18729	0.070
河南	江西	8821	0.033
澳门	江西	361	0.001
香港	江西	335	0.001
台湾	江西	81	0.000

图 8-12　江西人口跨省流出流向百分比 SQL 查询及结果输出（2014 年）

第八章 主要流出来源地人口流出量及其流向测度

和福建三个直接相邻的省份，分别占江西人口流出总量的 43.11%、24.35%和 11.78%，三省合计占全省流出量的 79.24%。其次是与江西较近的上海和江苏。再次是与江苏相邻的湖南、湖北与安徽三省。可以说江西人口流向目的地极为集中，排名前十的省份流量合计占全省的 97.98%。

三、基于大数据的江西跨省人口流动变化

以 1088.27 万省外流动人口为基准，2010 年以来江西人口流动变化非常明显（见表 8-13）。与 2010 年相比，2014 年末跨省流出人口总量基本保持在 1000 万以上的规模，江西流向全国的人口减少了 17.80 万。流向广东的人口反而增加了，这在后面会专门讨论。流出目的地排名前五位的省市与 2010 年"六普"和 2000 年"五普"一样没有发生变化，仅在占比方面发生了变化；排名第六至第十位的省份也没有变化，仅北京的排名发生下降。流向相邻六省人口增加了 30.72 万。其中流向广东的人口增加最多，其次是湖南、湖北和安徽；流向福建和浙江的人口则分别减少了 57.58 万和 36.66 万。流向上海和江苏这两个发达且虽不相邻但距离较近的省市也出现了如福建、浙江一样的减少，所不同的是流向江苏的减少幅度远低于上海。流向长三角（浙沪苏）减少的人数达到 72.27 万人，但流向安徽的人口反而增加了 5.42 万人。出现这种情况的原因，我们认为主要源于上海的劳动密集型产业向江苏、安徽等地转移，从而导致以农民工为主的江西人口流动也出现转移。

表 8-13 江西跨省人口流出流量、流向变化

流向	2014 年大数据推断		2010 年人口流出			流量变化	
	大数据占比（%）	人口流出（万人）	"六普"占比（%）	"六普"流出（万人）	调整流出（万人）	人口流动（万人）	占比变动（%）
广东	41.60	452.74	32.33	187.12	357.61	95.13	9.27
浙江	23.50	255.73	26.43	152.99	292.39	(36.66)	-2.94
福建	11.37	123.72	16.39	94.87	181.30	(57.58)	-5.02

续表

流向	2014年大数据推断		2010年人口流出			流量变化	
	大数据占比(%)	人口流出(万人)	"六普"占比(%)	"六普"流出(万人)	调整流出(万人)	人口流动(万人)	占比变动(%)
上海	5.43	59.14	8.42	48.72	93.11	(33.97)	-2.98
江苏	4.50	48.97	4.58	26.48	50.61	(1.64)	-0.08
前五	**86.40**	**940.31**	**88.15**	**510.17**	**975.03**	**(34.72)**	**-1.75**
湖南	2.56	27.89	1.24	7.20	13.75	14.13	1.32
湖北	1.96	21.34	1.00	5.79	11.07	10.28	0.96
北京	1.67	18.12	2.44	14.12	26.99	(8.86)	-0.77
安徽	1.20	13.05	0.69	4.00	7.64	5.42	0.51
广西	0.75	8.19	0.69	3.97	7.59	0.60	0.07
第六至第十	**8.14**	**88.60**	**6.06**	**35.07**	**67.03**	**21.56**	**2.08**
云南	0.47	5.12	0.63	3.63	6.94	(1.82)	-0.16
贵州	0.46	5.00	0.38	2.20	4.21	0.79	0.08
四川	0.35	3.80	0.55	3.20	6.12	(2.33)	-0.20
海南	0.32	3.48	0.51	2.95	5.63	(2.16)	-0.19
重庆	0.25	2.74	0.27	1.58	3.02	(0.28)	-0.02
山东	0.07	0.74	0.54	3.11	5.95	(5.21)	-0.47
河南	0.03	0.35	0.33	1.93	3.68	(3.33)	-0.30
其他	3.50	38.14	2.57	14.89	28.46	9.68	0.93
全国	**100.00**	**1088.27**	**100.00**	**578.74**	**1106.07**	**(17.80)**	**0.00**
珠三角	41.60	452.74	32.33	187.12	357.61	95.13	9.27
长三角	33.43	363.84	39.43	228.19	436.11	(72.27)	-6.00
相邻六省	82.19	894.48	78.09	451.96	863.76	30.72	4.10

注：2010年江西流出人口的五大目的地前五是粤、浙、闽、沪、苏（不变），而第六至第十分别是京、湘、鄂、皖、桂。

流向广东的情况需要专门讨论。我们认为，从"五普""六普"和我们2014年大数据推断的结果来看，"六普"流向广东的人口占江西全省流出人口的比重是错误的，最为接近的比重应取"五普"和大数据推断的均

第八章 主要流出来源地人口流出量及其流向测度

值,即 2010 年江西流向广东的人口占全省流出的比重应为 42.691%,或按年以 10∶4 的距离进行线性分隔,即 42.224%。2000 年"五普"时流向广东的有 43.78%,但 2010 年时只有 32.33%,而 2014 年大数据推断的比重为 41.60%(见表 8-14)。

表 8-14 江西跨省流出人口数量及流向比较

地区	2000 年"五普"		2010 年"六普"		2014 年大数据	
	人数(万人)	比重(%)	人数(万人)	比重(%)	人数(万人)	比重(%)
总计	368.03	100	578.74	100	1088.27	100
广东	161.13	43.78	187.12	32.33	452.74	41.60
浙江	84.06	22.84	152.99	26.43	255.73	23.50
福建	67.07	18.22	94.87	16.39	123.72	11.37
上海	19.04	5.17	48.72	8.42	59.14	5.43
江苏	8.90	2.42	26.48	4.58	48.97	4.50
小计	340.19	92.43	510.17	88.15	940.31	86.40

我们对 2010 年流向广东的人口占江西流出人口比重进行调整后重新计算人口流动变化量,如图 8-13 所示。结果发现,2010 年以来,流向广东、福建、上海和北京的人口流量减少,而流向浙江和江苏的人口增加,江西加速融入长三角(浙江、江苏)的态势明显;流向广东(珠三角)的人口虽然有所下降,但仍然占有非常大的比重;流向相邻省份人口占比极大,区域一体趋势明显。

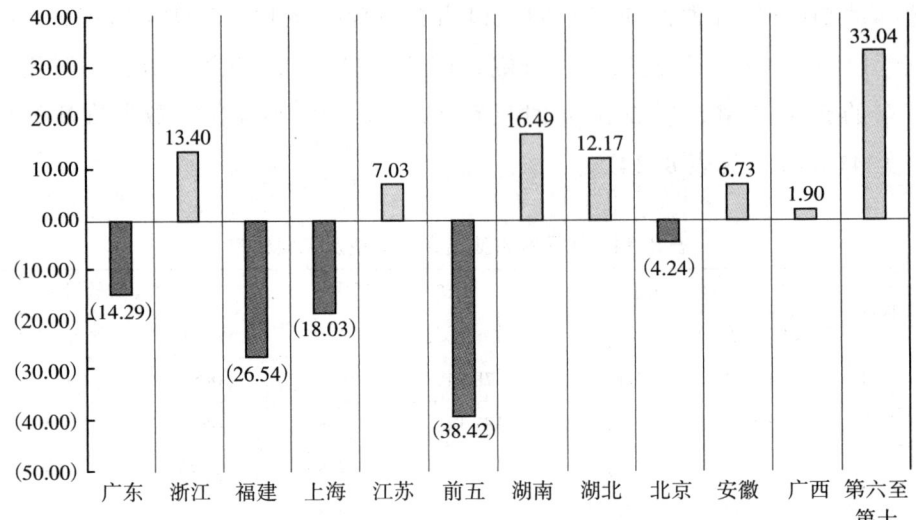

图 8-13 江西省人口流出主要目的地人口流量变化（2010 年 VS 2014 年）

第七节 广西壮族自治区

一、跨省流出人口规模

由于农村劳动力在流出人口中占有极高的比例，国内不少人口流动研究往往直接以农村劳动力流动为对象。吴寿平（2016）参照李勋力和李国平（2005）的方法，认为劳动力流动等于城镇从业人员减去城镇职工人数加上农村从业人员减去第一产业从业人员（农业从业人员），劳动力流动率则等于劳动力流动数与劳动力资源总数之积，测算出 1978~2014 年广西农村流出劳动力（农民工）数量（见图 8-14）。吴寿平（2016）的估计基本上反映了广西农民工流出的数量和趋势。由于早期流出人口中农民工占总流出人口比重甚至高达 90% 以上，因此估计数据中 2000 年以前的数量基本上与跨区流出数量相等。广西第二次全国农业普查主要数据公报（第五号）显示，2006年广西外出从业人员中，去省外从业的劳动力占外出从业人员的比重高达75.2%。2006年广西流出农民工总量1382万人，按75.2%的比例推算，流动到省外的从业劳动力高达1039万人。

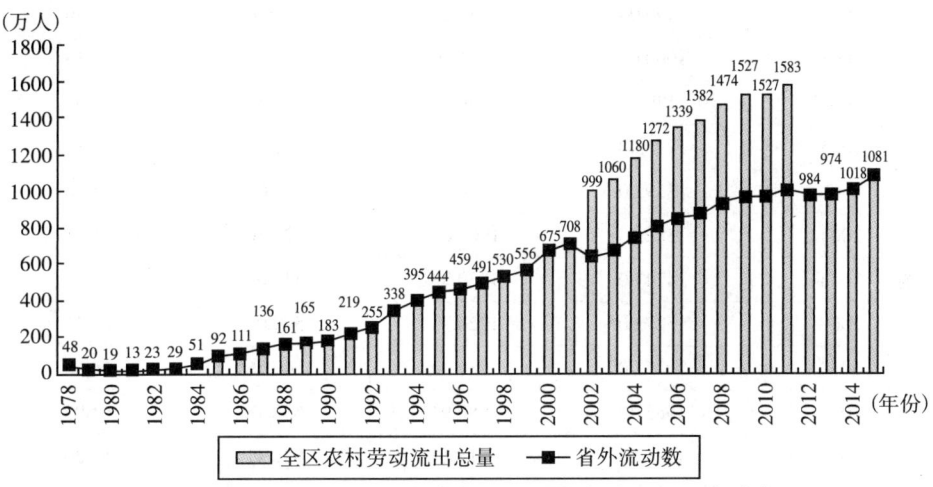

图8-14 广西壮族自治区农民工数量估计（1978~2014年）

如图8-14所示，2012年估计的流出农村劳动力与2011年相比出现极大的下降，而2002年则比2001年大幅度上升。实际上，2002年至2011年的柱状图数值相当于广西全区农村流出劳动力总量，而其他年份大致相当于流向区外的人口量。由此，依据线性插值法，可以推算出2002~2011年的流动到自治区以外的人口数量（折线图）。据广西壮族自治区统计局调查，2012年省外从业劳动力占比已经下降到59.3%。以2006年和2012年省外从业人员占农村流出劳动力比重为参照，通过线性插值法估计2000~2015年省外就业占流出劳动力比重，我们估计了2000年以来广西农村外出劳动力区内、省外流动数量，如表8-15所示。

从估计情况来看，2008年广西壮族自治区外就业人员达到拐点后下降，这与我们调查中反映的情况一致。虽然2008年因金融危机的冲击全国一度出现超过2000万农民工返乡的状况，但随之国家"四万亿"投资

表 8-15 广西历年农村流出劳动力及其区内、省外数量估计（2000~2015年）

年份	农村流出劳动力（万人）	流出省外劳动力（万人）	省内流动劳动力（万人）	省外就业占流出劳动力比重（%）
2000	675.00	614.93	60.07	91.10
2001	707.50	625.78	81.72	88.45
2002	999.00	857.14	141.86	85.80
2003	1060.00	881.39	178.61	83.15
2004	1179.50	949.50	230.00	80.50
2005	1272.00	990.25	281.75	77.85
2006	1339.00	1006.93	332.07	75.20
2007	1382.00	1002.64	379.36	72.55
2008	1474.00	1030.33	443.67	69.90
2009	1527.00	1026.91	500.09	67.25
2010	1527.00	986.44	540.56	64.60
2011	1583.39	980.91	602.48	61.95
2012	1541.55	914.14	627.41	59.30
2013	1536.77	870.58	666.19	56.65
2014	1738.50	938.79	799.71	54.00
2015	1802.85	925.76	877.09	51.35

使得农民工陆续回流，但由于农村中可供流出劳动力枯竭，2010年以来全国流动农民工数量基本稳定。2008~2013年，广西壮族自治区年经济增长率分别为12.8%、13.9%、14.2%、12.3%、11.3%和10.2%，自身经济的高速增长吸引了大量农村劳动力；2014年和2015年广西壮族自治区经济增长率只有8.5%和8.1%，加之四川、重庆、河南等省市的经济增长吸引了大量流向广东的农民工回流，广西壮族自治区外就业农民工数量再次回升。表8-15中我们利用线性插值法推算的各年度省外流出劳动力比重与真实的比重可能存在一定的误差，全区省外流动农村劳动力每年减少的幅度在2.35~2.65个百分点，但并不影响省外就业人员在2008年前后达到顶峰（拐点）的判断。

第八章 主要流出来源地人口流出量及其流向测度

二、基于大数据的广西跨省人口流向构成

大数据直接测定的结果显示，2014年广西常年性跨省流出人口的可信区间为［969.32万，1018.02万］，流出量占全国流出人口的比重为7.516%，仅次于湖南、安徽、河南和江西，居全国第五位。加权流出量占全国流出人口比重下降到5.687%，跨省流出人口规模区间为［733.44万，770.29万］。取加权前后的均值，广西跨省流出人口占全国比重为6.60%，跨省流出人口规模区间为［851.38万，894.15万］。在 Navicat Premium 环境下，通过 SQL 查询可直接得到2014年广西人口跨省流向百分比构成（见图8-15）。结果显示，广西外出人口中有90.213%流向邻近的广东，流向浙江的只占流出总数的1.793%，流向湖南、贵州和云南三个相邻省份的仅有4.22%。

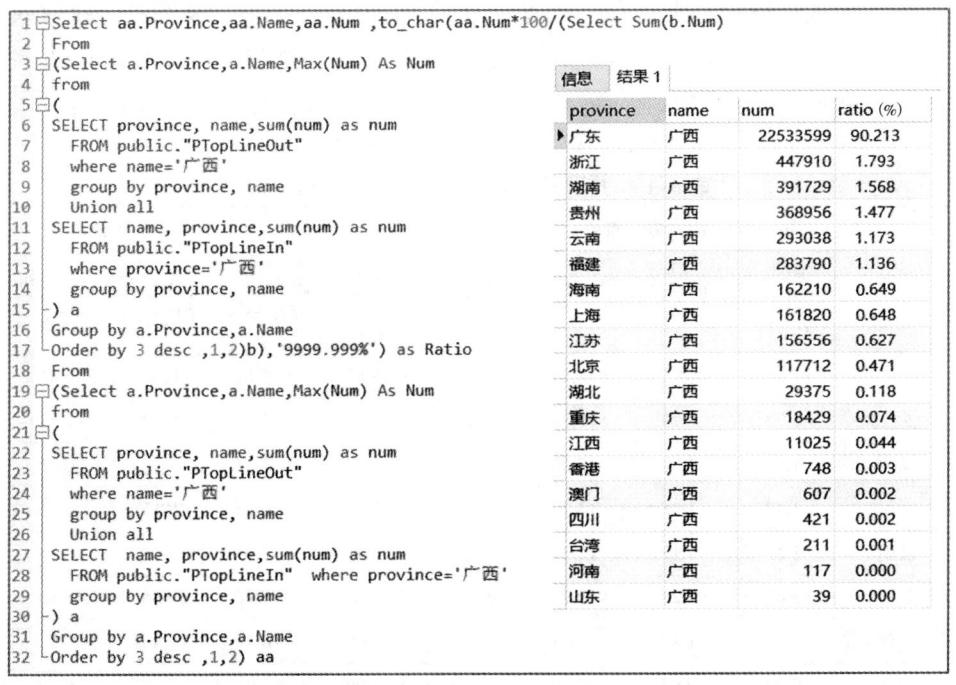

图8-15 广西人口跨省流出流向百分比 SQL 查询及结果输出（2014年）

基于大数据的人口流动流量、流向新变化研究

三、基于大数据的广西跨省人口流动变化

以969.32万省外流动人口为基准,2014年末跨省流出人口总量与2010年基本持平(见表8-16)。流向长三角和福建等发达地区的人口和劳动力明显减少,其中流向浙沪苏的人口减少了25.41万;流向广东省的人口增加了36.34万,但由于人口结构的变动,流向广东的劳动力反而减少了。根据广东省统计局人口抽样的调查结果显示,2010~2013年,全省0~17周岁流动人口年均增长率为3%,远高于同期常住人口0.67%的增幅;在0~17周岁的流动人口中,农业户口性质占84.1%,非农业性质占15.9%。我们估计2014年广西流入广东的非农民工中,0~14岁非劳动力人口约为125万,农民工占80.57%,剔除15~17岁劳动力人口,与广东抽样调查结果完全一致。流向湖南、贵州和云南的人口和农民工都表现出增加,区域一体化趋势增强,但相对于广东的强人口流动联系,广西与其他周边省份的人口联系还比较弱。此外,主要流向地前五占全部流出人口的比重增加了5.68个百分点,流出总人口增加了39.56万(见表8-16)。

表8-16 广西跨省人口流出流量、流向变化

流向	2015年节前大数据推断			2010年人口流出			流量变化	
	大数据占比(%)	直接测定(%)	人口流出(万人)	"六普"占比(%)	"六普"流出(万人)	调整流出(万人)	人口流动(万人)	占比变动(%)
广东	87.27	90.21	874.45	84.96	355.53	838.11	36.34	5.25
浙江	1.73	1.79	17.38	3.32	13.91	32.80	(15.42)	-1.53
湖南	1.52	1.57	15.20	0.82	3.41	8.04	7.16	0.75
贵州	1.43	1.48	14.32	0.63	2.62	6.17	8.15	0.85
云南	1.13	1.17	11.37	0.82	3.41	8.05	3.32	0.35
前五	93.08	96.22	932.72	90.54	378.89	893.16	39.56	5.68
福建	1.10	1.14	11.01	1.67	7.00	16.49	(5.48)	-0.53
海南	0.63	0.65	6.29	1.42	5.93	13.98	(7.69)	-0.77

第八章 主要流出来源地人口流出量及其流向测度

续表

流向	2015年节前大数据推断			2010年人口流出			流量变化	
	大数据占比(%)	直接测定(%)	人口流出(万人)	"六普"占比(%)	"六普"流出(万人)	调整流出(万人)	人口流动(万人)	占比变动(%)
上海	0.63	0.65	6.28	1.18	4.92	11.61	(5.33)	-0.53
江苏	0.61	0.63	6.08	1.09	4.56	10.74	(4.66)	-0.46
北京	0.46	0.47	4.57	0.75	3.12	7.35	(2.78)	-0.28
前十	96.50	99.76	966.95	96.64	404.41	953.33	13.62	3.11
湖北	0.11	0.12	1.14	0.49	2.03	4.79	(3.65)	-0.37
重庆	0.07	0.07	0.72	0.25	1.06	2.50	(1.78)	-0.18
四川	0.00	0.04	0.43	0.43	1.80	4.23	(3.80)	-0.39
河南	0.00	0.00	0.03	0.17	0.72	1.70	(1.67)	-0.17
山东	0.00	0.00	0.02	0.21	0.88	2.07	(2.05)	-0.21
江西	0.04	0.00	0.02	0.47	1.98	4.66	(4.64)	-0.47
其他	3.27	0.00	0.02	1.33	5.58	0.63	(0.61)	-1.33
珠三角	87.27	90.21	874.45	84.96	355.53	838.11	36.34	5.25
长三角	2.97	3.07	29.74	5.59	23.39	55.15	(25.41)	-2.52
相邻四省	4.71	9.58	92.83	3.67	15.37	36.23	56.60	5.91
合计	100.00	100.00	969.32	100.00	418.46	973.92	(4.60)	0.00

与1982年国家把计划生育确定为基本国策相对应，21年后的2003年，广东开始出现民工荒，这标志着新生代青壮年农民工出现供给短缺；中国加入WTO对劳动力需求旺盛，大量40岁以上的农民工在2003年之后加入流动大军，到2008年全球金融风暴发生前后，包括广西在内的农民工跨省流动基本达到顶峰（拐点）。2010年以来，我国15~64岁劳动年龄人口规模已经稳定在10亿人口左右，在2013年达到100582万的顶峰（拐点）后掉头向下，劳动年龄人口进入缓慢下降通道。与此相对应，2010年广西跨省流出人口规模与2014年跨省流出人口规模也基本稳定在1000万人左右，跨省流出劳动力规模保持在900多万；跨省流出人口规模

缓慢减少，但农民工规模则快速减少，我们估计2014年省外流动农民工比2010年减少了65.66万人。留守人口随迁、外出人口老龄退出、新生代农民工和高校毕业生是人口流动流量变化的主要因素。区内流动人口数量增加，邻近省份跨省流入人口和劳动力规模上升，产业转移和区域一体化等经济因素是人口流动流向变化的主要因素。

无论是人口流出还是人口流入，粤桂两省已经形成最紧密的关系，广西向广东输送了大量的农村劳动力，据估计规模已经超过湖南省居广东跨省流入劳动力第一位，而广西也伴随着产业转移吸引一定规模的广东人口流入。两者不同的是，广西更多的是单方面地向广东输出劳动力，而广东则伴随着投资、商务人才和劳动力流入广西。比较中发现，浙江、福建等省的人口流入在减少，意味着来自浙闽两省的投资也会相应减少，粤桂两省应建立更为紧密的经济联系，直接对接珠三角。由于广西有1000万左右规模的人口在广东就业生活，两省应就教育、医疗等领域达成合作，特别需要开放教育市场。建议广东将对广西、湖南等落后地区的外来人口子女教育的支出费用直接列入国家转移支付项目，鼓励民营资本投资基础教育，政府给予一定的补贴。广西的经济较弱，应利用好邻近珠三角的产业和人才优势加快发展。

随着劳动力、土地、厂房和生活成本的急剧增长，中国出口乏力。广西是距离东盟最近的地区，建议国家在北部湾建立新型经济特区，鼓励和吸引国内和国际资本在新特区内投资设厂，利用东南亚国家相对廉价的劳动力资源加工产品并直接向东盟和南亚等地出口，以缓解国内大量企业寻求投资东南亚和南亚地区的压力。新特区与现有特区的区别在于：国内已有特区的设立目的在于吸引外资，而北部湾新特区是为了吸引东盟和南亚地区的劳动力；已有特区的设立在于消化国内廉价的农村剩余劳动力，而北部湾新特区是为了吸引国内庞大的资本输出需求。可以预见的是，北部湾新特区的设立意义丝毫不亚于现有经济特区，重点在于开放国外廉价劳动力市场，培养国内投资和经营人才；另外，方便广西就地消化本自治区的劳动力。北部湾新特区设立的直接效益是国家每年可以减少3000亿左

第八章 主要流出来源地人口流出量及其流向测度

右的转移支付。北部湾新特区将极大地加强中国与东盟国家的经济合作关系，具有重大的政治和经济意义。可以借鉴当年深圳特区由小到大的建设思路，并逐步扩大特区面积。

第八节 贵州省

一、跨省流出人口规模

贵州的人口数据容易使人迷惑。首先，《贵州统计年鉴》(2016) 的数据显示，2006~2010 年，贵州的常住人口每年减少 50 万人左右，与 2006 年以来农村外出人口放缓的事实严重脱节；其次，2010 年贵州户籍人口比上一年增加了 98 万，增长率高达 2.4%，对于只有 4000 多万户籍的贵州来说是不可能的；最后，户籍人口减去常住人口之后的差额明显有问题，2005 年以前是负值，在外省回流的情况下却由 2010 年以来的 710 万增长到 2015 年的 865.83 万人。根据 2005 年进行的 1%人口抽样调查资料显示，在贵州省户籍人口中，外出半年以上的人口总数高达 890 万人，其中 630 万人流出省外。来自泛珠三角九省区流动人口计划生育区域联席研讨会的数据显示，2009 年贵州籍流动人口达 600 多万人，其中在省内地、州、市流动的人口数占到流动人口总数的 1/4 左右，3/4 流往省外，主要流向是广东、浙江、福建等地。

贵州人口省际流动规模最准确的数据当属全国第六次人口普查。此次普查的结果表明，2010 年贵州流动人口总量达到 1181 万人，占全省常住半年以上人口的 34%，占同期户籍人口的 28.4%。其中流出省外 718 万人，外省流入 76.3 万人；净流出人口 710 万人（户籍人口减去常住半年以上人口)①。浙江和广东是贵州人口的主要流向地,两省共流入491.7万人,占全省流出的68.49%;浙粤闽滇苏五省共流入620.4万贵州人,占86.42%,流向目的地集中程度极高。贵州省卫计委的数据显示,2011年末,贵州省流向省外的流动人口数量为549万人,2012年末上升到557万,到2013年末减少为553万人。2014年呈现增长趋势,达到581万人。截至2015年6月末,贵州省跨省流出人口为580万人,其中浙江省和广东省成为主要流入地,两省吸纳贵州籍的流动人口分别为232万人和171万人,占全部跨省流出人口的69.48%。紧随其后的是福建、云南、江苏三个省份,分别吸纳了60万人、30万人和22万人。

人口普查数据与贵州省卫计委的数据依旧有明显的差别,这是由以下两方面原因造成的:一是统计范围不同,人口普查包括所有流动人口,而省卫计委主要是农村劳动力流出人口,因此普查数据大于卫计委的数据;二是采样不同,省卫计委与国家卫计委在贵州的采样基本相同,只有1万多个样本。2005年贵州就有630万省外流动人口,到2010年"六普"时的718万省外流动人口,这种增长符合贵州经济的增长规律。2003~2010年,贵州每年都维持在两位数以上的增长水平,此段时期的贵州流动人口增长趋势应是省内流动快速增长,而省外流动增长放缓;2010年之后全国特别是东部沿海经济发达省市经济增长放慢,同期贵州增长较快,加之农村劳动力自2008年金融危机以来枯竭,省外流动人口大致保持在2010年"六普"时期的同等规模并略有下降。

值得注意的是,浙粤两省2010年全国第六次人口普查时由贵州流入的人口分别为149.922万人和95.774万人,分别占浙粤省外流入人口总数的12.68%和4.46%。以贵州流向浙粤两省的数量反向推算,浙粤两省省外流入人口总数分别应为1978.8万和5404.9万,分别为浙粤两省同期公布的省外流入半年以上人口总数的167.35%和251.42%。鉴于出现数据严

---

① 净流出人口应为641.7万人,即省外流动人口减去外省流入人口,与官方相差68.3万人,此亦为官方数据值得商榷之处。

第八章 主要流出来源地人口流出量及其流向测度

重不一致的现象，国家在汇总 2010 年全国第六次人口普查时做了较大的调整，将贵州省外流出半年以上人口定为 404.8 万人。但广东的 5404.9 万外省流入人口也并非完全没有根据，因为 2004 年底外省流入广东的人口就有 4200 多万，加上 1000 多万的商旅及日常性过路人口就有 5000 多万。

研究发现，2008 年之后官方统计公布的第一产业从业人员数量（官方数）乘以第一产业占 GDP 的比重才是真实的第一产业从业人员数量（估计数），而官方数与估计数之间的差额实际上是农村流出劳动力，但却依旧被记录为本地常住人口数量。依此计算得到贵州历年跨省净流出人口（见表 8-17）。省内流动人口根据 2015 年全省 1% 人口抽样调查得到，并依此调查线性调整 2010~2014 年省内流动人口。例如，2015 年贵州省 1% 人口抽样调查主要数据公报显示，全省常住人口中，居住地与户口登记地所在的乡（镇、街道）不一致且离开户口登记地半年以上的人口有 1218.91 万人（不包括市辖区内人户分离的人口）。同 2010 年第六次人口普查相比，居住地与户口登记地所在的乡（镇、街道）不一致且离开户口登记地半年以上人口增加 42.13 万人。由此推算 2010 年以来贵州省常住流动人口每年增加 8.426 万人，再将全省流动人口总数减去省内流动人口数，得到省外流动人口数。虽然省外流出人口中包括一些城镇人口，但由于这部分流动人口主要在省内流动且占全部流动人口比例非常低，因此忽略不计（见表 8-17）。

表 8-17 占比产出法——流动人口总数及省内外流动数量估计（2004~2015 年）

年份	全社会年末从业人员数（万人）	第一产业占 GDP 比重（%）	第一产业实际从业劳动力（万人）	第一产业官方从业人员数（万人）	第一产业流出劳动力数（万人）	常住户籍人口差额（万人）	全省流动人口总数（万人）	省内流动人口数（万人）	省外净流出人口数（万人）
2004	2186.00	19.94	435.82	1672.29	1236.47	-72.51	1163.96	733.39	430.57
2005	1944.29	18.40	357.69	1497.26	1139.57	137.73	1277.30	804.80	472.50
2006	1953.24	16.33	319.05	1487.4	1168.35	231.91	1400.26	882.27	517.99
2007	1872.64	15.48	289.83	1388.02	1098.19	353.04	1451.23	914.39	536.84
2008	1867.20	15.14	282.68	1350.32	1067.64	440.75	1508.39	950.40	557.99

续表

年份	全社会年末从业人员数（万人）	第一产业占GDP比重（%）	第一产业实际从业劳动力（万人）	第一产业官方从业人员数（万人）	第一产业流出劳动力数（万人）	常住户籍人口差额（万人）	全省流动人口总数（万人）	省内流动人口数（万人）	省外净流出人口数（万人）
2009	1841.92	14.06	259.04	1299.29	1040.25	553.78	1594.03	1004.36	589.67
2010	1770.90	13.58	240.51	1209.55	969.04	710	1679.04	1176.78	502.26
2011	1792.80	12.74	228.34	1194.39	966.05	769.44	1735.49	1185.21	550.28
2012	1825.82	13.02	237.66	1189.04	951.38	765.41	1716.79	1193.63	523.16
2013	1864.21	12.35	230.17	1179.76	949.59	783.93	1733.52	1202.06	531.46
2014	1909.69	13.82	263.89	1171.02	907.13	817.45	1724.58	733.39	430.57
2015	1946.65	15.62	304.09	1161.54	857.45	865.83	1723.28	804.80	472.50

注：列 2 至列 5 数据来源于《贵州统计年鉴》（2016）。列 4＝列 2×列 3；列 6＝列 5−列 4；常住户籍人口差额（列 7）＝户籍人口数−常住人口数；列 8＝列 6＋列 7。

表 8-17 中 2005 年省外流动人口根据贵州在广东的人口反推得到，并以此为基点推算 2004~2009 年省外流动人口。2005 年贵州省 1%人口抽样调查主要数据公报显示，贵州有 630 万省外流动人口，表 8-17 推算的净流出人口为 472.50 万人，由此推算外省流入人口为 157.5 万人。表 8-17 中推算净流出人口在 2009 年达到高峰，2010 年大幅减少，该推算结果与全球金融危机导致的农民工大量返乡现象相符，与国家"四万亿"政策所带来的人口流动变化也相吻合。

二、贵州跨省人口流向构成

大数据直接测定的结果显示，2014 年贵州常年性跨省流出人口的可信区间为［381.36 万，400.52 万］，流出量占全国流出人口的比重为 2.957%，居全国第十二位。加权流出量占全国流出人口比重上升到全国第八位，占全国总流出人口的 4.505%，跨省流出人口规模区间为［581.00 万，610.19 万］。取加权前后的均值，贵州跨省流出人口占全国的比重为 3.73%，跨省流出人口规模区间为［481.18 万，505.35 万］。在 Navicat Premium 环境

第八章 主要流出来源地人口流出量及其流向测度

下，通过 SQL 查询可直接得到 2014 年贵州人口跨省流向百分比构成（见图 8-16）。结果显示，贵州外出人口高度集中于广东和浙江，其次是云南和福建。

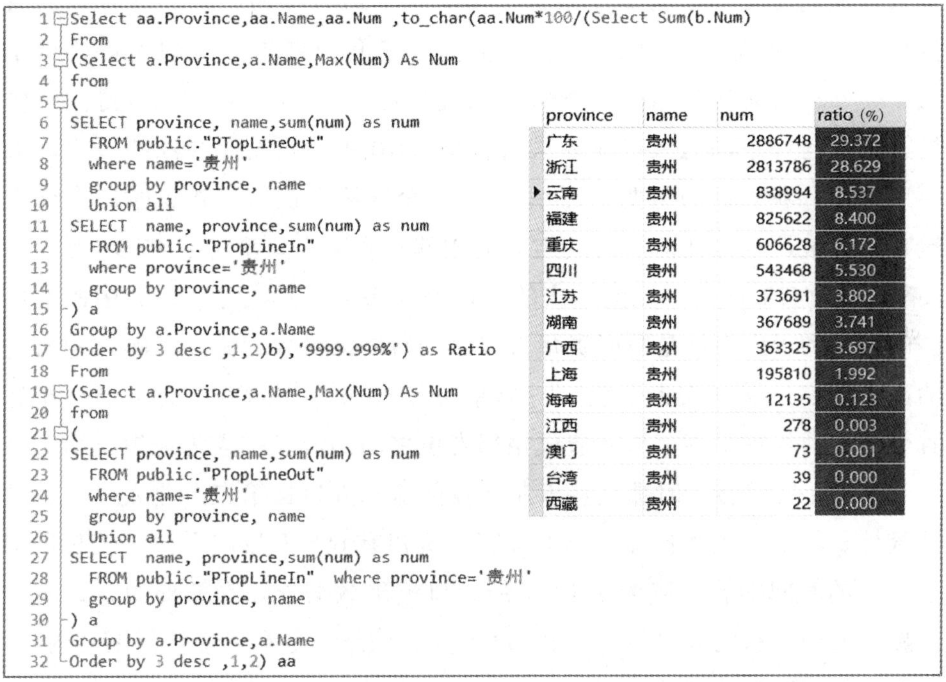

图 8-16 贵州人口跨省流出流向百分比 SQL 查询及结果输出（2014 年）

三、贵州跨省人口流动变化

前述分析表明，2014 年贵州省外流动人口最大可信值为 883 万人，最小可信值为 430.57 万人。两者取中值，以 656.79 万流出人口推算 2010 年以来贵州的人口流动变化。以直接查询得到的微调比重推算，2014 年贵州流向广东 181.76 万人，占跨省外出总量的 27.673%，居第一位。流出五大目的地（粤、浙、滇、闽、渝）501.92 万人，占跨省外出总量的 76.42%。流向长三角（浙苏沪）213.02 万人，占跨省外出总量的 32.433%。流向周边相邻五省市（滇渝川湘桂）171.26 万人，占跨省外出

· 349 ·

总量的 26.076%。

为便于比较，2010 年"六普"时贵州实际流出人口总量调整为 718 万（贵州省口径）；"六普"流出人口为 404.86 万（全国口径）。2010 年以来贵州人口流动变化非常明显（见表 8-18）。与 2010 年相比，2014 年末跨省流出人口总量减少了 61.21 万人。流向长三角（浙沪苏）的人口减少了 127.98 万；流向珠三角（广东省）的人口增加了 11.9 万人。值得注意的是，浙江与广东同为人口流入大省，但 2010 年贵州流向浙江的人口却大幅度减小，我们认为主要原因是 2010 年全国第六次人口普查时广东外省流入人口被严重低估。流向贵州周边相邻五省的人口增加了 97.91 万，农民工增加了 78.33 万。流向重庆的人口增加最多，其次是四川，中西部地区的发展和贵广高铁是吸引贵州人口流动转向的重要因素。影响这种变化的因素其实还受到人为干扰，一个原因是 2010 年"六普"时可能对相邻省份的流动权重不够，从而造成相邻省份之间的流量被人为地被压缩；另一个原因是"六普"时那些从事制造业的流动人口比第三产业人口更容易被统计。《1.5 亿人的回家之路》推算，贵州有 693 万流出人口，从其在网上发出的时间推算，应为 2013 年的人口流出数据，除安徽外的九大人口流出地流向广东的人口就有 4481.92 万人，该结果也在可接受范围之内。

表 8-18 贵州跨省人口流出流量、流向变化

流向	2014 年大数据推断			2010 年人口流出			流量变化	
	直接测定（%）	微调后占比（%）	人口流出量（万人）	"六普"占比（%）	"六普"流出（万人）	调整流出（万人）	人口流动（万人）	占比变化（%）
广东	29.37	27.67	181.76	23.66	95.78	169.86	11.90	4.01
浙江	28.63	26.97	177.16	37.03	149.92	265.88	(88.72)	-10.06
云南	8.54	8.04	52.82	4.63	18.74	33.24	19.59	3.41
福建	8.40	7.91	51.98	11.66	47.20	83.71	(31.72)	-3.75
重庆	6.17	5.82	38.19	1.78	7.20	12.76	25.43	4.04
前五	81.11	76.42	501.92	83.78	339.19	601.54	(99.62)	-7.36
四川	5.53	5.21	34.22	1.42	5.76	10.22	24.00	3.79

第八章 主要流出来源地人口流出量及其流向测度

续表

流向	2014年大数据推断			2010年人口流出			流量变化	
	直接测定(%)	微调后占比(%)	人口流出量(万人)	"六普"占比(%)	"六普"流出(万人)	调整流出(万人)	人口流动(万人)	占比变化(%)
江苏	3.80	3.58	23.53	6.80	27.55	48.86	(25.33)	-3.22
湖南	3.74	3.52	23.15	1.13	4.57	8.10	15.05	2.39
广西	3.70	3.48	22.88	1.26	5.10	9.04	13.84	2.22
上海	1.99	1.88	12.33	3.66	14.81	26.26	(13.93)	-1.78
第六至第十	18.76	17.68	116.10	9.24	37.43	66.38	49.72	8.44
海南	0.12	0.12	0.76	0.45	1.81	3.21	(2.45)	-0.33
其他	0.01	5.79	38.01	6.53	26.43	46.87	(8.87)	-0.74
全国	100.00	100.00	656.79	100.00	404.86	718.00	(61.21)	0.00
珠三角	29.37	27.67	181.76	23.66	95.78	169.86	11.90	4.01
长三角	34.42	32.43	213.02	47.49	192.28	341.00	(127.98)	-15.06
邻近五省	27.68	26.08	171.26	10.22	41.36	73.35	97.91	15.86

注：2010年的前五包括浙江、广东、福建、江苏、云南五省，第六至第十包括上海、重庆、四川、广西、湖南。

第九节 重庆市

一、跨市流出人口规模

参照李勋力和李国平（2005）的方法，劳动力流动等于城镇从业人员减去城镇职工人数加上农村从业人员减去第一产业从业人员（农业从业人员），劳动力流动率则等于劳动力流动数与劳动力资源总数之积，推算出重庆1996~2015年农村流出劳动力数量，并利用户籍人口减去常住人口的

· 351 ·

差额计算重庆市外、市内流动人口数量（见图8-17）。图8-17中常住户籍人口差额是重庆市统计局公布的户籍人口数减去常住人口数，两者之差是政府公布的市外净流出人口数。而重庆流动劳动力数同样来自市统计局的口径，包括市内、市外流动。由于农村流出劳动力人数采样取自市统计局口径，市外净流出数并不包含在内，因此常住户籍人口差额加上市外净流出数就是重庆流动人口总数（包括市内、市外流动人口）。另外需要注意的是，农村流出劳动力中，通常会伴随10%左右的非劳动力人口流出，主要是外出劳动力亲属。为谨慎计算，我们并没有将伴随农村劳动力流出的亲属（主要是小孩和老人）包括在内。若将农村劳动力亲属流动计算在内，2010年和2014年重庆户籍的流动人口分别为1161.54万和1200.50万，4年间累计增加38.96万人，同期户籍人口增加71.75万人。

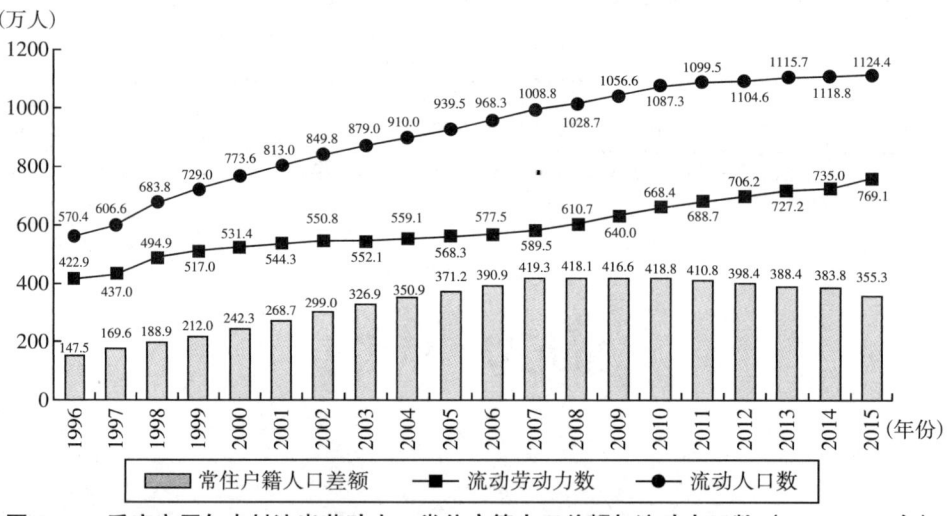

图8-17 重庆市历年农村流出劳动力、常住户籍人口差额与流动人口数（1996~2015年）

从图8-17中可以看出，2007年以来重庆市内流动人口和流向市外的流动人口一直保持在1000万以上的规模并缓慢增长，2010年之后几乎是两条平行线，2013年仅比2012年增长0.29%。与2013年重庆市人口计生委的全市流动人口动态监测数据相比，我们估计的全市外出流动人口（离开原籍一个月以上）为1115.65万人，同期卫计委的数据为1043.13万人，

第八章 主要流出来源地人口流出量及其流向测度

两者相差72.52万人；市人口卫计委数据显示，全市外出至市外的人口为531.98万人，占全部流动人口的50.998%，在市内流动的人口为511.15万人；在来渝的外地人中，每10个外地人中，就有6个是四川人。我们的估计结果与市人口卫计委的差别并不大，但重庆市人口卫计委的数据主要有三个缺陷：一是样本量过少，仅在全市范围内抽取6000个样本，通过小样本进行统计推算结果误差通常会比较大；二是不同区县人口流出的流量和流向差异性较大，郊区人口流向中心城区的可能性较大，而山区县和新撤县设区的地方市外流动占比高；三是外调流入人口在九龙坡、沙坪坝、渝中、江北、渝北等中心区分布不均且密度不同。

与重庆市人口卫计委的数据相比，重庆移动的《报告2016》大数据推断的结果更为可靠，这是因为它们的样本量足够大，虽然移动公司占全市移动市场的份额没有达到100%，但大数据采样数量有2091.6万个初始样本，符合人口流动定义的样本量也在1000万以上，样本量是重庆市人口卫计委样本的1700多倍，大数据统计推算误差显然会远远低于重庆市人口卫计委的抽样调查推算。例如《报告2016》数据显示，从2016年全年来看，重庆市漫游入客流规模一直比漫游出访大，且在春节达到了最大差值规模，约487万，具有明显的季节特征。春节漫游之所以产生最大差值，根本原因是由重庆流向市外的户籍人口返乡过年所导致，最大差值即是重庆市外流动人口的最小值。由于重庆远离广东、浙江、上海、江苏、福建和北京等发达省市，除了春节期间返乡过年的市外流动人口外，还有相当比例的流动人口留在他乡过年。例如，2015年广州番禺市一项外来人口返乡过年的调查表明，有70%的外来人口返乡过年，由于重庆远离经济发达省市，返乡过年的比率应该低于70%。当然最大差值并不能代表487万净流出人口，如2016年全国流动人口人均手机拥有量约为1.25部，由于重庆农民工占外出人口比重较大，因此市外流动人口人均手机拥有量应低于全国平均水平。

流动人口数量既包括市内流动人口也包括市外流动人口，要得到重庆市外流动人口，还需要确定市外流动人口占总流出人口的比重。重庆市卫计委的人口流出规模可能偏小，但市外流动人口占流动人口总数的比重应该比较准确，我们先根据重庆市统计局公布的2000~2006年的流动人口数据推算的市外流动人口比重，以2006年和2013年市卫计委的数据为基点，采用线性插值法和趋势外推法计算其他年份的市外流动人口占比，然后取均值，得到2000~2015年重庆市内、市外流动人口数量（见图8-18）。从图8-18可以看出，2007年重庆市外流动人口达到顶峰（拐点），与全国农村情况一样，农村可供流动劳动力基本枯竭。市内流动继续保持较快的增长态势，平均每年净增长23.5万人。

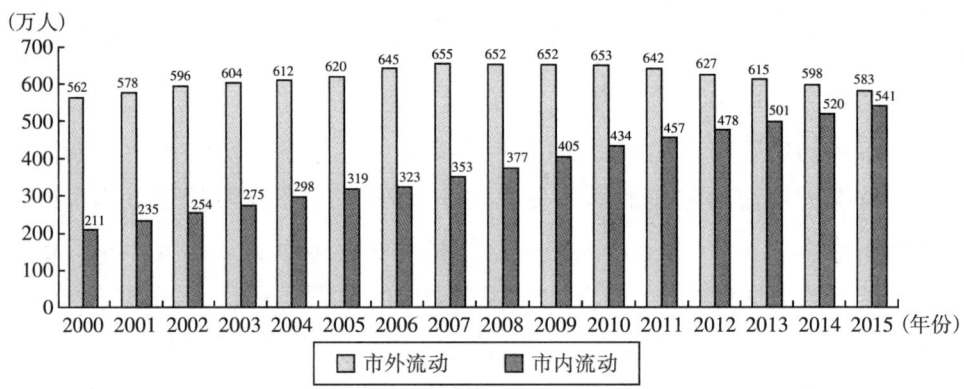

图8-18　重庆市历年市内外流动人口数（2000~2015年）

研究发现，2001年之前重庆农村跨市流出的人口中，有300多万依然被户籍所在地列为当地的常住人口。这种情况并非重庆才有，全国人口流出地区普遍存在这种现象。很多外出农民工害怕不被登记为当地常住人口就会失去土地，因此即使常年外出，只要家里还有一个老人，也全部登记为户籍所在地常住居民，甚至全家常年在外省就业，也与村里保持联系，积极参加农村的医疗、养老，以免被除去户籍。另外，在全国加大转移支付力度的情况下，更多的常住人口意味着更多的转移支付，因此政府基层管理人员也乐意有更多的常住户籍人口。相对于3371.84万户籍人口，2015年重庆约有6.75%的人口（228万）依旧被登记为常住人口。

第八章 主要流出来源地人口流出量及其流向测度

二、重庆跨省人口流向构成

大数据直接测定的结果显示，2014年重庆常年性跨省流出人口的可信区间为［393.35万，413.11万］，流出量占全国流出人口的3.050%，居全国第11位。加权流出量占全国流出人口比重上升到全国第8位，占全国总流出人口的3.651%，跨省流出人口规模区间为［470.86万，494.52万］。取加权前后的均值，重庆跨省流出人口占全国的3.35%，跨省流出人口规模区间为［432.11万，453.81万］。

重庆跨省流出人口中，以前面推算的598.43万为基准，2014年重庆流向广东的有150.71万人，占市外流动人口总量的25.18%（微调值，下同），居第1位，其中农民工126.60万；流向四川的有133.36万人，占市外流动人口总量的22.28%，居重庆市外流出目的地第2位；流向浙江的有59.95万人，占跨省外出总量的10.02%，居第3位，其中农民工50.36万人；流向贵州的有47.32万人，占市外流动人口总量的7.91%，居流量排名第4位；流向福建的有39.33万人，占市外流动人口总量的6.57%，其中农民工33.04万人，居流量排名第5位。前五流向地合计有430.68万人，其中农民工361.77万人，占市外流动总量的71.97%。前十流向地合计有531.25万人，其中农民工446.25万人，占市外流动总量的88.77%。流向珠三角（广东）的有150.71万人，流向长三角（浙苏沪）的有99.44万人，其中农民工83.53万人，占市外流动总量的16.62%。流向川贵鄂湘相邻四省的有217.66万人，占市外流动总量的36.37%。

由于"六普"数据同样存在市外流动人口依旧被记录为常住人口的问题，为了有相同的比较口径，我们根据前面的分析调整了2010年重庆的市外流动人口及劳动力数量，但"六普"各方向流出比例保持不变。2010年市外流动人口有652.93万人，其中农民工有590.63万人，占市外流出总量的90.46%；2014年市外流动人口有598.43万人，其中农民工有502.68万人，占市外流出总量的84%（见表8-19）。与2010年相比，重庆市外流动农民工减少了87.95万人，而市外流动人口减少了54.50万人，农民工减少的幅度快于市外流动人口减少的幅度。国内人口流出地农民工数量的快速减少与全国劳动力资源2013年形成拐点有极大的关系，流动人口减少幅度低于农民工的原因与0~15岁非劳动力人口在流出人口中的占比快速上升有关。

从表8-19中可以看出，2010年以来重庆人口流动变化非常明显。与2010年相比，2014年末跨省流出人口总量减少了54.50万人，其中农民工却减少了87.95万人。原因在于流动人口的人口结构已经发生了巨大的变化，在农民工大潮逐渐退去的同时，高校毕业生逐渐成为跨省流动大军的重要力量；另外，流向省外的流动人口常住化，以前留守在流出户籍地的非劳动力人口也逐渐流出。流向长三角和福建等发达地区的人口和劳动力明显减少，其中流向长三角（浙沪苏）的人口减少了86.62万，农民工减少84.78万；流向珠三角（广东省）的人口减少了23.17万，劳动力减少了30.89万。根据广东省统计局人口抽样的调查结果，2010~2013年，全省0~17周岁流动人口年均增长率为3%，远高于同期常住人口0.67%的增幅。正是这种非劳动力人口的增长在一定程度上削减了总流出人口中农民工的减少。流向川贵鄂湘四个与重庆相邻省份的人口和农民工都表现出增加，区域一体化趋势增强，其中流向四川的人口增加了77.61万，劳动力增加了61.59万，成渝城市群之间的人口流动联系进一步加强，以成渝两大超级城市为代表的城市群经济高速增长，对川渝两地吸引外出农民工回流极具吸引力。此外，前五的主要流向地占全部流出人口的比重虽然有所增加，但由于2010年"六普"数据中那些在东部沿海发达地区大中型制造企业中的农民工更容易被记录和抽取，而这些省份第三产业相对发达，从而导致人口漏计的可能性加大，因此实际上难以比较这种变动。

第八章 主要流出来源地人口流出量及其流向测度

表 8-19 重庆跨市人口流出流量、流向变化

流向	2014年大数据推断			2010年				流量变化	
	大数据占比(%)	人口流出(万人)	农民工流出(万人)	"六普"占比(%)	"六普"流出(万人)	调整流出(万人)	农民工流出(万人)	人口流动(万人)	农民工(万人)
广东	25.18	150.71	126.60	26.63	93.39	173.88	157.29	(23.17)	(30.69)
四川	22.28	133.36	112.02	8.54	29.95	55.75	50.43	77.61	61.59
浙江	10.02	59.95	50.36	16.91	59.29	110.40	99.86	(50.44)	(49.50)
贵州	7.91	47.32	39.75	3.12	10.93	20.35	18.41	26.97	21.34
福建	6.57	39.33	33.04	11.68	40.96	76.27	68.99	(36.94)	(35.95)
前五	71.97	430.68	361.77	68.12	238.88	444.75	402.32	(14.07)	(40.55)
湖北	4.27	25.58	21.48	3.19	11.17	20.80	18.81	4.78	2.67
云南	4.03	24.11	20.25	4.36	15.28	28.45	25.74	(4.34)	(5.48)
江苏	3.47	20.78	17.45	5.10	17.88	33.28	30.11	(12.51)	(12.65)
上海	3.13	18.71	15.72	6.49	22.77	42.39	38.34	(23.68)	(22.62)
湖南	1.90	11.40	9.58	0.66	2.33	4.34	3.92	7.06	5.65
前十	88.77	531.25	446.25	88.58	310.63	578.35	523.16	(47.10)	(76.91)
北京	1.47	8.80	7.39	2.44	8.57	15.95	14.43	(7.15)	(7.04)
海南	0.51	3.02	2.54	0.70	2.45	4.56	4.12	(1.53)	(1.58)
新疆	0.39	2.33	1.96	2.57	9.01	16.78	15.18	(14.45)	(13.22)
西藏	0.17	0.99	0.83	0.33	1.15	2.14	1.93	(1.15)	(1.10)
广西	0.13	0.77	0.65	0.60	2.12	3.94	3.56	(3.17)	(2.91)
陕西	0.00	0.01	0.01	0.71	2.50	4.65	4.21	(4.64)	(4.20)
其他	8.56	38.13	30.72	0.77	2.71	5.05	4.57	33.08	26.15
珠三角	25.18	150.71	126.60	26.63	93.39	173.88	157.29	(23.17)	(30.69)
长三角	16.62	99.44	83.53	28.50	99.94	186.07	168.31	(86.62)	(84.78)
川贵鄂湘	36.37	217.66	182.83	15.50	54.37	101.24	91.58	116.42	91.26
合计	100.00	598.43	502.68	100.00	350.69	652.93	590.63	(54.50)	(87.95)

注：2010年"六普"数据前五是指粤、浙、闽、川、沪五省市，而前十是前五省市加苏、滇、鄂、贵、新五省。重庆流向及排名都发生了很大的变化。

第九章 跨省人口流向构成和总流量误差校正

与流量累加不同的是,流向百分比不能累加而只能取均值。由于初始系统只记录流入或流出排名前十的省份,而后续运算时得到的流向构成往往超过十个省份,这表明排名靠后的省份交替占据前十的排行榜位置。研究发现,任何省份的人口流动前五名都是比较稳定的,因此可以依据流量排行榜前五的省份来推算该省总流出量或总流入量。另外,由流向百分比还可以反推该省流入来源地或流出目的地的总流动量,这种反推虽然各省会有差异,但都极为接近,这就为我们构造同一口径的省际人口流动提供了校正手段和方法。

第一节 无量纲总流动量及流向构成的测定

一、无量纲总流动量

取任意一省流动排行榜前五的流量累加,再除以该省流向百分比的均值,就可以得到该省无量纲的总流出量或总流入量。以湖南为例,对数据表 PtopLineIn 查询后得到可表征流出目的地前五位省份的无量纲人口流量为 25514984,占全省无量纲流量总数的 80.995%,运算后得到湖南无量纲人口流出总量为 31501924.81。

再对数据表 PtopLineOut 进行 SQL 查询操作：

SELECT province，name，sum（num）as num0，to_char（sum（per）/ 2.4，"9999.999%"）As per0

　　FROM public."PTopLineOut"

　　where name= "湖南"

　　group by province，name

　　order by num0 desc

可以得到 23 个湖南人口流动目的地（即 23 个省级区域）的流量，还可以得到该流量占湖南人口流动目的地的比重（见表 9-1）。对数据表 PtopLineIn 查询和对数据表 PtopLineOut 查询的结果发现，前五位的省级区域是一样的，即湖南流向粤浙鄂闽桂五省的流量都是 25514984，占全省无量纲流量总数的比例也都是 80.995%。

二、实际人口流量和流向构成

表 9-1 中，上海位居湖南人口流出目的地排行第 9 位，无量纲流量为 663750，该流量占上海无量纲人口流入量的 2.652%，占湖南总流出量 31501924.81 的 2.107%。已知 2014 年上海外来常住人口为 996.42 万人，可推算同期湖南人口流出量为 1251.428 万人，其中 26.37 万流向上海。

表 9-1　湖南省人口流出目的地、流量及其占流入省份比重

序号	流出目的地	流出地	表征人口流量	占目的地流入比重（%）
1	广东	湖南	20259356	23.023
2	浙江	湖南	2491351	6.119
3	湖北	湖南	1016213	15.665
4	福建	湖南	881387	8.179
5	广西	湖南	866677	17.757
6	贵州	湖南	826166	15.344

续表

序号	流出目的地	流出地	表征人口流量	占目的地流入比重（%）
7	江西	湖南	765151	17.469
8	江苏	湖南	759085	2.346
9	上海	湖南	663750	2.652
10	云南	湖南	369941	7.509
11	重庆	湖南	248528	3.768
12	四川	湖南	208175	2.344
13	安徽	湖南	181716	2.652
14	海南	湖南	150992	8.229
15	河南	湖南	15620	0.423
16	西藏	湖南	5071	1.582
17	山东	湖南	1164	0.064
18	香港	湖南	948	0.289
19	青海	湖南	800	0.259
20	澳门	湖南	669	0.337
21	新疆	湖南	412	0.066
22	台湾	湖南	290	3.533
23	宁夏	湖南	42	0.021

以 1251.428 万流出人口为基数，重新计算流出量占总流出量的比重，可得到湖南流向百分比及流出人口数（见图 9-1）。其中，64.31%的出省人口流向广东，7.91%的出省人口流向浙江，十大流出目的地占湖南总流出量的 92.238%。

三、无量纲总流出量和实际人口流出量

利用上面的方法，我们重新推算了全国 34 个省级区域的无量纲流出量和实际的人口流出量，如表 9-2 所示。同口径测算全国常住性跨省流出人口总量为 14215.76 万人，湖南、安徽、河南、江西、广西、湖北、四川

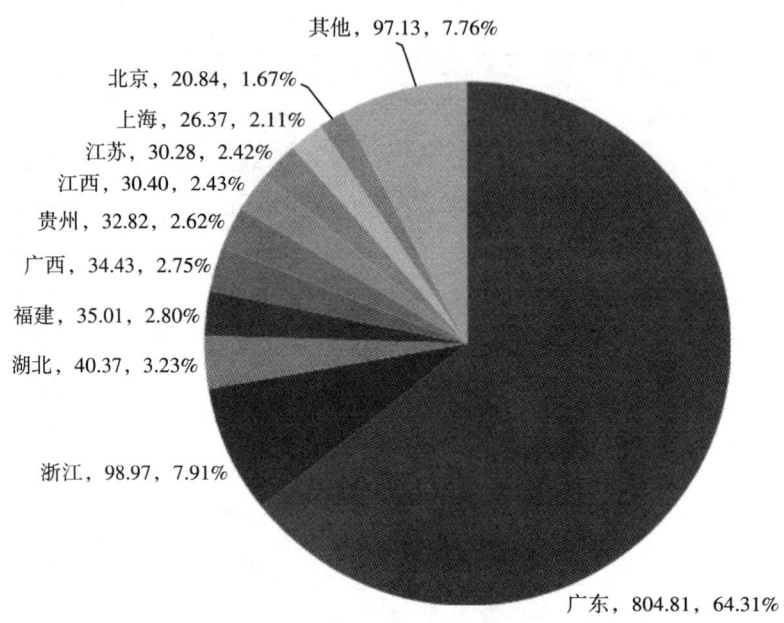

图 9-1　湖南人口跨省流出流量及流向构成（2014 年）

7 个人口流出大省合计流出 7519.55 万人，占全国总流出人口的 52.896%。以微调后的前五省（湘皖豫赣桂）为参照，推算直接测定得到的全国人口跨省流出总量为 13790.10 万人。相对于数据库中可直接查询的量，微调后人口增加，而实际是系统只记录了 97.0057% 的人口流量。流出目的地集中的省份，校正调整的幅度越小，而流出量排前五的省份中，占全省流出比重越低的省份，校正调整的幅度越大（见表 9-2 第 7 列）。

表 9-2　全国省级区域人口流出量（2014 年）

序号	省级区域	人口流出量（万人）	总流出量（无量纲）	占全国流出比重（%）	数据库可查流出量	占全国流出比重（%）	调整系数（%）	初始查询推算人口（万人）
1	湖南	1251.43	31501925	8.803	30241177	9.100	104.17	1254.88
2	安徽	1234.88	31085324	8.687	29990721	9.025	103.65	1244.49
3	河南	1220.89	30733299	8.588	29646378	8.921	103.67	1230.20
4	江西	1095.87	27586203	7.709	26565985	7.994	103.84	1102.38
5	广西	1028.72	25895849	7.237	24978292	7.516	103.67	1036.49

第九章　跨省人口流向构成和总流量误差校正

续表

序号	省级区域	人口流出量（万人）	总流出量（无量纲）	占全国流出比重（%）	数据库可查流出量	占全国流出比重（%）	调整系数（%）	初始查询推算人口（万人）
6	湖北	931.60	23451053	6.553	22708536	6.833	103.27	942.31
7	四川	756.15	19034313	5.319	17720415	5.332	107.41	735.32
8	河北	750.11	18882439	5.277	17648814	5.311	106.99	732.35
9	江苏	722.01	18174894	5.079	17206569	5.178	105.63	714.00
10	山东	544.81	13714401	3.832	12833560	3.862	106.86	532.54
11	重庆	440.27	11082758	3.097	10137243	3.050	109.33	420.65
12	贵州	414.74	10440277	2.917	9828308	2.957	106.23	407.83
13	北京	418.71	10539999	2.945	8817646	2.653	119.53	365.90
14	浙江	391.95	9866353	2.757	8713266	2.622	113.23	361.56
15	广东	387.81	9762264	2.728	8498964	2.557	114.86	352.67
16	福建	322.64	8121646	2.270	7057812	2.124	115.07	292.87
17	陕西	328.88	8278712	2.313	6857761	2.064	120.72	284.57
18	上海	294.49	7413127	2.072	6545073	1.969	113.26	271.59
19	山西	231.80	5835158	1.631	5161692	1.553	113.05	214.19
20	云南	215.92	5435347	1.519	4706450	1.416	115.49	195.30
21	黑龙江	203.05	5111298	1.428	4454235	1.340	114.75	184.83
22	辽宁	186.34	4690588	1.311	3981099	1.198	117.82	165.20
23	天津	153.13	3854733	1.077	3504065	1.054	110.01	145.40
24	甘肃	162.45	4089254	1.143	3385054	1.019	120.80	140.47
25	吉林	151.10	3803547	1.063	3361546	1.012	113.15	139.49
26	内蒙古	151.17	3805444	1.063	3345147	1.007	113.76	138.81
27	海南	99.76	2511165	0.702	1763975	0.531	142.36	73.20
28	宁夏	43.48	1094634	0.306	958159	0.288	114.24	39.76
29	新疆	23.28	585979	0.164	439388	0.132	133.36	18.23
30	香港	18.46	464655	0.130	424800	0.128	109.38	17.63
31	青海	20.10	506011	0.141	411622	0.124	122.93	17.08
32	澳门	8.63	217128	0.061	204538	0.062	106.16	8.49

续表

序号	省级区域	人口流出量（万人）	总流出量（无量纲）	占全国流出比重（%）	数据库可查流出量	占全国流出比重（%）	调整系数（%）	初始查询推算人口（万人）
33	台湾	7.92	199356	0.056	158251	0.048	125.97	6.57
34	西藏	3.22	81039	0.023	68667	0.021	118.02	2.85
35	全国	14215.76	357850170	100.00	332325208	100.00	107.68	13790.10

微调后除四川、北京、上海和广东外，其余省级区域的人口流出量与前面文献综述及各种数据推算结果相一致。四川的人口流出差异主要是总量差异，即2010年"六普"时四川的流出人口有1050.55万人，且在"五普"时四川就有693万跨省流出人口。但在同一口径下重庆的流出人口却与综述及其他途径推算结果相一致。川渝人口的流出较为相似，最为可能的原因是汶川大地震后的四川重建吸引了大量人口回流。北京、上海和广东的数据异常则与四川有本质的差别，主要是因为三地与周边省份的人口流动难以断定身份，即这种流动一方面可能是数据采集时没能很好地判定和过滤掉日常性的人口流动；另一方面，周边省份的人口在春节前流动到三地与其外出务工经商的亲人团聚的规模较大，而在采集数据时未能识别其身份。

从地理位置看，京津之于河北、上海之于江浙，相当于广深之于广东。因此，可将京津冀合并为一个区域看待，将上海与江浙合并，且京津冀和沪苏浙事实上也是两个人们早已接受的概念。而广东珠三角流入人口占全省流入的80%以上，且广东珠三角与周边省份的人口流动距离较远，因此无须合并。此外，由于港澳台人口流出量较小，也可将其合并为一个区域。在做出这种处理之后，京沪及其最为邻近的河北、江苏、浙江之间的流动消除了，测算全国跨区域人口流动总流出量为12288万人。其中湖南、安徽占合并区域之后的全国比重都超过了10%，沪苏浙流向区域外人口为467.02万人，居全国28个区域中的第9位，京津冀作为一个区域居第13位，港澳台区域只占0.25%（见图9-2）。

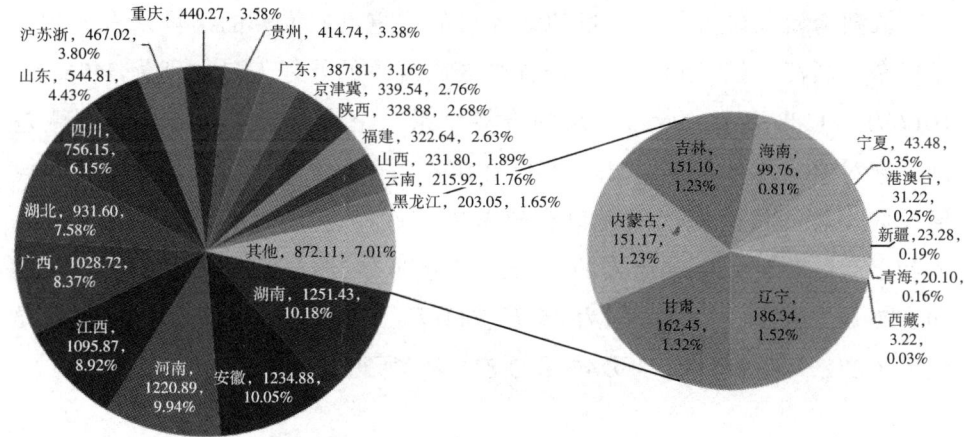

图 9-2 全国人口跨区域流动流出流量及百分比构成（2014 年）

第二节 流出目的地流入人口的测定

一、目的地流入人口推算方法

由于湖北地处大陆人口重心位置且有近千万的人口流出量，因此仅需要湖北及其几个人口流出大省就可以反向推算出中国大陆 31 个省级行政区域的跨省流入人口数量。根据表 9-1 最后一列可反向推算湖南人口流出目的地省份的外来人口数量。例如，流向广东的湖南籍人口有 804.81 万人，占广东外来人口的 23.023%，由此可推算广东外来人口为 3503.67 万人。其计算公式为：

$$\text{FlowIn\_Destination} = \text{FlowOut}/\text{per0} \tag{9-1}$$

$$\text{FlowIn}_{GD} = \frac{\text{FlowOut}_{HN \to GD}}{\frac{\sum_{Feb-07}^{Feb-16} per}{2.4}} = \frac{804.81}{23.023\%} = 3503.67 \text{（万人）} \tag{9-2}$$

从湖南籍人口占其流入目的地人口的比重反向推算的结果来看，2014年广东、浙江、江苏和上海的跨省级区域流入的外来人口分别为3496万、1617万、1288万和995万。反向推算结果与上海官方统计口径有细微差别，绝对值相差1.42万，相对值仅0.14%。值得注意的是，各省以流向均值反向推算的目的地流动人口会有差别。例如，2014年广东、浙江、江苏和上海的跨省级区域流入的外来人口分别为3541万、1606万、1239万和987万，绝对值相差分别为45万、11万、50万和8万，但相对值差异仅为1.271%、0.682%、3.924%和0.816%，所得结果是完全可以接受的。

二、大陆31个省级区域的流入人口

分析发现，以河南为参照推算的结果普遍大于以湖南、四川和湖北为参照推算的结果，原因是河南人口流出排行榜前五位省份在初始数据采集时不如其他三省稳定。一个可行的校正方法是取四省测算结果的均值，如以四省为参照推算广东的外来人口为3578.49万人。另外，若参照省份的流出人口占目的地人口少于1%，则偏差会比较大，应将其忽略，只计算大于1%的流入人口均值。由此得到大陆31个省级行政区域的跨省流入人口如表9-3和图9-3所示。全国跨省级流入人口总量为13895.94万人。其中流入广东的常住性外来人口有3578.5万人，占全国的25.75%，居第1位；流入浙江的常住性外来人口有1658.5万人，占全国的11.94%，居第2位；江苏、北京和上海居第3至第5位。粤浙苏京沪五省市合计流入人口8629.57万人，占全国跨省流动人口的62.10%。流入前十的省级区域共流入10524.75万人。

表 9-3 全国省级区域外来人口（2014 年）

参照省级区域	湖南 占目的地流入比重(%)	湖南 目的地外来人口(万人)	湖北 占目的地流入比重(%)	湖北 目的地外来人口(万人)	四川 占目的地流入比重(%)	四川 目的地外来人口(万人)	河南 占目的地流入比重(%)	河南 目的地外来人口(万人)
安徽	2.65	273.90	6.27	271.90	0.00	0.00	17.41	293.83
北京	1.57	1331.14	3.87	1100.11	3.57	746.62	10.42	1182.22
福建	8.18	428.36	8.79	455.73	7.74	470.38	5.32	502.58
甘肃	0.00	0.00	2.89	93.48	8.68	88.35	6.26	97.52
广东	23.02	3503.67	9.39	3540.87	5.10	3510.42	4.69	3758.99
广西	17.76	194.48	4.36	200.85	3.36	200.29	3.15	205.42
贵州	15.34	214.55	3.76	222.99	20.39	213.20	1.92	254.35
海南	8.23	72.99	6.63	70.26	6.52	73.58	4.02	75.93
河北	0.00	0.00	0.94	218.03	0.00	0.00	10.20	515.89
黑龙江	0.00	0.00	0.00	0.00	0.00	0.00	2.79	78.77
河南	0.42	148.98	11.07	354.29	3.44	274.78	0.00	0.00
湖北	15.67	257.95	0.00	0.00	0.57	260.42	16.17	278.61
湖南	0.00	0.00	20.10	229.42	0.00	0.00	4.64	244.70
吉林	0.00	0.00	0.00	0.00	0.00	0.00	2.60	93.91
江苏	2.35	1288.70	5.73	1238.88	3.05	1249.92	12.92	1379.64
江西	17.47	174.07	12.64	175.41	1.79	171.37	4.76	194.93
辽宁	0.02	0.00	0.20	139.74	0.00	0.00	4.63	208.32
内蒙古	0.00	0.00	0.00	0.00	0.00	0.00	1.00	85.46
宁夏	0.00	0.00	1.45	44.97	2.67	59.78	6.72	59.95
青海	0.26	0.00	2.59	39.57	7.86	39.65	7.56	43.60
山东	0.06	0.00	3.18	427.72	0.00	0.00	16.01	426.28
山西	0.00	0.00	3.03	190.62	3.43	189.26	19.66	195.62
陕西	0.00	0.00	6.36	272.45	10.94	269.91	14.70	279.89
上海	2.65	996.42	5.22	986.92	3.02	952.46	7.77	1117.19
四川	2.34	352.97	5.29	315.23	0.00	0.00	3.87	328.09
天津	0.00	0.00	1.36	274.00	0.00	0.00	8.11	335.71
西藏	1.58	15.84	1.73	10.77	46.24	11.76	4.43	13.78
新疆	0.07	0.00	2.81	86.20	11.38	83.18	11.19	90.56

续表

参照省级区域	湖南 占目的地流入比重(%)	湖南 目的地外来人口(万人)	湖北 占目的地流入比重(%)	湖北 目的地外来人口(万人)	四川 占目的地流入比重(%)	四川 目的地外来人口(万人)	河南 占目的地流入比重(%)	河南 目的地外来人口(万人)
云南	7.51	196.63	3.94	203.34	29.78	197.94	2.22	192.48
浙江	6.12	1621.54	8.01	1606.17	4.26	1618.19	10.76	1788.22
重庆	3.77	262.24	7.94	256.95	51.03	261.97	2.28	283.80

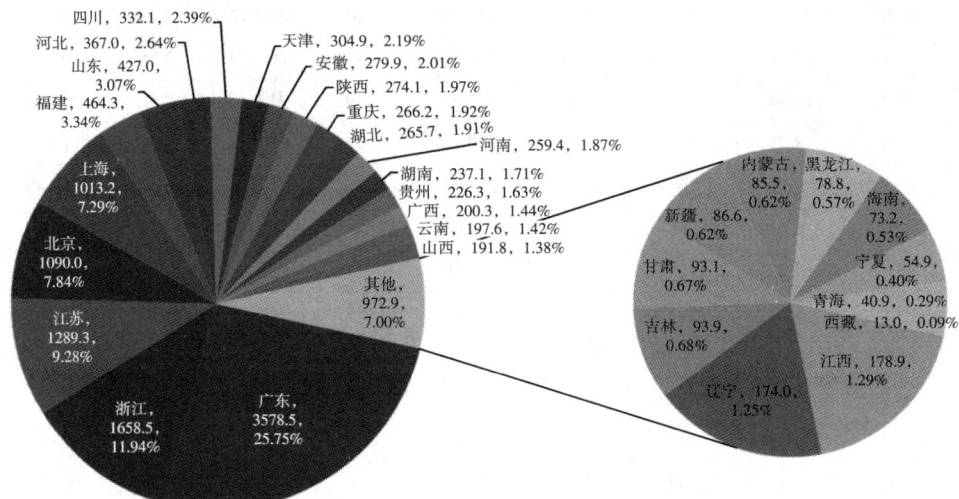

图 9-3 反向推算得到流出目的地省份的外来人口数量（2014 年）

第三节 流入来源地流出人口的测定

一、来源地流出人口推算方法

粤浙苏京沪五省市吸纳了全国 60% 以上的跨省流出人口，利用大致相似的方法，可以反向推算人口流出来源地流出人口的数量（见表 9-4）。其计算公式如式（9-3）、式（9-4）所示：

$$\text{FlowOut\_Origination} = \text{FlowIn}/\text{per0} \quad (9-3)$$

$$\text{FlowOut}_{HN} = \frac{\text{FlowIn}_{GD \to HN}}{\dfrac{\sum_{\text{Feb-07}}^{\text{Feb-16}} \text{per}}{2.4}} = \frac{822.34}{63.69\%} = 1291.16 \text{（万人）} \quad (9-4)$$

若采用同一口径数据，如式（9-5）所示：

$$\text{FlowOut}_{HN} = \frac{\text{FlowIn}_{GD \to HN}}{\dfrac{\sum_{\text{Feb-07}}^{\text{Feb-16}} \text{per}}{2.4}} = \frac{804.81}{63.69\%} = 1263.64 \text{（万人）} \quad (9-5)$$

表 9-4　全国省级区域流出人口（2014 年）

参照省级区域	广东 占来源地流出比重（%）	广东 来源地流出人口（万人）	北京 占来源地流出比重（%）	北京 来源地流出人口（万人）	上海 占来源地流出比重（%）	上海 来源地流出人口（万人）	浙江 占来源地流出比重（%）	浙江 来源地流出人口（万人）
安徽	4.06	1251.59	3.59	1144.67	15.26	1289.60	27.76	1226.57
澳门	83.92	8.95	1.83	5.96	2.32	8.59	1.18	14.06
北京	3.70	338.51	0.00	0.00	2.72	326.03	0.05	663.41
福建	31.09	332.64	4.00	318.83	8.97	319.92	12.57	321.94
甘肃	4.21	178.50	7.15	173.79	2.39	187.61	3.49	161.58
广东	0.00	0.00	3.31	388.59	2.88	373.66	5.43	394.02
广西	86.31	1059.74	0.46	971.54	0.69	909.77	1.95	935.58
贵州	27.10	431.80	0.00	0.00	1.88	402.81	27.19	419.66
海南	29.60	103.97	8.89	94.41	4.13	91.68	3.52	103.66
河北	1.55	738.78	49.61	717.16	0.22	1222.88	0.05	995.12
河南	14.27	1233.79	10.19	1134.95	6.61	1252.69	15.31	1254.46
黑龙江	3.81	187.85	17.59	200.16	1.67	208.83	1.51	164.75
湖北	34.94	966.83	4.61	881.95	5.45	917.80	13.96	936.19
湖南	63.69	1291.16	1.57	1277.48	2.06	1252.78	7.99	1264.14
吉林	3.63	147.87	15.27	150.62	2.72	131.88	0.47	141.15

续表

参照省级区域	广东 占来源地流出比重(%)	广东 来源地流出人口(万人)	北京 占来源地流出比重(%)	北京 来源地流出人口(万人)	上海 占来源地流出比重(%)	上海 来源地流出人口(万人)	浙江 占来源地流出比重(%)	浙江 来源地流出人口(万人)
江苏	3.17	722.47	4.26	708.77	36.77	712.15	15.99	709.46
江西	41.17	1129.09	1.57	1117.79	5.25	1106.50	24.09	1089.85
辽宁	4.06	176.28	19.69	184.35	3.68	178.71	0.06	0.00
内蒙古	0.00	0.00	17.91	149.72	0.00	0.00	0.00	0.00
宁夏	1.63	43.91	5.76	45.42	1.54	45.29	0.68	48.78
青海	3.99	17.94	3.95	22.08	1.02	9.77	0.22	0.00
山东	3.38	539.95	16.91	542.11	6.84	579.79	5.94	569.60
山西	2.87	236.90	22.93	229.13	1.01	325.56	1.57	200.71
陕西	11.20	332.29	7.78	319.44	1.88	408.11	5.78	347.20
上海	3.71	270.07	3.31	256.86	0.00	0.00	21.21	296.36
四川	23.16	791.10	3.53	725.65	3.81	737.51	9.03	780.59
台湾	23.36	7.66	10.65	7.16	15.09	7.92	4.53	7.32
天津	1.57	136.76	26.35	148.51	1.54	129.41	0.23	72.11
西藏	1.88	0.00	3.10	3.52	1.16	0.00	1.32	0.00
香港	66.65	19.33	6.15	15.95	6.15	16.20	2.78	17.90
新疆	6.06	23.62	12.52	22.64	5.45	23.77	2.16	23.04
云南	21.25	223.97	2.84	203.42	2.07	231.05	13.23	221.89
浙江	7.44	389.59	4.26	365.90	23.87	390.30	0.00	0.00
重庆	24.64	460.38	1.48	419.81	3.19	421.68	9.92	454.76

二、中国34个省级区域的流出人口

将占流出地比重小于1%的数据排除后，可以看出北京、上海的数据有异常的情况，其次是广东。主要原因是数据采集期间三地与周边省份依然有较大的日常性商旅人口流动。例如，在数据采集期内，由北京流向河北的无量纲流量为9320069，而同期河北流向北京的无量纲流量仍旧高达

4582966。上海和江苏之间的流量也存在类似的情况,而广东的情况却不明显,即回流量少于10%。另外是北京、上海和广东在数据采集期间有较大的国外人口流量。此外,北京还有一种特殊的情况,即工作在北京,但生活居住在燕郊的人口流动。因此,在现有数据约束下,只能依经验进行调整。综合各种情况,取北京测定流出量的10%,上海测定流出量的15%,广东测定流出量的50%,对其余区域的流出人口均值不做调整,得到全国34个省级行政区域的流出人口如图9-4所示。

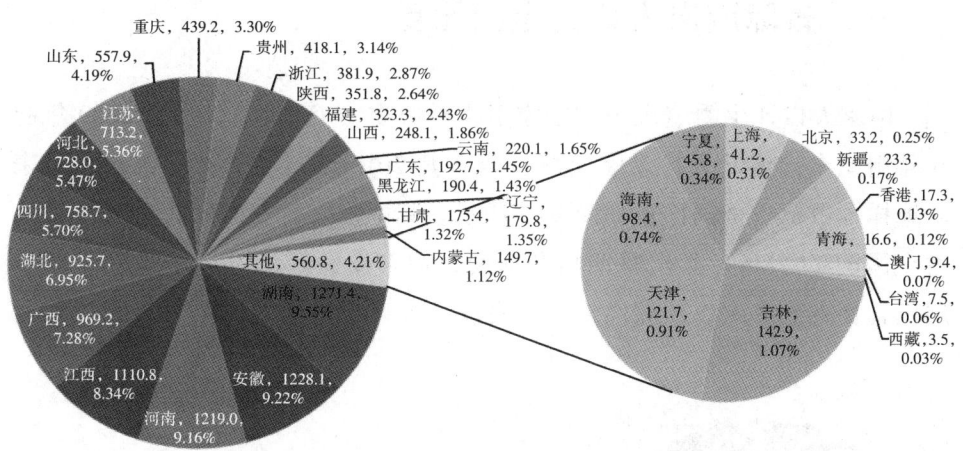

图9-4 反向推算得到流入来源地省份的流出人口数量(2014年)

如图9-4所示,湖南以1271.4万跨省流出人口居全国首位,占全国34个省级区域流出总量的9.55%。湖南、安徽、河南、江西、广西、湖北和四川7个人口流出大省合计流出7482.8万人,占全国人口总流出量的56.21%。在没有对河北、江苏及天津进行经验调整的情况下,推算全国人口跨省级区域的总流出量为13313万人。若不对京沪粤进行调整,则全国跨省流出总量为14038万人,与前面推算的13896万流入总量相对差距并不大。由于数据采样时因北方气候原因人口活动大为降低,所以河南流出人口比实际的要小。

第四节 与卫计委流动人口司推算的省际人口流动比较

一、省际流出人口占全国比重

国家人口计生委（现为"国家卫生健康委"）流动人口司自2009年起每年组织全国流动人口动态监测调查，其2014年归集的省际流动人口来源地样本数及占全国比重如图9-5所示。其中，来自安徽的跨省流动人口占全国的11.78%，其次是四川和河南，而与安徽经济发展水平处于同一层次且拥有更多人口的湖南，其跨省流动人口占全国的比重只有6.17%。

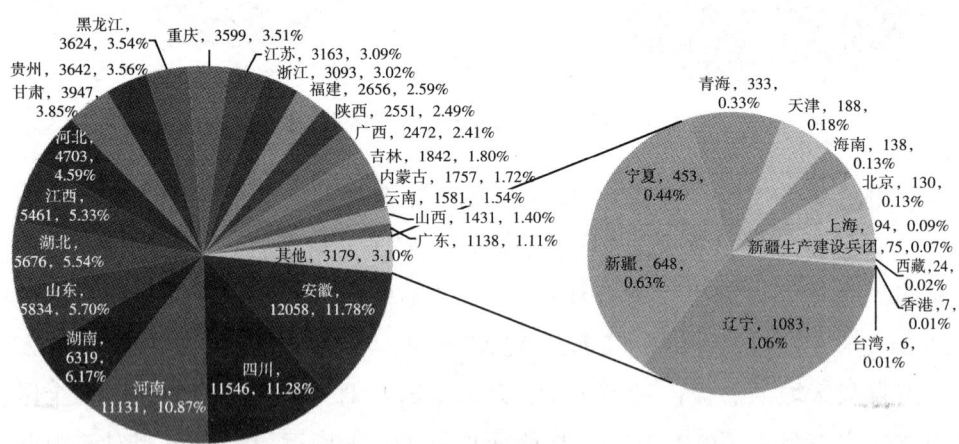

图9-5 全国流动人口动态监测调查（流动人口司，2014年）

究其原因，一是初始样本各省级区域分配有问题。2014年全国流动人口动态监测共有200937份样本，其中浙江有13999份流动人口样本，占全部采样数的6.97%，江苏有12000份样本，占5.97%，广东只有11998

第九章 跨省人口流向构成和总流量误差校正

份样本，占 5.97%，上海有 7999 份样本，占 3.98%（见图 9-6）。由于省际流动人口无论是流入地还是流出地各省差异都比较大，因此各省样本实际上还有一个权重值。如广东省的常住性外来人口占全国跨省流动人口的 25.75%，而浙苏沪跨省流入的常住性外来人口占全国的比重分别为 11.94%、9.28% 和 7.94%。因此，在广东省的流动人口样本对应的权重，应相当于在浙江、江苏或上海的 2.16 倍、2.77 倍或 3.53 倍。这意味着，若在广东采集到 1 个来自湖南的流动人口，而在沪苏浙采集到 3 个来自安徽的流动人口，则在最后推算省际常住性流动人口时，3 个流动到沪苏浙的安徽人只相当于 1.11 个流动到广东的湖南人。由于广东的样本量与其庞大的外来人口数量严重不成比例，必然导致以广东为目的地的省份的流出人口数量占全国的比重严重被低估，如湖南、广西、江西、湖北等省流出人口会被低估。四川流动到全国各地的人口虽然相对均衡，但在重庆和西藏的外来人口中显然占有较大的权重，而重庆和西藏分配的流动人口样本分别占全国的 2.99% 和 1.98%，若最后不是以加权数而是直接以样本数计算，则会高估四川的流出人口数量。

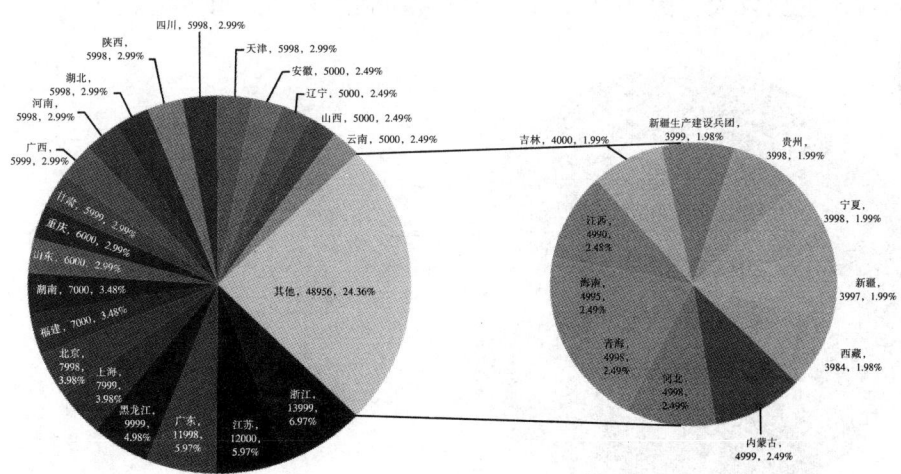

图 9-6　全国流动人口动态监测调查初始样本分配（流动人口司，2014 年）

二是省级区域各地级市、县（区）的样本分配有问题。以广东省为例，虽然珠三角内核的深圳、东莞、广州、佛山和中山五市吸纳的流动人口数量占全省的80%左右，但中山的流动人口数量只有深圳的1/5左右，而分配给中山的流动人口样本则和深圳同样是2000份（见图9-7）。因此最后得到的来自各市的流动人口数量虽然相同，但其代表的权重是不同的。以深圳、中山为对照，深圳一个跨省流入人口大致相当于5个中山省外流入人口。佛山市的外来人口大约是东莞的一半，但两市的初始样本也一样是2000份。由于各省流动到广东各地的人口分布也是极不均衡的，如四川人流向东莞的比较多，江西人流向深圳的比重高，湖南人在中山则有较高的比重。由于广东外来人口占全国的比重高，因此若不对省内地级市的外来人口进行加权调整，则显然会高估流动到广东的湖南人的数量和比重。同时，地级市各区县的外来人口数量也是不同的，但研究发现样本分配在一定程度上考虑到这种外来人口不均衡分布的情况。此外，广西与粤西广大地区交界，而粤西各地级市占全部样本的比重极低，这会严重低估流动到广东的广西人的数量和比重。同样的情况是，福建人和江西人在粤东占比也比较大，因此也会低估两省流动到广东的人口数量。

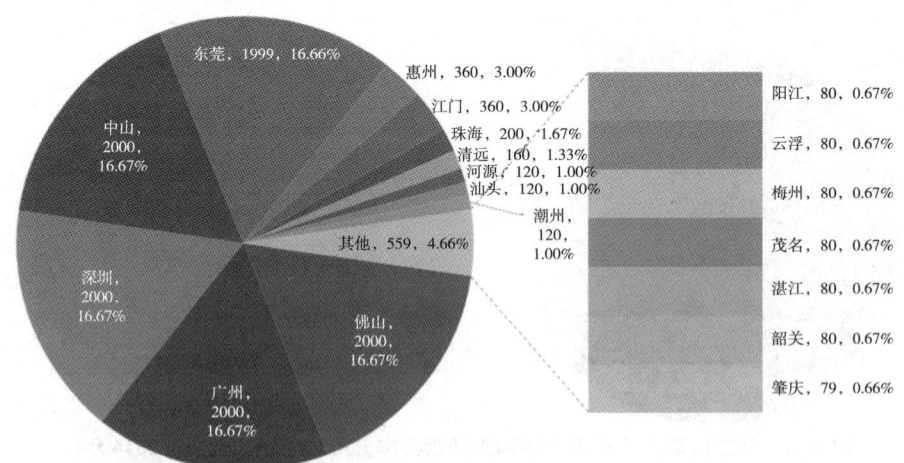

图9-7 全国流动人口动态监测调查广东省内各地市样本分配（流动人口司，2014年）

在不考虑省内地级市、区县和省际交界的情形下，安徽省流向沪苏浙长三角地区的 8356 个流动人口，经加权计算后只相当于 215.72 个加权省际流动人口，而湖南流向广东的 1893 个流动人口，经加权计算后却相当于 314.16 个加权省际流动人口。四川流向西藏的 1652 个流动人口，经加权计算后仅相当于 0.01 个加权省际流动人口，原因是西藏的省外流入人口只占全国的 0.09%，也仅占四川流出人口的 0.75%。河北流向京津的 2946 个流动人口，只相当于 75.94 个加权省际流动人口（见表 9-5）。由于广东的外来人口中，中山占了较大比重，进一步调整后湖南的加权省际流出人口与安徽的差距已经不大。

表 9-5 省际流动人口加权流动人口计算（2014 年）

流入目的地	流出来源地	流出人口数（个）	目的地流入人口占全国比重（%）	流出地流向百分比（%）	加权流动人口（个）
江苏	安徽	3284	9.28	32.88	100.20
浙江	安徽	2681	11.94	27.15	86.91
上海	安徽	2391	7.29	16.41	28.60
广东	湖南	1893	25.75	64.45	314.16
北京	河北	1865	7.84	49.61	72.54
天津	山东	1710	2.19	16.91	6.33
广东	广西	1659	25.75	86.31	368.72
西藏	四川	1652	0.09	0.75	0.01
浙江	河南	1580	11.94	15.31	28.88
浙江	江西	1531	11.94	24.09	44.04
浙江	贵州	1458	11.94	27.19	47.33
上海	江苏	1350	7.84	36.77	38.91
浙江	四川	1106	11.94	9.03	11.93
重庆	四川	1083	1.92	17.93	3.73
天津	河北	1081	2.19	14.35	3.40

二、加权调整后的省际流出人口

仅在省级区域层面，利用上面的方法，得到全国主要人口流出地的流出人口（见表9-6）。以全国12288万常住性外出人口为基数，推算湖南流出人口有1306.93万人，占全国的10.64%，其次是安徽、四川与河南。首先，2014年湖南拥有7194万户籍人口，同期安徽拥有6936万户籍人口，湖南的户籍人口是安徽的103.72%，湖南的跨省流出人口是安徽的100.91%，与两省有相同的农村人口数量相符。其次，湘赣两省的户籍人口之比为148.24%，流出人口之比为143.05%，即江西的流出人口占户籍人口比重要高于湖南。最后，川渝两地户籍人口之比为271.36%，而流出人口之比为293.07%，这表明四川的流出人口占户籍人口的比重高于重庆，原因可能是2010年以来重庆的快速发展吸引了比四川更高比例的人口回流（见表9-6）。

表9-6 基于全国流动人口监测的主要跨省流出人口估计（2014年）

流出地	流出人口（万人）	流出人口占全国比重（%）	户籍人口（万人）	流出人口之比（%）	户籍人口之比（%）
湖南	1306.93	10.64	7194	—	—
安徽	1295.18	10.54	6936	100.91	103.72
四川	1238.84	10.08	9159.1	—	—
河南	1149.17	9.35	—	—	—
广西	1006.39	8.19	—	—	—
江西	913.61	7.43	4853	143.05	148.24
湖北	907.49	7.39	—	—	—
贵州	627.75	5.11	—	—	—
重庆	422.71	3.44	3375.2	293.07	271.36
全国	12288	100	—	—	—

第九章 跨省人口流向构成和总流量误差校正

三、基于流入地的来源地流出人口的测算

对流入地人口进行采样,虽然可以推算出来源地流出人口的数量,但由于流动人口的流入地分布是极不均衡的,因此所推算的来源地流出人口数量还应当有一个加权计算的过程。就广东、上海和北京而言,这三个地区几乎是纯粹的人口流入而只有少量的本地人口流出,因此传统的流动人口抽样之前应有一个初步的判断。如广东的外来流入人口是京沪的 3 倍以上,因此各区域样本应保持与外来流入人口规模大致相同的比例,其次才是各区域内的样本分配问题。首先,全国流动人口监测初始样本分配时,广东所分配的样本与其外来人口流入规模严重失配。其次,江苏外来人口大约只有浙江的 2/3,但初始样本却比浙江多,仅苏州一地就有 4000 个样本,而苏州的外来人口大约只有深圳的 1/3,但样本量却是深圳的 2 倍。东三省的样本与其流动人口规模失配,导致东北及内蒙古的流出人口被高估,天津的样本也过大,导致河北和山东的流出人口被高估。

第五节 人口净流入大城市的人口流动

一、无量纲流入量和流出量

在国内,北京、上海、深圳、广州和苏州等大城市基本上只有外地流入,而本地流出量规模极小。但在春节节前测定时,这些城市又有较大的双向流动量。因此,在测定这些城市的人口流动时,仅测定其净流入量即可,即将这些城市的人口流出量可以近似地看成无流出。初始无量纲流量测定与省际之间的流量测定方法相类似,所不同的是在 CityIn 表测定无量

纲流入量，在 CityOut 表测定无量纲流出量。后续处理时，将流入量减去流出量得到的净流入量。以苏州为例，图 9-8 中阴影部分的 SQL 语句即可得到初始无量纲流入量，非阴影部分语句可得到无量纲流出量。然后在 Excel 表格中将其汇总，得到 2014 年苏州无量纲人口流入量为 11247104，流出量为 2775550，净流入量为 8471554。

```
17  SELECT city,sum(num)as numsum FROM "CityIn" where name='江苏_苏州' GROUP BY
    city ORDER BY numsum desc
18
19  SELECT city,sum(num)as numsum FROM "CityOut" where name='江苏_苏州' GROUP BY
    city ORDER BY numsum desc
```

city	numsum	city	numsum	city	numsum
上海_上海	1820648	河南_开封	121920	陕西_渭南	60162
安徽_六安	619419	江西_上饶	115561	湖北_咸宁	59822
河南_商丘	507565	河南_洛阳	113737	河南_新乡	59327
安徽_宿州	443430	陕西_西安	100942	江西_赣州	59277
河南_信阳	372510	浙江_温州	97659	江西_吉安	58777
安徽_阜阳	367748	江西_九江	90447	湖北_十堰	58081
安徽_亳州	343021	安徽_池州	75107	陕西_咸阳	55866
河南_周口	289632	浙江_台州	74167	湖北_宜昌	54248
安徽_安庆	288737	安徽_淮北	73891	江西_南昌	54137
浙江_嘉兴	288603	河南_濮阳	73586	陕西_安康	51984
山东_菏泽	213254	河南_郑州	72126	河南_三门峡	51134
湖北_黄冈	191877	湖北_襄阳	71985	浙江_绍兴	51129
浙江_湖州	181394	四川_达州	67115	四川_绵阳	50020
安徽_合肥	165898	安徽_巢湖	66900	山东_聊城	49175
河南_平顶山	165404	安徽_淮南	66674	湖北_荆州	47893
河南_南阳	163798	江西_宜春	65082	湖北_孝感	46932
安徽_蚌埠	162811	江西_抚州	64732	浙江_金华	45694
浙江_杭州	151218	浙江_宁波	64448	陕西_宝鸡	45595
湖北_武汉	145109	山西_运城	61311	甘肃_天水	45376
河南_驻马店	132178	河南_许昌	61310	陕西_汉中	44614

图 9-8　人口纯流入城市的无量纲流入量测定（2014 年）

二、人口纯流入城市

在得到无量纲的净流入量之后，依旧取上海外来人口为标准参照，推算北京、深圳和苏州的省外流入人口分别为987.90万人、976.12万人和453.51万人。从表9-7中可以看出，虽然北京的无量纲流入量（对应节前无量纲流出量，即由CityIn表中得到）大于上海，但其回流量却比上海更大，因此净流入量反而比上海要少。在第一章和第二章中发现，京沪两个直辖市所吸纳的外来人口规模是难分高低的，而在此处理之后两市也差不多。但在第七章中，北京的人口流入量比上海要高，其原因是，我们并没有逐一对每一个城市进行比对，而仅取加总值。通常而言，这些城市的净流入值都是正数，但实际还有一个年末短期性的旅游流动并未能完全消除，如深圳对香港的净流入值为-68107。另外，也可能是京沪两地日常性人口流动存在较大差异，年末北京因天气寒冷的原因可能会有很多可计算在常住性流动人口中的外来人口提前返乡，而上海和深圳则相对较少，特别是深圳，其无量纲流出甚至可以被视为外来人口的家属节前反向流动所导致。

表9-7 人口纯流入城市的流动人口推算（2014年）

城市	无量纲流入量	无量纲流出量	无量纲净流入量	省外流入人口（万人）	省内外合计（万人）
上海	25068690	6455542	18613148	996.42	996.42
北京	25377518	6923601	18453917	987.90	987.90
深圳	19051350	817343	18234007	976.12	1435.48
苏州	11247104	2775550	8471554	453.51	666.92

表9-7中第4列推算的结果都是省外流入口径，而据全国流动人口监测数据显示，2014年省内流入人口占深圳的68%，因此可以推算深圳非户籍人口常住性流入规模为1435.48万。苏州的情况与深圳相类似，由此推算苏州常住性外来人口为666.92万人，与苏州公安局掌握的数据非常接近。广州和东莞的情况与表9-7中四个城市的人口流入相类似，所不同的是，广州因为省会因素吸引了更高比例的本省籍人口流入，而东莞则因为地级市原因，其外省流动人口所占比例更高。遗憾的是，CityIn和

CityOut 两个数据表查询所得到的数据难以真实反映两市的人口流动。从省外常住性流入人口规模来看,深圳已经成为与京沪并列的人口净流入大市,而从总流动人口来看,深圳和东莞排在全国前列,而京沪穗则同在千万级人口流入城市之列。

第十章 实名制条件下的人口流动大数据

早在2000年，为保证个人存款账户的真实性，国务院发布的第285号令明确，自2000年4月1日起施行《个人存款账户实名制规定》（以下简称《规定》）。《规定》中所称的实名，是指符合法律、行政法规和国家有关规定的身份证件上使用的姓名。《规定》第五条指出，身份证实名证件包括：境内居民的身份证或临时身份证、境内16岁以下公民的户口簿、现役军人及警察身份证件、港澳台居民的来往通行证或旅行证件、外国公民的护照五种。考虑到境内居民是流动人口的绝大部分来源，本章仅讨论内地（中国大陆）居民实名制条件下的人口流动。

第一节 居民身份信息与人口流动

在国内，成年人外出一般都需要随身携带身份证。而身份证上的住址通常为持有人办理证件时的户籍所在地。公民身份证18位号码的前六位则揭示持有人最初获得身份证时其所在的省、城市和区县代码，此外，出生日期和性别对人口流动研究也非常有用。因此，凡是能频繁用到身份证的系统都可以用来研究人口的流动。由于全国公民身份证号码的唯一性，只要在公安户籍系统中输入任何一位公民的身份证号码，都可以查找到该公民的完整信息，如图10-1所示。

基于大数据的人口流动流量、流向新变化研究

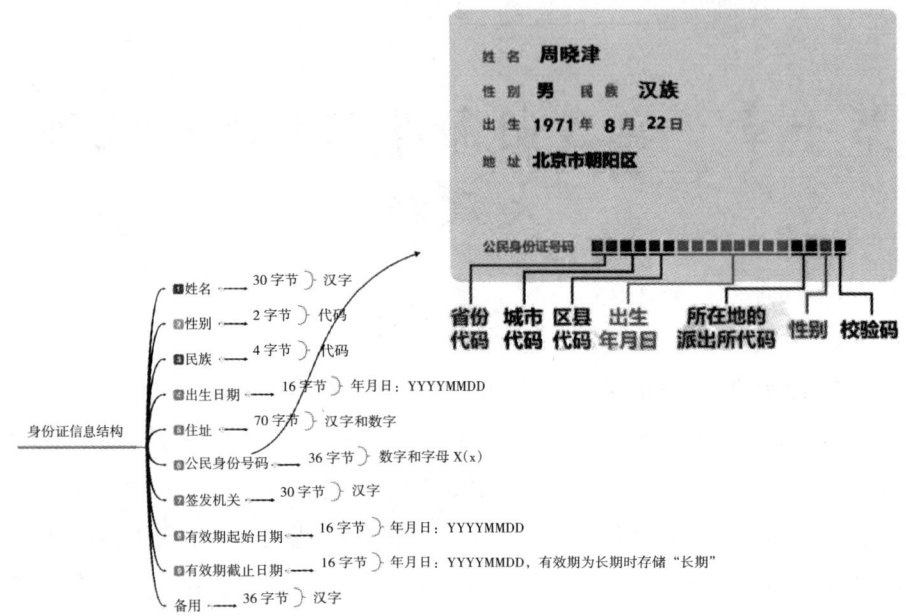

图 10-1 居民身份证件的信息结构

就农村人口而言，到了一定的年龄之后，其户籍和常住登记通常是不变的。而就户籍人口和常住人口的登记定义来看，很容易将外出人口纳入户籍地常住人口。但在实名制条件下，则很容易判定外来人口、常住人口和流动人口，这三种类型的人口通常隐含特定的区域，随着区域的变动，这些人口的数量都会发生变化。通常外来人口都以区域为首要判定因素，而常住人口和流动人口则是从居住时间的长度来判断，即只要在某区域居住的连续时间超过某一长度，即可视为常住人口（通常为半年及以上）。

居民身份证对流动人口的作用而言是定人，即对流动的个体进行标识，且这种标识主要是在办理身份证前一段时间内确定，而办理身份证之后的流动地点则无法确定。即不论该身份证持有人流动到何处，只能确定最初办理时的地点区域，而至于其流动的路径和路径上某点日期时间及其长度则无法确定。由于身份证的使用频率并不高，因此单纯依赖身份证信息无法确定持有人是否为流动人口。以全国火车乘坐人信息为例，仅能从

火车票大数据中判断较短时期内的流动情况,而不能判断是否可称之为常年性流出或流入。当然,若火车旅客车票信息数据库跨度较长,如两三年以上的数据,则也可以从一定程度上推算各省人口流动情况。从全国范围来看,火车和飞机都已经实施了较为严格的实名制,而承担人口外出占绝大比重的公路运输则并没有实行严格的车票实名制,仅在旅客购买公路客运车票时出示身份证,即身份证信息并没有录入数据库。另外,公路旅客车票信息不像飞机、火车那样实现了全国联网。最后,自驾车进入某行政区域的流动也没有较好的统计手段。

近年来,国内有关旅游人口大数据的研究较为火热,其相关数据也可以作为人口流动大数据研究。但较为成功的旅游大数据还是以移动用户实名为依托,且以五一、国庆、春节等时点为主。由于未能分开往返时点,仅从旅游大数据研究报告上很难判断人口流动的时间长短,即无法区分常年性流动人口或探亲式等短期性流动。唯一可以确定的是,无论是人口流动还是旅游人口都可以共用数据库,并根据流动习性来区分常年性流动和旅游性流动。

第二节　支付、征信与人口流动大数据

一、征信大数据与人口流动案例

截至 2016 年 5 月,以央行为主导的国内个人征信中心信用数据人群达 3.8 亿,覆盖 8.8 亿人口,占全国 13.7 亿人口的 64.23%。中国人民银行征信中心的姚前(2016)课题组利用中国人民银行征信中心的征信大数据,首次实现了对境内劳动力人口的迁移研究。该研究以房贷业务为触发点来判断人口的永久居住地址的变更,其人口迁徙数据的生成原理、数据

源及数据量如图10-2所示。该研究结果显示,征信系统中的3.9亿个自然人中,监测到1.2亿人发生了迁移行为,迁移次数为1.9亿人次。

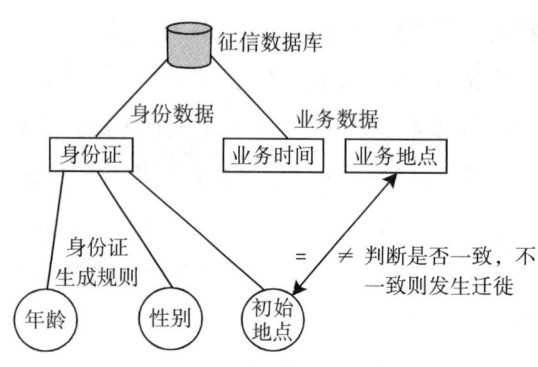

数据源	数据量(亿条)
个人公积金数据	30.7
个人信贷数据	12.2
个人社保及低保数据	5.0
机构信用码高管信息	0.5
企业高管及法人代表	0.3
企业贷款卡	0.1
总计	48.8

图10-2 人口迁徙数据生成原理、数据源及数据量(姚前,2016)

从数据源来看,个人公积金数据占数据总量的62.91%,个人信贷数据占25%,两者合计占全部数据量的87.91%。而《个人住房贷款管理办法》和《住房公积金管理条例》分别启动于1998年和2002年(修订),真正的个人房产交易日期则在2005年之后,因此,该课题组得到的历年人口迁移数量实际上反映了国内房地产的交易热度。另外,个人公积金和个人社保覆盖也并非涵括了大部分劳动力人口。以深圳为例,2017年全市城镇基本医疗保险参保人数为1151万人,占1630万劳动力人口的70.61%,异地劳务工工伤保险年末参保人数为926.83万人,约占常住性外来人口的50%。毫无疑问,深圳在推动参保方面起码超过全国平均水平,而从时间维度来看,姚前课题组所用的数据更早,因此推算的流动劳动力人口显然会大大被低估。由于涉及永久居住地址的变更,因此该课题组所揭示的人口流动流量可视为永久迁移量或真正意义上的外来常住人口,具有较高的研究价值。

从省际人口流动量来看,北京流入人口数量异常,上海人口流入量虽然与官方公布数据及我们推算的结果差距不大,但相比浙江和天津以及广东而言也存在极大的异常。由于数据源的限制,该研究推算得到的省际流动人口数约为实际流出数量的一半,而北京则远高于官方公布的外来常住人口数,上海比官方公布的外来常住人口也多出 100 余万。从北京的情况来看,2013 年底北京的移动用户数量有 3373 万户,与上海的 3200 万户相差不是太大,而北京的户籍人口与上海的户籍人口也差不多,两个直辖市都是人口净流入地,流出人口极少,加之北京地处华北、东北要道,日常性人口流量会大于上海,因此两市实际的常住人口应该差不多。我们认为,由于京沪相较于粤浙而言存在更多的房产投资客,因此依据房贷来推算迁移人口时京沪会存在高估(见图 10-3)。

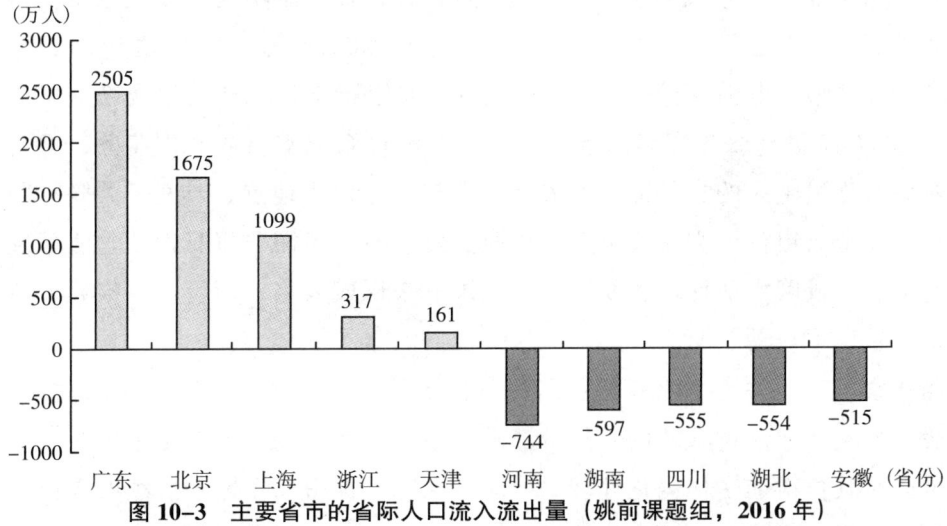

图 10-3 主要省市的省际人口流入流出量(姚前课题组,2016 年)

从人口流出量来看,湖北流出人口占其户籍人口的比重高于湖南,可能是因为湖北有武汉这样的特大城市,其居民投资省外房产的能力高于湖南;安徽和四川的户籍人口流出比则低于湖南,可能是因为湖南离广东更近。该研究结果显示,安徽并非国内人口净流出最多的省份,与我们的测量结果相一致。从流入地社保占流入人口比重来看,发生房贷业务的人口数量占全部外来人口的比重约为 50%,这意味着河南流出人口可能达到 1500 万,湖南流出人口约为 1200 万,我们认为这些数值都是可以接受的。

二、基础数据源：千亿级非现金支付业务

相对于支付业务统计数据而言，近50亿的个人房贷等数据简直太少了。例如，央行公布的《2017年支付体系运行总体情况》数据显示，2017年全国共办理非现金支付业务1608.78亿笔；全国在用银行卡发卡数量66.93亿张，人均持有银行卡4.84张（其中信用卡0.39张）；全国共发生银行卡交易1494.31亿笔（其中，存现96.41亿笔，取现173.17亿笔，转账638.46亿笔，消费业务586.27亿笔）；银行业金融机构共处理电子支付业务1525.80亿笔（其中，网上支付业务485.78亿笔，移动支付业务375.52亿笔，电话支付业务1.60亿笔），非银行支付机构发生网络支付业务2867.47亿笔。在实名制条件下，只要经过系统支付或办理业务，都与业务行为发生人的身份证发生关联，也与业务发生地点、时间相关联。因此，在个人银行卡交易或个人支付业务发生时，仅需要将身份证、业务发生地点（或网络地址）和发生时间记录下来形成表格，即可据此推算人口是否发生了流动。

数据表的关键字段包括：居民身份证号码、业务发生地、网络地址、业务日期。在支付系统内，身份证号码显然是实名的，但导出系统时完全可以对其再次加密代码化处理，以对个人隐私保密而不影响后续的人口大数据分析。以2017年为例，该数据表将有1608.78亿条记录。由于人口流动研究中的天数比较重要，而全国劳动年龄人口为10亿左右，理论上记录的上限为3650亿条，若按月处理只需要120亿条记录空间即可，按季度处理也仅需要不到500亿条的记录空间。居民身份证共18位代码，业务发生地用县区级代码，网络地址50字节，年月日时分以16字节计，每条记录100字节即可，4000亿条记录加上索引文件，央行金融系统输出的年度可计算人口流动的文件不大于50TB。若按月处理并对身份证敏感信息加密输出，最多15亿条记录（对应于全国人口总数），则仅需要0.15TB的数据空间。若仅针对全国人户分离的人口，所需要的数据空间按月处理

单个数据表文件小于30GB，对于这样的数据量，配置稍微高一点的个人电脑就可以承担，方便更多的科研个人甚至社会机构展开相关研究。

三、人户分离、常住人口和流动人口判断

一是人户分离判断。在人口流动研究中，人们更关心跨省级区域、地级市外本省、县外本市三种流动，而县（区）内本乡镇、县（区）他乡镇街道等距离相对较短的流动则少有关注。就非现金支付业务而言，识别跨省级区域、市外本省以及县外本市的人口流动是非常容易的，几乎无须增加任何设备或大系统调整就可以实现。当然，业务发生时也存在相邻区域难以识别的状态，如某乡村离其户籍所在镇金融服务地较远，而到邻近县的镇级服务地较近，就会出现本不应纳入人户分离口径却被认定为发生人户分离的情况。在数据情况下，即使不对这种因区域邻近的业务进行处理，由于其占全部人口比重极小也可以忽略。同时，也可以设置一个距离字段对此种现象进行过滤。据2017年2月腾讯位置大数据发布的《城市出行半径大数据报告》显示，北上广深工作日出行半径分别为9.3公里、8公里、6.3公里和7.4公里，因此若业务发生地与其户籍所在地距离小于10公里大约就可以过滤掉80%甚至更多的日常性人户分离情况。另外，若相邻区域频繁发生跨区域金融业务，则可成为未来区划调整的依据，从而在第二个年度分析人户分离时进一步减少这种现象（或称之为误差）。

二是常住人口判断。显然，若某人经常性地在某区域内连续（如连续6个月以上）发生各种支付业务，则可判断其为该区域内的常住人口。以跨地级市区域或跨省级区域为例，若业务行为人支付业务发生地与其户籍所在地发生人户分离的时间持续在6个月以上，就可以定义该人为常年性流出人口；若其在某地发生支付行为6个月以上，则可定义其为该地常住人口。例如，某人户籍地为A地，在某年内，其业务发生序列为1，2，…，n，业务发生地为x_1，x_2，…，x_n，若业务发生地与其户籍所在地相同的天数在180天以上，则可判断其为本地户籍常住人口；若业务发生地与其户

籍所在地不相同的天数在180天以上，则可判断其为本地常年性流出人口；若业务发生地与其户籍所在地不相同，但业务发生地相同的天数在180天以上，则可判断其为业务发生所在地常住性外来人口。这些都可以通过对数据表进行SQL查询得到。

三是流动人口数量判断。在确定本地常住人口和常住性外来人口之后，就可以得到该地常住人口的总数。同时，可以得到该地有业务发生行为人连续1个月以上6个月以下的人数，这些人可以视为流动性人口。另一种更为简便的方法是，将该地级市月平均手机用户总数视为该地实有总人口，将实有总人口减去该地常住人口总数就可以得到流动人口数量。

四、连续日期的计算

就国内而言，外出人口主要从事务工经商活动且务工人口占绝大多数。"60后""70后"外出人口从事的职业相对稳定，非现金收支业务频率相对较低，因此每年的收支业务记录可能比较少。针对这类人口，其活动半径不会太大，即使春节可能返乡或外出旅游，但设定取相邻业务发生日期之间的均值即可。例如，某人某年3月15日在东莞产生了一笔工资支付或消费支出，该人的身份证显示其来自湖南，此人该年4月20日才在中山产生了一笔工资支付或消费支出业务，则其在东莞的连续日期为3月15日以前的天数（如30天）再加上17天，总共有47天。再如，此人2017年3月至2018年1月所有的非现金收支业务都发生在广东，则可判断此人为广东常住性外来人口；若此人在此期间内在广东任何一地级市发生业务的时间长度合计都没有超过6个月，则在地级市层面此人属于外来流动人口；而此人对湖南而言，则为常年性流出人口。因此，若最后推算数据有细微的差异，不应视为误差，而是真实情况的数据反映。

时至今日，"60后""70后"人口逐渐退出外出人口行列，而"80后""90后"成为外出人口主力，"00后"也开始劳务外出。外出主力人口的网络支付和移动支付频率较高，若某人在某日产生多笔支付业务，其活动通常会发生在县级区域内或城区范围内，而一日内跨区域的可能性并不高，除非其为日常性流动人口或旅游人口。我们举例说明此类人口天数的计算，如某户籍地在韶关的人上午 10 点在广州产生了一笔业务，下午 2 点在深圳又产生了一笔业务，则其归属在广州的时间长度为当日 10 点之前的时长加上 2 小时，归属在深圳的时间长度为当日 2 点之后加上 2 小时，而其途经东莞的时长则可忽略。在实际操作中，非现金支付或收入业务往往精确到秒，而在用于人口大数据的系统记录时仅需精确到小时即可。

五、数据采集及信息流程

发生银行卡交易时，现有银行系统已有记录及关联字段包括：姓名、身份证号码（根据号码可追溯关联与个人身份有关的所有字段，这些字段在公安户籍系统记录得更为完整）、业务发生地（以代码表示，延伸到县区即可）、业务发生时间（年月日时分）。由于身份证与姓名重复关联，故检索抽取身份证号码即可。此外，银行卡交易业务包括存现、取现、转账和消费，可增加一个业务类型字段。即银行系统按月或按季度查询输出银行卡交易数据表，表内包括 4 个字段：身份证号码、业务发生地县区代码、业务发生时间和业务类型。由各银行总行汇总归集，再上报央行；央行对各银行上报的数据归集后，将数据文件交国家公安部；公安部将数据文件中的身份证号码代码化，并转化生成身份 ID 掩码、年龄、性别、户籍所在地县区代码 4 个字段，加上业务发生地县区代码、业务发生时间、业务类型 3 个字段，形成有 7 个字段的数据表文件，文件存放于国家基础信息数据库人口子库，随后即进入大数据分析阶段。在大数据分析阶段，各科研机构可申请数据开放和共享，形成各方向的子研究成果并向社会公众开放和共享。银行卡交易数据字段及信息流程如图 10-4 所示。

对于电子支付业务或非银行金融机构或企业发生网络支付业务的，可以通过业务发生地的 IP 地址完成与个人身份、业务发生地县区代码等信息关联。因此其与银行卡交易数据仅在采集阶段有所区别。而采集阶段最

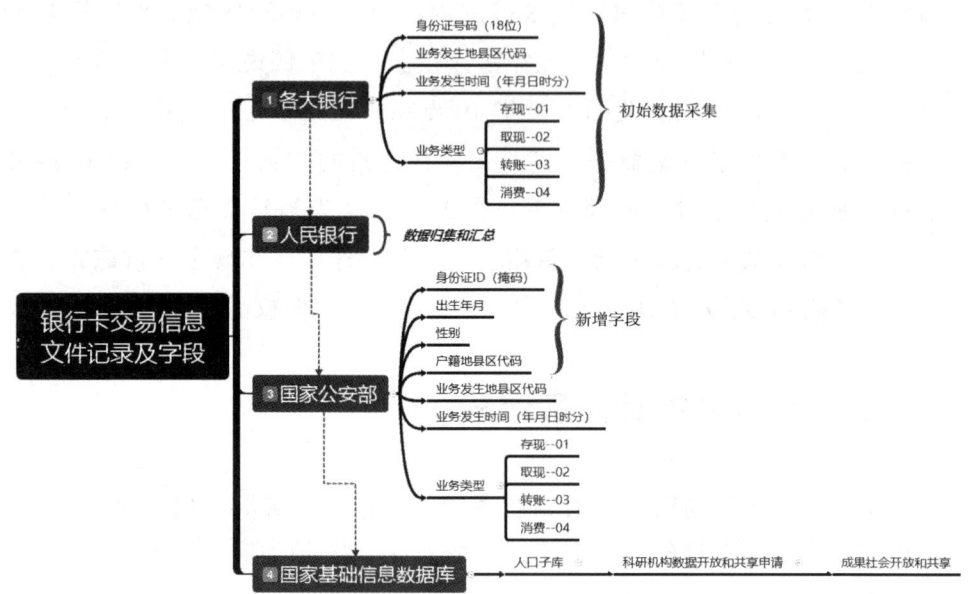

图 10-4　银行卡交易数据字段及信息流程

大的区别是以 IP 地址来关联识别业务发生地县区代码。此外，全国性大型电商支付交易显然应纳入央行监管，即这些大型电商应像受央行监管的银行或非银行金融机构一样定期向央行提交含有下述 4 个字段的数据文件表，甚至直接接入央行的相关系统。所不同的是，电商实名制实际上是一种掩码，其账号在申请时即与身份证关联，电商公司的用户对社会公众是被加密和代码化处理的，而连入央行时则应是与身份证相对应的实名。为方便央行处理，可要求电商公司将用户支付行为发生地的 IP 地址直接转换成县区层级的代码后再接入央行，即电商公司报送或接入央行的数据文件至少包括如下 4 个字段：用户身份 ID（身份证号码）、业务发生地 IP 地址（对应转换成县区代码）、业务发生时间和业务类型。就人口流动大数据而言，业务类型并非关键字段，仅在设计初期考虑到后续可能的分析而增加，到国家公安部时业务类型字段甚至可以不用。但考虑到国家流动人口政策的调整及对农民工的直接转移支付需要，到国家基础信息数据库的人口子库时依然有较大的用处，因此在数据开放和共享时应加以适当的制度安排以确保不发生可能的泄密事件。电子及网络支付的文件数据字段及信息流程如图 10-5 所示。

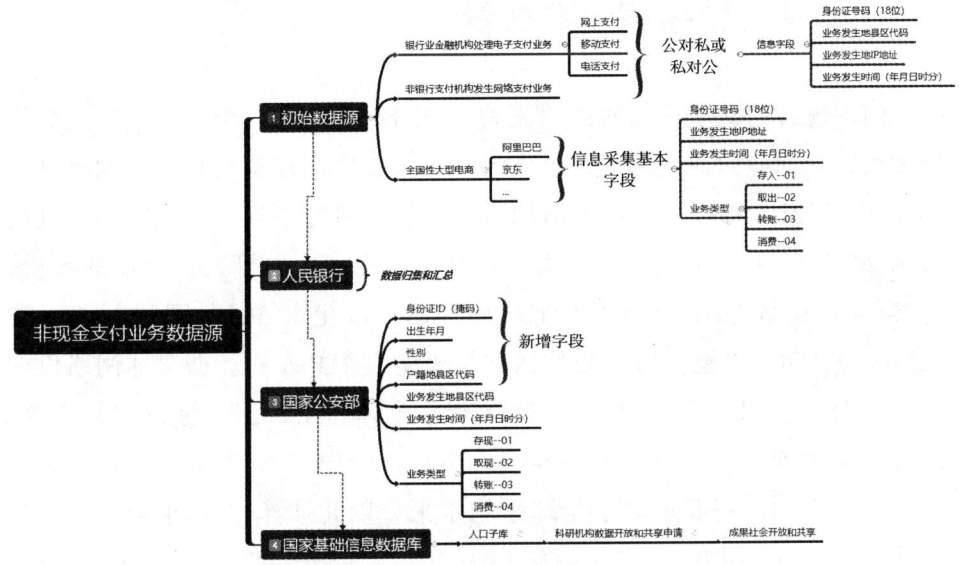

图 10-5 电子及网络支付数据字段及信息流程

即使是人口学家,所关注的信息也各不相同,本节仅就人口流动提出相关的数据及字段需求。由于很少有人是全能专家,而数据库文件及其字段可以轻松实现关联,因此先由不同需求提出实现方案是一种可行的方法。商业公司可能更关注消费的金额和人群及其地域分布,这已超出了非营利性研究的范围,本节不再做更深一步的讨论和扩展。

第三节 移动实名与人口流动大数据

2013 年 7 月,国家工信部发布《电话用户真实身份信息登记规定》(工业和信息化部令第 25 号),明确规范境内电话用户必须以真实身份进行登记,该规定自 2013 年 9 月 1 日起施行。电话实名登记的个人身份与《个人存款账户实名制规定》中所称的实名是一样的。

一、基础数据源和数据量

国内现有的基于移动通信的流动人口研究面临的一个主要问题是数据量太大，从而导致研究时间跨度大为缩短。如广东移动大数据应用创新中心发布的《基于移动大数据的深圳市人口统计研究报告》[①]，其时间跨度也仅为2017年11月份一个月。通常而言，国内一个中等人口规模的省份，每年的移动数量在600TB（1TB=1024GB）以上，3G上网记录在2PB（1PB=1024TB）以上，每天的数据增长速度为4TB左右。据全球网络供应商思科公司预测，自2016年至2021年，全球移动数据流量将增长7倍，2021年将达到每月49EB或每年587EB。由于中国人口占全球的20%左右，加上中国的普及率高于全球平均水平，以此推算2021年全国移动数据流量为每月10EB（1EB=1024 PB）左右。据爱立信公司预测，2017~2023年，全球移动数据总流量的复合年增长率将达到42%，至2023年将达到每月110EB，而人口最多的东北亚地区占全球总流量的23%，2023年东北亚总流量预计达到每月21EB。

国家工信部发布的报告显示，截至6月末，移动、联通和电信三大基础电信企业的移动电话用户总数达15.1亿户；2018年上半年全国移动互联网累计流量达266亿GB，6月份人均使用流量达4.24GB。据爱立信公司预测，2017年北美地区每部智能手机每月产生的流量约为7.1GB，2023年将达到28GB。中国人均手机流量约为北美地区每部智能手机月流量的60%，这意味着2023年中国每个手机用户的月产生流量可达16.8GB。巨大的数据量限制了基于移动通信的人口流动研究应用。但就跨区人口流动而言，我们并不需要知道每个时刻每部手机对应的实名用户所在的位置，且对位置的精度也没有很高的要求，仅需要知道实名用户每天或每小时所

---

① 报告全文可通过百度网盘下载：https://pan.baidu.com/s/1qZItVsC，密码：bxu5。

在的县代码就完全足够了。以 15 亿用户为例，每天仅需要 15 × 24 = 360 亿条含有用户县区代码的记录就可以了。同时，对用户的实时位置也没有要求，因此可在网络负荷低谷时进行运算，在网络繁忙时仅需要存储记录即可。另外，除非实名用户的县区位置发生变动，否则两次位置变动之间的数据甚至可以忽略。以每条记录 100 字节计算，每月 10800 亿条记录加上索引文件，输出的每月可用于计算全国人口流动的文件不大于 135TB。

二、基本数据、字段及数据成本

手机定位精度远高于非现金交易显示的位置，如移动网络的 A-GPS 定位精度可达 30 米，而互联网中的手机 WiFi 定位精度可达 3~5 米。因此，在手机全民普及的时代，人户分离距离几乎可以精确到村组一级，更何况跨乡镇人口流动。但在现实应用中，除非是商业性客流研究的需要，否则无须关注短距离日常性的人口流动，而应着眼于县区级及以上的人口流动。移动用户最常见的数据包括用户基本信息、通话记录、上网记录、基站地理位置等。用户基本信息包括用户信息、手机号码及用户实名身份信息。通话记录包括通话开始时间、通话结束时间、通话基站经纬度等信息。上网记录包括网络请求时间、网络请求经纬度等信息。无论是通话还是上网，其信息传输经过的基站经纬度都可以判断其所在区县。个人可以拥有多部手机，因此用户基本信息中的用户实名身份信息与手机是一对多的关系，若手机通话或上网时所在区域经纬度不同，则可判断该手机虽然登记为某个实名用户所有，但其实对应两个人，这种情况在查询统计时很容易区分出来。

用户基本信息可以提供手机号码和实名身份，通话记录和上网记录及其所在的位置则可用于判断用户行为发生时所处的区域位置，根据区域位置的变动则可判断移动产品的持有人是否发生了人口流动及其状态。相对于前面的银行卡或非现金交易业务而言，移动产品对全部人口的渗透率与其相当，但由于人们操作使用的频率远高于前者，因此利用移动大数据得到的人口流动更为精准。这些数据所对应的字段全部以标准化格式存在于运营商的计算机系统的日志记录文件中,只需对其进行相应的操作就可以获得用于人口流动研究的数据记录表。相对于每个用户每月4G的数据流量而言,判定用户一个月内的位置数据最多需要30(天)×24(小时)共720条记录,即72KB的数据量,仅占用户月平均数据流量的0.017‰。2017年全国电信业务总量为27557亿元(2015年不变价格),若采取政府服务采购的方式来获取数据,以数据流量比来计算仅需要税收减免或财政反补0.47亿元。考虑到运营商提供数据的积极性,税收减免或财政反补可适当提高,但依据数据量大小来付费是一种可行的做法。据测算,国家进行一次人口普查的现金支出达500亿元以上,而在大数据环境下测算全国人口及其流动的成本只相当于传统人口普查直接现金支出成本的1‰。

三、移动日志数据归集及信息流程

截至2017年底,国内三大移动运营商中,中国移动用户占全国60%以上,联通和电信各不到20%。初始数据主要来自国内三大移动运营商。在前面简单地测算了运营商的数据提供成本,在实际运作中可适当提高至5亿元,移动、联通和电信三家各按6∶2∶2减免或财政反补,高出数据成本的经费可用于支持移动运营商自身的大数据后期分析研究。可供人口流动研究的数据进入国家基础信息数据库之后,每年财政拨付5000万元在全国范围内资助500名学者进行人口大数据研究。其他社会学科也可以提出数据需求,以与此相同的形式开展种类研究。

所需的数据可归为三类,即用户基本信息、通话和上网。由于身份实名制,某用户的多个手机对应于其全国唯一的身份证号码。归集的每一条记录中的用户基本信息包括身份证号码、性别、民族。通话记录将受话人和来话人分开以方便双向研究。而上网记录中的网络请求的网络IP地址对应于上网人所在区域的县区代码(见图10-6)。通话记录和上网记录可分属不同的数据表文件,也可以合并成一个文件,而基本信息中的身份证号码则为关联关键词。包含用户实名身份的通话记录和上网记录以统一的格式上报至国家工业和信息化部，经工信部内部有关部门进行安全检查和论证后形成统一的格式文件提供给国家基础信息数据库，可由人口子库接收管理，经加密处理或去个人隐私之后向全国开放。在数据来源方面，至2018年3月，微信和支付宝用户数量分别达到10.4亿户和8.7亿户，渗透到全国几乎除了新生儿、幼龄儿童及老年人以外的所有人口。因此，无论是国家管理还是社会公共研究的需要，这种移动网民高渗透率的大型平

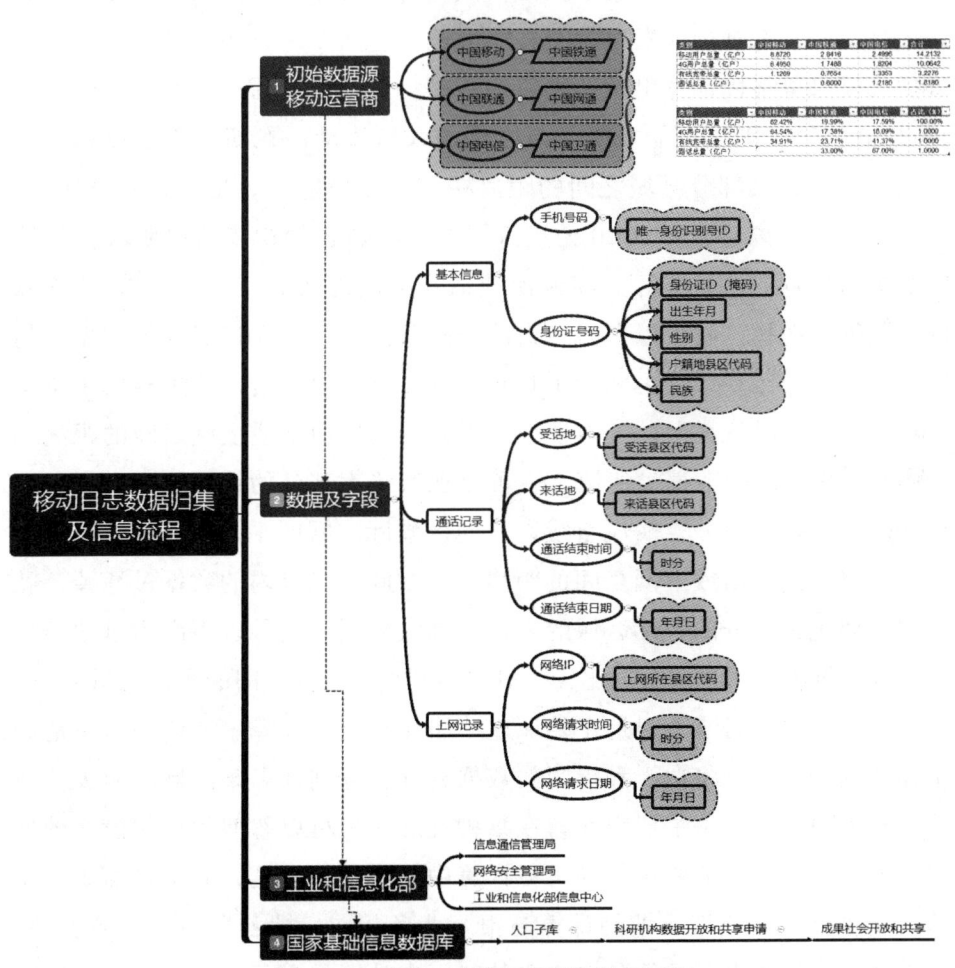

图10-6 移动日志数据归集及信息流程

基于大数据的人口流动流量、流向新变化研究

台都理所当然地应被纳入国家信息管理范围，要求其提供有利于社会公共管理的去个人隐私大数据。同时，国家财政给予相应的税收减免和补贴。

四、数据的初步清洗

相对于银行业务，通话和上网的频率远高于前者，但依旧存在日期的连续计算问题，如 64 岁以上的老年人和劳动年龄以下的儿童以及部分劳动年龄人口的通话或上网频率就比较低。与银行业务不同的是，无论是通话还是上网，都有行为发生时的经纬度记录。如今，只要有了两地经纬度数据，就可以很快计算出两地之间的距离。若两次通话或上网之间的距离超过 30 公里，则很可能发生了跨区域的人口流动。在胡焕庸线以东的人口稠密地区，大部分县城之间的距离在 30~50 公里，而在河北平原地区，县城之间的距离甚至不到 20 公里。因此，在数据的初步清洗阶段，经纬度数据可以起到重要作用，将两次通话或上网之间的距离小于 10 公里以内的数据过滤掉，就可以保留绝大部分的跨县区级的人口流动大数据。胡焕庸线以东地区地级市之间的平均距离在 200 公里左右，这也构成了中国高铁网络"八纵八横"的基本框架，因此将两次通话或上网之间的距离小于 100 公里以内的数据过滤掉，就可以保留绝大部分的跨地级市区域的人口流动大数据。另外，胡焕庸线以东地区省际之间的平均距离在 400 公里左右，将两次通话或上网之间的距离小于 200 公里以内的数据过滤掉，就可以保留绝大部分的省际区域的人口流动大数据。这种以距离为过滤条件的筛选数据再与非过滤数据比较，可以得到相邻区域之间的人口流量大小。

进一步的数据清洗则是在某地连续居住日期的计算。考虑到居住地和工作地的区别，可将白天和夜间的数据分开，分别计算某区域的白天人口或夜间人口。但就本书研究而言在某种程度上是可以忽略的，如设区的地级市有些区的面积非常小，则可只计算中心城区的郊县，而不将面积很小的区单独计算。连续日期的计算与银行业务相同，即若发生跨区域流动，则在两次通话或上网之间各取一半的时间来计算。由于要计算时长，则可

新增一个天数（Days）字段，最后每个人对应 1 条或多条记录。为减少数据量，每天每个用户最多采集 24 条记录，即每小时采集一条，这样在数据采集阶段就可以设计数据采集函数并进行处理。

第四节 大数据时代的 2020 年全国人口普查

一、人口普查成本比较

人口普查是一个世界性难题。在信息技术高度发达的美国，虽然较早地利用计算机进行辅助人口普查及后期数据处理，但时至今日依然需要依赖数十万现场人口普查人员完成 10 年一次的人口普查。人口普查成本高昂，人口仅 3 亿多的美国 2020 年人口普查预算拨款就高达 160 亿美元，从 2010 年美国人口普查支出经费推算，2020 年美国的人口普查成本将在 200 亿美元左右。2010 年我国第六次全国人口普查仅全国各级财政就投入了 80 亿元，加上各级人工成本，实际付出成本应在 500 亿元人民币左右。据国际经合组织（OECD）的购买力平价（PPP）研究结果显示，3.506 元人民币的购买力相当于 1 美元（2011 年）。考虑到人民币近年来相对疲软以及美国人均 GDP 是中国 7 倍的现实，以 3∶1 的购买力平价计算，人口是美国 4 倍的中国 2020 年人口普查成本将达到 342.86 亿元。若不考虑 PPP，仅考虑人员工资和按相同人口规模的普查支出，中国需要为 2020 年的人口普查预算投入 640 亿元人民币。在大数据时代，这一切都可以改写。从前面对金融业务和移动日志数据的分析情况来看，只要有数据就可以得到比人口普查更为精确的跨地域流动人口数量和流向，而数据成本不到 0.5 亿元。

二、人口普查数据字段分析

从 2010 年"六普"的全部数据资料来看,第一部分是民族和年龄。民族和年龄都与居民身份证直接相关,个人民族一般在一生中都保持不变,而年龄虽然变化但可直接根据身份证推算新的年龄。年龄中的劳动力年龄人口、14 岁以下人口、65 岁以上人口在数据的后期处理阶段都可以自动归集,并可依归集结果进一步推算各年龄段人口占全部总人口的比重及抚养比(总抚养比、少儿抚养比、老年抚养比)。

第二部分是受教育程度。受教育程度比较复杂,原因是各级种类学校的数据格式不一致,电子信息化数据也各不兼容,但 2014 年之后中小学学籍统一管理速度加快。至 2017 年,建成了中小学全国统一的学籍系统,加上早已运行的中国高等教育学生信息网,已能满足大部分人的教育程度查询需求。

第三部分是家庭户,其规模和类别每年也会变动,即使是公安户籍系统也并不能完全反映居民家庭规模及类别的真实情况。

第四部分是死亡人口,指普查登记时普查时点一年内各地区不同年龄段的死亡人数。《中华人民共和国户口登记条例》第八条详细规定了公民死亡后 1 个月内应向户口登记机关申报死亡登记,而国卫规划发〔2013〕57号文件则进一步规范了人口死亡医学证明和信息登记管理工作。显然,户口登记机关的数据最全,而医疗机构人口统计中也有大量的死亡人口信息,两者可以做比对分析。

第五部分是户口登记情况,该项与人口流动关联最为紧密。所不同的是,人口普查地址精确到村组一级,而本书重点关注跨区域级流动。若采用移动日志数据,完全可以达到人口普查精确度要求。

第六部分是住房情况,包括住房间数、住房面积、人口三个常用字段。由于居住在多层房屋的人口比例较大,且近年来房地产迅速发展,目前尚无稳妥的大数据方法来达到普查要求,但可在人口普查 APP 设计阶

第十章 实名制条件下的人口流动大数据

段加以考虑（见图 10-7）。

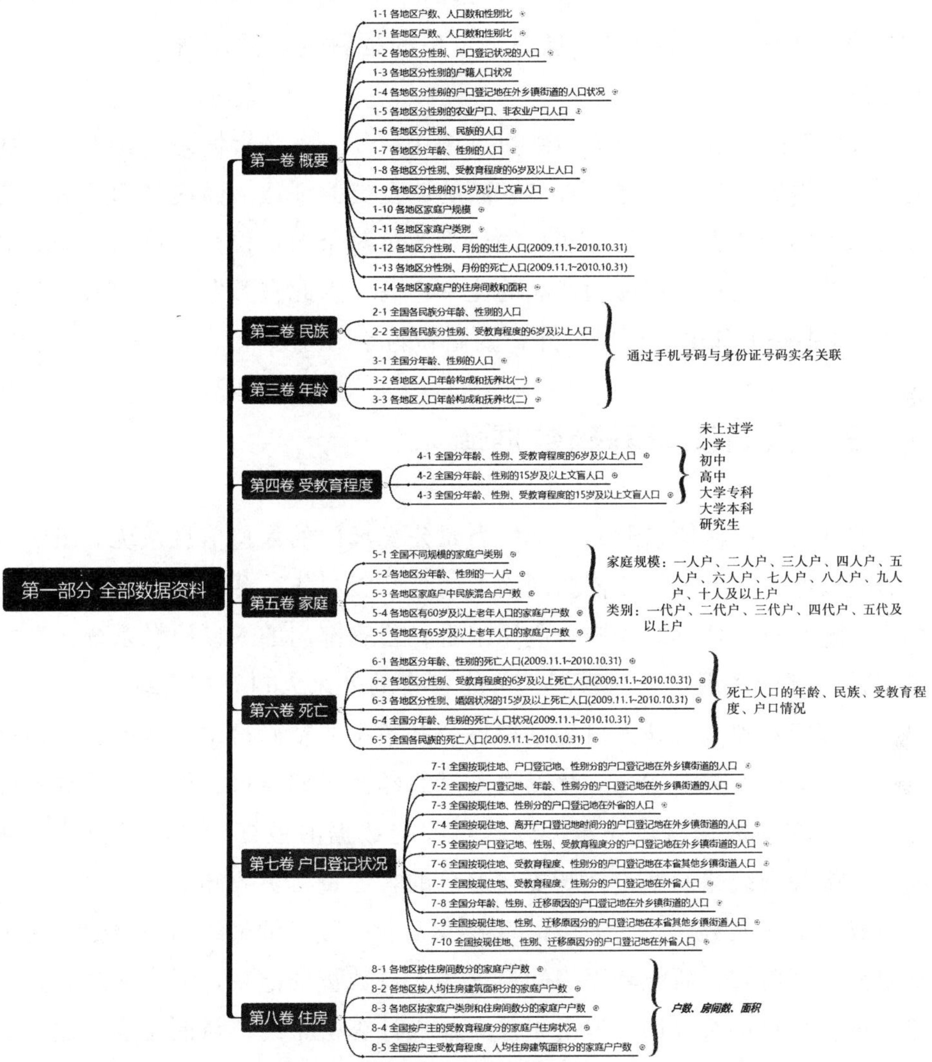

图 10-7 中国人口普查第一部分全部数据资料的主要字段

从现有工作准备来看，采用大数据手段进行 2020 年人口普查的条件还不完全具备，但技术条件成熟，完全应该将大数据作为 2020 年乃至未来人口普查的重大项目进行。其首要工作是分析人口普查数据字段需求，

· 399 ·

将传统的普查项目分成多个子项目。从上面的数据资料分析来看,年龄和性别只要和身份证号码关联即可,其他4个部分在人口普查APP设计阶段各分配2~3个字段即可,且完全可以根据调查数据发送确定被调查人所在位置。

人口普查长表数据更为精细(见图10-8),一级指标共有8个,在居民就业、婚姻、生育和老年人口方面的调查更为细化,而这些细化指标与个人隐私的关联更大,且这些数据很难通过对个人定位直接得到,加之老年人和新生儿人口使用移动产品的比率不高,因此宜开发独立的人口普查APP,其中婚姻和生育可以合并,就业和老年则应分开。

三、人口普查基础数据源

现有人口资料信息最为齐全的当属公安部门的人口信息系统。出于资料的机密性,笔者也只能依据网络上的公开资料作一些猜测,无法把握全貌或一窥究竟。从其对外服务应用来看,公安部门的人口信息系统已经相当完备,且已实现了全国联网,可能各省的外来人口管理系统尚未统一,但公安部门对外来流动人口的掌握比公开数据要精确得多。例如,四川巴中市通江县公安局(1996)对流动人口的延伸式调查报告得到的数据就非常可信。在大数据时代,数据变动过程与数据的最终结果同样重要。例如,分析公交线路的客流,既要知道总的客流量,更要知道每一时点、每一站点的上下人数。公安人口信息系统无疑可以提供最终的人口数量,但从研究角度而言,研究者更想知道这些人口数量的演变过程。在过去,虽然对过程信息都有存档,但由于没有输入计算机系统,从而无法对过程进行分析。传统的人口普查也要依赖公安户籍系统。因此公安部门的人口信息系统依然是大数据时代人口普查的基础数据源。

另一个基础数据源无疑是移动运营商。由于人们对移动产品的依赖和使用频率远大于对公安户籍系统的业务需求,因此移动运营商的用户数据日益成为了解人口数据的演变过程中最为重要的数据。在移动实名制条件

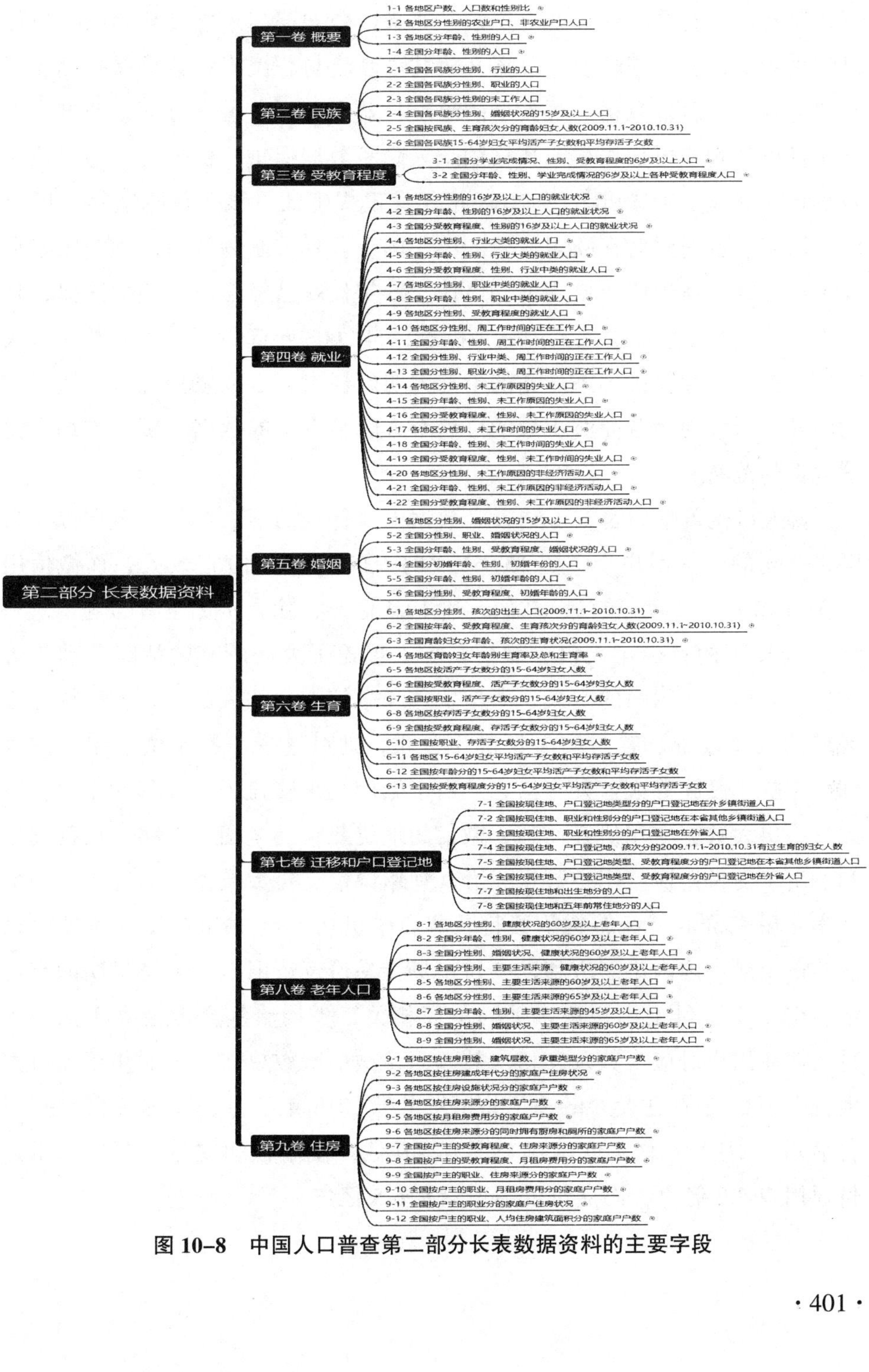

第十章 实名制条件下的人口流动大数据

第二部分 长表数据资料

- **第一卷 概要**
  - 1-1 各地区户数、人口数和性别比
  - 1-2 各地区分性别的农业户口、非农业户口人口
  - 1-3 各地区分年龄、性别的人口
  - 1-4 全国分年龄、性别的人口

- **第二卷 民族**
  - 2-1 全国各民族分性别、行业的人口
  - 2-2 全国各民族分性别、职业的人口
  - 2-3 全国各民族分性别的未工作人口
  - 2-4 全国各民族分性别、婚姻状况的15岁及以上人口
  - 2-5 全国按民族、生育孩次分的育龄妇女人数(2009.11.1-2010.10.31)
  - 2-6 全国按民族15-64岁妇女平均活产子女数和平均存活子女数

- **第三卷 受教育程度**
  - 3-1 全国分学业完成情况、性别、受教育程度的6岁及以上人口
  - 3-2 全国分年龄、性别、学业完成情况的6岁及以上各种受教育程度人口

- **第四卷 就业**
  - 4-1 各地区分性别的16岁及以上人口的就业状况
  - 4-2 全国分年龄、性别的16岁及以上人口的就业状况
  - 4-3 全国分受教育程度、性别的16岁及以上人口的就业状况
  - 4-4 各地区分性别、行业大类的就业人口
  - 4-5 全国分年龄、性别、行业大类的就业人口
  - 4-6 全国分受教育程度、性别、行业中类的就业人口
  - 4-7 各地区分性别、职业中类的就业人口
  - 4-8 全国分年龄、性别、职业中类的就业人口
  - 4-9 各地区分性别、受教育程度的就业人口
  - 4-10 各地区分性别、周工作时间的正在工作人口
  - 4-11 全国分年龄、性别、周工作时间的正在工作人口
  - 4-12 全国分性别、行业中类、周工作时间的正在工作人口
  - 4-13 全国分性别、职业小类、周工作时间的正在工作人口
  - 4-14 各地区分性别、未工作原因的失业人口
  - 4-15 全国分年龄、性别、未工作原因的失业人口
  - 4-16 全国分受教育程度、性别、未工作原因的失业人口
  - 4-17 各地区分性别、未工作时间的失业人口
  - 4-18 全国分年龄、性别、未工作时间的失业人口
  - 4-19 全国分受教育程度、性别、未工作时间的失业人口
  - 4-20 各地区分性别、未工作原因的非经济活动人口
  - 4-21 全国分年龄、性别、未工作原因的非经济活动人口
  - 4-22 全国分受教育程度、性别、未工作原因的非经济活动人口

- **第五卷 婚姻**
  - 5-1 各地区分性别、婚姻状况的15岁及以上人口
  - 5-2 全国分性别、职业、婚姻状况的人口
  - 5-3 全国分年龄、性别、受教育程度、婚姻状况的人口
  - 5-4 全国分初婚年龄、性别、初婚年份的人口
  - 5-5 全国分年龄、性别、初婚年龄的人口
  - 5-6 全国分性别、受教育程度、初婚年龄的人口

- **第六卷 生育**
  - 6-1 各地区分性别、孩次的出生人口(2009.11.1-2010.10.31)
  - 6-2 全国分年龄、受教育程度、生育孩次分的育龄妇女人数(2009.11.1-2010.10.31)
  - 6-3 全国育龄妇女分年龄、孩次的生育状况(2009.11.1-2010.10.31)
  - 6-4 各地区育龄妇女年龄别生育率及总和生育率
  - 6-5 各地区按活产子女数分的15-64岁妇女人数
  - 6-6 全国按受教育程度、活产子女数分的15-64岁妇女人数
  - 6-7 全国按职业、活产子女数分的15-64岁妇女人数
  - 6-8 各地区按存活子女数分的15-64岁妇女人数
  - 6-9 全国按受教育程度、存活子女数分的15-64岁妇女人数
  - 6-10 全国按职业、存活子女数分的15-64岁妇女人数
  - 6-11 各地区15-64岁妇女平均活产子女数和平均存活子女数
  - 6-12 全国按年龄分的15-64岁妇女平均活产子女数和平均存活子女数
  - 6-13 全国按受教育程度分的15-64岁妇女平均活产子女数和平均存活子女数

- **第七卷 迁移和户口登记地**
  - 7-1 全国按现住地、户口登记地类型分的户口登记地在外乡镇街道人口
  - 7-2 全国按现住地、职业和性别分的户口登记地在本省其他乡镇街道人口
  - 7-3 全国按现住地、职业和性别分的户口登记地在外省人口
  - 7-4 全国按现住地、户口登记地类型、孩次分的2009.11.1-2010.10.31有过生育的妇女人数
  - 7-5 全国按现住地、户口登记地类型、受教育程度分的户口登记地在本省其他乡镇街道人口
  - 7-6 全国按现住地、户口登记地类型、受教育程度分的户口登记地在外省人口
  - 7-7 全国按住地和出生地分的人口
  - 7-8 全国按现住地和五年前常住地分的人口

- **第八卷 老年人口**
  - 8-1 各地区分性别、健康状况的60岁及以上老年人口
  - 8-2 全国分年龄、性别、健康状况的60岁及以上老年人口
  - 8-3 全国分性别、婚姻状况、健康状况的60岁及以上老年人口
  - 8-4 全国分性别、主要生活来源、健康状况的60岁及以上老年人口
  - 8-5 各地区分性别、主要生活来源的60岁及以上老年人口
  - 8-6 各地区分性别、主要生活来源的65岁及以上老年人口
  - 8-7 全国分年龄、性别、主要生活来源的45岁及以上人口
  - 8-8 全国分性别、婚姻状况、主要生活来源的60岁及以上老年人口
  - 8-9 全国分性别、婚姻状况、主要生活来源的65岁及以上老年人口

- **第九卷 住房**
  - 9-1 各地区按住房用途、建筑层数、承建类型分的家庭户户数
  - 9-2 各地区按住房建成年代分的家庭户住房状况
  - 9-3 各地区按住房设施状况分的家庭户户数
  - 9-4 各地区按住房来源分的家庭户户数
  - 9-5 各地区按月租房费用分的家庭户户数
  - 9-6 各地区按住房来源分的同时拥有厨房和厕所的家庭户户数
  - 9-7 全国按户主的受教育程度、住房来源分的家庭户户数
  - 9-8 全国按户主的受教育程度、月租房费用分的家庭户户数
  - 9-9 全国按户主的职业、住房来源分的家庭户户数
  - 9-10 全国按户主的职业、月租房费用分的家庭户户数
  - 9-11 全国按户主的职业分的家庭户住房状况
  - 9-12 全国按户主的职业、人均住房建筑面积分的家庭户户数

图 10-8 中国人口普查第二部分长表数据资料的主要字段

下,移动运营商在一定程度上扮演了原来由公安部门才能接触到的人口信息管理者角色。在国际上,数据开放共享潮流与公民隐私数据保护潮流互相对撞。一方面,数据开放共享的呼声日益强烈,而另一方面,西方各国逐步推出和实施更加详尽和严格的个人隐私数据保护。例如,欧盟《通用数据保护条例》(GDPR)于2018年5月正式生效,该条例既适用于所有欧盟国家,也同样对在欧盟运营的第三国企业具有制约效力。欧美国家早在个人计算机尚未广泛使用的20世纪70年代就已经形成了相关法律,日本则以《个人信息保护法》实施为标志,自2003年起就形成了一整套有效的个人信息法律保护体系。党的十九大明确提出,必须坚持党对一切工作的领导。而移动运营商所积累的巨量个人隐私有关的数据无疑会被纳入党管数据的范畴。

就人口覆盖率而言,可纳入大数据人口普查的第三个基础数据源应为腾讯公司的微信用户。中国15~64岁的人口总量为10亿余人,而微信用户在2018年3月就已突破10亿,达10.4亿户,除去1亿左右的老年人和15岁及以下的青少年人口,微信基本上覆盖了大陆所有的活跃劳动年龄人口。利用微信用户的登录、微信发送和微信支付的大数据,可以统计各区域的人口数量。若与实名身份相关联,则可进一步推断微信用户的性别、年龄、民族等人口普查信息。由于微信几乎覆盖了所有移动用户,因此就人口大数据应用研究而言,微信的地位几乎是全国三大移动运营商之和。由于支付便捷且用户数量庞大,利用微信支付大数据来研究人口的潜在学术研究价值已经超越了银行及非金融机构。至2018年第1季度,虽然腾讯金融占国内第三方移动支付市场交易份额依旧低于阿里集团的支付宝,但由于支付宝用户更多地与电商相关,平均单笔金额会大于微信支付,但在用户对应人数及支付次数方面,微信次数更多,因而用于人口大数据分析的价值更大。Ipsos China 公司于2018年7月发布的一份调查报告显示,中国10亿互联网用户中有8.9亿户使用移动支付,其中腾讯财付通用户8.2亿户,而支付宝用户只有6.5亿户。

第十章 实名制条件下的人口流动大数据

第五节 结语、政策建议与进一步研究展望

一、近年来全国人口流动平稳，并不存在加速流出或加速流入的情形

20世纪80年代以来，伴随着改革开放而形成的全国范围内的人口大流动，在重塑中国生产布局版图的同时也摧毁了新中国成立以来的工业生产体系，中西部除了少数几家国有大型企业外，其余几乎成为单纯的能源、原材料和劳动力的供应地和东部沿海发达地区的消费市场。研究发现，数以亿计的农村劳动力直到2006年前后才完全释放，而广东、浙江两个外来流入人口最多的省份也大致在2006年左右达到最高峰。但表现在统计数据上，无论是人口流入地还是流出地，在省级层面几乎都表现为持续增长。广东作为全国拥有最多跨省流动人口的省份，仅将办理了暂住证的外来人口作为公开数据，从而导致历年来全国常年性流动人口被低估。2010年"六普"之后，国内流出半年以上的人口统计口径逐渐一致，人口数字和实际流动的情况逐渐接近。

在人口流出地，人口统计通常以户籍所在地为依据，因此常住人口数据中包括大量已经常年性流出但依旧将其纳入统计口径的人口，从而导致流出地常住人口虚高。另外，人口流入地常住人口数据却表现出惯性增长，即将早已流入的外来人口逐年纳入本地常住人口统计中，从而表现出外来人口流入的持续增长。研究表明，自2003年之后，中国农村劳动力向非农就业转移增量甚微，2012年以来甚至逐步下降。自2008年以来我国农村外出劳动力总量长期保持稳定，几乎没有任何增量。无论是南方人口流出大省还是东北，其人口的大规模流出基本上在2008年以前就已经

· 403 ·

基于大数据的人口流动流量、流向新变化研究

形成稳定的流量,因此并不存在近年来东北人口加速流出的现象,全国人口主要流入地的珠三角和长三角也不存在人口加速流入的事实。2008年以后,中西部省会城市人口的快速增加,来自沿海地区的回流除川渝两地比较明显外,华中三省及安徽、江西等人口主要流出地的外出人口跨省返乡回流规模并不大。

2008年以来,国家对经济体系进行重新构建,人口的流向发生了较大的变化。一方面,粤浙京沪苏依然是人口流动的主要目的地,但其流动人口占全国比重在逐步下降。另一方面,中西部省会城市的崛起吸引了大量人口回流,长江中上游及京广沿线省会城市人口流入增量明显。沿海制造业内陆转移将大量40岁以上劳动力人口带回中西部,这些转移产业的生命周期可能随着劳动力人口回流同时消失。在外贸出口高速增长不复存在的新时代,中西部的制造业体系需要长远规划和重构。由于东部沿海城市房价高企,年轻人生存成本大为提高,这些城市吸引年轻人口的能力不再强劲,其吸引外来人口的数量与其经济总量基本上成正比。值得注意的是,即使房价大幅度下降,沿海地区也难以再现20世纪90年代强大的产业竞争力和人口吸引力,反而会导致产业和人口与高房价同时消失。

二、传统人口抽样调查汇总处理时加权计算缺失会产生较大的误差

除了10年一次的人口普查外,相关部门和科研机构为掌握流动人口的数量进行了多次全国范围内的人口调查,但在最终结果的准确性方面依然存在较大争议。由于人口分布的严重不均衡性,且调查抽样不能做到抽样数量与实际人口占全部人口比重的高度吻合,因此很多样本的权重问题没有得到很好的处理。例如,就跨省流入人口数量而言,广东外来人口规模几乎是浙江的2倍,但两省的调查样本是一样多的,而且粤浙两省外来人口的来源构成也完全不一样。因此,若不对调查样本进行加权处理,那么以广东为主要流动目的地的省份显然会比以浙江为流动目的地的省份有

更多的跨省流出人口。而人口流动大数据从采样层面就直接避开了这种抽样加权问题。因为初始数据统计口径一致，且得到的初始量与流动人口规模几乎是完全的线性关系，即大数据初始统计量就已经包含了人口权重。除四川省的跨省流出人口大数据推断有异常以外，以初始统计量来计算的人口流动就已经取得较为可信的人口流动流量数据。以人口重力模型为基础的加权人口计算则较好地处理了四川流出人口异常的问题。

三、在大型节假日采集人口流动数据样本可得到较好的流量、流向测定值

作为中国最为传统的节日，外出人口春节前大规模返乡为测度区域人口流动规模和流向构成提供了机会。虽然清明、五一和国庆等重大节假日的旅游人口也可以用来推算大区域的人口流动，但其精确度远低于依据春节节前流动推算的结果。例如，从广东省旅游局和广东移动联合推出的2018年国庆黄金周旅游大数据结果来看（见图10-9），国庆期间流出广东的人口与广东外来人口来源地高度正相关，大致可以从流出人口占全省比重来推断广东外来人口构成。其中，湖南和广西是广东省外来人口的两大来源地，流动到湖南的多于广西，可推测在粤湖南人多于在粤广西人，但来到广东的广西人多于湖南人，原因有两个，一是广西比湖南近，即距离因素起作用，二是国庆来广东的多是广东外来人口的家属，而外来人口家属多属于女人或小孩假期来广东团圆，其外出能力比外来人口回家能力要弱。闽浙两省与广东之间的人口流动有较强的相似性，旅游人口和商务人口的流动占比要高于湘桂赣鄂。初步推断，国庆期间湖南、广西、江西和湖北约有一半外出到广东的人口返回家乡，广东外来人口总规模还保持在4000万人左右。

由于国庆期间的流动与春节比较相似，若结合移动通话记录，则可将短期性旅游人口过滤而得到较为准确的常年性跨省流动人口数据。移动通话记录可以判断出由广东流出的人口中哪些是广东本地户籍人口，哪些是

外来常住人口。广东省旅游局和广东移动联合推出的 2018 年国庆黄金周旅游人数的大数据报告没能很好地辨别探亲游人口、本地外出游人口和外省来粤旅游人口。但人口大数据学者却拿不到数据,从推动人口大数据研究和应用来看,应从国家层面建设基础数据平台,由移动运营商按照研究需求提供含有相关字段的数据,而由政府支付一定的数据采集费用或在税收上进行减免。相同的数据对不同的研究者而言,其价值是不同的,熟练的研究者可以很快从中发现蕴含的新数据、新规律和新的结论。

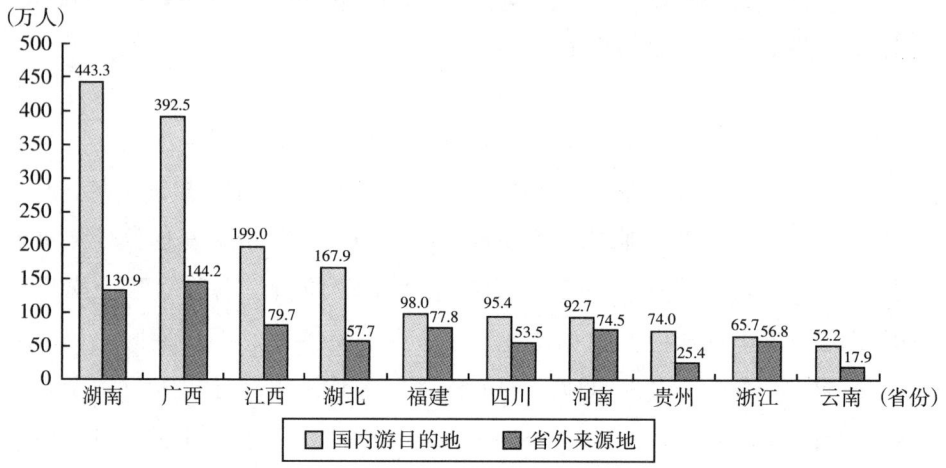

图 10-9 2018 年国庆黄金周广东国内游出省游客数和省外流入游客数

四、个人大数据研究受数据来源限制,应大力推动大数据监管与服务管理

不同的数据在不同人的眼里所体现的价值和信息是完全不同的,如山野村夫除了种田之外,很难像中药行家随处可以发现山野中的珍贵药草一样。同样的数据在行家眼里可以发现其中的珍宝,而数据拥有者可能觉得什么用也没有。因此,需要谨慎平衡数据开放共享和数据安全要求,特别是全国性的大数据日志文件和记录文件。国家有必要限定大数据平台企业的经营范围,以防止其利用用户数据优势形成的垄断而损害大量中小企业

第十章 实名制条件下的人口流动大数据

的利益,另外也要鼓励大平台企业创建进入新领域。

就人口覆盖率而言,移动、腾讯和百度等已经超过金融银行系统,但国家对此等企业的监管远比金融银行宽松得多。就移动运营商而言,虽然有通信管理部门进行监管,但主要是从技术层面而很少从经济社会层面进行监管。从企业注册地来看,腾讯的注册地为深圳市场监督管理局南山分局,百度的注册地为北京海淀区中关村国家自主创新示范区,两地都难以有像国家对金融系统监管一样的能力和条件。党的十九大明确表明,必须坚持党对一切工作的领导。随着信息技术和人类生产生活的交汇融合,互联网快速普及,全球数据呈现爆发增长、海量集聚的特点,对经济发展、社会治理、国家管理、人民生活都产生了重大影响。强化和落实党管数据,既是建设现代化经济体系的基本要求,也是应对数字社会重大挑战的重要抓手。

党管数据可分为三种类型模式:一是私营企业自管,企业在党的大政方针的政策指引下,自觉依照有关法律法规和行业标准对企业各项工作进行管理。在中国,企业自管实际上是党和国家对企业负责人的赋权管理。二是国有集体企业直管,企业所有资产包括数据都处于国家或各级地方政府的管理之下。三是企业自管与中央直管相结合,与国资委直管央企不同,互联网大数据平台企业不是国有资本,因此在管理上不是全面直接的管理,而是就某些方面进行单项直管,如企业形成的用户登录及业务行为数据。管理的目的是利用这些数据来分析和优化宏观管理。管理的对象是大型互联网平台,管理的内容是用户大数据,管理的方法是国家层面的直管,管理的方式是要求企业直接提供数据接口或将数据直接导入国家基础信息数据库。与各级政府层层管理不同的是,全国性平台应直接与中央政府的管理相对接。

2016年10月,习近平总书记在中央政治局集体学习时的讲话中明确提出,要深刻认识互联网在国家管理和社会治理中的作用,以推行电子政务、建设新型智慧城市等为抓手,以数据集中和共享为途径,建设全国一体化的国家大数据中心,推进技术融合、业务融合、数据融合,实现跨层级、跨地域、跨系统、跨部门、跨业务的协同管理和服务。我们认为,要

· 407 ·

建成全国一体化的国家大数据中心，第一步是数据入库，第二步是在大数据环境下重构各类统计指标，第三步是国家大数据系统再分析，第四步是新系统、新统计指标下的数据生成和入库。数据入库又可分为国家、省级、地级市、县区、镇五个层面的基础信息入库。四个步骤循环进行，第一步、第二步和第三步同时进行，每5年一个循环，至2035年建成全国一体化的国家大数据。大数据指标重构和系统分析是整个工作的关键环节，以国家统计局、国家发展和改革委员会、国家工业和信息化部等为牵头单位。这一工作的难点在于，技术专家对经济社会的宏观管理不熟悉，而宏观管理部门对大数据技术系统能提供的内容及数据技术流程不清楚，不同专业领域存在沟通上的困难。在基础信息数据方面，过程数据并没有保留下来，造成很多关键的分析无从着手，而大数据既注重于过程，同样也需要最终结果。

五、流动人口总量将趋于长期下降，城市和区域发展面临人口挑战

外出人口主要集中在20~40岁年龄段，不同年代人口的出生数是外出流动人口的主要因素。1987年全国出生人口数量高达2508万人，对应2003年新进入劳动力市场的人口可达2400多万人；而2003年全国出生人口数量只有1594万人，相对于1987年的人口出生高峰减少了近千万人，对应2019年新进入劳动力市场人口数量只有1400多万人，相对于2003年减少了1000万人左右。以我国第二产业占全国比重的40%推算，由于出生人口数量的下降，2019年新进入劳动力中可流向制造业的人数比2003年减少400万人以上。2003年以来我国每年的出生人口基本保持稳定，这意味着由1987年以来的出生人口持续下降所导致的沿海多年来招工困难的局面有所缓解，而2018年开始的新一轮出生人口下降周期则意味着2035年招工将再次进入困难期。

2016年我国实施全面二孩政策之后人口出生数仅出现小幅上升，2018

年全国人口出生数仅为 1523 万人，比上一年度减少 200 万人。2003 年以来，我国年平均出生人口数只有 1627 万人，从人口性别比来看，每年出生人口中的女性人口不到 800 万人，未来我国每年人口出生数很难超过 1400 万人甚至在 1300 万人以下[①]。根据出生人口数可以大致推算出历年外出人口中的劳动力人数（见图 10-10），例如 2002 年外出劳动力人数约为 2.45 亿人，而到 2012 年下降到 2.21 亿人，然后上升至 2020 年 2.24 亿人的高位。2020 年之后外出劳动力人数将因以往出生人口的减少而持续下降，2028 年将下降到 2.02 亿人，比 2020 年减少 2200 万人，2040 年进一步下降到 1.68 亿人，比 2020 年减少 5600 万人，平均每年减少 280 万人。

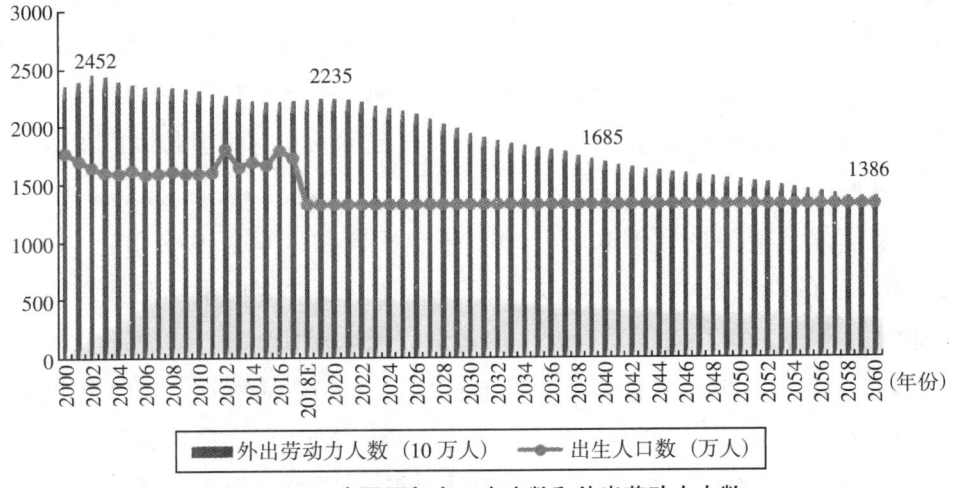

图 10-10　我国历年人口出生数和外出劳动力人数

在外出人口的就业结构中，高校招生人数决定第二、第三产业的外来劳动人口的供给。2000 年以前，国内高校招生数占对应年份的人口出生数的比例不到 10%，而大学生则是第三产业的主要供给来源，这也是为何我国外出人口中农民工在 2003 年以前长期占据 90% 左右的主要原因。随

---

① 以每个女性平均生育 1.7 个孩子计算，未来年平均出生人口为 1360 万人。据《2018 年世界人口状况》数据显示，中国女性平均生育率只有 1.6，这意味着 2003 年以来出生的年均 800 万女性对应每年只能生出 1280 万人口。两者取平均值只有 1320 万人。

着"60后""70后"逐渐退出劳动力市场,"80后""90后"逐渐成为外出人口主力,而2000年国内高校招生人数占对应年份出生人口数的比重首次突破10%,2010年达到31%左右,2017年突破40%,2018年估计值为43.83%。这就意味着2020年之后外出劳动人口中从事第三产业的比重将达到40%以上。到2020年,制造业只占有不到60%的新增就业供给率。1998年全国出生人口为1934万人,除去本地城镇化50%左右的人口,外出供给量不到1000万人,其中对应2020年可供给制造业的劳动力人口不到600万人。而在2000年,对应出生人口比2020年提前2年左右,即1980年有1776万出生人口,其对应高校毕业生招生年度录取率不到10%,除去2000年不到40%的城镇化率,对应的可供给制造业的劳动力人口近1000万人。即2000年涌向制造业的外来劳动力人口比2020年多400万人左右。高校招生人数的增加、城市化率的提高和早前出生人数的减少,是我国制造业劳动力短缺的根本原因,也是未来我国流动人口总量会持续减少的最主要的原因。

从国家卫健委的数据来看,2017年全国流动人口总量为2.47亿人,比2014年的高位减少了近600万人,并呈现连续3年的下降趋势。由于卫健委的数据采集相对固定,且内地省份数据采样比重较少,而近几年中西部大城市人口快速增长的态势明显。因此,从总量来看,2014年以来全国流动人口实际保持相对稳定的增长态势,2020年之后才会出现较大幅度的下降。2020年之后制造业劳动力将更加紧张,而在经济下行的态势下,第三产业也许无法吸收大量的高校毕业生,人口及劳动力结构性矛盾加深,中国迈向高质量发展与转型将面临更深层次的矛盾。20世纪80年代,日本面临与中国同样的人口、劳动力与经济发展转型的矛盾,但日本依赖制造业对外的系统性投资完成了向国内供给高质量产品的转型。40年来的改革开放让中国同样拥有了大规模制造和产业集群制造的技术、人才和资金,与其将大量的银行信用投向低效率的国有制造体系,不如将银行信贷投向集群性的制造行业,向周边及全球输出资本、制造技术、管理人才和质量控制人才,从而构建中国未来高质量产品的全球制造体系。

参考文献

Albert Lepawsky, "Redefinin the metropolitan area", National Municipal Review, No.25, 1969, pp.417–422.

Arthur Haupt, Thomas T. Kane, Carl Haub, et al., PRB's Population Handbook, Printed in the U.S.A. Twelfth printing, 2011, pp. 24–25. https://www.prb.org/wp-content/uploads/2011/09/prb-population-handbook-2011-1.pdf.

Balázs Cs. Csáji, Arnaud Browet, et al., "Exploring the mobility of mobile phone users", *Physical A: Statistical Mechanics and its Applications*, 2012, pp.1459–1473.

Daily Gretchen C, et al., "Optimum human population size", *Population and Environment*, Vol. 15, No. 6, 1994, pp.469–474.

Jed A. Long, Trisalyn A. Nelson, "A review of quantitative methods for movement data", *International Journal of Geographical Information Science*, No. 2, 2013, pp.292–318.

Michael Batty, "The size, scale, and shape of cities", *Science*, Vol. 319, No.5864, 2008, pp.769–771.

John R. Harris, Michael P. Todaro, "Migration, unemployment and development: A two-sector analysis", *American Economic Review*, Vol.60, 1970.

Ravenstein E. G., "The laws of migration", *Journal of the Statistical Society of London*, Vol. 48, No. 2, 1885, pp. 167–235.

Shen, W, "China in the global migration order-historical perspectives and new trends", *Asia Europe Journal*, Vol.8, No.1, 2010, pp.25-43.

Sitaram Asur, Bernardo A. Huberman, "Predicting the Future with Social Media", IEEE/WIC/ACM International Conference on Web Intelligence and Intelligent Agent Technology, 2010, pp.492-499.

Zipf G. K., "The P1P2/D Hypothesis on the Intercity Movement of Persons", *American Sociological Review*, No.11, 1946, pp.677-686.

艾观明:《东乡劳务输出的喜和忧》,《统计与信息》1994年第1期。

[美]安南·德拉曼、杰弗里·大卫·厄尔曼:《大数据:互联网大规模数据挖掘与分布式处理》,王斌译,人民邮电出版社2012年版。

安三荣、胡波:《劳务输出,政府当何为?——来自平邑县培育农村劳动力市场的调查》,《山东农业》1994年第8期。

鲍思顿、段成荣:《北京市流动人口数量变动历史趋势分析》,《西北人口》2001年第1期。

[美]彼德·扎卓兹尼、罗湖·科达利:《Splunk大数据分析》,唐宏、陈健译,机械工业出版社2014年版。

布仁:《正视现状　广开渠道　寻求突破——内蒙古农村牧区剩余劳动力转移情况分析》,《内蒙古统计》2001年第4期。

蔡昉:《中国流动人口问题》,社会科学文献出版社2007年版。

曹庭珍、余红永:《对波阳县农村劳务输出状况的调查》,《江西社会科学》1994年第8期。

巢湖市委党校课题组:《巢湖市劳务输出的特点、问题和对策》,《中共合肥市委党校学报》2004年第3期。

陈传军、王永前:《新泰打造劳务输出富民强市》,《山东人力资源和社会保障》2003年第6期。

陈德邻:《劳务输出是山区脱贫致富的一条重要措施》,《经济管理》1987年第7期。

陈甫华:《把劳务输出作为一项新兴产业来抓》,《老区建设》1993年第12期。

陈明金、汪显江:《劳务输出宜宾新的经济增长点》,《畜牧市场》1998年第

2期。

陈铭、张洁:《南京市人口与就业大数据分析研究》,《改革与开放》2018年第7期。

陈武元、杨俊辉:《四川"民工潮"的跟踪调查与研究》,《农村经济》1995年第2期。

陈颐:《劳务输出和农村劳动力的跨地区转移——江苏省南通市海门县包场区考察》,《人口研究》1987年第5期。

陈英民:《实施"三三制"就业格局推进农村劳动力转移》,《农村经济导刊》2003年第2期。

程培光:《搞好劳务开发促经济发展》,《四川劳动保障》1998年第2期。

崔国华:《四川农村劳务输出的隐忧》,《财经科学》1995年第2期。

代邦元、丁兴安:《唱好劳务输出大戏 挖掘农民增收潜力——广安区五乡镇农村劳务输出情况的调查与思考》,《农村经济与技术》2002年第10期。

代迪尔:《深圳市流动人口现状与趋势研究》,《现代商贸工业》2016年第37期。

戴儒端:《劳务输出是经济落后地区脱贫致富的捷径》,《中国劳动科学》1987年第6期。

邓文国、鲁阳俊:《对通江县公安局实施流动人口延伸式管理的调查》,《四川省公安管理干部学院学报》1996年第4期。

邓祖善:《贵州劳务输出服务工作亟待加强》,《农村经济与技术》2003年第6期。

丁佳尧:《衡东县劳务经济发展的调查》,《衡阳通讯》2005年第1期。

丁解民:《劳务输出推动富民步伐》,《群众》2003年第8期。

丁金宏、杨鸿燕、杨杰等:《上海流动人口犯罪的特征及其社会控制——透过新闻资料的分析》,《人口研究》2001年第6期。

董伟才:《关于我省农村富余劳动力转移就业的调查》,《学习月刊》2008年第2期。

窦贤君:《对无为县劳务输出情况的调查与思考》,《乡镇经济》2001 年第 4 期。

杜安才、张荣林、吴刚:《东阳县组织劳务输出的经验》,《农业经济问题》1984 年第 12 期。

杜闻贞、王辰:《江苏省小城镇流动人口》,《中国人口科学》1989 年第 4 期。

段成荣、孙玉晶:《我国流动人口统计口径的历史变动》,《人口研究》2006 年第 4 期。

段成荣、朱宝树、崔传义、陈友华:《春运与流动人口》,《人口研究》2009 年第 33 期。

段园朴、李济华、罗立山、黄涌:《永新县劳务输出的调查》,《老区建设》1993 年第 1 期。

冯兰瑞:《农业剩余劳动力转移与城市化道路的选择——滁县地区调查研究报告》,《改革》1993 年第 4 期。

冯祈善、曾华亮:《重庆市流动人口管理研究》,《重庆大学学报(社会科学版)》1996 年第 4 期。

冯宪:《劳动力流动与特区发展》,《特区经济》1989 年第 4 期。

伏文超:《第三冲击波——对蓬安农村 939 户农户劳务输出与土地经营情况的调查与思考》,《农村经济》1994 年第 10 期。

付文静:《基于 Hbase 的大数据存储系统研究开发》,西安理工大学硕士学位论文,2017 年。

傅镛堃:《福建省流动人口管理现状与对策》,《福建警察学院学报》2001 年第 15 期。

干江东:《千万贵州农民工勇闯劳务大市场》,《贵州日报》2008 年 4 月 7 日第 10 版。

高振民:《城市类型与外出流动人口的特征》,《中国人口科学》1989 年第 3 期。

谷新珊:《抓住时机 抢占鳌头——劳务输出是促进湖南经济发展的一个不可替代的重要战略》,《湖南社会科学》1992 年第 4 期。

顾军、冉万祥:《劳务输出是贫困山区治穷致富的捷径——东乡族自治县的调查》,《理论学习》1987 年第 4 期。

郭晓英:《重庆市人口结构变化对经济发展的影响及对策》,西南大学硕士学位论文,2011 年。

郭玉康、李政顺、朱德峰:《做强劳务经济 促进新农村建设——邯郸市劳务输出调查报告》,《中国就业》2006 年第 7 期。

郭正模、孙成民、王实:《大竹县农村外出人员"回归"情况调查》,《农村经济》1998 年第 7 期。

韩建国:《乐陵积极做好劳务输出工作》,《山东人力资源和社会保障》2001 年第 11 期。

何洪华:《潼南县农村剩余劳动力转移的现状及对策》,《重庆行政(公共论坛)》2007 年第 6 期。

何景熙、罗蓉:《西部农业发达地区劳动力不充分就业问题初探》,《管理世界》1999 年第 2 期。

何乃谦:《5000 万民工狂潮》,《南风窗》1989 年第 6 期。

何平涛:《龙岩市农村劳动力转移的几点思考》,《闽西职业技术学院学报》2005 年第 7 期。

何世宗、潘可:《兴文县劳务输出情况调查》,《山区开发》1993 年第 2 期。

何志华、赵玉梅:《湖北劳动力流动的现状、趋势与对策分析》,《人口研究》1997 年第 1 期。

洪大伟:《做强劳务产业 促进农民增收——对淮安市农村劳务输出工作的调查与思考》,2003 年江苏省劳动和社会保障论文集。

洪援朝:《劳务输出与脱贫致富——山阳县经验的启示》,《人文杂志》1987 第 5 期。

胡巧玲、茹金平:《基于大数据分析的人口迁移量预测模型仿真》,《计算机仿真》2014 年第 10 期。

胡铁球、左理、谭慧萍:《论农村劳务输出的结构特点及影响——以湖南茶陵为例》,《湖南农业大学学报(社会科学版)》2002 年第 3 期。

胡遵远:《劳务输出是贫困地区农民增收的好路子——金寨县劳务输出工作

的调查与思考》,《中国贫困地区》2000年第11期。

湖南劳动力转化与人口流动课题组:《湖南省劳动力的转化与人口流动》,《社会学研究》1995年第3期。

华伦辉:《上杭七万劳务大军转战大江南北》,《就业与保障》2003年第11期。

黄丰盛、夏学善、刘顺梅:《劳务输出天地宽——湖南省安化县积极组织劳务输出帮助农民增收》,《劳动保障世界》2002年第7期。

黄华强、任宏刚:《自贡市农村劳务输出的现状及对策》,《农村经济》2001年第4期。

黄荣清、段成荣、陆杰华、黄文香、张强、王桂新:《北京人口规模控制》,《人口与经济》2011年第3期。

黄松泉:《合肥农村劳动力转移的调查与思考》,《中共合肥市委党校学报》2003年第4期。

黄振芬:《加强深圳市流动人口管理之对策》,《特区实践与理论》1996年第11期。

黄志法、傅禄建:《上海市流动人口子女教育问题调查研究报告》,《上海教育科研》1998年第1期。

吉林省农业委员会:《白城多渠道拓展劳务输出》,《中国农业信息》2002年第6期。

冀党生、张燕友、卢映川、朱敏:《北京市流动人口现状与对策研究》,《中国人口科学》1995年第4期。

姜海萍、刘植鸿:《深圳市流动人口孕产妇死亡、儿童死亡5年观察》,《中国公共卫生》1997年第9期。

姜雪城、王丽:《"铁杆庄稼"还需精心栽培——西部部分省区农村劳务输出调查》,《瞭望》2002年第15期。

蒋俊、李夏风:《用科技提升警务用大数据提升效率——从打防管控到实有人口管理,临江派出所创新基于人脸识别的基层警务新机制》,《警察技术》2018年第2期。

蒋天绪:《把劳务基地做大做强——绵竹市劳务开发工作纪实》,《四川劳动保障》2007 年第（Z1）期。

蒋小荣、汪胜兰：《中国地级以上城市人口流动网络研究——基于百度迁徙大数据的分析》，《中国人口科学》2017 年第 2 期。

蒋小荣、汪胜兰、杨永春：《中国城市人口流动网络研究——基于百度 LBS 大数据分析》，《人口与发展》2017 年第 23 期。

蒋兴和、高世明：《"民工潮"稳 "回引工程"兴》，《四川劳动保障》1998 年第 7 期。

靳鑫元：《基于移动通信大数据的人口流动性测度研究》，山西财经大学硕士学位论文，2017 年。

雷思友：《泸县 1993 年带入传染病例分析与控制对策探讨》，《中华预防医学杂志》1996 年第 1 期。

李宝瑞：《安阳市劳务输出情况调查》，《决策探索》1996 年第 3 期。

李长春：《宜宾县三年劳务输出七万六》，《劳动理论与实践》1996 年第 3 期。

李德志：《把农民外出就业作为一个产业来抓》，《赤峰学院学报（自然科学版）》2003 年第 4 期。

李迪良、吴崇源、刘化标：《温州农业劳动力的转移和对策》，《人口研究》1988 年第 2 期。

李东洲：《宁夏劳务输出现状和劳务经济发展趋势分析》，西北农林科技大学博士学位论文，2006 年。

李国臣：《全市劳务输出人数连续 5 年突破百万大关》，《赤峰日报》2010 年 11 月 7 日第 1 版。

李国民：《从黄土坡走出的劳务大军——甘肃省中部地区发展劳务输出纪实》，《发展》1994 年第 9 期。

李金平：《加快富民强县步伐 积极组织劳务输出》，《政策》1995 年第 10 期。

李明柱、全恩德、杨春：《山外积累 山内建设——寻甸县劳务输出有成效》，《民族工作》1995 年第 5 期。

李强：《影响中国城乡流动人口的推力与拉力因素分析》，《中国社会科学》2003 年第 1 期。

李权、叶章龙、刘玉兰:《毕节试验区农民增收问题研究——增加收入的最佳途径是劳务输出》,学成于思 行成于思——毕节地区哲学社会科学理论研究课题集,2007年。

李树春:《劳务输出 农民走向市场的金色通道——响水县农村劳动力输出产业化开发的战略与思考》,《劳动世界》1994年第2期。

李涛、燕少红:《百万农村剩余劳动力大转移——安徽省阜阳市劳务输出的调查与思考》,《内部文稿》2002年第19期。

李享阳:《甘肃省农村劳务输出情况调查》,《中国人力资源开发》1992年第3期。

李小平:《古蔺县农村劳动力跨地区流动的调查》,《农村经济与技术》1995年第7期。

李小云、杨宇、刘毅等:《1990年以来中国经济重心和人口重心时空轨迹及其耦合趋势研究》,《经济问题探索》2017年第11期。

李勋来、李国平:《农村劳动力转移模型及实证分析》,《财经研究》2005年第6期。

李阳:《有序组织劳务输出》,《中国老区建设》2002年第11期。

李勇:《巴中20万劳务大军活跃在省外》,《四川劳动保障》1999年第2期。

李勇:《巴中市劳务输出十年成果》,《劳动理论与实践》1996年第6期。

李育民、饶本春:《谈我省农村的劳务输出》,《老区建设》1994年第8期。

李佐华:《一项重要的产业——兴国县农村劳务输出调查》,《老区建设》1993年第11期。

连就服:《空手出门 抱钱回家——连州市劳务输出10年启示》,《创业者》1999年第12期。

廖世同、廖世添:《广东省人口流动趋势及其导向》,《中国人口科学》1989年第6期。

刘方军:《大力发展劳务输出 促进睢宁农民致富》,《江苏经济探讨》1994年第6期。

刘飞凤:《"学生潮"与"民工潮"的关系及其影响探析——湖南省耒阳市

暑假期间学生与民工人口流动动态的分析》,《湖南农机》2007年第7期。

刘观海:《福州市外来人口现状与管理对策的思考》,《福州党校学报》2001年第3期。

刘洁、苏杨、魏方欣:《基于区域人口承载力的超大城市人口规模调控研究》,《中国软科学》2013年第10期。

刘平:《对四川以建筑业为主的劳务输出问题的思考》,《理论与改革》2001年第4期。

刘绍荣:《劳务输出铸造辉煌》,《四川劳动保障》2001年第12期。

刘延燕、袁京京:《以人为本　诚信至上　大力发展劳务经济——河南省滑县劳务输出工作情况》,《决策探索》2005年第8期。

刘瑜、康朝贵、王法辉:《大数据驱动的人类移动模式和模型研究》,《武汉大学学报（信息科学版）》2014年第6期。

刘振杰:《河南省实现产业集聚和人口集中的现状、问题及对策——基于商丘、周口、平顶山市的调研》,《农业现代化研究》2013年第34期。

龙远蔚:《宾阳县农村工业调查》,《农业经济丛刊》1987年第4期。

卢亮森、华伦辉:《走出大山——上杭县六万劳务大军输出纪实》,《就业与保障》2001年第2期。

鲁刚:《威海市人口迁移与流动在经济和社会发展中的作用》,《理论学刊》1987年第1期。

鲁奇、杨春悦、张超阳:《少数民族地区农村劳动力转移的调查研究——以广西壮族自治区为例》,《山西大学学报（哲学社会科学版）》2007年第30期。

陆晓声、陈正泉、祝伟民:《泰州：劳务输出呈"四新"》,《江苏农村经济》2003年第10期。

吕梁行署劳动局:《以劳务输出为龙头　推进开发就业》,《前进》1998年第4期。

罗登华:《成都市外来人口的特点及管理模式的转变》,《成都大学学报（社会科学版）》2002年第3期。

罗久序、白西兰:《加大农村劳务输出力度 促进农民增加收入——对陕西农村劳动力转移情况的调查与思考》,中国农业经济学会2006年年会暨社会主义新农村建设学术研讨会,2006年。

罗凌、胡桂清:《贵州农村劳务输出及富余劳动力转移研究》,《贵州财经大学学报》2002年第1期。

罗茂初、张坚、高庆旭、刘洪义、刘鸿斌:《全面认识人口流动现象,审慎选择对策——北京市流动人口调查》,《人口研究》1986年第3期。

马甫韬:《从青田经济发展看山区劳务输出问题》,《中共浙江省委党校学报》1999年第1期。

马平昌:《抓好劳务输出 促进农民增收》,《山东人力资源和社会保障》2004年第5期。

马戎:《南疆维吾尔族农民工走向沿海城市——新疆喀什地区疏附县劳务输出调查》,《中国人口科学》2007年第5期。

马伟、王亚华、刘生龙:《交通基础设施与中国人口迁移:基于引力模型分析》,《中国软科学》2012年第3期。

马文彬、葛云伦:《中西部地区劳动力流动的新特征及发展趋势》,《农业经济》2003年第9期。

马侠、王维志:《中国城镇人口迁移与城镇化研究——中国74城镇人口迁移调查》,《人口研究》1988年第2期。

马晓娅:《垫江县劳务输出的调查及启示》,《农村经济》1993年第2期。

毛有祥:《劳务输出:农村致富的一条重要途径》,《今日浙江》2003年第8期。

蒙东帆:《挥师大转移 奋力奔小康——对南部县劳动就业系统劳务输出情况的调查》,《畜牧市场》1997年第2期。

孟东霞、陈刚、许美玲:《基于电信大数据的流动人口数据特征分析》,《中国新通信》2016年第18期。

孟东霞、何志强、安英博:《基于电信大数据的流入人口统计研究》,《无线互联科技》2016年第19期。

孟祥玉:《基于多源数据京津冀城市群边界识别研究》,中国地质大学硕士学位论文，2017年。

莫荣、贾红梅、李宏：《中国农村劳动力流动就业最新统计分析》，《经济与管理研究》2002年第1期。

倪明：《对贵州省十三个贫困县劳务输出情况的调查》，《调研世界》1996年第3期。

农福田、龙永国：《做好百色地区农村劳务输出的若干探讨》，《广西农村金融研究》1995年第1期。

农民工的流动机理与管理对策研究课题组：《浙江省农民工的现状及特征》，《嘉兴学院学报》2003年第15期。

潘岳生、黄伟雄：《岳阳市发展劳务经济的做法和启示》，《红旗文稿》2003年第9期。

彭发强：《广东流动人口现况》，《南方人口》1992年第3期。

彭明龙、罗玉全：《"无烟工厂"的效应——阆中市加强劳务输出情况调查》，《劳动理论与实践》1996年第10期。

蒲艳萍、刘婧：《劳动力流动对农村经济的影响效应——基于对重庆市137个自然村有无外出务工家庭的调查分析》，《经济问题探索》2010年第9期。

漆雁斌、何训坤、杨国先：《合理推进四川、重庆农村劳动力流动的对策》，《农村经济》1997年第9期。

屈莉萍：《推进农村劳务经济发展的深层次思考》，《湖南社会科学》2004年第2期。

璩勇、樊光星：《一年挣回十八亿》，《安康日报》2006年3月1日第1版。

任家宽：《甘肃省劳务输出的问题与对策》，《河西学院学报》2007年第23期。

任强、原新、马红梅：《新疆流动人口分析》，《人口研究》1998年第6期。

任宪民、邹立勇、王庆军：《泗水县劳务输出工作"十到位"》，《山东人力资源和社会保障》2002年第7期。

任宪民、苏富年：《泗水县大力开展劳务输出》，《山东人力资源和社会保障》2000年第6期。

申奉澈、卢殿伟:《政府推动　市场拉动　政策促动　开放带动　有序流动　全力做好劳务输出工作——吉林省舒兰市大力开展劳务输出工作的调查报告》,《劳动保障世界》2004 年第 5 期。

沈成嵩:《金坛劳力转移迎来艳阳天》,《江苏农村经济》2001 年第 12 期。

省市社科联联合调研组:《信阳市劳务经济品牌及其提升研究（一）》,《河南社会科学》2006 年第 5 期。

石祥记、石佩晖:《珠江三角洲人口流动和管理》,《南方人口》1989 年第 4 期。

史来平、杨倩、窦凯锋等:《关于陕西劳务输出的调查》,陕西省经济学学会会员代表会议暨第十九次年会论文集,1999 年。

史培德:《劳务输出富民兴市》,《农村工作通讯》2000 年第 11 期。

司柏芝、张永生、高同先:《为了 430 万农民走向富裕——安徽省宿迁市农村劳务输出纪实》,《中国就业》2004 年第 5 期。

四川劳务保障记者:《川中民工闯四方——遂宁市劳务输出成绩斐然》,《四川劳动保障》2005 年第 1 期。

四川省农调队、四川省社科院社会学所联合调查组:《百万"川军"在滇黔》,《农村经济》1988 年第 4 期。

宋代明、缪恒军:《玉山县劳务输出分析》,《老区建设》1994 年第 4 期。

宿传勤、张兆军:《强力推动　优势带动　努力提高劳务输出的规模和层次》,《山东人力资源和社会保障》2002 年第 1 期（增刊）。

孙洪铭、张婕:《大城市流动人口问题与对策讨论会综述》,《城市问题》1988 年第 3 期。

孙景隆:《抓劳务输出　促脱贫致富:贵州去年劳务输出 117 万人创收 70 多亿》,《农村经济与技术》1997 年第 10 期。

孙景隆:《百万"黔军"闯天下一年创收三十亿》,《农村经济与技术》1995 年第 10 期。

孙景隆:《去年我省劳务输出再创佳绩》,《农村经济与技术》1998 年第 9 期。

谭仁洲:《今春我省民工流动的特点及成果》,《劳动理论与实践》1996 年第 6 期。

谭仁洲:《今春我省民工流动的主要特点》,《劳动理论与实践》1998年第5期。

谭仁洲:《今春我省民工有序流动工作的成效和问题》,《劳动理论与实践》1997年第5期。

田富强:《陕西农村劳动力流动研究》,西北农林科技大学博士学位论文,2007年。

田相波、周淑英:《加强欠发达地区农村剩余人力资源的开发》,《甘肃理论学刊》2002年第10期。

万兆泉:《农村人口流动对江西经济发展的影响》,《科技创新导报》2007年第2期。

汪立军:《山区剩余劳动力流向的考察与思索——新县劳务输出情况的调查》,《信阳师范学院学报(哲学社会科学版)》1987年第3期。

汪琪:《金堂劳务开发抱回"金娃娃"》,《四川劳动保障》2002年第8期。

王峰、唐美华:《基于移动通信大数据的城市人口管理解决方案》,《移动通信》2014年第13期。

王广州:《中国人口科学的定位与发展问题再认识》,《中国人口科学》2017年第3期。

王桂新、殷永元:《上海人口与可持续发展研究》,上海财经大学出版社2000年版。

王桂新:《我国大城市病及大城市人口规模控制的治本之道——兼谈北京市的人口规模控制》,《探索与争鸣》2011年第7期。

王虹茵:《基于地理位置大数据的京津冀城市群短期人口流动研究》,大连理工大学硕士学位论文,2017年。

王娇:《基于Hbase的大数据存储系统研究开发》,西安理工大学硕士学位论文,2017年。

王敬:《输出农工十一万 赚回钞票两亿元》,《江苏统计》1994年第4期。

王莉:《中国的人口流动》,《数量经济技术经济研究》1996年第2期。

王民三:《紫云县劳务输出情况调查》,《农村经济与技术》1997年第8期。

王清秀、于明泉:《山东省德州市劳务输出的现状、问题及对策》,《理论学刊》1995年第2期。

王实:《抓住时机　推进劳务输出产业化发展——四川省仁寿县劳务输出调查》,《农村经济》2002年第10期。

王树瑜、杨大奇、张尚武等:《八万大军走天涯——浦城县劳务输出拉动经济发展纪实》,《就业与保障》2001年第4期。

王天霞:《重庆人口空间分布及趋势性研究》,重庆工商大学硕士学位论文,2016年。

王婷:《贫困山区劳务经济发展模式探索——以宁夏南部山区为例》,《农业经济问题》2007年第(s1)期。

王伟武、李王鸣、陈晓平:《杭州城市流动人口时空演变及其机制分析》,《浙江经济》1997年第10期。

王贤文、王虹茵、李清纯:《基于地理位置大数据的京津冀城市群短期人口流动研究》,《大连理工大学学报(社会科学版)》2017年第38期。

王晓宁:《我市劳动力转移就业112万人》,《渭南日报》2009年12月22日第002版。

王晓燕:《扩大劳务输出　促进社会流动　增加农民收入》,《安徽行政学院学报》2002年第5期。

王孝中、胡凤银:《安庆市农村劳动力转移与返乡创业情况调查》,《中国就业》2005年第8期。

王永江、王永治:《劳动力必须有一定的自由流动》,《经济问题探索》1980年第6期。

王志迁、汪维良:《响水县农村劳动力转移的调查与思考》,《农业科技通讯》2004年第1期。

王仲斌:《河南:"输出经济""回归经济"齐飞》,《中国县域经济报》2008年2月7日第1版。

王自红:《陆良劳务输出的启示》,《创造》2003年第12期。

韦辉国:《劳务输出——石山地区解决温饱问题的重要选择——都安瑶族自

治县的调查》,《广西民族研究》1996年第2期。

［英］维克托·迈尔·舍恩伯格、肯尼思·库克耶:《大数据时代》,盛杨燕,周涛译,浙江人民出版社2012年版。

我国大城市吸收农村劳动力蔡昉课题组:《经济转轨、劳动力市场发育与民工流动——中国大城市吸收农村劳动力研究》,《中国农村观察》1996年第5期。

吴怀连:《八十年代农民离土浪潮——10省（区）23县（市）农村调查》,《人口学刊》1989年第5期。

吴群刚:《北京市人口规模现状与调控》,《城市问题》2009年第4期。

吴荣平:《高邮市农村富余劳动力输出工作的调查与建议》,《中国职业技术教育》2005年第18期。

吴寿平:《农村劳动力流动、人口城镇化与城乡居民收入差距的实证研究——基于1978~2015年广西的数据》,《学术论坛》2016年第39期。

吴忠观:《人口科学辞典》,西南财经大学出版社1997年版。

向金云:《对贫困地区农村劳务输出的调查——来自湖南省辰溪县的调查报告》,《文史博览》2005年第Z2期。

项伟民:《上海外来流动人口的特点和管理》,《社会科学》1994年第8期。

肖金成:《劳动力转移:部分贫困地区快速脱贫之路——丹凤农村调查报告》,《探索与争鸣》1996年第12期。

肖磊、盛夏:《四川省人口流动空间特征研究》,载中国城市规划学会、沈阳市人民政府《规划60年:成就与挑战——2016中国城市规划年会论文集（13区域规划与城市经济）》,2016年11月。

肖奕友:《劳务输出是脱贫致富奔小康的一条捷径——吉安县劳务输出的实践与思考》,《地方政府管理》1993年第2期。

肖子华:《大数据在流动人口服务中的应用》,《人口与社会》2017年第33期。

肖子华:《流动人口大数据的特征与应用》,《中国卫生人才》2017年第4期。

谢富功、李鸣声:《迂回振兴之路——信阳市实施劳务输出与返乡创业辩证发展战略》,《中国就业》2002年第7期。

熊思远、王文兵：《云南农村劳动力流动与人力资源开发研究》，《经济问题探索》2001年第12期。

徐宏伟、唐铁山：《湖北省农村剩余劳动力转移影响因素的实证分析》，《湖北社会科学》2015年第8期。

徐辉：《流动人口与劳动力市场——厦门经济特区的情况分析》，《人口学刊》1997年第4期。

徐家安：《加强水上管理　确保春运安全》，《交通企业管理》1989年第1期。

徐天琪、叶振东：《论"两栖人口"——四论农村劳动力转移》，《人口研究》1987年第6期。

徐西昌、宫继新：《动真的　来实的——泰安市劳务输出工作成效显著》，《山东人力资源和社会保障》2002年第6期。

许昌市政协调研组：《扩大劳务输出繁荣农村经济》，《协商论坛》2005年第11期。

涂子沛：《数据之巅：大数据革命、历史、现实与未来》，中信出版社2014年版。

严德兴、吴斌：《做大做强劳务支柱产业》，《四川劳动保障》2003年第7期。

阎海旺、张四秀：《山西农村劳务输出的现状、问题及对策》，《山西财经学院学报》1995年第2期。

阎行：《印江土家族苗族自治县劳务输出现状浅析》，《贵州民族研究》1997年第3期。

杨常青：《加强劳务输出　促进经济发展——信宜市劳务输出的调查》，《南方论刊》2000年第7期。

杨凤华：《邻水县精心组织劳务输出》，《四川劳动保障》1997年第6期。

杨皓斐、曹仲、李付琛：《基于手机大数据的动态人口感知》，《计算机系统应用》2018年第27期。

杨明生、胡忠诗：《推进农村城市化的一种尝试——解析宜城市农村劳务输出现象》，《中国建设信息》2004年第3期。

杨明生：《解读宜城民工潮》，《小城镇建设》2003年第1期。

杨顺成:《四川劳务开发现状、特点及其功能》,《山区开发》1994年第2期。
杨素高:《三都五万农民走四方　汇款两千多万回水乡》,《中国贫困地区》2000年第2期。
杨彦生:《劳务输出是发展县域经济的有效途径》,《中国城市经济》2003年第4期。
杨云彦:《1982~1987年中国人口迁移矩阵》,《西北人口》1989年第3期。
姚前、谢华美、司恩哲、景志刚、胡青青:《基于征信大数据分析的中国劳动力人口迁徙研究》,《大数据》2016年第2期。
叶菊英:《浙江省流动人口的现状分析与思考》,《浙江学刊》2010年第4期。
叶青华:《做好农村就业工作势在必行——对宜春市农村就业工作的几点思考》,江西崛起与就业问题研讨会,2002年。
益明、昌银:《搞好劳务输出工作　促进地方经济发展——记四川省渠县就业服务管理局》,《畜牧市场》1997年第12期。
尹明芳:《农业剩余劳动力合理转移刍议》,《贵州民族学院学报(哲学社会科学版)》1995年第4期。
于弘文:《中国2000年人口普查中流动人口的普查登记问题》,《人口研究》2000年第24期。
庾德昌:《全国百村劳动力情况调查资料集(1978~1986年)》,中国统计出版社1989年版。
袁德新、张方训:《劳务输出富县裕民》,《劳动理论与实践》1996年第3期。
袁小虎:《宜春市狠抓二三产业开发》,《老区建设》1994年第4期。
袁小虎:《宜春市劳务输出面面观》,《老区建设》1993年第10期。
袁兴诚:《劳务输出使泸县23万农户达"小康"》,《四川劳动保障》2001年第3期。
袁秀兰:《试论流动人口对南充社会经济的影响》,《四川省情》2005年第1期。
苑清民:《劳务输出:一条有效提高农民收入的途径——邯郸市的实践与探索》,《红旗文稿》2005年第15期。
岳华勋:《崛起在丘陵地区的剩余劳务大军——南充地区劳务输出调查报

告》,《理论与改革》1988年第2期。

曾绍阳、唐晓腾:《江西农民流动问题探析——对14县市20个村个案调查的一项综合分析》,《江西社会科学》2002年第1期。

曾艳红:《武汉市与其它大城市流动人口比较研究》,《中国人口科学》1997年第4期。

曾铮、田孟清:《恩施州劳务输出效应分析》,《中南民族大学学报(自然科学版)》2004年第4期。

张长云:《南江县农村劳务输出的喜与忧》,《四川省情》2007年第7期。

张逢雨:《要把劳务输出作为振兴农村经济的一项重要产业来抓》,《地方政府管理》1993年第2期。

张化涛:《"打工经济"喜与忧——对襄樊市劳务经济发展状况的调查》,《农村经济与科技》2003年第14期。

张开朗:《大力发展劳务输出 拓宽农民增收渠道》,《山东人力资源和社会保障》2005年第1期(增刊)。

张理智:《论四川劳务输出》,《新时代论坛》1996年第1期。

张强、周晓津:《行政控制还是市场调节?——我国大城市人口规模调控路径选择》,《西部论坛》2014年第24期。

张庆五:《对我国流动人口的初步探析》,《人口与经济》1986年第3期。

张庆五:《体制改革与人口流动》,《公安大学学报》1987年第2期。

张庆五:《中国50乡镇流动人口调查》,《中国人口科学》1995年第1期。

张戎舟、郑桂珍:《特大城市中的农村流动人口》,《人口与经济》1987年第6期。

张巍:《流动人口情况复杂 人户分离现象突出——江苏省流动人口、人户分离人口专题调研报告》,《江苏统计》2000年第s1期。

张文明、周生南:《政府"三位一体"构建农村劳动力"三三"制就业格局——浙江省磐安县劳务输出工作特色、问题和思路》,《中国就业》2006年第3期。

张小莉:《河南省农村劳动力转移:现状、特征、问题与对策》,《唐山师范学院学报》2015年第3期。

张新雅、杨欢欢、薛峰:《河北农民工流动特征及就业状况调查分析》,《经济论坛》2005年第8期。

赵长保、宋洪远:《加强协作 促进农村劳动力流动就业发展——安徽、上海农村劳动力外出就业调查报告》,《中国就业》2002年第8期。

赵密田、黄家平、郭宝安:《沂水县农村剩余劳动力转移及管理问题的调查》,《山东劳动》1995年第12期。

赵时亮、高扬:《基于移动通信的人口流动信息大数据分析方法与应用》,《人口与社会》2014年第3期。

赵兴成、沈维进:《泰安市劳务输出的现状与思考》,《山东劳动》1995年第4期。

浙江省委政策研究室调查组:《把劳务输出作为一个新兴产业来办》,《农业经济丛刊》1984年第4期。

郑桂珍、郭申阳、张运藩、王菊芬:《上海市区流动人口问题初探》,《人口研究》1985年第3期。

郑蓉:《杭州市流动人口现状的调查与研究》,《杭州师范大学学报（社会科学版）》2002年第6期。

中共浙江省磐安县委办公室:《磐安县农村劳务输出情况的调查及对策建议》,《市场与人口分析》1995年第4期。

中国农业剩余劳动力利用与转移课题组:《中国农业剩余劳动力转移的道路选择》,《中国农村经济》1990年第10期。

中国人民银行六安市中心支行调查组:《劳务经济的发展需要引导和扶持——来自劳务输出大市六安的调查》,《中国就业》2006年第3期。

忠德、华生:《广丰县组织剩余劳力搞劳务输出》,《江西老区建设》1987年第9期。

钟德燕、郭欣等:《基于移动通信大数据的地震灾区人口快速处理系统研究》,《山西地震》2018年第1期。

钟世川:《重庆市人口流动对其经济发展影响的研究》,重庆工商大学硕士学位论文，2011年。

钟岩、李海峰、吴献峰：《劳务经济的跨越——公主岭市开展劳务输出工作的调查》，《劳动保障世界》2004年第11期。

周大鸣：《农村劳务输出与打工经济——以江西省为例》，《中南民族大学学报（人文社会科学版）》2006年第1期。

周梦蝶：《南疆地区劳务输出问题研究》，《商》2005年第16期。

周庆行、吴祥佑、李祖兵：《论剩余劳动力流动与人力资源开发——基于重庆市的实证分析》，《重庆大学学报（社会科学版）》2003年第9期。

周师平：《德州市劳务输出工作现状与发展对策》，《山东行政学院山东省经济管理干部学院学报》2002年第4期。

周天绮：《基于移动通信大数据的城市人口空间分布统计》，《计算机与现代化》2018年第5期。

周铁：《深圳市流动人口管理工作述评》，《公安研究》1999年第2期。

周晓津、阮晓波、陈翠兰：《基于大数据的特大突发事故失联人员数量快速估计及对策研究》，《青岛科技大学学报（社会科学版）》2017年第33期。

周晓津：《1978~2007年中国隐性失业、劳动力流动与整体失业率估计》，《西部论坛》2011年第21期。

周晓津：《劳动力流动视野下的区域经济增长研究》，经济科学出版社2011年版。

周晓津：《人口新常态约束、特大城市人口规模调控与城市转型升级》，《西部论坛》2015年第30期。

周晓津：《中国城乡富余劳动力的供给边界与规模测度》，《改革》2008年第9期。

周勇：《重庆市农村外出劳动力回流动因及对策研究》，重庆大学博士学位论文，2008年。

周忠伟：《流出人口问题研究——对江西省都昌县流出人口的调查》，《中国人民公安大学学报（社会科学版）》1999年第5期。

周祖根、朱慈：《上海流动人口状况和特点》，《上海综合经济》1994年第7期。

周祖根:《上海人口总量及其分析——与〈1995 年上海市 1%人口抽样调查专题分析〉商榷》,《上海综合经济》1997 年第 4 期。

朱传耿、顾朝林等:《中国流动人口的影响要素与空间分布》,《地理学报》2001 年第 5 期。

朱挺林:《嘉禾县农村出现劳务输出"热"》,《中国劳动》1985 年第 11 期。

朱益民、潘丕声:《15 万民工走出家门之后》,《老区建设》1993 年第 6 期。

朱有学、周元宵:《劳务输出——振兴山区经济的有效途径》,《经济工作通讯》1993 年第 4 期。

卓彩琴:《广州市流动人口的现状及特点》,《人口学刊》1998 年第 3 期。

宗维、周祖根:《上海市流动人口现状》,《中国人口科学》1989 年第 6 期。

宗耀林:《为劳务输出出招——江苏射阳县老促会扶贫协会召开五镇劳务输出座谈会》,《中国老区建设》2002 年第 1 期。

索引

按重要性及省区市排序

人口流动　1，2，3，5，7，9，10，11，13，15，16，17，18，19，24，27，29，30，32，35，36，37，40，41，43，45，56，95，110，126，127，129，131，137，138，140，141，142，143，144，145，146，147，148，149，150，151，152，153，156，158，160，162，163，171，173，176，177，179，181，185，186，187，188，189，190，191，192，193，194，195，196，198，200，201，202，205，207，218，220，229，232，235，236，238，239，242，243，244，245，246，248，249，250，251，252，253，260，263，266，269，271，274，275，282，287，288，296，299，304，306，307，309，310，311，313，316，317，319，322，323，324，325，329，330，333，335，336，337，338，342，343，344，346，349，350，351，353，356，359，360，364，370，371，377，379，380，381，383，384，386，387，390，391，392，393，394，396，398，403，404，405，416，417，418，419，420，422，423，424，425，428，429

流动人口　1，2，5，6，7，10，11，12，13，14，15，16，17，18，19，20，21，22，23，24，26，29，31，32，33，36，37，39，40，41，42，43，44，45，48，55，57，62，63，64，65，66，67，68，69，70，76，85，88，89，90，98，103，108，109，110，111，113，114，119，125，126，127，128，129，131，132，133，134，135，136，138，141，142，143，144，145，148，149，150，153，156，158，159，160，169，177，178，179，182，183，185，186，187，191，196，201，202，203，210，234，235，239，240，241，242，247，249，250，255，256，257，258，259，261，263，264，266，267，272，273，274，275，278，280，281，282，283，285，286，290，291，295，299，302，303，304，305，309，310，311，312，313，314，319，320，324，327，328，330，333，335，341，344，345，346，347，348，349，350，351，353，354，355，356，

366, 372, 373, 374, 375, 376, 377, 379, 380, 381, 382, 383, 387, 388, 389, 390, 392, 397, 400, 403, 404, 405, 408, 410, 412, 413, 414, 416, 417, 420, 421, 422, 424, 425, 426, 427, 428, 429, 430, 431

人口大数据　12, 149, 151, 152, 153, 154, 155, 157, 158, 160, 161, 163, 166, 169, 170, 171, 177, 195, 196, 276, 277, 283, 284, 383, 386, 389, 394, 400, 405, 406, 425

跨省流动　22, 23, 24, 43, 44, 49, 53, 54, 58, 69, 79, 83, 85, 88, 92, 93, 97, 98, 99, 100, 102, 105, 114, 130, 133, 138, 141, 142, 153, 202, 234, 235, 236, 239, 240, 241, 247, 249, 250, 255, 257, 258, 261, 263, 265, 295, 296, 299, 313, 315, 319, 332, 343, 356, 366, 372, 373, 403, 405

人口普查　5, 7, 8, 9, 10, 12, 13, 14, 15, 17, 18, 19, 20, 21, 22, 23, 24, 25, 26, 27, 37, 39, 45, 65, 67, 127, 128, 129, 132, 135, 137, 138, 142, 143, 148, 158, 159, 160, 163, 169, 177, 194, 209, 240, 243, 251, 253, 264, 272, 287, 288, 311, 313, 319, 325, 326, 333, 335, 346, 347, 350, 394, 397, 398, 399, 400, 401, 402, 404, 427

人口统计　7, 9, 11, 102, 110, 129, 132, 134, 145, 149, 153, 163, 167, 188, 189, 194, 247, 274, 275, 288, 393, 398, 403, 414, 420

人口数据　3, 6, 7, 8, 17, 109, 110, 114, 127, 129, 131, 133, 143, 145, 149, 152, 153, 154, 160, 162, 163, 164, 166, 168, 169, 177, 179, 192, 194, 247, 249, 255, 256, 264, 273, 274, 303, 332, 333, 345, 354, 400, 403, 405, 420

常住人口　1, 4, 8, 9, 10, 11, 12, 17, 21, 27, 34, 37, 38, 39, 40, 41, 66, 67, 75, 108, 127, 131, 134, 163, 164, 165, 166, 167, 168, 169, 170, 171, 176, 177, 180, 181, 192, 254, 256, 258, 259, 260, 261, 264, 266, 267, 268, 272, 278, 279, 280, 281, 282, 282, 285, 286, 287, 288, 290, 291, 292, 302, 303, 309, 310, 319, 320, 325, 326, 327, 342, 345, 346, 348, 351, 352, 354, 355, 356, 360, 382, 384, 385, 387, 388, 403, 406

外来人口　1, 8, 9, 10, 11, 12, 27, 32, 37, 44, 56, 63, 65, 66, 68, 76, 88, 90, 91, 101, 102, 106, 107, 108, 109, 110, 136, 138, 156, 159, 160, 162, 163, 165, 166, 168, 169, 170, 171, 172, 173, 175, 179, 183, 187, 189, 191, 209, 234, 239, 241, 244, 246, 247, 249, 254, 258, 259, 263,

索引

264, 265, 266, 267, 268, 270, 272, 273, 276, 278, 279, 282, 283, 285, 287, 291, 292, 313, 344, 353, 365, 366, 367, 368, 373, 374, 375, 377, 378, 379, 382, 384, 385, 388, 400, 403, 404, 405, 419

实有人口 11, 12, 66, 67, 162, 169, 266, 273, 280, 285, 287, 291, 416

农民工 5, 22, 23, 45, 48, 49, 52, 54, 55, 56, 57, 62, 67, 70, 71, 72, 73, 74, 75, 76, 78, 79, 80, 81, 83, 84, 88, 89, 93, 94, 96, 97, 101, 102, 109, 112, 114, 119, 125, 132, 133, 137, 142, 143, 144, 179, 181, 243, 255, 264, 265, 266, 273, 283, 286, 296, 297, 299, 300, 302, 303, 304, 307, 309, 311, 312, 313, 314, 317, 324, 327, 328, 330, 331, 335, 338, 339, 340, 342, 343, 344, 346, 350, 353, 354, 355, 356, 357, 390, 409, 414, 420, 421, 429

劳动力 13, 16, 17, 21, 22, 23, 24, 29, 30, 31, 32, 33, 34, 35, 36, 37, 41, 43, 44, 45, 46, 47, 48, 49, 50, 51, 52, 53, 54, 55, 56, 57, 58, 59, 60, 61, 62, 63, 64, 65, 67, 68, 69, 70, 71, 72, 73, 74, 75, 76, 77, 78, 79, 80, 81, 82, 83, 84, 85, 86, 87, 88, 89, 90, 91, 92, 93, 94, 96, 97, 98, 99, 100, 101, 102, 103, 104, 105, 106, 107, 109, 110, 111, 112, 113, 114, 119, 125, 126, 128, 129, 130, 131, 132, 133, 134, 135, 137, 141, 142, 143, 144, 148, 167, 171, 177, 178, 180, 185, 201, 202, 209, 210, 249, 250, 265, 267, 273, 286, 288, 291, 296, 297, 298, 299, 300, 301, 302, 303, 304, 305, 306, 307, 309, 310, 311, 312, 313, 314, 315, 317, 319, 320, 321, 324, 325, 326, 327, 328, 329, 331, 332, 333, 338, 339, 340, 342, 343, 344, 346, 347, 348, 351, 352, 354, 356, 383, 384, 398, 403, 404, 408, 409, 410, 412, 413, 414, 415, 416, 417, 418, 419, 420, 421, 423, 424, 425, 426, 427, 428, 429, 430

流量 5, 6, 27, 29, 35, 36, 37, 54, 55, 66, 105, 130, 134, 138, 139, 140, 144, 148, 156, 162, 177, 178, 182, 183, 185, 186, 187, 188, 189, 190, 191, 192, 194, 196, 198, 200, 201, 202, 203, 204, 205, 217, 218, 221, 224, 225, 227, 229, 235, 234, 236, 237, 238, 239, 241, 242, 244, 246, 250, 251, 252, 253, 254, 255, 256, 257, 258, 263, 267, 268, 269, 270, 275, 276, 277, 281, 283, 284, 287, 288, 289, 290, 292, 293, 294, 295, 296, 299, 300, 306, 307, 308,

317, 318, 321, 323, 325, 328, 330, 331, 335, 336, 337, 338, 342, 343, 344, 350, 351, 353, 355, 357, 359, 360, 361, 362, 365, 370, 371, 377, 379, 384, 385, 391, 394, 396, 400, 402, 405

流向 6, 13, 22, 24, 27, 29, 31, 35, 37, 41, 43, 45, 46, 48, 49, 50, 51, 54, 55, 56, 58, 59, 60, 61, 62, 64, 71, 72, 75, 76, 77, 79, 80, 82, 83, 85, 86, 87, 89, 90, 91, 92, 93, 94, 95, 96, 97, 99, 100, 102, 103, 105, 111, 113, 114, 125, 127, 128, 129, 132, 134, 148, 152, 156, 168, 170, 173, 175, 176, 177, 178, 179, 181, 183, 184, 185, 186, 187, 191, 192, 194, 195, 196, 198, 200, 201, 202, 203, 205, 207, 218, 219, 220, 221, 223, 224, 227, 229, 230, 234, 236, 242, 244, 246, 247, 252, 260, 263, 266, 270, 274, 283, 288, 291, 293, 295, 296, 298, 299, 300, 301, 303, 304, 305, 306, 307, 308, 313, 314, 315, 316, 317, 318, 319, 321, 322, 323, 324, 328, 329, 330, 331, 333, 334, 335, 336, 337, 339, 340, 341, 342, 343, 344, 345, 346, 347, 349, 350, 351, 352, 353, 355, 356, 357, 359, 360, 361, 362, 364, 365, 366, 370, 374, 375, 397, 404, 405, 408,

423

城市 2, 3, 4, 5, 11, 13, 15, 16, 22, 27, 29, 31, 32, 33, 36, 37, 38, 41, 43, 47, 56, 57, 62, 63, 66, 67, 68, 73, 75, 76, 81, 82, 84, 86, 87, 96, 97, 100, 101, 103, 111, 114, 126, 138, 140, 142, 143, 146, 148, 149, 152, 154, 158, 159, 160, 162, 163, 164, 165, 167, 168, 169, 170, 176, 183, 188, 189, 190, 195, 196, 198, 200, 230, 252, 253, 254, 260, 263, 267, 278, 279, 280, 285, 291, 292, 299, 307, 309, 310, 325, 328, 356, 377, 378, 379, 380, 381, 385, 387, 404, 407, 408, 410, 414, 417, 419, 420, 422, 423, 424, 425, 426, 427, 428, 430

农村 9, 13, 15, 16, 17, 21, 22, 23, 24, 29, 30, 31, 32, 33, 34, 35, 36, 37, 41, 43, 44, 45, 46, 47, 48, 49, 50, 51, 52, 53, 54, 55, 56, 57, 58, 60, 61, 62, 63, 64, 65, 67, 68, 69, 70, 71, 72, 73, 74, 75, 76, 77, 78, 79, 80, 81, 82, 83, 84, 85, 86, 87, 88, 89, 90, 91, 92, 93, 94, 96, 97, 98, 99, 100, 101, 102, 103, 104, 105, 106, 111, 112, 113, 114, 119, 125, 126, 127, 128, 130, 132, 133, 134, 135, 142, 143, 177, 178, 179, 180, 181, 185, 188, 189, 190, 192,

201, 209, 210, 233, 235, 239, 249, 250, 260, 263, 269, 271, 273, 286, 290, 296, 297, 298, 302, 303, 304, 305, 309, 310, 311, 312, 313, 314, 315, 317, 319, 320, 324, 325, 326, 327, 331, 332, 338, 339, 340, 344, 345, 346, 347, 351, 352, 354, 376, 382, 403, 411, 413, 414, 415, 416, 418, 419, 420, 421, 422, 423, 424, 425, 426, 427, 428, 429, 430, 431

深圳 11, 12, 27, 33, 44, 46, 49, 56, 66, 67, 107, 135, 136, 137, 147, 148, 163, 164, 165, 166, 167, 168, 169, 171, 175, 182, 183, 184, 244, 252, 267, 270, 271, 279, 281, 345, 374, 377, 379, 380, 384, 389, 395, 407, 413, 416, 430

广州 11, 31, 32, 67, 136, 138, 147, 148, 150, 151, 153, 158, 160, 164, 168, 169, 179, 182, 184, 234, 244, 252, 267, 270, 271, 272, 279, 281, 353, 374, 377, 379, 389, 423, 431

东莞 27, 44, 46, 56, 67, 106, 107, 108, 109, 175, 176, 182, 184, 244, 267, 270, 317, 374, 379, 380, 388, 389

苏州 146, 169, 170, 171, 172, 175, 176, 254, 287, 291, 292, 377, 378, 379

温州 30, 34, 41, 44, 89, 172, 173, 174, 175, 176, 189, 273, 274, 417

全国 4, 5, 6, 7, 9, 10, 12, 13, 14, 15, 16, 17, 18, 19, 20, 22, 23, 24, 25, 26, 27, 29, 30, 32, 33, 35, 36, 37, 39, 40, 41, 42, 43, 44, 45, 46, 48, 49, 51, 52, 53, 54, 58, 59, 61, 62, 63, 67, 70, 72, 76, 80, 84, 85, 93, 94, 99, 102, 111, 114, 126, 127, 128, 129, 132, 135, 140, 143, 146, 148, 156, 158, 163, 171, 174, 176, 179, 180, 181, 190, 193, 194, 196, 198, 200, 201, 202, 203, 204, 205, 210, 214, 217, 218, 219, 221, 222, 223, 224, 225, 229, 230, 231, 232, 233, 234, 235, 236, 237, 239, 240, 241, 242, 243, 244, 245, 246, 247, 249, 250, 251, 252, 253, 254, 255, 256, 257, 258, 259, 260, 261, 263, 264, 265, 266, 269, 272, 276, 279, 283, 284, 286, 287, 292, 294, 295, 296, 298, 299, 304, 305, 306, 308, 311, 312, 313, 314, 316, 317, 318, 321, 323, 324, 325, 328, 329, 331, 332, 333, 334, 335, 336, 339, 340, 341, 345, 346, 347, 348, 350, 351, 353, 354, 355, 356, 361, 362, 363, 364, 365, 366, 367, 368, 371, 372, 373, 374, 375, 376, 377, 379, 380, 381, 382, 383, 384, 386, 390, 392, 393, 394, 395, 397, 398, 400, 402,

403, 404, 406, 407, 408, 409, 410, 427

北京 2, 9, 10, 21, 22, 31, 32, 35, 46, 48, 54, 63, 66, 68, 72, 83, 89, 93, 94, 95, 108, 114, 138, 146, 147, 148, 150, 151, 156, 163, 164, 168, 169, 173, 174, 179, 190, 194, 203, 204, 218, 220, 221, 230, 232, 234, 235, 236, 237, 239, 241, 242, 245, 246, 248, 250, 251, 252, 253, 254, 255, 256, 257, 259, 263, 269, 277, 278, 279, 280, 281, 282, 283, 284, 287, 289, 293, 298, 299, 301, 306, 308, 316, 318, 321, 323, 328, 329, 330, 331, 335, 336, 337, 338, 343, 353, 357, 363, 364, 366, 367, 368, 369, 370, 371, 372, 373, 375, 377, 379, 384, 385, 407, 413, 416, 420, 423, 425

天津 9, 10, 32, 34, 95, 147, 150, 151, 156, 168, 174, 203, 204, 230, 231, 234, 235, 237, 241, 242, 245, 246, 248, 260, 251, 252, 254, 256, 257, 259, 269, 277, 279, 280, 281, 283, 289, 294, 300, 323, 330, 331, 363, 367, 368, 370, 371, 373, 375, 377, 384, 385

河北 10, 72, 95, 96, 97, 98, 146, 150, 151, 174, 203, 204, 205, 220, 230, 234, 235, 237, 241, 243, 245,

246, 247, 248, 250, 251, 252, 253, 254, 255, 256, 257, 259, 260, 269, 277, 281, 283, 287, 289, 293, 298, 299, 301, 323, 330, 363, 364, 367, 368, 369, 370, 371, 373, 375, 377, 396, 429

山西 10, 49, 62, 96, 97, 147, 150, 151, 174, 203, 204, 235, 237, 241, 242, 245, 246, 248, 250, 251, 256, 257, 259, 269, 277, 281, 283, 289, 293, 298, 300, 318, 323, 330, 363, 365, 367, 368, 370, 373, 417, 419, 426, 429

内蒙古 9, 10, 62, 94, 95, 119, 171, 203, 204, 220, 235, 237, 241, 242, 245, 246, 248, 250, 251, 256, 257, 259, 284, 287, 300, 301, 363, 365, 367, 368, 370, 373, 377, 412

辽宁 10, 35, 101, 119, 174, 203, 204, 235, 237, 238, 241, 242, 244, 245, 246, 248, 250, 251, 256, 257, 259, 264, 269, 277, 283, 288, 289, 294, 300, 301, 323, 363, 365, 367, 368, 370, 373

吉林 10, 68, 101, 119, 144, 146, 204, 235, 237, 241, 242, 245, 246, 248, 250, 251, 256, 257, 258, 260, 269, 277, 284, 289, 294, 300, 363, 365, 367, 368, 369, 373, 416, 422

黑龙江 10, 100, 101, 119, 146, 204,

235, 237, 241, 242, 245, 246, 248, 250, 251, 256, 258, 260, 269, 277, 283, 289, 294, 300, 363, 365, 367, 368, 369, 373

上海 2, 4, 9, 10, 21, 22, 32, 41, 46, 48, 56, 61, 63, 66, 80, 83, 89, 90, 95, 99, 100, 111, 138, 146, 147, 148, 156, 164, 165, 166, 168, 169, 170, 173, 174, 175, 176, 179, 184, 205, 206, 208, 209, 210, 218, 220, 221, 230, 232, 234, 235, 236, 241, 242, 244, 245, 246, 248, 250, 251, 252, 253, 254, 256, 257, 258, 259, 263, 267, 269, 277, 279, 280, 281, 282, 283, 284, 285, 286, 287, 288, 290, 291, 292, 293, 298, 299, 306, 307, 312, 316, 318, 322, 323, 324, 330, 331, 335, 336, 337, 338, 343, 351, 353, 357, 360, 361, 363, 364, 366, 367, 368, 369, 370, 371, 373, 375, 377, 378, 379, 384, 385, 413, 416, 423, 425, 429, 430, 431

江苏 10, 32, 33, 63, 64, 72, 80, 83, 86, 87, 88, 99, 100, 103, 110, 111, 128, 146, 170, 171, 172, 173, 174, 179, 194, 203, 204, 209, 218, 220, 221, 226, 230, 231, 232, 235, 237, 241, 242, 245, 246, 248, 250, 251, 252, 253, 255, 257, 259, 269, 276, 277, 283, 287, 288, 290, 291, 292, 293, 298, 299, 306, 316, 317, 322, 323, 324, 330, 331, 335, 336, 337, 338, 343, 346, 351, 353, 357, 361, 363, 364, 366, 367, 368, 370, 371, 372, 373, 375, 377, 413, 414, 415, 418, 419, 422, 423, 428, 431

浙江 9, 10, 29, 30, 32, 34, 44, 54, 59, 61, 64, 79, 80, 83, 89, 90, 91, 95, 99, 100, 103, 110, 111, 125, 127, 128, 146, 150, 151, 156, 173, 174, 179, 189, 194, 203, 204, 209, 218, 220, 221, 222, 232, 235, 236, 239, 241, 242, 245, 246, 248, 249, 250, 251, 252, 255, 256, 257, 258, 259, 269, 272, 273, 274, 275, 276, 277, 278, 284, 288, 290, 291, 293, 294, 298, 299, 306, 307, 316, 317, 322, 323, 324, 330, 331, 334, 335, 337, 338, 341, 342, 344, 345, 346, 349, 350, 351, 353, 355, 357, 360, 361, 363, 364, 366, 368, 369, 370, 372, 373, 375, 377, 384, 385, 403, 404, 420, 421, 422, 425, 426, 428, 429

安徽 8, 9, 10, 22, 35, 56, 57, 64, 72, 80, 81, 85, 91, 92, 146, 147, 156, 172, 173, 174, 204, 209, 210, 219, 226, 231, 235, 236, 238, 239, 241, 242, 244, 245, 246, 247, 248, 250, 251, 255, 257, 260, 264, 268,

275, 276, 281, 283, 287, 288, 290, 293, 294, 295, 298, 299, 301, 307, 312, 315, 319, 320, 321, 322, 323, 324, 328, 330, 331, 333, 334, 335, 336, 338, 341, 350, 361, 362, 364, 365, 367, 368, 369, 371, 372, 373, 375, 376, 385, 404, 418, 421, 424, 429

山东 10, 33, 62, 63, 72, 96, 146, 174, 203, 204, 235, 237, 241, 242, 243, 245, 246, 248, 250, 251, 255, 257, 260, 269, 277, 281, 283, 288, 289, 290, 293, 294, 298, 299, 321, 323, 330, 331, 336, 343, 361, 363, 365, 367, 368, 370, 373, 375, 377, 412, 415, 420, 421, 422, 424, 426, 428, 429, 430

江西 9, 10, 31, 35, 46, 47, 48, 49, 53, 60, 67, 69, 85, 86, 91, 103, 104, 108, 111, 112, 173, 174, 182, 191, 209, 210, 219, 224, 231, 235, 236, 238, 239, 241, 242, 243, 244, 245, 246, 247, 248, 250, 251, 255, 257, 260, 268, 276, 284, 288, 289, 290, 294, 293, 294, 295, 300, 306, 307, 312, 315, 318, 321, 323, 328, 329, 330, 331, 332, 333, 334, 335, 336, 337, 338, 341, 343, 361, 362, 365, 367, 368, 370, 371, 373, 374, 375, 376, 404, 405, 412, 423, 427,

428, 429, 430

河南 8, 9, 10, 22, 34, 55, 56, 71, 72, 73, 74, 75, 76, 78, 85, 103, 104, 105, 116, 119, 126, 132, 133, 146, 151, 156, 172, 173, 174, 182, 190, 193, 203, 204, 209, 210, 218, 226, 231, 235, 236, 237, 239, 241, 242, 243, 244, 245, 246, 247, 248, 249, 250, 251, 252, 255, 257, 260, 261, 268, 276, 281, 283, 288, 289, 290, 292, 293, 294, 295, 296, 297, 298, 299, 300, 301, 312, 315, 321, 323, 328, 329, 330, 331, 333, 334, 336, 340, 341, 343, 361, 362, 365, 366, 367, 368, 369, 371, 372, 373, 375, 376, 385, 419, 422, 424, 428

湖北 10, 22, 31, 34, 46, 56, 81, 82, 102, 103, 104, 105, 108, 156, 173, 174, 182, 190, 193, 207, 209, 210, 224, 231, 235, 236, 238, 239, 241, 242, 244, 245, 246, 247, 248, 250, 251, 252, 255, 257, 260, 268, 276, 281, 283, 288, 289, 290, 292, 293, 294, 295, 298, 300, 306, 307, 311, 315, 318, 321, 323, 324, 325, 326, 327, 328, 329, 330, 335, 336, 338, 343, 357, 360, 361, 363, 365, 366, 367, 368, 369, 371, 373, 376, 385, 405, 415, 426

湖南 8, 9, 10, 22, 30, 31, 41, 44,

46, 56, 82, 83, 84, 85, 100, 102, 103, 104, 105, 108, 111, 112, 114, 146, 156, 169, 173, 174, 181, 182, 186, 187, 190, 205, 206, 207, 219, 220, 221, 224, 229, 220, 231, 233, 235, 236, 238, 239, 241, 242, 244, 245, 246, 247, 248, 250, 251, 252, 255, 257, 260, 268, 276, 277, 284, 288, 289, 290, 293, 294, 295, 298, 300, 301, 303, 304, 305, 306, 307, 312, 315, 318, 321, 323, 328, 329, 330, 331, 333, 334, 335, 336, 338, 341, 342, 344, 351, 357, 359, 360, 361, 362, 364, 365, 366, 367, 368, 369, 371, 372, 373, 374, 375, 376, 385, 388, 405, 414, 415, 416, 418, 419, 421, 425

广东 6, 9, 10, 11, 22, 23, 24, 30, 31, 35, 44, 45, 46, 48, 49, 51, 54, 56, 57, 59, 60, 61, 63, 65, 67, 69, 72, 83, 85, 89, 91, 93, 95, 99, 100, 102, 103, 104, 105, 108, 109, 110, 111, 113, 127, 128, 129, 135, 146, 147, 156, 163, 167, 169, 173, 174, 179, 181, 182, 183, 184, 186, 187, 188, 189, 190, 191, 194, 195, 196, 202, 202, 203, 204, 207, 218, 219, 220, 221, 224, 229, 230, 232, 234, 235, 236, 238, 239, 241, 242, 243, 244, 245, 246, 247, 248, 249,

250, 251, 252, 255, 256, 257, 258, 259, 260, 263, 264, 265, 266, 267, 268, 269, 270, 271, 272, 273, 277, 283, 284, 288, 289, 291, 294, 298, 299, 304, 305, 306, 307, 313, 314, 316, 317, 321, 322, 323, 328, 329, 330, 331, 332, 334, 335, 336, 337, 338, 340, 341, 342, 343, 344, 345, 346, 347, 348, 349, 350, 351, 353, 355, 356, 357, 360, 361, 363, 364, 365, 366, 367, 368, 369, 370, 371, 372, 373, 374, 375, 377, 384, 385, 388, 391, 403, 404, 405, 406, 418, 421

海南 10, 46, 48, 51, 184, 234, 235, 236, 239, 241, 242, 245, 246, 247, 248, 250, 251, 254, 256, 258, 259, 269, 277, 284, 289, 294, 300, 308, 318, 330, 336, 342, 351, 357, 361, 363, 365, 367, 368, 369, 371, 372, 373

四川 8, 9, 10, 22, 31, 43, 44, 46, 48, 49, 50, 51, 53, 54, 55, 57, 58, 59, 61, 69, 72, 74, 76, 77, 78, 79, 80, 84, 85, 88, 91, 102, 103, 104, 105, 108, 112, 125, 132, 133, 145, 146, 147, 156, 173, 174, 178, 182, 189, 194, 195, 220, 224, 231, 233, 234, 235, 236, 237, 239, 241, 242, 243, 244, 245, 246, 247, 248, 250,

251，252，255，257，260，268，277，284，288，289，290，293，294，295，296，297，298，300，301，308，309，310，311，312，313，314，315，316，317，318，324，330，331，333，336，340，343，350，351，353，355，356，357，361，363，364，365，366，367，368，370，371，372，373，374，375，376，385，400，405，413，416，417，418，419，421，422，423，425，426，427，428

重庆 10，22，43，44，48，49，53，54，55，58，67，77，78，79，103，104，112，113，125，129，131，132，147，148，174，176，177，178，179，180，181，182，194，220，224，230，231，233，235，236，237，239，241，242，245，246，248，250，251，255，257，260，264，268，276，277，284，288，289，293，294，300，307，308，316，317，329，330，336，340，343，350，351，352，353，354，355，356，357，361，363，364，365，368，370，371，372，373，375，376，414，415，421，424，429，430

云南 10，49，51，54，59，60，99，125，128，146，174，182，194，220，224，235，237，239，241，242，243，245，246，248，249，250，251，255，256，257，259，268，277，284，289，

293，300，308，316，317，330，336，341，342，346，349，350，351，357，361，363，365，368，370，371，372，373，426

贵州 10，31，35，49，57，58，59，91，92，99，100，104，112，125，127，128，129，130，131，146，151，173，174，182，189，191，220，224，231，235，236，237，239，241，242，245，246，248，250，251，254，255，257，260，268，276，277，288，289，293，294，295，300，306，307，316，317，330，336，341，342，345，346，347，348，349，350，355，357，360，363，365，367，368，369，371，372，373，375，376，413，414，420，421，422，426，427

西藏 10，49，54，61，94，95，125，144，162，204，224，234，235，237，241，242，245，246，248，250，251，256，258，259，269，277，284，290，294，300，308，318，357，361，364，365，367，368，370，371，372，373，375

陕西 10，35，61，62，72，92，93，113，114，125，144，146，174，203，204，235，237，239，241，242，245，246，248，250，251，255，257，260，268，277，284，288，289，293，294，298，300，316，317，323，330，357，363，

365，367，368，370，371，372，373，420，422，423

甘肃　10，35，36，44，61，92，93，114，144，174，204，220，234，235，236，237，239，241，242，243，245，246，248，250，251，256，258，260，269，277，284，288，289，293，300，318，330，363，365，367，368，369，371，372，373，417，418，421，423

宁夏　10，61，92，94，114，125，204，220，235，237，238，241，242，245，246，248，250，251，256，258，259，269，277，284，290，294，300，308，318，331，361，363，365，367，368，370，371，372，373，417，424

青海　10，61，94，95，96，125，144，204，232，235，237，241，242，245，246，248，250，251，256，258，259，269，284，290，294，300，308，318，330，361，363，365，367，368，370，371，372，373

新疆　3，4，10，31，49，54，56，61，62，72，75，88，93，94，96，114，125，126，174，204，220，232，235，237，241，242，243，245，246，248，250，251，256，257，258，259，269，277，284，289，294，300，301，308，318，330，357，361，363，365，367，368，370，371，372，373，420，421

后　记

当笔者得知国家社科规划课题中标时确实有一点小激动,然而不久即陷入焦虑之中。其中,最大的焦虑是缺乏数据。显然,如果没有数据来做实证分析,根本无法达成本书原定的研究目标。为此,笔者几乎跑遍了全国的大数据研讨会场,并通过各种途径与国内相关大数据研究机构联系,希冀可以获得用于本书研究的数据。即使国外用于人口流动研究的技术稍早于我国,但其研究显然无法与有巨大流动人口规模的中国相比,因此与国内有关的国外数据就更为稀少。国内虽然有比较丰富的可用于人口流动研究的大数据,但主要集中在几大私营互联网平台企业手中,因此几乎没有机构或个人愿意为本书提供数据。从课题获批到获得可用于本书研究的数据期间(整整8个月),笔者一直处于焦虑和无助之中,甚至连下拨的课题经费也不敢开支,2017年全年仅报销了1000元的课题经费,甚至一度准备放弃,并计划将国家下拨的经费退回。因此,本书最终得以顺利完成,负责人及参与人员的努力弥足珍贵。

用于本书研究的数据是负责人在网络搜寻中通过一个偶然的机会和渠道获得的。拿到数据时离课题获批已经有8个月之久,期间虽然也获得和分析了一些数据,但结果总不能令人满意。当获得数据并打开的那一刻,笔者觉得至少有50%的把握可以完成这个来之不易的国家社科课题。但把原始数据处理后变成可用的数据时,也经历了一个痛苦的过程。因为计算机技术人员并不知道这个数据能做什么,因此负责人要手动计算,刚开始计算一个省的人口流入百分比构成至少需要7天的时间。由于课题设计时,预计成果包括专著和研究报告,而进行研究的初期是不可能直接形成专著的，因此需要先从各个省级区域入手。而完成一个省的数据计算及该省的有关人口流动流量、流向变化的类似论文（报告）的成果需要半个月，工作量极为巨大。有时发现数据异常，往往也需要较长时间才能分析清楚。仅完成研究报告，就用了将近一年的时间。

在粗略完成研究报告后，笔者才着手进行本书的写作。由于以往各种文献或政府机关公开的流动人口数量与大数据推算结果有极大的差异，本书用了相当大的精力回溯我国自改革开放以来的所有与流动人口规模有关的文献或数据，并推算不同年份各省份实际的流动人口数据，以完成与大数据的衔接。在人口流向方面，各种推算结果并没有太大的差异，但在流动人口数量方面，各省之间的推算会有一定的差异。在本书中，课题组并没有给定一个完全一致的统一数据集，一方面，课题组认为即使有不同的结果，但其相对差异并不大，无须追求绝对的一致；另一方面，课题组认为可以给后来者提供思考的空间。整本书的写作持续了近一年的时间。

在完成分省人口的流动研究报告之后，本书得到了非计划内课题成员的帮助，也利用课题经费购置了正版软件，并将以前手工计算的大部分数据换成了SQL代码。之所以没有在一开始就使用SQL代码而是用手工计算，根本原因是计算机技术人员并不知道本书需要什么，也不知道这些原始数据能做什么，而通过手工计算可使课题组将需求明确地告诉技术人员。就技术人员而言，只要明确了需求，将其转化成代码则是举手之劳的事情。但两者并不能互相取代，而是需要深入合作。技术专家缺乏对人口流动特性的深入了解，而人文社科研究学者则难以了解数据及其处理技术。这种宝贵的技术帮助，来自负责人高中的同班同学。大学毕业至今，他从事计算机编程工作已有25个年头，可算得上是一位超级码农。鉴于他对本书的贡献，笔者曾诚恳地希望将他列入本书的第一参与人，但被他婉拒，他认为这是一件举手之劳的小事。如今这位同学依旧在深圳追寻他的编程梦想。

作为国家社科基金结项成果的专著，也必须提及本项目研究团队成员的贡献。实际承担课题任务的项目团队成员主要有巫细波（市社科院区域所）和阮晓波（市社科院经济所）两位同行、对实地调研有较大贡献的周仁满（隆回县职业中等专业学校），以及笔者工作单位的姚阳、陈翠兰和张强三位同事；课题组院外成员包括阮艺华研究员（深圳职业技术学院）、张灵辉（海南大学）、在站博士后范拓源（中国财政科学院）、佟宇竞（广州商学院）。需要提及的是，由于本书内容的新颖性，课题申报成员与最终参与成员有一定的变动，而这种变动都经过了很好的沟通。本书的顺利完成，使我们对人口流动大数据有了更深刻的理解和实战体验，对后续相关研究显然会有巨大的帮助，同时在方法、手段、技术等各方面都有了巨大的提升。

　　课题申报设计时的最终成果为专著和研究报告。在延期1年结题后，直到2018年底，才基本完成课题研究任务并进入结题阶段。结题成果于2月底进行查重（仅1次）。专著成果《基于大数据的人口流动流量、流向新变化研究》共27万余字（主体部分），查重报告显示文字复制占比为2.7%，引用占比0.3%，无问题部分97%。《基于大数据的中国人口流动研究分省报告》（上册）共27万余字，无问题部分99.1%，《基于大数据的中国人口流动研究分省报告》（下册）共29万余字，无问题部分98.4%。2019年初将专著投稿参与了第八批《中国社会科学博士后文库》的评选，7月初获悉成果幸运入选文库。国家社科规划课题的结题于4月提交系列材料。很幸运，课题研究报告部分也获得了广州国家中心城市研究基地的资助，将分成上、下册公开出版发行。

　　与本书相关的课题取得的阶段性成果包括专著1部（周晓津、张强：《特大城市人口规模调控与比较研究》，经济科学出版社，2015年）、广州市社科规划课题1项（阮晓波、周晓津："基于大数据的广州人口流动研究"（课题编号：15Y58），结题等级：良好）、已发表学术论文3篇（载于《大数据》《开放导报》《青岛科技大学学报（社会科学版）》）及若干会议论文。2017~2018年研究攻关阶段的公开发表成果很少。2019年以来，国家社科规划课题成果的社会效益开始发力。例如，主要参与者巫细波已有2篇论文被录用（《社科纵横》《区域经济评论》），课题负责人向市政府提交的2篇报告被采用（《广州市人口规模现状、趋势与对策建议》《北上广深外来人口变动及对策建议》）。预计将有更多的成果被各级政府采用。我们期望与任何机构或个人合作，并可免费提供本课题涉及的所有数据及软件，以方便其用于非营利性研究。在大数据时代，笔者的个人信息几乎是公开和透明的，有需要的研究者可直接与笔者联系以获得数据，我们也会在网络上提供相应的数据及软件下载链接。

  本书的顺利出版，离不开妻子多年来无私的奉献，离不开单位领导同事和身边同学、朋友们一直以来的包容、鼓励、理解和支持，离不开博士和博士后期间两位导师对我自主选择研究方向的宽容和支持，离不开经济管理出版社编辑细致的工作支持，在此笔者深表感谢。

周晓津
己亥年（2019）夏于广州越秀

专家推荐表

第八批《中国社会科学博士后文库》专家推荐表 1

《中国社会科学博士后文库》由中国社会科学院与全国博士后管理委员会共同设立，旨在集中推出选题立意高、成果质量高、真正反映当前我国哲学社会科学领域博士后研究最高学术水准的创新成果，充分发挥哲学社会科学优秀博士后科研成果和优秀博士后人才的引领示范作用，让《文库》著作真正成为时代的符号、学术的标杆、人才的导向。

推荐专家姓名	周茂清	电 话	
专业技术职务	研究员，博导	研究专长	金融学
工作单位	中国社会科学院金融研究所	行政职务	
推荐成果名称	基于大数据的人口流动流量、流向新变化研究		
成果作者姓名	周晓津		

（对书稿的学术创新、理论价值、现实意义、政治理论倾向及是否具有出版价值等方面做出全面评价，并指出其不足之处）

在完成中国社科院金融所博士后出站报告之后，周晓津博士以国家社科基金课题为依托展开了基于大数据的人口流动研究。该研究既是博士后研究成果迈向实用化的前置性研究，也是其博士学位论文研究的后续延伸研究。更进一步的考虑是，在完成国家社科基金课题"基于大数据的人口流动流量、流向新变化研究"（编号：15BRK037）之后，周博士计划以博士学位论文、博士后出站报告、国家社科基金课题为依托，尽快完成他一直以来正在进行的《高铁经济学》著作。

本书稿全面回顾和测算了自改革开放以来的中国流动人口规模增长，利用大数定律对特定时段内的大数据进行会集和过滤短期性的流动人口，从而得到全国以及中国大陆 31 个省级行政区域的人口流动流量和流向数据，在数据的后期处理、分析和应用等方面具有较大的学位创新。研究的现实意义在于为即将到来的 2020 全国人口普查提供技术、理论和应用支撑。全书围绕党和国家的大数据战略大局，政治站位高，对推进人口大数据的政务应用有较强的理论意义，具有出版价值。作为书稿作者的博士后导师，诚意推荐本书进入《中国社会科学博士后文库》，并期待早日出版发行。

签字：（签名）

2018 年 12 月 18 日

说明：该推荐表须由具有正高级专业技术职务的同行专家填写，并由推荐人亲自签字，一旦推荐，须承担个人信誉责任。如推荐书稿入选《文库》，推荐专家姓名及推荐意见将印入著作。

第八批《中国社会科学博士后文库》专家推荐表 2

《中国社会科学博士后文库》由中国社会科学院与全国博士后管理委员会共同设立，旨在集中推出选题立意高、成果质量高、真正反映当前我国哲学社会科学领域博士后研究最高学术水准的创新成果，充分发挥哲学社会科学优秀博士后科研成果和优秀博士后人才的引领示范作用，让《文库》著作真正成为时代的符号、学术的标杆、人才的导向。

推荐专家姓名	徐勇	电话	
专业技术职务	教授，博导	研究专长	经济学
工作单位	中山大学管理学院	行政职务	
推荐成果名称	基于大数据的人口流动流量、流向新变化研究		
成果作者姓名	周晓津		

（对书稿的学术创新、理论价值、现实意义、政治理论倾向及是否具有出版价值等方面做出全面评价，并指出其不足之处）

周晓津博士的博士学位论文《劳动力流动视野下的中国区域经济增长研究》已于 2011 年由经济科学出版社出版，该书获得广州市委宣传部出版资助并获得市社科优秀成果三等奖。《基于大数据的人口流动流量、流向新变化研究》书稿是国家社科基金课题（编号：15BRK037）的专著性成果。书稿的上半部分全面回顾和测算了全国及人口流动大省的流动规模及流量，得到很多创新性的结论。下半部分利用大数定律对特定时段内的大数据进行会集和过虑短期性的流动人口，从而得到全国以及中国大陆 31 个省级行政区域的人口流动流量和流向数据，在数据的后期处理、分析和应用等方面具有较强的学术创新性。研究的现实意义在于为即将到来的 2020 全国人口普查提供技术、理论和应用支撑。作为中共党员，所思所述符合新时代需要，作为专职科研人员，周晓津博士潜心研究的成果具有较大的出版价值。作为周博士的博士生导师，本人应其所邀，欣然应允推荐本书稿进入《中国社会科学博士后文库》，期待该专著早日出版发行，为中国人口大数据理论和应用研究做出积极贡献。

签字：

2018 年 12 月 9 日

说明： 该推荐表须由具有正高级专业技术职务的同行专家填写，并由推荐人亲自签字，一旦推荐，须承担个人信誉责任。如推荐书稿入选《文库》，推荐专家姓名及推荐意见将印入著作。

经济管理出版社 《中国社会科学博士后文库》 成果目录

第一批《中国社会科学博士后文库》（2012年出版）		
序号	书　名	作　者
1	《"中国式"分权的一个理论探索》	汤玉刚
2	《独立审计信用监管机制研究》	王　慧
3	《对冲基金监管制度研究》	王　刚
4	《公开与透明：国有大企业信息披露制度研究》	郭媛媛
5	《公司转型：中国公司制度改革的新视角》	安青松
6	《基于社会资本视角的创业研究》	刘兴国
7	《金融效率与中国产业发展问题研究》	余　剑
8	《进入方式、内部贸易与外资企业绩效研究》	王进猛
9	《旅游生态位理论、方法与应用研究》	向延平
10	《农村经济管理研究的新视角》	孟　涛
11	《生产性服务业与中国产业结构演变关系的量化研究》	沈家文
12	《提升企业创新能力及其组织绩效研究》	王　涛
13	《体制转轨视角下的企业家精神及其对经济增长的影响》	董　昀
14	《刑事经济性处分研究》	向　燕
15	《中国行业收入差距问题研究》	武　鹏
16	《中国土地法体系构建与制度创新研究》	吴春岐
17	《转型经济条件下中国自然垄断产业的有效竞争研究》	胡德宝

第二批《中国社会科学博士后文库》(2013 年出版)

序号	书 名	作 者
1	《国有大型企业制度改造的理论与实践》	董仕军
2	《后福特制生产方式下的流通组织理论研究》	宋宪萍
3	《基于场景理论的我国城市择居行为及房价空间差异问题研究》	吴 迪
4	《基于能力方法的福利经济学》	汪毅霖
5	《金融发展与企业家创业》	张龙耀
6	《金融危机、影子银行与中国银行业发展研究》	郭春松
7	《经济周期、经济转型与商业银行系统性风险管理》	李关政
8	《境内企业境外上市监管若干问题研究》	刘 轶
9	《生态维度下土地规划管理及其法制考量》	胡耘通
10	《市场预期、利率期限结构与间接货币政策转型》	李宏瑾
11	《直线幕僚体系、异常管理决策与企业动态能力》	杜长征
12	《中国产业转移的区域福利效应研究》	孙浩进
13	《中国低碳经济发展与低碳金融机制研究》	乔海曙
14	《中国地方政府绩效评估系统研究》	朱衍强
15	《中国工业经济运行效益分析与评价》	张航燕
16	《中国经济增长:一个"被破坏性创造"的内生增长模型》	韩忠亮
17	《中国老年收入保障体系研究》	梅 哲
18	《中国农民工的住房问题研究》	董 昕
19	《中美高管薪酬制度比较研究》	胡 玲
20	《转型与整合:跨国物流集团业务升级战略研究》	杜培枫

经济管理出版社《中国社会科学博士后文库》成果目录

第三批《中国社会科学博士后文库》（2014年出版）

序号	书　名	作　者
1	《程序正义与人的存在》	朱　丹
2	《高技术服务业外商直接投资对东道国制造业效率影响的研究》	华广敏
3	《国际货币体系多元化与人民币汇率动态研究》	林　楠
4	《基于经常项目失衡的金融危机研究》	匡可可
5	《金融创新及其宏观效应研究》	薛昊旸
6	《金融服务县域经济发展研究》	郭兴平
7	《军事供应链集成》	曾　勇
8	《科技型中小企业金融服务研究》	刘　飞
9	《农村基层医疗卫生机构运行机制研究》	张奎力
10	《农村信贷风险研究》	高雄伟
11	《评级与监管》	武　钰
12	《企业吸收能力与技术创新关系实证研究》	孙　婧
13	《统筹城乡发展背景下的农民工返乡创业研究》	唐　杰
14	《我国购买美国国债策略研究》	王　立
15	《我国行业反垄断和公共行政改革研究》	谢国旺
16	《我国农村剩余劳动力向城镇转移的制度约束研究》	王海全
17	《我国吸引和有效发挥高端人才作用的对策研究》	张　瑾
18	《系统重要性金融机构的识别与监管研究》	钟　震
19	《中国地区经济发展差距与地区生产差距研究》	李晓萍
20	《中国国有企业对外直接投资的微观效应研究》	常玉春
21	《中国可再生资源决策支持系统中的数据、方法与模型研究》	代春艳
22	《中国劳动力素质提升对产业升级的促进作用分析》	梁泳梅
23	《中国少数民族犯罪及其对策研究》	吴大华
24	《中国西部地区优势产业发展与促进政策》	赵果庆
25	《主权财富基金监管研究》	李　虹
26	《专家对第三人责任论》	周友军

第四批《中国社会科学博士后文库》(2015年出版)

序号	书　名	作　者
1	《地方政府行为与中国经济波动研究》	李　猛
2	《东亚区域生产网络与全球经济失衡》	刘德伟
3	《互联网金融竞争力研究》	李继尊
4	《开放经济视角下中国环境污染的影响因素分析研究》	谢　锐
5	《矿业权政策性整合法律问题研究》	郗伟明
6	《老年长期照护：制度选择与国际比较》	张盈华
7	《农地征用冲突：形成机理与调适化解机制研究》	孟宏斌
8	《品牌原产地虚假对消费者购买意愿的影响研究》	南剑飞
9	《清朝旗民法律关系研究》	高中华
10	《人口结构与经济增长》	巩勋洲
11	《食用农产品战略供应关系治理研究》	陈　梅
12	《我国低碳发展的激励问题研究》	宋　蕾
13	《我国战略性海洋新兴产业发展政策研究》	仲雯雯
14	《银行集团并表管理与监管问题研究》	毛竹青
15	《中国村镇银行可持续发展研究》	常　戈
16	《中国地方政府规模与结构优化：理论、模型与实证研究》	罗　植
17	《中国服务外包发展战略及政策选择》	霍景东
18	《转变中的美联储》	黄胤英

经济管理出版社《中国社会科学博士后文库》成果目录

第五批《中国社会科学博士后文库》（2016年出版）

序号	书　名	作　者
1	《财务灵活性对上市公司财务政策的影响机制研究》	张玮婷
2	《财政分权、地方政府行为与经济发展》	杨志宏
3	《城市化进程中的劳动力流动与犯罪：实证研究与公共政策》	陈春良
4	《公司债券融资需求、工具选择和机制设计》	李　湛
5	《互补营销研究》	周　沛
6	《基于拍卖与金融契约的地方政府自行发债机制设计研究》	王治国
7	《经济学能够成为硬科学吗?》	汪毅霖
8	《科学知识网络理论与实践》	吕鹏辉
9	《欧盟社会养老保险开放性协调机制研究》	王美桃
10	《司法体制改革进程中的控权机制研究》	武晓慧
11	《我国商业银行资产管理业务的发展趋势与生态环境研究》	姚　良
12	《异质性企业国际化路径选择研究》	李春顶
13	《中国大学技术转移与知识产权制度关系演进的案例研究》	张　寒
14	《中国垄断性行业的政府管制体系研究》	陈　林

第六批《中国社会科学博士后文库》(2017年出版)

序号	书　名	作　者
1	《城市化进程中土地资源配置的效率与平等》	戴媛媛
2	《高技术服务业进口技术溢出效应对制造业效率影响研究》	华广敏
3	《环境监管中的"数字减排"困局及其成因机理研究》	董　阳
4	《基于竞争情报的战略联盟关系风险管理研究》	张　超
5	《基于劳动力迁移的城市规模增长研究》	王　宁
6	《金融支持战略性新兴产业发展研究》	余　剑
7	《清乾隆时期长江中游米谷流通与市场整合》	赵伟洪
8	《文物保护经费绩效管理研究》	满　莉
9	《我国开放式基金绩效研究》	苏　辛
10	《医疗市场、医疗组织与激励动机研究》	方　燕
11	《中国的影子银行与股票市场：内在关联与作用机理》	李锦成
12	《中国应急预算管理与改革》	陈建华
13	《资本账户开放的金融风险及管理研究》	陈创练
14	《组织超越——企业如何克服组织惰性与实现持续成长》	白景坤

经济管理出版社《中国社会科学博士后文库》成果目录

第七批《中国社会科学博士后文库》（2018年出版）

序号	书　名	作　者
1	《行为金融视角下的人民币汇率形成机理及最优波动区间研究》	陈　华
2	《设计、制造与互联网"三业"融合创新与制造业转型升级研究》	赖红波
3	《复杂投资行为与资本市场异象——计算实验金融研究》	隆云滔
4	《长期经济增长的趋势与动力研究：国际比较与中国实证》	楠　玉
5	《流动性过剩与宏观资产负债表研究：基于流量存量一致性框架》	邵　宇
6	《绩效视角下我国政府执行力提升研究》	王福波
7	《互联网消费信贷：模式、风险与证券化》	王晋之
8	《农业低碳生产综合评价与技术采用研究——以施肥和保护性耕作为例》	王珊珊
9	《数字金融产业创新发展、传导效应与风险监管研究》	姚　博
10	《"互联网+"时代互联网产业相关市场界定研究》	占　佳
11	《我国面向西南开放的图书馆联盟战略研究》	赵益民
12	《全球价值链背景下中国服务外包产业竞争力测算及溢出效应研究》	朱福林
13	《债务、风险与监管——实体经济债务变化与金融系统性风险监管研究》	朱太辉

第八批《中国社会科学博士后文库》（2019 年出版）		
序号	书　名	作　者
1	《分配正义的实证之维——实证社会选择的中国应用》	汪毅霖
2	《金融网络视角下的系统风险与宏观审慎政策》	贾彦东
3	《基于大数据的人口流动流量、流向新变化研究》	周晓津
4	《我国电力产业成本监管的机制设计——防范规制合谋视角》	杨菲菲
5	《货币政策、债务期限结构与企业投资行为研究》	钟　凯
6	《基层政区改革视野下的社区治理优化路径研究：以上海为例》	熊　竞
7	《大国版图：中国工业化 70 年空间格局演变》	胡　伟
8	《国家审计与预算绩效研究——基于服务国家治理的视角》	谢柳芳
9	《包容型领导对下属创造力的影响机制研究》	古银华
10	《国际传播范式的中国探索与策略重构——基于会展国际传播的研究》	郭　立
11	《唐代东都职官制度研究》	王　苗

《中国社会科学博士后文库》
征稿通知

为繁荣发展我国哲学社会科学领域博士后事业，打造集中展示哲学社会科学领域博士后优秀研究成果的学术平台，全国博士后管理委员会和中国社会科学院共同设立了《中国社会科学博士后文库》（以下简称《文库》），计划每年在全国范围内择优出版博士后成果。凡入选成果，将由《文库》设立单位予以资助出版，入选者同时将获得全国博士后管理委员会（省部级）颁发的"优秀博士后学术成果"证书。

《文库》现面向全国哲学社会科学领域的博士后科研流动站、工作站及广大博士后，征集代表博士后人员最高学术研究水平的相关学术著作。征稿长期有效，随时投稿，每年集中评选。征稿范围及具体要求参见《文库》征稿函。

联系人：宋　娜
电子邮箱：epostdoctoral@126.com
通讯地址：北京市海淀区北蜂窝 8 号中雅大厦 A 座 11 层经济管理出版社《中国社会科学博士后文库》编辑部
邮编：100038

经济管理出版社